宋名臣赵抃

赵一新 主编

王瑞来 著

杭州出版社

图书在版编目（CIP）数据

大宋名臣赵抃 / 赵一新主编；王瑞来著 . -- 杭州：
杭州出版社 , 2024.4
（赵抃全书）
ISBN 978-7-5565-2267-5

Ⅰ . ①大… Ⅱ . ①赵… ②王… Ⅲ . ①赵抃（1008-
1084）－传记 Ⅳ . ① K827=441

中国国家版本馆 CIP 数据核字（2023）第 198491 号

Dasong Mingchen Zhaobian

大 宋 名 臣 赵 抃

赵一新　主编　　王瑞来　著

策划编辑	杨清华
责任编辑	蒋晓玉　王晓磊　杨安雨
美术编辑	屈　皓　蔡海东
责任校对	陈铭杰
责任印务	姚　霖
出版发行	杭州出版社（杭州市西湖文化广场32号6楼） 电话：0571-87997719　邮编：310014 网址：www.hzcbs.com
排　　版	杭州立飞图文制作有限公司
印　　刷	浙江新华数码印务有限公司
经　　销	新华书店
开　　本	710 mm×1000 mm　1/16
彩　　插	6
印　　张	21
字　　数	305千
版 印 次	2024年4月第1版　2024年4月第1次印刷
书　　号	ISBN 978-7-5565-2267-5
定　　价	88.00元

赵抃塑像

御賜宋故推誠保德功臣資政殿大學士太子太保致仕
上柱國南陽郡開國公食邑二千五百戶食實封六
百戶贈少師趙抃謚清獻愛直之碑

勅篆額

太師平章軍國重事上柱國潞國公食邑二萬七千
一百戶食實封一萬一千四百戶臣文彥博奉

宋代皇帝御賜趙抃（清獻公）愛直碑

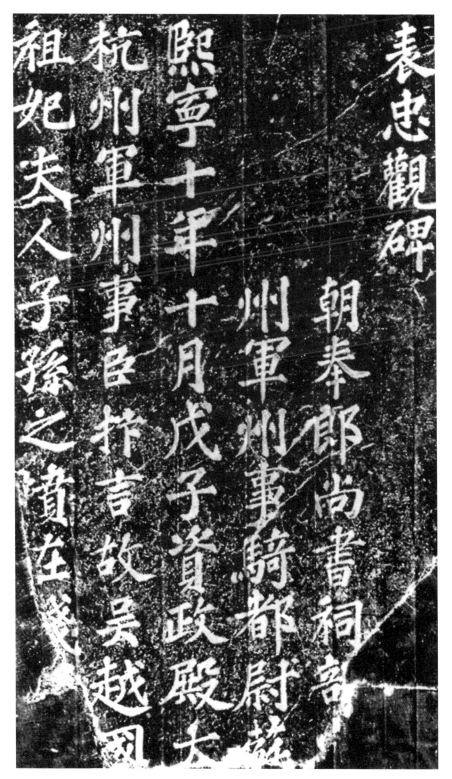

表忠觀碑

熙寧十年十月戊子資政殿大

杭州軍州事臣抃言故吳越國

祖妣夫人子孫之貴在

朝奉郎尚書祠部

州軍州事騎都尉

北宋苏轼撰《表忠观碑》（局部）

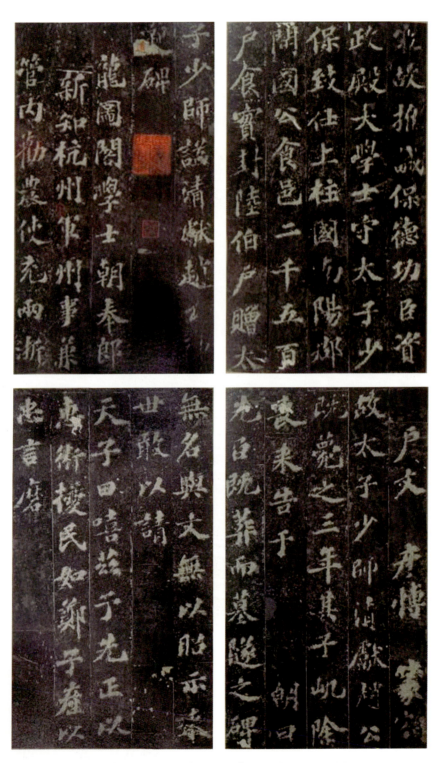

宋拓苏轼书刻《赵清献公碑》（上海图书馆藏）

禅楳蘇

趙清獻公神道碑 墨本拳

宋故雅誠保德功臣資
政殿大學士守太子少
保致仕上柱國南陽郡
開國公食邑二千五百戶食

師諡清獻趙公神道碑
龍圖閣學士朝奉郎
新知杭州軍州事蘇軾

罷去而景初等隨赤幟
逐歸京言輙兵帥刀約
不當以無罪照而京亦
奪僑起居注公習力言

史韡初不過權辛京師
號公鐵面御史其言常
畫用法公案其無它曰
是特坐樽酒至此耳

欲
于小人以謂小人雜遇
朝廷別而無君

言河朔頻歲豐熟故舉
不知數請寬其罪以俟
農隙從之坐者得免內

日兵民晏然一日坐堂
上有卒長在堂下公好
以妖祀聚眾為不法者
宜特

諭之日吾與汝年相若
政聲秋向之言公蕘而
蓋廞子之賢鄭于產之
言公兼而

縣配及為成都

竄孝忠以私遠度餘皆
得不死喧傳京師

至遣部將帥兵討之夫

上曰用趙某為諫官

治行第一其為丞相多
年七十告老于朝
元豐二年二月加太子
少保致仕時年七十二

未七十告老于朝
元豐二年二月加太子
少保致仕時年七十二

蓋廞子之賢鄭于產之
言公兼而
政聲秋向之言公蕘而

閣公令謹呼以聽事
以家貲先之民樂從為
生者得食病者得藥死

者得藏下令修城使民
得食其力敔趙人雜鑀
而不怨復徒治杭二旱
與越等其民无病而

上曰用趙某為諫官

不可及也

舊聲俊

謙懼論青事無所回護摩
小次離閣入臣日之又將去
出守則碑之係正奉命守
杭之後本末圖門時也公在

歐穎而亲小季海中鈙千
鑀言然猶浮三鞦千壺此也
墨光如添茟意沈蒲如
可于生七杭州藏書家

有之不載於全于
蘇公撰清獻神道碑支
見於集中壺其奉勅書

元祐四年四月乙卯刊

品則世无得本著錄家未
之及也先輙平丑三月費
此涘旨郡未携一本見示

奉藏元明刻烈蘇某肉本以
挍辦則訂正奉二字公爻
亞中加板卒訛于為永
長于峴又批作川則不成字

慈求之非葉帖所刊附
湯棚涖有可疑是月二
十日同獻記
趙熙張劍青書於北之

臺諫劾歆或指為川黨
或亦為怨誹詣出死力擠
而墨本甚稀者其此故

漢之居于廬庀庀之際
其品知州宇戌松得文記

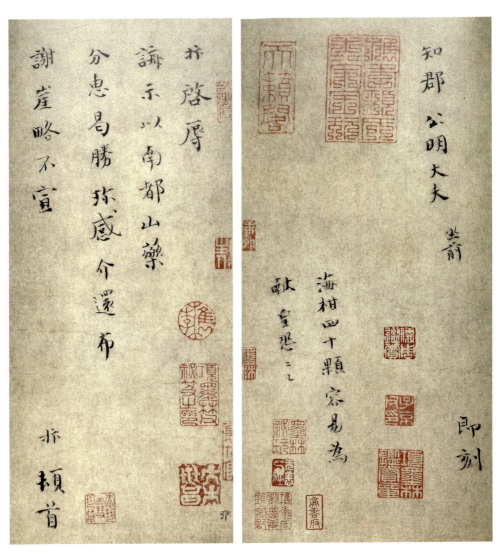

宋至和元年（1054）赵抃行书《致知郡公明大夫尺牍》，又称《山药帖》，现藏于台北故宫博物院

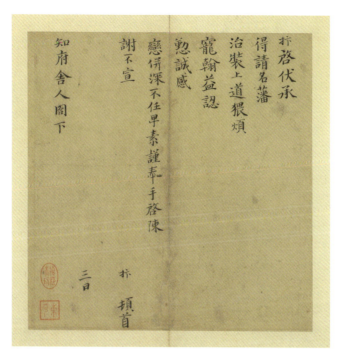

台北故宫博物院藏赵抃《名藩帖》

台北故宫博物院藏赵抃《山药帖》拓片

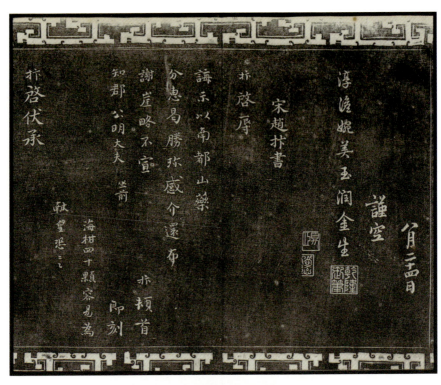

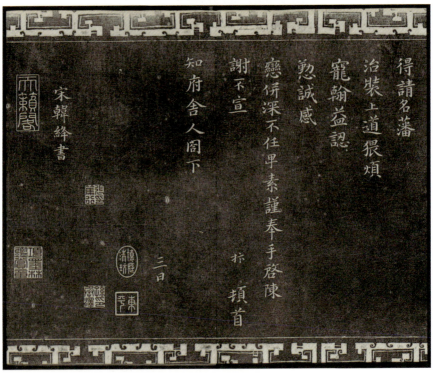

赵抃书法拓片

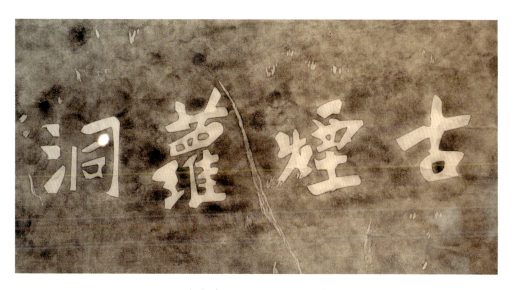

江山市老虎山赵抃书"古烟萝洞"

江山烟萝洞内题刻

杭州龙井寺展厅正面赵抃、苏轼、辩才三贤品茶图

衢州北门民国郑永禧撰《重建赵清献公高斋碑记》

《赵抃全书》编纂委员会

主　编：赵一新

副主编：徐吉军　汪　群

编　委：（按姓氏笔画排序）

丁云川　王晓磊　王瑞来

成鸿静　仲向平　刘国庆

杨安雨　杨清华　吴勇韬

何智勇　陈　谊　陈星汉

洪淳生　蒋晓玉　褚树青

引言　何以赵抃

　　山清水秀，茂林修竹。地灵伴随人杰，钟秀的山水，加上深厚的文化底蕴，一定会孕育出不世出的人物。在钱塘江的源头，今天还拥有着宛若仙境的七里桃源的衢州，一千年前，便诞生过一位跟包青天齐名的"铁面御史"，他的名字叫作赵抃。

　　赵抃以"铁面御史"的美誉而流芳千古。其实，纵观他一生的作为，他担任御史的时间并不长，只是他人生中一个辉煌的亮点。生命的厚度、言行的光彩，在他达及喜寿的人生历程中，还有更多的展现。

　　作为崇尚文明的有序社会，宋代在传统中国的历史上，被高度评价为"华夏民族之文化历数千载之演进而造极"的时代。这是一个由知识精英所主宰的时代，士大夫政治造就了这样的文明。赵抃就是宋代士大夫中的翘楚。无论为宦地方，还是施政中央，他皆尽显才能，而能文善诗，更是备见才华。不过，宋代士大夫中的出类拔萃之辈实在太多，赵抃尽管名列国史，《宋史》立传，但跻身于灿烂的星汉之中，显得并不耀眼。后人往往知其名，却不得其详。

　　其实，跟人们耳熟能详的范仲淹、欧阳修、苏轼、王安石相比，同时代的赵抃，其言与行也同样显现着宋代士大夫的精神特质，也同样折射出时代的历史光芒。朱熹评价范仲淹为"天地间气，第一流人物"。[①] 同为南宋人的陈仁玉，在刊刻赵抃文集时写下的《赵清献公文集序》中，也用了同样的表述："公为

---

① 《范文正公集》附录《诸贤赞颂论疏》，《四部丛刊初编》本。

本朝第一流人。"① 可见在宋人的心目中,对赵抃的高度评价直追范仲淹。并且从赵抃的个人经历看,他也有其他士大夫所不具有的部分。对于宋代的士大夫来说,赵抃的出现拥有这样的独特意义。在士大夫政治形成的前期,赵抃的言行成为后世的楷模。当时的名相韩琦就说,赵抃"真世人标表"。因此,赵抃的典型意义不仅在于他个人的特立独行,更在于他完整地将宋代士大夫的正面风貌集于一身。观察赵抃,正可以窥一斑而见全豹,成为聚焦宋代历史,进而认识宋代士大夫精神的一个路径。

基于这样的认识,我想较为全面地叙述赵抃的生平,立足于今天的历史认识水准,对其言行加以分析探讨,让人们对这位千年以前知而不详的名人获得一个清晰的影像,并且透过赵抃,来体味一个时代的脉动。这是一个宋韵取代唐风的新时代,从这个时代开始,中国由中世走向近世,走入今天。

① [清]陆心源:《丽宋楼藏书志》卷七四载陈仁玉《赵清献公文集序》,许静波点校本,杭州:浙江古籍出版社,2016年,第1321页。

目　录

第一章　柯村赵四郎

第一节　柯村出生

环耸乌石山，北邻衢江，坐落着一个小村庄，今天叫作沙湾村，距离衢州城区不到两公里。沙湾村又有"孝弟里"之称。"孝弟里"的由来，就跟我们将要讲述的赵抃有关。据赵抃自己在诗中所记，沙湾村在宋代大概是叫作"柯村"①。今天的衢州市政区划柯城区，应当就是一个历史印记的存留。

柯是斧柄之意。柯村与柯城的"柯"，都隐藏着一个有名的传说。传说最早见于东晋虞喜的《志林》记载，讲晋朝有个家住衢城的樵夫，叫王质，以砍柴为生，经常到衢城东南的山中砍柴。此山有一座巨大的石梁，因形同石室而称石室山。到石室山中砍柴的王质，有一天在石梁下遇两个童子下棋，王质仅在一旁看了一盘棋，砍柴的斧柄已经腐烂，因为时间已经过去了几百年。回家之后，家人皆已不存，王质便重归石室山，得道成仙。烂柯山由此得名。②

_____

① ［宋］释晓莹：《罗湖野录》卷一《题高斋》："腰佩黄金已退藏，个中消息也寻常。时人要识高斋老，只是柯村赵四郎。"夏广兴整理《全宋笔记》本，郑州：大象出版社，2012年，第209—210页。

② 按，烂柯传说，各种文献记载略异。宋人祝穆《方舆胜览》卷七《衢州》载："烂柯山，一名石室，又名石桥山，在西安，乃青霞第八洞天。晋樵者王质入此山，忽见桥下二童子对奕，以所持斧置坐而观。童子指示之曰：'汝斧柯烂矣。'质归见乡间，已及百岁云。"施和金点校本，北京：中华书局，2003年，第125页。

宋真宗大中祥符元年（1008），赵抃在柯村出生。具体在几月几日出生，由于没有明确的记载，已不可考。赵抃的后人多在每年春和景明的农历三月祭祀，不过赵抃自己写的《生日高斋晓起示诸弟妹子孙》诗中有这样一句："夜来飞雪满群山。"① 飞雪满山的描述，似乎不像是莺飞草长的春天。尽管为赵抃作年谱的清人罗以智也有这样的疑问②，但根据苏轼所撰的《赵清献公神道碑》记载的卒年逆推③，将赵抃的生年定在1008年应当没有问题，顶多生日不在晚春，而是尚有飞雪的早春。

第二节　业儒世家

南宋人赵孟奎担任衢州知州，写下一篇《莲花赵公祠碑》，开头就讲，是祖上的仁厚和柯山的灵气积蓄让赵抃问世的。④ 因此，我们有必要回顾一下赵抃的家世。

赵姓由来已久，早在春秋时期，便有了"赵氏孤儿"的故事。不过，追溯赵抃可靠的家世，还追溯不了那么远。苏轼所撰的《赵清献公神道碑》，根据赵家提供的资料，对赵抃的先祖有所提及。以此为线索，我们考察一下赵抃的家世。

赵抃十世祖赵植，原为新安赵氏，后迁徙至京兆奉天，就是现在的陕西乾县。朱泚叛乱，攻入长安。唐德宗出逃，赵植率家丁守城，并献出家财犒劳士兵。叛乱平定之后，被授予郑州刺史，后以功勋成为一方大帅——岭南

---

① ［宋］赵抃：《清献集》卷四，《四库全书》文渊阁本。

② ［清］罗以智：《赵清献公年谱》，《宋人年谱丛刊》李文泽点校本，成都：四川大学出版社，2003年，第1293—1318页。

③ ［宋］苏轼：《赵清献公神道碑》，载《苏轼文集》卷一七，孔凡礼点校本，北京：中华书局，1986年，第516—524页。

④ ［清］陈鹏年修、徐之凯纂：《西安县志》卷一一，康熙三十八年刻本。

节度使。①

九世祖赵存约，唐文宗大和三年（829），为兴元节度使的属官，兵变被害。苏轼所撰的《赵清献公神道碑》略去了赵存约，说赵植生了赵隐，是不准确的。②赵隐是赵植的孙子，对于赵抃来说是八世祖。唐宣宗大中三年（849），进士登第，历任河南尹，并先后担任户部、兵部侍郎，领盐铁转运使等。唐懿宗咸通十四年（873），以本官担任宰相同中书门下平章事，加中书侍郎，兼礼部尚书，进阶特进，加爵天水郡开国伯，食邑七百户。唐僖宗乾符年间罢相，后又入朝担任太常卿，转吏部尚书，累加尚书左仆射。广明年间（880—881）去世。③做到宰相的赵隐，是赵抃家族史上最为辉煌的一位。

对七世祖，苏轼所撰的《赵清献公神道碑》只提及了官至翰林学士的赵光逢和赵光裔。其实还有一位跟宋太祖几乎同名的赵光胤，官做得也很大。在后唐也拜平章事，做到宰相。④

苏轼的家世叙述，跳越六世、五世，直接讲了四世祖赵昙，即赵抃的曾祖。苏轼所不详的六世、五世，据赵氏家族的家谱记载，分别为赵靖、赵观。⑤四世祖赵昙，作为官僚，只做了掌管民政的地方小官深州司户参军。苏轼在讲到

---

① ［宋］欧阳修、宋祁《新唐书》卷一八二《赵隐传》载："赵隐字大隐，京兆奉天人。祖植，当德宗出狩，变仓卒，羽卫单寡，朱泚攻城急，植率家人奴客以死拒守，献家财劳军，帝嘉之。贼平，浑瑊引在幕府。累擢郑州刺史。郑滑节度使李融奏以自副，融疾病，委以军政。大将宋朝晏火其营，夜为乱，植列卒不动须之，迟明而溃，捕斩皆尽，优诏嘉慰。累擢岭南节度使，终于官。"中华书局编辑部点校本，北京：中华书局，1975年，第5374页。

② ［宋］苏轼《赵清献公神道碑》："唐德宗世，植为岭南节度使。植生隐，为中书侍郎。"

③ ［后晋］刘昫等：《旧唐书》卷一七八《赵隐传》，中华书局编辑部点校本，北京：中华书局，1975年，第4621页。

④ ［后晋］刘昫等：《旧唐书》卷一七八《赵光胤传》，中华书局编辑部点校本，北京：中华书局，1975年，第4623页；［宋］欧阳修：《新五代史》卷五《唐本纪》，中华书局编辑部点校本，北京：中华书局，1974年，第46页。

⑤ 赵美锡、赵玉弟主修：《赵氏家谱》，转引自王燕飞、周日蓉：《新时期以来赵抃研究评述》，《河北科技师范学院学报（社会科学版）》2015年第4期。

赵光逢和赵光裔之后，就说由于五代时期中原战乱，赵家迁徙到了江南会稽。① 据赵抃的祖父赵湘所述，赵昌去世是在宋太宗端拱年间（988—989）。② 这表明，赵昌是在宋朝为官。

到了赵抃的祖父赵湘，苏轼明确记载，定居在衢州西安县。

赵抃的祖父赵湘，由于赵抃的整理，有文集《南阳集》存世。太宗淳化三年（992），北宋名臣苏易简、毕士安、钱若水、王旦等主持贡举，又经由殿试，赵湘与352名士子一同进士登第。③ 状元为有名的才子孙何，其中还包括在宋真宗朝后期成为权相的丁谓。登第后的赵湘被授予淮南西路庐州府庐江县尉。在任刚满一年，赵湘便因病去世了，年仅34岁。④ 逆推34年，赵湘出生在宋朝创立的960年。

赵湘尽管英年而逝，由于有赵抃整理的文集在，留下了不少资料，但赵抃父亲的情况则很模糊，没有太多可以据以考证的资料。我们只知道名字叫作赵亚才。⑤ 无论是苏轼所撰的《赵清献公神道碑》，还是文同所撰赵抃之子赵屼《试秘书省校书郎赵君墓志铭》，记载的仕履都是广州南海县主簿。主簿仅仅是地位很低的官僚。

关于赵抃的家世，其祖父赵湘有篇题为《释奠纪》的文章，透过文章叙述自身的经历，我们可以窥见一斑。在这篇文章中，赵湘自述说，家族世代都是儒士，他从小开始学习，七岁就接触了儒学经典，十五岁便学作文章，二十五

---

① ［宋］苏轼《赵清献公神道碑》："隐生光逢、光裔，并掌内外制，皆为唐闻人。五代之乱，徙家于越。"

② ［宋］赵湘《南阳集》卷五《周仲嘉哀辞》："端拱末，仲嘉复求天府书，而文价益振，愈始举时十其倍。予是时居父丧，不能偕入。"《四库全书》文渊阁本。

③ 龚延明、祖慧编著：《宋代登科总录》，桂林：广西师范大学出版社，2014年，第124页、142页。

④ ［宋］宋祁《景文集》卷四五《南阳集序》："俄中第，调庐江尉，阅期，卒于官。"《四库全书》文渊阁本。

⑤ 据前引《赵氏家谱》，亚才，应当是字，其名为映龙。

岁开始在乡里教书，用了九年时间准备科举考试，终于登第，进入仕途。①

儒家在先秦是学术流派之一，在汉代成为定于一尊的实际上的国教之后，儒士也在社会上作为一种身份而存在。尽管明确的身份划分是在元代对儒户的设置，但长久以来社会上"士农工商"的说法，其实就已经是一种身份认定了。区别于农工商，士的主要特征是以儒学为志业。身份也就是职业，历来便有一种职业被称作"业儒"，即以儒为业。

赵湘自幼学习儒学经典，稍长学习文章写作，尔后教书乡里糊口，同时准备应举考试，最后如愿登第，成为统治阶层的一员。从赵湘登第后担任庐江县尉这样的下层官僚可以推想，其父赵昱担任深州司户参军，其子担任广州南海县主簿，也都是走了科举之路，登第入官。仕途的起点也都是从幕职州县官，后来称作选人的下层官僚开始的。这是科举时代士人所遵循的标准路径。赵抃生长在这样世代为儒的文人家庭，这样的路径也成为他的唯一的选择和必然的取向。

第三节　少孤且贫

赵抃出生的1008年，是北宋纪年的大中祥符元年。观察中国历史上各个王朝的年号，多为两个字，不过宋真宗为自己的第三个年号用了一个颇为稀见的四字年号。过去采用什么年号，都有一个由头，或避天谴，或庆天瑞。大中祥符这个年号，就是庆贺天书降临。

宋真宗在长兄尚存的状况下，成为宋王朝第一个通过立太子程序正常即位的皇帝。由于非长而立，又有其他兄弟存在，他对自己皇位的正统性十分敏感。即位几年后，他又在宰相寇准的主持下，与北方的辽国签订了"澶渊之盟"。没有开国创业之功的真宗，一方面因这一为宋王朝带来安定和平局面的

---

① ［宋］赵湘《南阳集》卷五《释奠纪》："余世为儒，少学，七岁横经。十五始属文，二十五授乡老书，因始举，孜孜自修。自癸未至于壬辰凡九载，复上中选。其年夏四月，授庐江尉。"

举动而产生立下不世之功的自豪，另一方面，南北宋辽各存皇帝的"天有二日"的局势，也给传统的华夷观带来强烈的心理失衡。为皇帝自己，为宋王朝的国际地位，在庆贺中强调正统，便成为宋真宗和他的大臣们的必然行动。于是天瑞人设，宋真宗和王钦若等人合作伪造了天书。天书中"宋受命"和"付于恒"的表达，都昭示宋真宗赵恒所代表的大宋受命于天，天只承认宋朝和真宗赵恒的正统性。伴随着天书降下，又有了持续几年的东封泰山和西祀汾阴等一系列热闹的强化正统性的宗教活动。①

大中祥符，大中国祥瑞符天命。士大夫政治形成，行政制度走上正轨，内少灾荒民变，外无战事争端，天下太平，宋王朝处于欣欣向荣的上升时期。赵抃就诞生在这样的背景之下。

赵抃的少年时代，据苏轼在神道碑中记载，很早就失去了亲生父母，且家境贫困②。父亲赵亚才跟他的父祖辈一样，只进入到官场的底层，做了一任广州南海县主簿。这是科举登第或凭借恩荫可以获得的初级官位。由于父祖的官位并不显赫，因此其父是通过科举途径入仕的可能性比较大。

赵抃有两位母亲，一为生母，一为继母，是姐妹俩，都是同为衢州人的徐泌的女儿。与魏晋南北朝时期的世家大族类似，宋代科举出身的士大夫也形成了新士族。为了家声不坠，从榜下择婿到同年、同乡联姻，士大夫、士人间通过子女结成亲密的婚姻关系很普遍。徐泌把大女儿嫁给了赵亚才③，因而才有了赵抃的问世。之所以徐、赵两家联姻，直接原因应当是同一桑梓。徐泌比赵抃的祖父赵湘早八年进士及第，同为士人家庭，彼此熟悉。除了对潜在的"优良股"未来的期待，一定还有在家乡联姻强化家族势力的考量。从这一角度看，

---

① 参见王瑞来：《宰相故事——士大夫政治下的权力场》第一章，北京：中华书局，2010年，第12页。

② ［宋］苏轼《赵清献公神道碑》："公少孤且贫。"

③ ［宋］赵抃《清献集》卷十《徐夫人墓表铭》载："夫人徐氏，故陕西提点刑狱、尚书屯田郎中讳泌之女。……抃之母，赠彭城郡太君，夫人之姊也；继赠天水郡太君，于夫人为妹也。"

徐泌把女儿嫁给赵湘的儿子，无疑是一种很自然的举动。

从后来由长兄赵振抚养来看①，赵振与赵抃的年龄差距比较大。赵抃在七兄弟中排行第三，在赵氏的大家族中排行第四，下面还有四个弟弟。赵抃在家族兄弟中排行第四，这不仅有他自己"时人要识高斋老，只是柯村赵四郎"诗句的夫子自道②，他的少年时代好友，也直接把赵抃呼作"赵四"③。据赵氏家族的另一部《赵氏宗谱》的记载，赵抃的两个哥哥为家族排行第二的大哥赵振、家族排行第三的二哥赵拯。赵抃的四个弟弟为家族排行第五的赵拊、家族排行第六的赵抗、家族排行第七的赵援、家族排行第十二的赵扬。④

赵抃的母亲去世后，徐泌又把三女儿续弦给了赵抃的父亲。赵抃六弟赵援和与七弟赵扬，一个家族排行第七，一个家族排行第十二，年龄拉开了很大距离。由此可以推测，赵抃最小的弟弟赵扬由继母所生的可能性很大。从入仕后的赵抃只有为继母守丧的记载看，赵抃的亲生父母在赵抃登第前都已经去世了。母亲与继母，让赵抃拥有了一个大家庭，除了上述的两个兄长和四个弟弟之外，据《生日高斋晓起有示诸弟妹子孙》诗题和诗中"弟妹五人三百岁"的描述，⑤赵抃至少还有一个妹妹，在赵抃晚年七十四岁之时尚健在。

赵抃母亲去世在先，父亲去世时，赵抃当已年纪不小。赵抃有首诗，题

---

① ［宋］苏轼《赵清献公神道碑》："少育于长兄振，振既没，思报其德。将迁侍御史，乞不迁，以赠振大理评事。"

② ［宋］释晓莹《罗湖野录》卷一《题高斋》："腰佩黄金已退藏，个中消息也寻常。时人要识高斋老，只是柯村赵四郎。"夏广兴整理《全宋笔记》本，郑州:大象出版社，2012年，第209—210页。

③ ［清］杨廷望等纂修《衢州府志》卷三七载："周沂，字翊臣，江山人，趋尚高远，号白云先生。少与赵抃同学，抃甚敬之。抃登政府，欲见沂，沂因入都，扣门大呼曰:'我欲一见赵四。'阍吏走白。抃曰:'周先生天下士，岂知有我哉？'整襟肃入，延之上坐。"康熙修光绪重刊本。

④ 江西华仁软件公司承修《京兆奉天玉溪赵氏宗谱》，转引自王燕飞、周日蓉《新时期以来赵抃研究评述》，《河北科技师范学院学报（社会科学版）》2015年第4期。按，几个弟弟，赵抃在诗文中多有提及，唯独未曾讲到过赵援，估计早已夭折。

⑤ ［宋］赵抃:《清献集》卷四。

为《喜十二弟登第》，诗中描述在景祐初年赵抃进士及第回家，看到还是小孩子的弟弟赵扬正在嬉戏玩耍。[1] 如果以景祐元年（1034）十岁左右推计赵抃弟弟的年龄，那么赵抃的父亲至少十年前的天圣二年（1024）还在世，可以把这一年设定为赵抃父亲去世的大致年份，当时赵抃已经十七岁。清人罗以智《赵清献公年谱》将赵抃父亲去世系年在"仁宗天圣元年癸亥"[2]，即赵抃十六岁的时候。这一推测与我的认识十分相近。可以说我们的推测基本接近事实真相。

据《徐夫人墓表铭》，赵抃继母的姐姐仅比赵抃年长九岁[3]，以此推算，继母比赵抃顶多大七岁左右，以二十四岁生子赵扬，也合情理。既然赵抃与继母年龄差距不大，长兄赵振就甚至比继母的年龄还大出很多。[4] 父亲去世后的赵家，虽然继母算是长辈，但能出头露面的实际家长应当是长兄赵振。从这个意义上说，赵抃也自认为受到了长兄的抚养，他说已经去世的哥哥赵振像父亲那样照顾他，对他有着深厚的教导抚育之恩。[5]

---

① ［宋］赵抃《清献集》卷五《喜十二弟登第》："景祐初余唱第归，入门逢尔正儿嬉。如何二十二年后，继得蟾官桂一枝。"

② ［清］罗以智《赵清献公年谱》"仁宗天圣元年癸亥"载："十六岁，公少孤，丁荣国公艰。未详何时，当在是年前后。案，公《喜十二弟扬登第》诗云：'景祐初余唱第归，入门逢尔正儿嬉。'扬为继弟，逆推至是年十二岁。是年越国之齿亦仅二十余，公丧魏国，其年岁不可考矣。"第 1298 页。

③ ［宋］赵抃《清献集》卷十《徐夫人墓表铭》载："治平三年八月三日以疾终，享年六十八。"

④ 据前引《赵氏宗谱》记载，赵振生于宋太宗至道元年乙未（995）。

⑤ ［宋］赵抃《清献集》卷十《奏状乞将合转官资回赠兄》云："臣昨任屯田员外郎、通判泗州日，合该磨勘转官。臣为有故兄振，于臣教育之恩素厚，臣其时更不投下磨勘文字，两次具状恳奏，乞将合转官资回赠故兄振一命名目。未蒙俞允间，寻奉恩除授臣台官，后来更不敢再三烦渎朝廷。近睹敕命，今后京朝官磨勘，更不令本官投下文字，宜令审官院举行。本院一例告示，供称家状去讫。窃恐审官院不久申奏与臣转官，载念臣幼失怙恃，生于孤寒，若兄之视臣，如父之亲子，欲报之德，义均罔极。况故兄本房并无子孙存在，臣今再欲乞将合转官资回赠故兄振一文资名目恩泽。伏望圣慈哀矜，俯从人欲，特赐指挥施行。臣无任恳迫激切屏营之至。"

有继母这根线牵着，外公徐泌一定对赵抃一家多有照顾。雍熙二年（985）登第的徐泌，官做得不小。在赵抃四岁的时候，担任亳州知州，在《宋史》都有一笔记载。[1] 后来又做过陕西提点刑狱，官尚书屯田郎中，最终位至起居舍人、知制诰[2]，进入到皇帝的秘书高级侍从之列。

由于有长兄和继母的照料，赵抃少年时代的生活尽管清贫，但还比较安定，一直居住在后来因赵抃的孝行而命名的孝弟里。少年时，赵抃曾在住处栽种过两棵松树。这两棵松树六十多年后还存活着。赵抃致仕还乡，写下《退居十咏》，描写记述了这一事实：

> 少时亲手植双松，昼爱层阴夜听风。
>
> 今日岁寒逾五纪，也应心似主人翁。[3]

尽管缺乏记载，也没有留下夫子自道的文字，世代业儒的家庭为赵抃设计的人生道路，恐怕跟他祖父赵湘讲述的情形并无二致，就是自幼研习儒学经典，学作文章。二十多岁的祖父赵湘在准备科举考试的同时，还教书乡里。除了家庭因素，时代因素，后来号称"东南阙里、南孔圣地"的衢州文化氛围，作为地理因素，也无疑影响了赵抃。诸多因素形成合力，规范了赵抃的人生道路。

除了研习儒学经典，在少年时代，赵抃还接受了传统士人必修的基础教育，那就是书法。宋人记载，少年学书的赵抃，看到定武本《兰亭集序》，不胜欣喜，认为跟其他拓本相比较，果然是最好的。[4] 酷爱书圣王羲之《兰亭集序》

---

[1] 《宋史》卷六二《五行志》载："（大中祥符四年）七月，知亳州徐泌、知江州王文震并献芝草。"中华书局编辑部点校本，北京：中华书局，1985年，第1390页。

[2] ［明］林应翔修、叶秉敬纂：《衢州府志》卷九，天启二年刊本。

[3] ［宋］赵抃：《清献集》卷五《退居十咏》之四《双松》。

[4] ［宋］俞松《兰亭续考》卷一《兰亭会妙跋》云："《兰亭禊饮叙》草，号右军法书第一。真墨入昭陵，虞、褚辈所临，典刑犹在，散落人间，今复数百年，钩拓既多，真赝转杂。浓辄过肥，纤或病瘦，偏劲露锋，规媚伤弱，工不胜拙，当时无复见右军大成矣。余每获《兰亭》，随以入集。晚游都下兰若，得本于老书生云。清献赵公少年学书定武本，一见惊喜，取较他本，果胜不诬，遂以压卷。鲁直尝跋《兰亭》，有云：'摹写或失真，肥瘦亦自成妍媸，各以心会其妙处。'因题所集曰《兰亭会妙》。绍兴辛巳元夕后一日，鲁长卿书。"《四库全书》文渊阁本。

的唐太宗，命欧阳询临摹真迹，刻石于学士院，拓赐近臣。五代梁移石汴都。辽耶律德光破晋后携此石北去，德光中途病死，石弃于杀虎林。宋仁宗庆历年间（1041—1048），石碑被发现，置于定州。唐代定州置义武军，宋代避太宗赵光义讳，改义武为定武，所以把石刻称为《定武本兰亭》。宋代以来《兰亭集序》尽管摹本众多，论者多以欧摹定武本为正宗。元代赵孟頫曾在定武本后题跋指出："古今言书者，以右军为最善；评右军之书者，以《禊帖》为最善。真迹既亡，其刻之石者，以定武为最善。"[①]迄今为止，《定武本兰亭》也是学习书法的范本。当然，宋人的记载在时间上有些问题。在发现定武本的庆历年间，赵抃已非少年，已经进士及第为官了。不过，尽管时间有出入，赵抃在少年时代临摹学习王羲之的书法当为事实。南宋人赵善括看到赵抃的一幅手迹后写下跋语，从字如其人的认识出发，说赵抃抨击奸臣和清廉自律，所以书法也有既是唐代书法大家又是忠臣的颜真卿的体势。[②]我们观看遗留下来的赵抃手迹，的确颇近颜体。

第四节　教书乡里

苏轼的《赵清献公神道碑》，对进士及第前的赵抃事迹没有记载。不过，我们从其他一些文献记载中，还是能检索到一些零星史料，对赵抃的早年事迹做出简单的勾勒。

清乾隆时期修纂的《开化县志》，记载了一件事，说一个叫余仁合的人，有一天早上在家中开门，发现门檐下睡着一个年轻人，大吃一惊，赶紧请到屋

---

① ［元］赵孟頫：《赵孟頫集》补遗《兰亭叙跋》，钱伟强点校本，杭州：浙江古籍出版社，2012年，第428页。

② ［宋］赵善括《应斋杂著》卷四《赵清献帖跋》云："清献赵公林泉远致，鹤琴逸乐，不知轩冕之足贵，故诗有渊明古澹之风；霆裂奸胆，霜清物心，不知仪表之自正，故笔有真卿端庄之体。合是二者，萃于一帖，正襟危坐，伏而读之，肃如也；超思远想，缅而慕之，澹如也。"《四库全书》文渊阁本。

里，并把这个年轻人留在家里读书。① 这个年轻人就是登第前的赵抃。对这件事，明代崇祯年间编纂的《开化县志》有不同的记载，说是赵抃在余仁合家教书。② 明代的《开化县志》还记载余家有一方池塘，赵抃教书时常在那里洗涤笔砚。后来赵抃在四川为官时，曾把蜀地的白虾送给余家，余家便放养在池中。从此这个池塘便被称为白虾池。③

尽管是明清时期修纂的地方志，但记载前代的事情也较为可信。这是因为定期修纂的地方志都是以递修的方式，抄录旧志，补充未载的新事实。地方志的这一递修的特点，便使晚出的文献保留有很多原始史料，可以信赖。当然利用地方志的史料一定需要有所辨析，合乎逻辑地去伪存真。

首先，有两点可以印证上述明清两部地方志的可信。开化跟西安一样，在宋代是隶属于衢州管辖的五县之一，事情等于发生在赵抃的家乡。此外，清代地方志所引述赵抃的诗，收录在赵抃文集《清献集》卷二，题为《寄开化余遵道》。

印证了可信性之后，我们将明清两部地方志对赵抃的记载合而观之，从中便可以揭示出这样的事实。就是说，丧父贫困的赵抃，睡到别人家的房檐下，一定是有难言的无奈。房主人发现这个年轻的士人后，专门请到家里，让他免受冻饿，安心读书，准备应举考试。不过，这种情况虽说不是没有可能，但素不相识，毕竟有些唐突。如果在这一事实之上，在补充进明代地方志记载余仁合请赵抃在家里教授子弟这一细节，则由偶然的邂逅为契机，延请入户教书，则更显得自然而合情合理。清人罗以智的《赵清献公年谱》将教书余仁合家系

---

① ［清］范玉衡修、吴淦纂《开化县志》卷五载："余仁合，字遵道，谨厚敦朴。赵抃未第时，道经其里，夜宿檐下。仁合旦启户，一见奇之，延入馆谷。后抃贵，欲以官报。使三往而仁合坚辞，遂以实闻。上曰：'是德惠于卿，可谓长者矣。'公赠以诗曰：'野老余遵道，人微德义尊。家居青嶂底，身在白云根。盛事传间里，昌期付子孙。不须迁步远，此去自高门。'"乾隆六十年刊本。

② ［明］朱朝藩修、汪庆百纂《开化县志》卷五《人物志》载："宋赵抃，字阅道，谥清献，西安人，尝教授生徒于余仁合家，又常读书于招福院之萃清阁。"崇祯刻本。

③ ［明］周洪：《白虾池记》，《乾隆开化县志》卷八。

于天圣六年（1028）赵抃二十一岁之时。①

据上述地方志记载，赵抃除了在余仁合家教书，还曾居住在开化县的招福院萃清阁读书应考。寺院清静地，是读书的好去处。而多数寺院也乐于做善事，接纳士人读书。这种举动使得文献中留下了大量的士人读书寺院的记载。最为有名的就是与赵抃同时代的科举前辈范仲淹寺院读书的记载了。文献记载范仲淹曾亲口对人讲过他进士登第前在长白山僧舍读书的艰苦岁月，说每天用两升小米煮上一盆粥，放上一夜，冻凝之后，用刀切成四块，早晚各取两块，放点韭菜末，加上些醋和盐，加热后食用。②这样的生活整整过了三年。可以想象，贫困的赵抃在寺庙读书，在生活的艰苦程度上，跟范仲淹描述的情形决不会相差很多。对此，赵抃后来曾经在诗中回顾道："少时所学苦，食蘗日自强。"③以服食味苦的黄蘗，来比喻备受辛苦。这是用白居易诗的典故："三年为刺史，饮冰复食蘗。"④

《题灵山寺》，也是赵抃在开化留下的痕迹：

> 我为灵山好，登留到日曛。
>
> 岩幽余暑雪，钟冷入秋云。

---

① ［清］罗以智《赵清献公年谱》"六年戊辰"条载："二十一岁，教授生徒于开化余仁合家，又尝读书开化县东开原乡招福院之萃清阁。未详何时，姑系之是年。"第 1298 页。

② ［宋］彭乘辑撰《墨客挥犀》卷三"范文正公道旧日修学时事"条载："庆历中，范希文以资政殿学士判邠州。予中途上谒，翌日召食，时李郎中丁同席。范与丁，同年进士也。因道旧日某修学时，最为贫窭，与刘某同在长白山僧舍，日惟煮粟米二升，作粥一器，经宿遂凝，以刀为四块，早晚取二块，断薤十数茎，醋汁半盂，入少盐，暖而啖之，如此者三年。"孔凡礼点校本，北京：中华书局，2002 年，第 305 页。

③ ［宋］赵抃《清献集》卷一《赠阳安徐迈表兄屯田》："少时所学苦，食蘗日自强。壮岁从宦清，饮冰中刚肠。阳安百里地，邈在天一方。惠政不鞭朴，斯民乐耕桑。念予昨守赣，与兄会家乡。兄今岁已满，余遽提蜀疆。一朝此邂逅，五载忘参商。且勿语离索，易老惊鬓霜。且勿较通塞，放怀把酒觞。上方圣政新，求贤坐明堂。兄道足施设，兄志弥颉颃。喜子外祖门，从此生辉光。"

④ ［唐］白居易：《白居易集》卷八《三年为刺史》，顾学颉校点本，北京：中华书局，1979 年，第 161 页。

篇咏惟僧助，尘烦与俗分。

明朝入东棹，因得识吾文。①

灵山寺在开化县西。"明朝入东棹，因得识吾文"之句，可以说是登第前的赵抃在表达自己的志向。

居住在佛寺，便有很多机会与僧人接触。赵抃晚年曾自述，温州的法明院忠讲师是位高僧，当年在赵抃尚未科举及第时，便与来到衢州的忠讲师相识。②与僧人接触，也对赵抃这个儒生后来倾心佛学产生了影响。

在家乡衢州江山县，赵抃还写有《登真岩》诗：

殿阁凌空锁翠岚，雪晴春色在松杉。

芝骈羽驾归何处，留得双乌宿旧岩。③

苏辙曾说赵抃的诗清新合律，如其为人。④这从赵抃早年的诗作便可见一斑。

赵抃除了在余仁合家教书，在应举之前的几年，还在乡里陈家教书。宋人盛如梓《庶斋老学丛谈》还根据衢州当地的传说记载了赵抃的一件轶事，涉及登第前的经历。记载说，赵抃在进士登第之前，曾被乡里的陈姓人家请到家里教授其子，陈家孩子的母亲每年都做新鞋送给赵抃。赵抃参加科举三级考试的发解试，即地方考试时，陈家几次提供盘缠。在合格后被推荐参加中央礼部的考试时，陈家还专门派人带着行李护送到京城。赵抃及第后在京城做了高官，这时陈家的孩子惹上命案，被关进了衢州的监狱。有人指点陈说，原来在你家教书的赵秀才，如今在京城做了大官，可以求他帮忙解脱。陈回

---

① ［宋］赵抃：《清献集》卷二。

② ［宋］宗晓《四明尊者教行录》卷七载赵抃《宋故明州延庆寺法智大师行业碑》云："元丰三年冬十月，余谢事经岁，自衢抵温，有法明院忠讲师，其行解俱高者，顾尝游衢，乃余未第时与之接者也。"王坚注解本，上海：上海古籍出版社，2010年。

③ ［宋］赵抃：《清献集》卷五。

④ ［宋］苏辙《栾城集》卷二四《太子少保赵公（抃）诗石记》云："公诗清新律切，笔迹劲丽，萧然如其为人。"陈宏天、高秀芳点校《苏辙集》本，北京：中华书局，1990年，第413页。

家跟孩子的母亲商量。孩子的母亲说，这件事你得亲自去，我再做双鞋给他带去。陈到了京城赵家，守门人不给通报，陈便守在门口等待退朝回家的赵抃，才被赵抃带进家门。陈把孩子母亲做的新鞋送上，赵抃拿到内室，洗完脚穿上出来，问陈的来意，陈便讲了孩子的事情。赵抃说，你先住下吧。过了十来天也没有答复，陈再次询问，赵抃都搪塞过去了。过了一个月，坐卧不安的陈无奈告辞，这时赵抃才说，你放心吧。又过了两个月，赵抃写信告诉陈，说他的孩子已经免除死刑了。赵抃对这件事，并没有直接给当地官府通气，只是每天让自己的仆人给狱中的孩子送饭，当地官员听说后，便做了减刑处理。①

这件事，似乎显得号称"铁面御史"的赵抃也徇私情。其实从轶事讲述的过程看，之所以迟迟过了将近两个月才答复陈氏，显然赵抃是派人暗地调查了这件事，有了基本判断。尽管赵抃认为陈家的孩子罪不至死，但他也不好直接干涉地方官府，而是通过让仆人天天送饭的间接方式，巧妙地表明了自己的立场，最后达到了提醒当地官员做出减刑的决定。这是一件让赵抃十分为难的事情，但赵抃没有回绝，尽了最大的努力。反过来可以想象，陈家当年在赵抃困顿时期给予巨大援助的深恩。

清人罗以智《赵清献公年谱》将教书乡里陈家系于明道元年（1032）赵抃二十五岁之时。②但从《庶斋老学丛谈》记载陈子母亲年年送鞋来看，在陈家

---

① ［元］盛如梓《庶斋老学丛谈》卷下载："赵清献公未第时，乡之户家陈氏延之教子，其母岁与新履。公乡荐，陈厚赆其行。随以家贫用而告乏，复赆之亦然，陈乃遣人赍行囊送入京。一举及第，仕浸显。陈之子后因人命系狱，或曰：'尔家昔作馆赵秀才，今显官于朝，可以为援。'陈乃谋诸妇，妇曰：'翁当亲行，我仍制履送之。'翁至汴，阍人不为通。翁俟朝回，为揖于前，公命之入。即送其履，公持而入，良久，乃濯足穿以出。叩其来意，翁言其故。公曰：'且留书院。'经旬余不答所言，乃申之，唯唯而已。月余，告归，公曰：'且宽心。'两阅月，公以翁家问示之，其子已贷命矣。公但使亲仆至衢，日送饭狱中，主者闻之，得从末减。衢士至今言之。"《四库全书》文渊阁本。
② ［清］罗以智《赵清献公年谱》"明道元年壬申"载："二十五岁，馆于乡之户家陈氏。未详何时，姑系之是年。"第1298页。

教书当不止一年，应当持续了儿年时间。正是这相当长的时间，让赵抃与陈家结下了深厚的情谊。

第五节　故乡交游

从出生到登第前，赵抃一直生活在家乡衢州。二十多年的生活，也结交了不少朋友。《大明一统志》记载宋代衢州的人物，便提及当时与赵抃交往的几个朋友。比如江山县的周沂从小就跟赵抃关系很好，赵抃对他用"天下士"加以高度评价。西安县的任大中，赵抃也喜欢他的儒学学问和诗作风格。同一乡里的毛维瞻，以诗闻名当地，赵抃也与他愉快地徜徉山水之间，还互有诗作唱和。① 在江山县南三十五里石门，毛维瞻建白云庄，有轩堂台榭之胜，赵抃写有《次韵毛维瞻白云庄三咏》诗，其一《掬泉轩》云：

好山深处静开轩，目送孤云手弄泉。

枕石堂无金玉富，濯缨家有子孙贤。

初寻口隐逢三伏，已发新吟仅百篇。

闻说夜分烦暑散，凉飙浑似素秋天。

其二《平溪堂》云：

亭号休休古退藏，岂如溪上构虚堂。

坐邀城市真潇洒，却谓江湖太渺茫。

下笔新题无俗事，揩筇野服是家常。

临流最有清风快，未见故人心已凉。

其三《眺望台》云：

---

① ［明］李贤等《大明一统志》卷四三《衢州府·人物·宋》："周沂，江山人，少与赵抃友善。抃尝称其为天下士，视轩冕为傥来。又西安人任大中，老于儒学，作诗寒苦，亦为赵抃所喜。毛维瞻，西安人，以诗鸣，与赵抃同里，相得为山林之乐。元丰中出知筠州，政平讼理。时苏辙谪筠州监酒，相与倡和，有《凤山八咏山房即事十绝》。"方志远等点校本，成都：巴蜀书社，2017年，第2007页。

治圃我依浮石滩，筑台君占白云山。

三秋一日登临外，千里同风咫尺间。

峰黛阴晴长黯黯，溜琴朝夕自潺潺。

休官谁道何曾见，林下如今两处闲。①

赵抃又有《题毛维瞻懒归阁》诗云：

溪流回合引方池，轩槛前临面翠微。

紫陌红尘行不顾，白云青嶂坐忘归。

方荣即隐谁能继，未老先休世所稀。

我昔凌晨登阁会，主翁留散见蟾辉。②

从"休官谁道何曾见"和"我昔凌晨登阁会"等句推测，赵抃的这些诗可能是作于晚年，其中带有不少对往事的回忆。不管怎么说，这些朋友不仅给青少年时代的赵抃带了友谊的欢愉，持续一生的友谊，也构成他日后重要的人际关系网络。赵抃还与毛维瞻结下儿女亲家。毛维瞻的儿子是著名词人毛滂，赵抃把长孙女赵英嫁给了他。③

---

① ［宋］赵抃：《清献集》卷四。

② ［清］王彬修、陈鹤翔等纂：《江山县志》卷一二，同治十二年文溪书院刊本。

③ ［宋］毛滂：《毛滂集》卷一二《赵氏夫人墓志铭》，周少雄点校本，杭州：浙江古籍出版社，2012年，第290—210页。

第二章　金榜题名

第一节　灵芝吉兆

明道二年（1033），二十六岁的赵抃寓居在城北余庆院温习功课，准备应举。有一天，他忽然发现房间的窗棂居然生出了芝草。在今天看来，阴雨连绵的时节，山野中的房屋木窗框因潮湿而长出菌类，并不稀奇，但古人并不这么看。尤其是宋真宗大中祥符年间，各地为迎合天书的降临，纷纷献上大量的芝草，来渲染祥瑞。《宋史·五行志》还记载有当时知亳州的赵抃外公徐泌在大中祥符四年（1011）给皇帝献上芝草的事。[①]因此，在这样的时代氛围之下，赵抃看到房间的窗户上生出芝草的现象，无疑认为是一种吉兆。于是，他在房间的墙上题写下了这样的诗句："灵芝如可采，仙桂不难攀。"

晋代郤诜回答晋武帝时，说自己"举贤良对策，为天下第一，犹桂林之一枝，昆山之片玉"[②]。后来，"折桂"这个典故就成为科举登第的比喻。赵抃运用这个典故，说既然灵芝都唾手可得，那么这次应举一定会成功的。本来就有底气，灵芝显现的吉兆无疑让赵抃信心倍增。这件事在当时还哄传开来，众所周知。多年后，

[①] 《宋史》卷六三《五行志》载："（大中祥符四年）七月，知亳州徐泌、知江州王文震并献芝草。"中华书局编辑部点校本，北京：中华书局，1985 年，第 1390 页。

[②] ［唐］房玄龄等《晋书》卷五二《郤诜传》载："累迁雍州刺史。武帝于东堂会送，问诜曰：'卿自以为何如？'诜对曰：'臣举贤良对策，为天下第一，犹桂林之一枝，昆山之片玉。'帝笑。"中华书局编辑部点校本，北京：中华书局，1996 年，第 1443 页。

赵抃在诗中这样回忆道:"昔年书牖曾呈瑞,报为登科众所知。"前面提及的赵抃那两句五言诗,全诗已失传,只有这两句保留在他回忆吉兆的七言诗自注中。①

拥有自信,不光是对自己学问的自信,还应当是此时的赵抃已经在乡试中取得很好的成绩,获得了乡荐。宋代科举考试分为三级。第一级是秋天在地方州府的贡院进行考试,被称作"秋闱"。由于应试者众多,逐渐确立完备的考试制度之后,中央根据历年应试者的多寡,为每个地方分配了参加第二级在京城举行的中央礼部考试的名额。这种名额叫作发解额,因此,乡试又称作解试。这里"解"是送的意思,将乡试合格的举子推荐发送入京。乡试为皇帝贡献人才,因此也叫作乡贡。从赵抃在第二年入京赴试来看,他在书房生灵芝的时候,无疑已经获得了乡荐。

其实,在科举的三级考试中,乡试可以说是竞争最为激烈的。平均的竞争倍率约为百人取一。②赵抃在这样激烈的竞争中胜出,自然会拥有自信,也相信冥冥之中有神灵呵护,所以因秋雨连绵而生出的芝草,被赵抃视为吉兆,让他分外欣喜。

第二节 赴京赶考

乡试当年的冬天,赵抃便按规定赶赴遥远的京城开封,准备参加第二年春天的第二级礼部考试。③礼部试由于在尚书省发榜,所以又称作省试。衢江环

---

① [宋]赵抃《清献集》卷四《次韵梁浃瑞芝》:"圣旦求贤野不遗,如公诸子定逢时。默期苑里留丹桂,喜向门前获紫芝。香已与兰盈一室,饵当同术有三枝。昔年书牖曾呈瑞,报为登科众所知。"诗后自注云:"予明道中寓余庆院结课,芝草生书牖上,因题有'灵芝如可采,仙桂不难攀'之句。明年春果叩科第,故云。"

② [宋]欧阳修《文忠集》卷一一三《论逐路取人札子》云:"今东南州军进士取解者,二三千人处只解二三十人,是百人取一人。"李逸安点校《欧阳修全集》本,北京:中华书局,2001年,第1717页。

③ 《宋史》卷一五五《选举志》载:"秋取解,冬集礼部,春考试。合格及第者,列名放榜于尚书省。"中华书局编辑部点校本,北京:中华书局,1985年,第3604页。

绕着衢州，因此赵抃出行赴京赶考，自然先是走水路。赵抃后来乘船，冬季的夜雨沙沙打在船篷，让他难以入梦，颇相仿佛的场景，很自然地回忆起当年赴举的情形："夜来雨作籧篨响，恰似当年赴举时。"①

赴京应考，赵抃还有一件为人称道的经历。进京途中，要经过不少收税的关卡。一道同行的举子，大约都不是出身富裕之家，于是就打算逃税过关卡，省下一笔费用。同样是靠人资助盘缠进京的赵抃不赞成这样做，他说："做士人的时候，就已经有欺骗官府的行为，将来做了官，还不知道会成为什么样子呢？"便坚持按规定缴纳了过路税。②这件进入仕途之前的小事，已经显示了赵抃的自律与清廉。

进入仕途之后，以清廉自律的赵抃，在写给表兄的诗中这样描述自己："壮岁从宦清，饮冰中刚肠。"③

晚年的赵抃退休之后，写下《退居十咏》，其中的《濯缨亭》写道："亭上秋登远目明，濯缨诚不是虚名。晴波一片如铺练，浮石江心彻底清。"④以"濯缨"为亭子命名，源自儒学经典《孟子》的《离娄》："沧浪之水清兮，可以濯我缨。"可以洗涤帽缨的水是清的。从濯缨亭眺望衢汀江心的名胜浮石⑤，水清澄澈见底。诗言志，赵抃歌咏江景，实际上"彻底清"既是明志，又是对自己一生的总结。

赵抃死后，被赐予的谥号叫作"清献"。有一个叫余安行的宋人，仰望着赵抃的画像叹道：宋朝有名的公卿很多，只有赵抃的谥号中有"清"字，可见

---

① ［宋］赵抃《清献集》卷五《客舟夜雨》："朝发温江上处溪，小舟无寐枕频欹。夜来雨作籧篨响，恰似当年赴举时。"

② ［宋］施德操《北窗炙輠录》卷上载："赵清献初入京赴试，每经场务，同行者皆欲隐税过，清献独不可，以为：为士人已欺官，况他日在仕路乎？竟税之。"虞云国、孙旭整理《全宋笔记》本，郑州：大象出版社，2017年，第171页。

③ ［宋］赵抃：《清献集》卷一《赠阳安徐迈表兄屯田》。

④ ［宋］赵抃：《清献集》卷五。

⑤ ［清］顾祖禹《读史方舆纪要》卷九三《浙江·衢州府·西安县》载："浮石潭，在县东北五里。信安溪中有石高丈余，水大至亦不没，下有帝王滩。"贺次君、施和金点校本，北京：中华书局，2005年，第4310—4311页。按，衢江原名信安溪，又名西溪，唐代武德四年（621）在信安置衢州，江流其境，才称为衢江。

他的清是异于常人的。在这一番话之前，余安行还有一段话铺垫说，天和地，人与物，都有清德。比如灿烂的星月，稍微有乌云遮蔽就变得昏暗了。山谷中的清泉，一落上尘埃就变得浑浊了。晶莹的冰壶，一遇到阳光就融化了。然而如果人拥有清德，世事即使变化也不能改变，贫贱或屈辱也不会拖累，富贵和利害乃至情欲都干扰不了。这种君子的清德最为可贵。这一铺垫，最后落在了上述对赵抃的赞扬上。①

在入仕之前，已见赵抃之清，赵抃实在是无愧上述的赞扬。

第三节　省试中举

宋代科举考试的科目很多，但承续唐代以来的传统，其中进士科最受重视。② 赵抃参加的就是进士科考试。

在乡试当年的十一月，乡试合格举子的试卷以及记载家庭状况的家状等档案已经由当地官府送往礼部。在家状和试卷的前面，都写明发解举子的年龄、籍贯、考试场次及名次、应举次数。在递送材料之前，还有考察发解举子行为

---

① ［宋］佚名辑《国朝二百家名贤文粹》卷一九一余安行《题清献赵公画像》云："公冰雪之操，播闻天下，搢绅士夫咸知仰重，清献其称矣。夫予学古人而未至者也，少年日，不及一拜德容，今睹遗像，非特致敬，又有勉焉。大抵清德，天地人物皆然。星月浮空，微云翳之则昏；源泉在谷，尘埃汩之则浊；冰莹玉壶，温旸暴之则释。若乃清德在人，世变不能移，贫贱屈辱不能累，富贵、利害、情欲不能挠，人情所甚欲者，略无毫发可以撄拂吾胸中，其为清也，不亦至乎？此君子之清德，所以为可贵也。本朝文明之盛，钜公名卿多矣，惟公独享是名，岂非清德与人同，所以为清者与人异乎？其同也，其异也，吾年将百，老亦甚矣，智不足以明也，后之君子，必有议其将焉。"宋庆元刻本，《宋集珍本丛刊》第 93 册，北京：线装书局，2004 年。

② 《宋史》卷一五五《选举志》载："礼部贡举，设进士、九经、五经、开元礼、三史、三礼、三传、学究、明经、明法等科。"又载："宋初承唐制，贡举虽广，而莫重于进士、制科。……宋之科目，有进士，有诸科，有武举。常选之外，又有制科，有童子举，而进士得人为盛。"中华书局编辑部点校本，北京：中华书局，1985 年，第 3603—3604 页。

的程序，犹如政审，还需要乡里十人相保。[①]赵抃就是经过这样严格的程序而赴京考试的。

在赵抃参加考试的北宋前期，进士科的乡试和省试的考试内容为诗、赋、论、策、帖经、墨义六种[②]，但主要是以诗赋取士。诗赋中又以赋为主。所以当年范仲淹在执掌应天府学时，曾着力指导学子练习写作应举用的律赋。为此还编过一本《赋林衡鉴》。[③]赵抃在习举业时，应当是在这方面下了很大功夫的。不过，今天存世的赵抃文集《清献集》收录并不完全，已经看不到赵抃的赋作了。帖经犹如今天的填空题，墨义则是默写题，都跟儒学经典有关。虽说是为了应对科举考试，但这样的训练，也让士人把儒学经典背诵得滚瓜烂熟，儒学思想自然也熔铸于意识深层。

赵抃参与的省试是什么样的状况呢？尽管赵抃本人没有留下文字，但文献中对省试的描述应当是大同小异的。南宋人吴自牧在他的《梦粱录》中有一些具体细节的描述。据此，我们可以对赵抃参加省试的状况有一个大体的认识。

应试的举子到京，自寻住处安顿下之后，必须到礼部办理考试资格审查手续，包括呈验解牒、提交自备的空白试纸，礼部审查盖章后，要到市场自行采购带入考场的篮子、文具之类的物品。考试要经历三天，每天一场。考试当天，举子在贡院门外等候开门放人。进入贡院后，确认指定的考场座位图。然后参加开考仪式。厅前备好香案，知贡举等考试官穿戴正式朝服，手执牙板而拜，举子答拜。仪式完了，放下帘幕，在厅额出示试题。对试题有疑难之处，允许举子在帘外当场提问，主考官在帘内解答。然后在指定座位就座，答题作文。考试期间，由巡

---

① 《宋史》卷一五五《选举志》载："家状并试卷之首，署年及举数、场第、乡贯，不得增损移易，以仲冬收纳，月终而毕。将临试期，知举官先引问联保，与状同而定焉。"中华书局编辑部点校本，北京：中华书局，1985年，第 3605 页。

② 《宋史》卷一五五《选举志》载："凡进士，试诗、赋、论各一首，策五道，帖《论语》十帖，对《春秋》或《礼记》墨义十条。"中华书局编辑部点校本，北京：中华书局，1985年，第 3604 页。

③ 参见王瑞来：《范仲淹与北宋古文运动》，载《天地间气——范仲淹研究》，太原：山西教育出版社，2015 年。

查士兵供卖砚水、点心、茶饭等。考试到申时，即下午三点到五点，封闭的贡院开门放举子出院。出院时，举子在考卷上写上姓名，放到门外的柜子中。柜中的试卷直接交由封弥所将卷头封好，记上号头，不让考试官看到考卷上的姓名。三场考完，每个举子的三份试卷都记上同样的号头，送往誊录所，由公人将试卷全部誊录。在校核没有错误后，分送考试官初判和复判，然后交知举官审定。知举官调取原卷再加核对，确定录取人选。入选试卷按号头上奏给皇帝。得到回复后，由专人到封弥所拆号，把号头相应的名字抄出，张榜公布。①

省试在一月上旬举行，录取的倍率为十人取一。赵抃也幸运地通过了这场颇有竞争性的第二级考试。根据文献记载，这一年省试赋的试题为《天子外屏赋》②，也有记载是《观象作服赋》③。诗的试题为《宣室受厘诗》。④ 这次省试的主考官为时任翰林学士、后来成为宰相的章得象。作为考官的名臣，还有

---

① ［宋］吴自牧《梦粱录》卷二《诸州府得解士人赴省闱》载："诸州士人自二月间前后到都，各寻安泊待试，遂经部呈验解牒，陈乞纳卷用印，并收买试篮桌椅之类。试日已定，隔宿于贡院前赁房待试，就看坐图。其士人各引试三场，正日本经，次日论，第三日策。预试人照合试日分集于贡院竹门之外，伺候开门放试。士人各入院内，依坐位分廊占坐讫，知贡举等官于厅前备香案，穿秉而拜，诸士人皆答拜，方下帘幕，出示题目于厅额。题中有疑难处，听士人就帘外上请，主文于帘中详答之，讫则各就位作文，随手上卷。至晡后开门，放士人出院，纳卷于中门外，书知姓氏，试卷入柜而出。其士人在贡院中，自有巡廊军卒齐砚水、点心、泡饭、茶酒、菜肉之属货卖，亦有八厢太保巡廊事。所纳卷子径发下弥封所封卷头，不要试官知士人姓名，恐其私取故也。却于每卷上打号头，三场共一号，方发往誊录所誊录，卷子依字号书写，对读无差，方纳入考试官各房考校。如卷子考中，发过别房覆考，如称众意，方呈主文，却于誊录所吊取真卷，点对批取，定夺魁选。伺候申省奏号揭榜取旨，差官下院，拆号放榜。"黄纯艳整理，《全宋笔记》本，郑州：大象出版社，2017 年，第 102 页。

② ［宋］龚鼎臣《东原录》载："景祐二年（瑞来按，二年未曾开科，当为元年之误）省试《天子外屏赋》。"黄宝华整理，《全宋笔记》本，郑州：大象出版社，2017 年，第 183 页。

③ 《东原录》又载："景祐初，礼部试《观象作服赋》。"第 185 页。

④ ［宋］司马光《温公续诗话》载："科场程试诗，国初以来，难得佳者。天圣中，梓州进士杨谔始以诗著。其天圣八年省试《蒲车诗》云：'草不惊皇辙，山能护帝舆。'是岁，以策用'清问'字下第。景祐元年，省试《宣室受厘诗》云：'愿前明主席，一问洛阳人。'谔是年及第，未几卒。"克冰评注本，北京：中华书局，2014 年，第 109 页。

后来被赵抃弹劾过的李淑,以及后来也成为宰相、当时名字叫宋郊的宋庠。在正月上中旬举行的省试,十六日便已完成判卷,统计出了合格人数。①

顺风满帆,赵抃紧接着在京城参加了最后一轮殿试考试。

第四节 殿试及第

科举制度诞生之后,皇帝亲自主持考试的殿试,在唐代和北宋初年偶尔举行过几次,但都没有形成制度。到了科举规模扩大的宋太宗朝,作为科举考试的最后一道程序,殿试才被确立下来。②皇帝亲行考试,除了制度上的技术考量,还有皇帝的一个主观意图因素,即避免唐代以来科举的考试官与举子结成亲密的"座主"与"门生"的关系,让登第士人都成为"天子门生",恩归于己。

关于宋代殿试的具体情况,进士及第二十多年后的赵抃,在嘉祐六年(1061),担任殿试的考官时,写下过一篇《御试官日记》③,比较详细地记录了殿试的完整过程。我们可以以这篇日记为主,结合其他文献记载,对宋代的殿试有个概貌扫描。

殿试与省试相隔一个月左右时间,在二月底或三月初举行。每次殿试,临时设置编排所、考校所、覆考所、详定所等机构。这些机构设在禁中,一般设在崇政殿的东、西阁和殿后④,并相应设置了编排官、封弥官、出义官、初考官、覆考官、点检官、对读官、详定官等官员。这些官员由中书选择"有文学"者

---

① [清]徐松辑《宋会要辑稿·选举》一之一〇载:"景祐元年正月十六日,以翰林学士章得象权知贡举。知制诰郑向、胥偃、李淑,直史馆、同修起居注宋郊,权同知贡举,合格奏名进士黄庠以下六百六十一人。"刘琳、刁忠民、舒大刚、尹波等点校本,上海:上海古籍出版社,2014年,第5252页。

② [元]马端临:《文献通考》卷三〇《选举考三·举士》载:"自雍熙、端拱而后,取士之法,省试之后乃有殿试,已为定例。"上海师范大学古籍研究所、华东师范大学古籍研究所点校本,北京:中华书局,2011年,第888页。

③ 《赵清献公充御试官日记》收录于南宋刘昌诗所撰《芦浦笔记》卷五,张荣铮、秦呈瑞点校本,北京:中华书局,1986年,第36—42页。

④ 参见《宋会要辑稿·选举》七之六、七之九,第5390、5392页。

临时充任。考场一般设在崇政殿，于殿廊设置帷幔桌椅，每座标明举子姓名，并在考试前一天将考生姓名、座位次序张贴于宫禁之外。考试题拟出后，经专人详审，再送交皇帝批准，然后由御药院负责雕印。试卷除了印有试题外，还印有关于试题的必要说明，如题目的出处、义理等。[①] 考试这一天早晨，举子拜于阙下，然后进入考场，由内臣发给试卷。试毕，再由内臣收回，交给编排官，封上试卷中考生的姓名、籍贯，取《千字文》等字书中的几个偏僻字的偏旁笔画，合成一个字作为代号，将考卷依序排好，交封弥官誊写校勘。由点检官检查试卷后，送交初考官先定等次，然后把初考官判定的结论封上，送交覆考官再定等次，而后交详定官，揭开封弥着的初考官所定等次。与覆考官所定等次相比较，若二者一致，则依次奏闻。如果二者有差别，就再审阅试卷，或者根据初考所定，或者根据覆考所定，详定官不得另立等次。上述一切工作完成后，启封试卷，由编排官将考生的姓名籍贯与试卷代号相合为一，奏交皇帝最后审定放榜。整个过程在十天左右。[②]

从上述描述看，到赵抃作为考官参与的嘉祐六年（1061），殿试制度已经比较完善。但制度的完善也经历了一个逐渐补充修正的过程。比如，最初试题公布之后，也像省试那样，允许举子提问，由出题官员回答。往复问答，不仅会造成混乱，还有损皇帝的尊严，因为跟省试不同，这是以皇帝的名义出的题。因此，就在赵抃参加殿试考试那年，改由内廷御药院雕版印刷试卷，发给应考士人，不允许举子提问。[③]

---

① 参见［宋］李焘：《续资治通鉴长编》卷六八，上海师范大学古籍整理研究所、华东师范大学古籍整理研究所点校本，中华书局，2004 年；《宋会要辑稿·选举》七之一〇所载大中祥符元年殿试过程。

② 殿试过程的归纳，参见王瑞来：《赵抃〈御试官日记〉考释——兼论北宋殿试制度的演变》，《东北师大学报》1986 年第 4 期。

③ ［宋］王栐《燕翼诒谋录》卷五《廷试不许上请》载："旧制，御试诗赋论，士人未免上请于殿陛之下，出题官临轩答之，往复纷纭，殊失尊严之体。景祐元年三月丙子，诏进士题具书史所出，御药院印给，士人不许上请。自后进士各伏其位，不敢复至殿庭。"诚刚点校本，北京：中华书局，1981 年，第 46 页。

在赵抃担任考官稍早的嘉祐二年（1057）为止，殿试也有落榜者。有些来自远方的举子，前几轮考试胜出，在最后一轮落榜，不仅精神上打击很大，有些经济困难者甚至没有回乡的盘缠，发生过投水自杀的事件。① 在赵抃参加考试几年后的景祐五年（1038）那次殿试，合格者为 310 人，而落榜者居然高达189 人。② 在殿试规定人人都合格之后，能参加殿试就等于吃了定心丸，只是根据考试成绩有个名次问题而已。在这样人性化的制度确立之前参加殿试的赵抃，大概也庆幸没有落榜，在最后一轮胜出吧！

赵抃这次参加殿试的赋、诗、论的题目分别是《房心为明堂赋》《和气致祥诗》《积善成德论》。③ 宋代殿试的地点在太祖朝和太宗朝前期为讲武殿④，从太宗雍熙二年（985）开始，改在崇政殿⑤。神宗熙宁三年（1070）直至南宋，一直在名称为集英殿的宫殿，不再改变。⑥ 赵抃参加的这次殿试便是在崇政殿。

那么，赵抃参加的宋代殿试具体状况是什么样的呢？由于制度的历代沿袭，我们从《钱塘遗事》所载的《科举条格故事》可略见概貌，借此，可以想见赵抃参见殿试时的情景。

---

① ［宋］邵伯温《邵氏闻见录》卷二载："本朝自祖宗以来，进士过省赴殿试，尚有被黜者。远方寒士殿试下第，贫不能归，多至失所，有赴水而死者。仁宗闻之恻然，自此殿试不黜落，虽杂犯亦收之末名，为定制。呜呼！可以谓之仁矣。"李剑雄、刘德权点校本，北京：中华书局，1983 年，第 14 页。

② 按，景祐五年殿试黜落人数由以下两条史料合观可知。《宋会要辑稿·选举》一之一〇载："（景祐五年正月）十三日，以翰林学士丁度权知贡举，翰林学士胥偃、侍读学士李仲容、知制诰王尧臣、郑戬并权同知贡举，合格奏名进士范镇已下四百九十九人。"第 5252 页。《宋会要辑稿·选举》七之一六载："（景祐五年三月）十七日，帝御崇政殿，试礼部奏名进士，内出《富民之要在节俭赋》《鲲化为鹏诗》《廉吏民之表论》题。得吕溱已下三百一十人，第为四等，并赐及第、出身。第等同元年，后遂定为例。"第 5396 页。

③ 《宋会要辑稿·选举》七之一五载："景祐元年三月十八日，帝御崇政殿，试礼部奏名进士，内出《房心为明堂赋》《和气致祥诗》《积善成德论》题。"第 5396 页。

④ 《宋会要辑稿·选举》八之二七《亲试》，第 5422 页。

⑤ 《宋会要辑稿·选举》七之四《亲试》，第 5389 页。

⑥ 《宋会要辑稿·选举》七之一九《亲试》，第 5398 页。

宋人将殿试称作"丹墀对策"，意思是在漆成红色的殿堂前答卷。殿试的前几天，举子到官府委托的机构书铺缴费，得到一册《御试须知》，然后由书铺人引领到吏部，按省试榜次每人书写姓名领取考号。考号是由尚书、侍郎、郎中等官员签字画押的白纸卡片，上面记有殿试当天在崇政殿监门的宦官名字。考号如果丢失，就无法进入殿内考试。①

殿试当天一大早，举子手持考号，由卫士引导，排队进入宫廷。到了崇政殿门外，由负责的宦官验收考号。殿门外高高悬挂着座位图。当天色大亮，便会看清图示的自己座位。举子聚集于殿门外，等百官日常的朝见完毕，才引导进入殿内。宰相大臣把试题呈送给皇帝御览，此时举子都可以看到坐在殿上的皇帝。礼仪官指挥省试第一名以下全体举子，向皇帝一拜、再拜之后，退出大殿，按座位图找到标示有姓名、籍贯、座位号的座位。入座之后，由宦官发放御题。举子须将试题誊录到卷头草纸之上。发放完试卷，先赐食吃饭。在南宋时，为太学馒头一个，相当于今天的包子，羊肉泡饭一碗。宋代吃羊肉算是比较奢侈。所以当时有"苏文熟，吃羊肉"的俗谚，意即苏东坡的文章读熟了，便可以中举做官，过上奢侈的生活。饭后，如有人要上厕所，则拿着座位牌和卷子，由士兵带着去。一切完毕之后，入座答卷。答卷时不许与邻座交谈。宦官和官员在考场各处监考，宰相等大臣也巡回监督。到了申时，皇帝再次临场。举子在殿廷东廊台阶下交卷，由一个宦官监视回收牌号和答卷。举子交卷后退场，要经过四道门。每过一门，都要在门东书写姓名。出时无人押送，也无牌号。②

第五节　金榜题名

几天之后的发榜唱名仪式更为隆重。也跟殿试一样，考生需要先去书铺领

---

① ［元］刘一清：《钱塘遗事》卷一〇《御试给号》，王瑞来校笺考原本，北京：中华书局，2016 年，第 360—361 页。

② ［元］刘一清：《钱塘遗事》卷一〇《丹墀对策》，王瑞来校笺考原本，北京：中华书局，2016 年，第 362—363 页。

取牌号。牌号还是殿试时的旧牌，只是多了"崇政殿试讫"印记和一行宦官的姓名画押。

在常朝完毕之后，举子举着牌号列队进入宫殿。皇帝到场，宰相进呈前三名的试卷，在皇帝面前朗读。然后由指定的宰相或大臣在皇帝御案前，将排完名次的卷子考号拆封，念出姓名，立于御案西侧的阁门舍人复述，台阶之下的卫士六十人，齐呼这一人的姓名，叫作传胪。呼声响彻大殿，俗称"绕殿雷"。一个人的姓名要念三四次，确认之后的举子方应声出列，由卫士问过籍贯和父亲名字之后，带到皇帝御座阶下站立，殿上宰臣询问籍贯、父名，由卫士代答。然后到廊下领取像笏板那样长约一尺的敕黄可漏子。

每一甲的人聚齐后，一起向皇帝谢恩。第二甲唱名之后，皇帝入内进膳，同时给举子赐食三品，有赤焦肉饼两个、天花饼两个、羊肉饭一碗。苏轼写的神道碑记载赵抃中进士乙科，可知赵抃在饭前便已唱名。

在这期间，卫士已排好下三甲名字报上，十五人一组，唱名谢恩。最后的第五甲唱名完毕后，全体士人再次手执敕黄拜谢。此时殿上高声传呼，赐进士袍笏。闻此，举子们争先恐后地跑向堆积袍笏的殿外南廊，领取一个笏板，穿戴上淡黄绢衫、淡黄带子、绿罗公服。公服，普通进士是绿色的，皇族宗室进士是紫色的。进门时还是庶民的服色，走出殿门，紫绿相映，粲然可观。过去进士登第做官叫作"释褐"，就是说，换下了普通百姓的褐色衣服，穿上了官服。[1]

在这之后，又有赐闻喜宴和同榜进士期集聚会和在京同乡的乡会等一系列活动，这使士人从进士登第开始便结成了同年和同乡的政治人际网络。[2]

赵抃这一年，进士科合格人数为 501 人。从赵抃参加殿试的景祐元年起，开始实行新制，进士按成绩分为五等，等又称为甲。第一、第二、第三等及第，

---

① ［元］刘一清：《钱塘遗事》卷一〇《择日唱第》，王瑞来校笺考原本，北京：中华书局，2016 年，第 365—367 页。

② ［宋］赵升：《朝野类要》卷五《期集》《同年乡会》，王瑞来点校本，北京：中华书局，2007 年，第 106—107 页。

第四等出身,第五等同出身。① 赵抃的成绩为乙科,即第二等,所以是进士及第。虽然可以笼统叫作"进士登第",但作为细致区别,"进士出身"和"同进士出身"都低于"进士及第"。等甲不同,接下来的任官也有差别。

到仁宗朝,士大夫政治已盛开出灿烂之花。赵抃这一榜进士,名人成群结队地涌现。有著名的文人柳永②、苏舜钦③,有后来成为宰相的陈升之④、梁适,有成为执政枢密副使的蔡挺⑤。

殿试登第,被称为"五荣"。两度见到皇帝,是第一荣;名登天府,三代父祖之名达于圣听,是第二荣;御宴赐花,让人羡慕,是第三荣;布衣而入,绿袍而出,是第四荣;让一个家族有了光明的前景,是第五荣。⑥ 赵抃凭借家学传统和自身的努力,获得了这五项殊荣,从此走上了仕途。

---

① 《宋会要辑稿·选举》七之一五、一六于景祐元年三月十八日载:"命翰林学士承旨盛度已下三十六人锁宿考试,如新制。得张唐卿已下七百一十五人,第为五等,并赐及第、出身、同出身。第一、第二、第三等及第,第四等出身,第五等同出身。"又,《宋会要辑稿·选举》一九之一〇于景祐五年正月十三日载:"得吕溱已下三百一十人,第为四等,并赐及第、出身。第等同元年,后遂定为例。"第5396页。

② 〔明〕夏玉麟编纂《建宁府志》卷一五《选举》载:"景祐元年甲戌张唐卿榜,柳三变,字耆卿,一名永。工部侍郎宜之子。为屯田员外郎。工词章,擅名乐府。"嘉靖二十年刻本。

③ 〔宋〕彭百川《太平治迹统类》卷二七《祖宗科举取人·仁宗》载:"(景祐元年)三月戊寅,试礼部奏名进士,张唐卿以下并赐及第。张唐卿、杨察、石询有、吴祕、林概、张耒、杨靖、蔡挺、苏舜钦、柳二友、石亚之、石元之、叶适、柳三接、刘安世。"江苏广陵古籍刻印社影印本,1990年。

④ 〔宋〕杜大珪《名臣碑传琬琰集》下卷一五《陈成肃公升之传》载:"景祐初,举进士。"顾宏义、苏贤校证本,上海古籍出版社,2021年。

⑤ 〔宋〕朱长文《乐圃余稿》卷一〇《宋故宣德郎守尚书屯田员外郎知永康军青城县赠尚书都官郎中蔡公墓志铭》载:"景祐元年试于廷,赋等几中魁甲,以脱误,才得及第。与子清及南阳公(蔡挺)为同年。"《四库全书》文渊阁本。

⑥ 〔宋〕刘一清《钱塘遗事》卷一〇《赴省登科五荣须知》载:"两觐天颜,一荣也;胪传天陛,二荣也;御宴赐花,都人叹美,三荣也;布衣而入,绿袍而出,四荣也;亲老有喜,足慰倚门之望,五荣也。"王瑞来校笺考原本,北京:中华书局,2016年,第353页。

第六节 欣逢时代

从赵抃的曾祖、祖父、父亲，到后来赵抃，以及他的儿子，几代人所走的路径，并不是历代业儒的家庭共同的必由之路，而是在宋代科举社会形成之后，才开辟出的一条通往官僚金字塔之路。

肇始于隋的科举，在唐代开花。科举登第，以才华显示能力，让那个时代由此走上仕途的士人充满荣耀。"春风得意马蹄疾，一日看尽长安花"①，便是生动的写照。不过，被称为启发了近代以后东西方公务员考试制度的科举，在隋唐时代一直犹如涓涓细流，规模很小。到了北宋初年太祖时期，这种状况依然没有改变。一次科举登第者只有几个人、十几个人，至多也不过几十人。因此科举的政治作用并不大，荣誉性的象征意义大于实际意义。好在这一涓涓细流一直没有中断。时代的风云际会，让静静流淌的小溪，终于时来运转，汇成澎湃的洪流。

经历恢宏的大唐之后，历史几经翻弄，终于以"陈桥兵变，黄袍加身"的戏剧性方式改朝换代，进入到继五代之后的"第六代"宋朝。宋朝承续后周的强盛，先南后北，扫平割据的群雄。在这一过程中，宋朝的内部，先是"杯酒释兵权"，巩固了自身，继而"烛影斧声"，皇权易手。武功不济的宋太宗坐享统一大业。完成基本统一的宋朝，此时才从五代十国中摆脱"第六代"的魔咒，真正实现开国立朝。朱熹就说，此时的宋朝方拥有正统。②元人陈桱编纂《通鉴续编》，接受朱熹的认识，就直接从宋太宗平定北汉的太平兴国四年（979）

---

① ［唐］孟郊：《孟东野诗集》卷三《登科后》。韩泉欣《孟郊集》校注本，杭州：浙江古籍出版社，2012年，第130页。

② ［宋］黎靖德编《朱子语类》卷一〇五《论自注书·通鉴纲目》："有始不得正统，而后方得者，是正统之始；有始得正统，而后不得者，是正统之余。如秦初犹未得正统，及始皇并天下，方始得正统。晋初亦未得正统，自泰康以后，方始得正统。隋初亦未得正统，自灭陈后，方得正统。如本朝至太宗并了太原，方是得正统。"王星贤点校本，北京：中华书局，1986年，第2636页。

开始，才把宋朝视为正统，以前的十多年还算作"第六代"的割据政权。①

伴随着基本统一的逐渐完成，宋太宗开始着力于政权建设。政权建设首先需要管理人才。当时，放眼望去，从中央到地方，几乎全是留用的旧政权官僚，新兴的宋王朝亟需用自己的管理人才来接手。人才从哪里来？科举考试便是一个现成的选择。于是，科举考试规模扩大便成为一种必然。不过在这种必然的选择背后，则是应和了唐末五代以来武人跋扈表象之下崇文的潜流。金榜题名的荣耀让崇文成为风尚。比如说五代时期的有名诗人罗隐就屡败屡考，非要有个进士的功名不可。②并且貌似武人一统天下的时代，政权的运营，从上到下，其实还是依赖文人。我们看，从中央政府的冯道③，到基层州县的赵普④，都是大大小小的士人在支撑着运作。宋太祖就跟赵普说过："国家事皆由汝书生尔。"⑤崇文的潜流，加上杜绝武人跋扈重演的考量，收拢士心的策略，文人管理人才的实际需要，朝廷的政治导向，在统一的局势下，由武功转向文治。诸多合力相加，形成科举规模扩大的决策。

与太祖朝登科人数相比较，可以清楚地观察到太宗朝科举扩大的规模。太祖从登基的建隆元年（960）开始，每年都开科取士。不过，15 次取士人数，进士科总计才 190 人，加上特奏名进士、诸科等，也不到 500 人。太宗即位伊始，太平兴国二年（977）开科取士合计就达 501 人，比太祖朝开宝八年（975）最后一科合计的 63 人多出将近七倍。皇帝登基那年的开科被称为龙飞榜。太宗朝龙飞榜的规模，便充分显示出政策变化的趋势。而后尽管没有像太祖朝那样每年都开科取士，但太宗一朝仅八次开科取士的人数总计便已达到 6147 人，

① ［元］陈桱：《通鉴续编》，元刊本。
② 王瑞来：《立心立命》辑一《说罗隐》，北京：中华书局，2019 年，第 14—18 页。
③ 王瑞来：《立心立命》辑一《见迹与见心》，第 3—10 页。
④ 张其凡：《赵普评传》，北京出版社，1991 年。
⑤ ［元］脱脱等：《宋史》卷二五六《赵普传》，中华书局编辑部点校本，北京：中华书局，1985 年，第 8933 页。

将近太祖朝 480 人的 13 倍。[①]

数字比较，显示出的虽然是政策的技术性变化，但逐渐产生的影响则是当时的决策者所未能预料的。从太平兴国二年（977）到至道三年（997）太宗朝的最后一科，持续整整 20 年的前所未有的大规模科举取士，使科举出身的官僚，很快取代了武人以及留任的旧有势力，逐渐主持了从中央到地方的政治舞台。到太宗在位的后期，登第进士中的出类拔萃之辈已经攀升上政治的金字塔，太平兴国五年（980）的进士李沆、寇准等人已进入到政治中枢，成为参与决策的执政者。接下来的真宗朝，从咸平元年（998）到天禧三年（1019），21 年间开科 12 次，总计取士多达 8374 人。真宗朝担任宰相的 12 人，无一例外，全是进士出身。士大夫史无前例地成为政治的全面主宰，造就了士大夫政治。

北宋中期的宰相文彦博曾跟宋神宗说过一句"与士大夫治天下"[②]的话。"与士大夫治天下"，说的是士大夫与皇帝的权力共享。在魏晋南北朝时期，也有过与皇帝的权力共享，不过共享的对象是当时的世家大族贵族。"萧瑟秋风今又是，换了人间。"历史尽管相似，但科举规模扩大所形成的政治生态，不再像是东晋"王与马共天下"[③]那样，而是让各个阶层出身的士大夫成为权力的共享者。士大夫政治在真宗朝全面形成，在赵抃走入仕途的仁宗朝则显示了一统江湖的绝大权威。有人夸张地说，宋仁宗在位四十年是中国历史上最好的四十年。宋仁宗被宋人称为"百事不会，只会做官家"[④]的皇帝。他无为而治，其实也有在士大夫政治挤压下权力空间缩小的无奈。

---

① 太祖、太宗两朝科举取士统计数字见龚延明、祖慧编著《宋代登科总录》，桂林：广西师范大学出版社，2014 年，第 1 册第 2 页、第 34 页。

② ［宋］李焘：《续资治通鉴长编》卷二二一熙宁四年三月戊子条，上海师范大学古籍整理研究所、华东师范大学古籍整理研究所点校本，北京：中华书局，2004 年，第 5370 页。

③ ［唐］房玄龄等《晋书》卷九八《王敦传》载："帝初镇江东，威名未著，敦与从弟导等同心翼戴，以隆中兴，时人为之语曰：'王与马共天下。'"中华书局编辑部点校本，北京：中华书局，1974 年，第 2554 页。

④ ［宋］施德操：《北窗炙輠录》卷上，虞云国、孙旭整理《全宋笔记》本，郑州：大象出版社，2017 年，第 174 页。

科举规模扩大所造就的士大夫政治，其意义更是超越了政治本身。政治主宰者的地位与政治环境，激活了儒学与生俱来的积极入世意识，激发了知识人以天下为己任的事业心。历史的使命感让士大夫发出了"为天地立心，为生民立命，为往圣继绝学，为万世开太平"这一时代强音。横渠四句张扬着士大夫的无限自信，而宋代士大夫重新发掘并弘扬的"正心，诚意，格物，致知，修身，齐家，治国，平天下"的"儒学八条目"，则从个人到家庭，从社会到国家，从国家到世界，反映了超越政治的全方位的担当精神。

从此，士大夫政治不仅贯穿两宋，更是影响着此后中国的政治生态。无论是唐宋变革、宋元变革、元明清转型，还是江山鼎革、王朝易族，虽然社会不断在发展变化，权力格局也因时而异，但士大夫政治及其精神，已经根植于读书人的意识之中，在各个时代都发挥着影响。从这个意义上说，科举规模的扩大在客观上改变了中国历史。

科举规模扩大，"取士不问家世"①，糊名考校，严防作弊，"一切以程文为去留"②，全部凭试卷成绩录取，打破了历来各种贵族对官位的垄断。相对的公平，让普通平民看到了希望的光芒，促进了社会流动，带动了民众的向学，提升了全社会的文化水平。

在世代业儒的家庭中成长起来的赵抃，其生也幸，遭逢一个崇尚知识的士大夫政治主宰的时代。

---

① ［宋］郑樵：《通志二十略·氏族略》第一《氏族序》，王树民点校本，北京：中华书局，1995年，第1页。

② ［宋］陆游《老学庵笔记》卷五载："本朝进士，初亦如唐制，兼采时望。真庙时，周安惠公起，始建糊名法，一切以程文为去留。"李剑雄、刘德权点校本，北京：中华书局，1979年，第69页。

第三章　为宦四方

第一节　岳麓岁月

很幸运，景祐元年（1034）这一年登第的进士，要比此前此后的授官都要好。状元、榜眼、探花前三名都被授予将作监丞，相当于元丰官制改革后的京官宣义郎，差遣为诸州通判；第四、五名被授予大理评事，相当于元丰官制改革后的京官承事郎，差遣为签书节度州判官；第六人以下被授予校书郎，相当于元丰官制改革后的京官承务郎，差遣为知县。第二甲都被授予两使幕职官，相当于元丰官制改革后七阶选人的第三阶文林郎；第三甲被授予初等幕职官，相当于元丰官制改革后七阶选人的第四阶从事郎；第四甲为试衔判、司、主簿、尉，相当于元丰官制改革后七阶选人的第五阶通仕郎；第五甲为主簿、县尉，相当于元丰官制改革后七阶选人的第六、七阶登仕郎、将仕郎。① 说这一年授官比此前此后都好，可以拿此后嘉祐三年（1058）的授官进行参照。那一年规

---

① ［宋］李焘《续资治通鉴长编》卷一一四"景祐元年三月辛巳"条载："已而得进士张唐卿、杨寀、徐绶等五百一人，诸科二百八十二人，特奏名八百五十七人。赐及第、出身、同出身，及补诸州长史、文学如旧制，惟授官特优于前后岁。唐卿、寀、绶并为将作监丞、通判诸州，第四、第五人为大理评事、签书节度州判官，第六人而下并为校书郎、知县。第二甲为两使幕职官，第三甲为初等幕职官，第四甲为试衔判、司、主簿、尉，第五甲为主簿、尉。"上海师范大学古籍整理研究所、华东师范大学古籍整理研究所点校本，北京：中华书局，2004 年，第 2671 页。

定进士第二、第三人才相当于这一年第二甲授予两使幕职官。[①]

乙科进士及第的赵抃为第二甲，根据这一年的规定，被授予了武安军节度推官。这便成为赵抃仕途的起点。[②]

武安军即潭州，今天的长沙，宋代隶属荆湖南路。过去节度使驻扎之处，称为节度州，潭州就是这样的州，所以还有节度使属官的设置。[③]赵抃担任的武安军节度推官，为荆湖南路安抚使的属官，办公地点在潭州，是宋代称为"监司"的路一级监察兼行政机关的官员。节度推官的职责是作为长官的助手，统括各个部门的文书，做出判断，向长官汇报实施，有些像今天地方政府的秘书长。

初入仕途的赵抃，就做了一件令众人信服的事情。有个百姓因私自伪造官府的大印，被抓了起来。伪造官印，按照当时的法律是要杀头的。因此，所有的官员都说应当判死刑。这时，赵抃站出来说了一番话。他说："伪造官印是在大赦令发布之前，而使用伪造官印是在大赦令发布之后。在大赦之前没有使用，在大赦之后又没有再度伪造。因此按法律规定不应当判死罪。"赵抃没有抽象地说这件事，而是具体考察了事情特定的时间背景，从而发现这里有一个时间差的问题。由于赵抃这番合乎法律和逻辑的冷静分析，最终就没有判那个百姓死罪。对这件事的妥当处理，让整个官府上下都很佩服年轻的赵抃。[④]

赵抃担任武安军节度推官时的政绩，百年之后还被后人景仰。南宋时，一

---

① ［清］徐松辑《宋会要辑稿》选举三之三六"嘉祐三年闰十二月十一日"条载："制科入四等、进士第二、第三人，并除两使幕职官，代还改次等京官，送审官院。"第5304页。
② 《宋史》卷一六七《职官志七·幕职诸曹等官》载："幕职官：签书判官厅公事、两使防团军事推判官、节度掌书记、观察支使，掌裨赞郡政，总理诸案文移，斟酌可否，以白于其长而罢行之。"第3975页。
③ ［宋］王存等《元丰九域志》卷六："荆湖路南路，上，潭州，长沙郡，武安军节度。治长沙县。"王文楚、魏嵩山点校本，北京：中华书局，1984年，第258页。
④ ［宋］苏轼《赵清献公神道碑》载："为武安军节度推官。民有伪造印者，吏皆以为当死。公独曰：'造在赦前，而用在赦后。赦前不用，赦后不造，法皆不死。'遂以疑谳之，卒免死。一府皆服。"

个叫丘伯兴的人，也担任了武安军节度推官，因为赵抃曾担任过此官，就在官衙建了以一个纪念堂，请朱熹题写堂名。朱熹就取神宗所赐赵抃神道碑额"爱直"命名了纪念堂。①

赵抃不仅在担任武安军节度推官时政绩斐然，还在二十八岁这一年喜得长子赵屼②。

赵抃担任武安军节度推官仅仅一年，就被推荐做了监潭州粮料院。③粮料院是中央和地方都有设置的一个掌管发放官员廪禄等事务的机构。④监粮料院，属于宋代监当官的一种。⑤从苏轼写的神道碑"监潭之粮料"用"举"来表示看，应当是根据在前一年赵抃担任武安军节度推官时的政绩做出的升迁。从武安军节度推官到监潭州粮料院，都没离开潭州，属于同地升迁。

关于赵抃入仕初任的节度推官，尽管按规定两使幕职官相当于后来低级官僚选人的文林郎，但根据苏轼写的神道碑记载，两年后的赵抃以著作佐郎知崇

① ［宋］朱熹《晦庵先生朱文公文集》卷三五《与刘子澄》云："建阳有丘伯兴者，字敦诗，廉谨质实，今为武安节度推官。得书云赵清献尝为此官，尝即廨舍营一堂，求名以见师慕赵公之意。熹为名曰'爱直'，盖取碑额云尔。"郭齐、尹波编著《朱熹文集编年评注》本，福州：福建人民出版社，2019年，第1689页。

② ［宋］文同：《丹渊集》卷三八《试秘书省校书郎赵君墓志铭》，记赵屼以三十一岁卒于治平二年（1065），逆推生年，当在景祐二年（1035），《四部丛刊初编》影印明汲古阁刊本。按，赵抃长子之名，记载纷纭。《试秘书省校书郎赵君墓志铭》记作"屺"，然石刻拓本所录苏轼《赵清献公神道碑》及毛滂《赵瓜夫人墓志铭》记其岳父名均作"屼"，音完。赵抃次子之名，碑刻、方志等资料多记作"岏"，亦有记作"屼"者。"岏"音及，为石山之意。"屺"与"屼"字形相近，以校勘学视点观之，有形近而误的可能。本书虽从众，记作"岏"，但仍有存疑。二子之名，山字旁以外，一作"屼"，为高山，一作"屺"，为小山。一画之差，长幼有别，似出于赵抃有意为之。

③ ［宋］苏轼《赵清献公神道碑》载："阅岁，举监潭之粮料。"

④ 《宋史》卷一六五《职官志五·太府寺》载："粮料院，掌以法式颁廪禄，凡文武百官、诸司、诸军奉料，以券准给。"第3908页。

⑤ ［宋］谢维新《古今合璧事类备要》后集卷八一《监当门》载："总监当：〔监〕州粮料院，钱监，监仓，监盐，监酒，监镇，作院，交引，库务，监门，监茶，监场，监务。"《四库全书》文渊阁本。

安县，已经超迁八级，越过中级官僚的初等京官，是京官的最高一级，再升一级就进入朝官的序列了。当然，监粮料院差遣相应的寄禄官级别，就应当是著作佐郎。范仲淹担任监楚州粮料院时升迁为大理寺丞便可作为旁证。① 大理寺丞跟著作佐郎是平级的京官。制度规定，两使职官，需要六考即六年才能升迁到著作佐郎②，而赵抃从及第到以著作佐郎知崇安县，才四年多。由此可见，赵抃的升迁速度相当之快。③

在潭州的几年间，公务之余，赵抃饱览秀丽的岳麓山水名胜，写下过《麓山十咏》等不少诗章。④《麓山十咏》之一的《真身湖》写道：

> 晓光澄水月，秋影颤风幡。
> 宛是真如地，荷花护翠轩。

赵抃在诗题之下自注说："湖上有真身寺，因以名。"以这一自注为线索，我找到了北宋比赵抃生活时代稍后的孔武仲撰写的《碧湘湖录》。从中了解到，真身湖本名碧湘湖。寺庙与湖都是五代时割据湖南的马殷为来自杭州的僧人慧严建造、开掘的。慧严圆寂后，真身保留在寺内，因此又叫真身寺，湖也因此得名。⑤ 赵抃此诗写的是秋天的风景，一句"晓光澄水月"，也颇有柳永"杨

---

① 《宋史》卷三一四《范仲淹传》载："迁大理寺丞，徙监楚州粮料院。"第10267页。
② 《宋史》卷一六九《职官志九·群臣叙迁》载："两使职官，知令、录，六考除著作佐郎。"第4039页。
③ 超迁八级，这在宋代的官场几乎不可能，我怀疑赵抃初任虽说是两使幕职官武安军节度推官，但不是按常规的选人文林郎级别，已经是京官了。宋代有这样的特例。《宋史》卷一五六《选举志二》载："(绍兴八年)时闻徽宗崩，未及大祥，礼部言：故事，因谅暗罢殿试，则省试第一人为榜首，补两使职官。帝特命为左承事郎，自此率以为常。"第3628—3629页。左承事郎就相当于元丰改制前的大理评事，跟著作佐郎只低两级。
④ [宋]赵抃：《清献集》卷三《麓山十咏》。
⑤ [宋]孔文仲、孔武仲、孔平仲《清江三孔集》卷一八孔武仲《碧湘湖录》云："长沙有碧湘湖者，自马氏始也。僧惠严，吴人，自杭州来依马武穆王，武穆重之。一日思归，武穆曰：'公忆西湖耶？'乃为置寺湖西，而辟湖于寺外，旁引群山，下通湘水。其后惠严卒于寺，至今堂中有真身存焉。……余至真身寺，遂游湘上，憩乔木之阴，观鱼鸟之乐，日暮忘归。"孙永选校点本，济南：齐鲁书社，2002年。

柳岸晓风残月"①的韵味。

《岳麓寺》写道：

> 古木与云齐，门前百丈梯。
>
> 我来烦想涤，疑是过灵溪。

尽管岳麓寺可以视为岳麓山寺庙的泛指，但赵抃参拜的当即麓山寺，是建于西晋时期的早期寺院。寺院左临清风峡，右流白鹤泉，有"汉魏最初名胜，湖湘第一道场"之誉。麓山寺规模宏大，殿堂雄伟，杜甫曾与诗描述道："玉泉之南麓山殊，道林林壑争盘纡。寺门高开洞庭野，殿脚插入赤砂湖。"②杜甫之后，赵抃也写下了这首《岳麓寺》。

对寺旁流淌的白鹤泉，赵抃的《白鹤泉》这样写道：

> 灵派本无源，因禽漱玉泉。
>
> 自非流异禀，谁识洞中仙。

白鹤泉就是杜甫笔下的玉泉。白鹤泉源出清风峡之上的岩石中，相传因尝有白鹤飞止其上而得名。③

赵抃的《四绝堂》诗写道：

> 千灯传静刹，四绝号虚堂。
>
> 已是金银界，仍为翰墨场。

---

① ［宋］柳永《雨霖铃·秋别》："寒蝉凄切。对长亭晚，骤雨初歇。都门帐饮无绪，留恋处、兰舟催发。执手相看泪眼，竟无语凝噎。念去去、千里烟波，暮霭沉沉楚天阔。　多情自古伤离别，更那堪、冷落清秋节。今宵酒醒何处，杨柳岸、晓风残月。此去经年，应是良辰、好景虚设。便纵有、千种风情，更与何人说。"唐圭璋编《全宋词》，北京：中华书局，1965 年，第 21 页。

② ［唐］杜甫著，［清］仇兆鳌注：《杜诗详注》卷二二《岳麓山道林二寺行》，中华书局编辑部点校本，北京：中华书局，1979 年，第 1986 页。

③ ［清］陈运溶编纂《湘城访古录》卷一二《白鹤泉》载："《南岳总胜集》云：麓山西有白鹤泉。《画墁集》云：法华台下有白鹤泉，涓涓有声，味极甘冷。《图书集成·职方典》云：在岳麓山清风峡上，泉出岩石中，仅一勺许，最甘洌。相传尝有白鹤飞止其上，故名。石刻有'白鹤泉'三字。"陈先枢点校本，长沙：岳麓书社，2009 年，第 262 页。

岳麓山道林寺建有"四绝堂","四绝"因保存有杜甫、裴休、宋之问、沈传师的笔札诗篇而得名。[1] 虽然四绝已虚,世为俗扰,然仍以笔札诗篇而扬名。赵抃作为士大夫,以此为自豪。

赵抃的《法华堂》诗写道:

> 峰顶已崔嵬,因高更筑台。

> 夜分僧定起,咫尺见云雷。

在赵抃之后的南宋初年,名臣李纲曾造访岳麓寺,也留下有这样的诗句:"步上法华堂,试酌白鹤泉。"[2] 不过,据与赵抃同时的宋人张舜民的《郴行录》,法华堂具体应当是在升中寺[3],李纲称岳麓寺,大概是对岳麓山寺院的泛称。

对升中寺,赵抃还有《升中古柏》一诗:

> 雪挫更霜摧,寒心未易回。

> 庭前皆古意,何必问西来。

岁寒知松柏,这是中国自古强调的节操,跟西来的佛教无关。赵抃大概做如是之想。

赵抃同时写有《洞真观》一诗:

> 木老岩垌冷,泉飞月殿寒。

> 栖真无一事,清啸倚栏干。

---

[1] ［宋］祝穆撰、［宋］祝洙增订《方舆胜览》卷二三《湖南路·潭州·佛寺》载:"道林寺、在岳麓山下,距善化县八里。寺有四绝堂,保大中马氏建,谓沈传师、裴休笔札,宋之问、杜甫篇章。治平间,蒋颖叔作记曰:'彼以杜诗、沈书为绝,吾无敢言。若夫遗欧阳询而取裴休,置韩愈而取宋之问,则未然。乃为诠次:沈书,一也;询书,二也;杜诗,三也;韩诗,四也。此之谓四绝。'"施和金点校本,北京:中华书局,2003 年,第 416 页。

[2] ［宋］李纲:《梁溪集》卷二九《宿岳麓寺》,王瑞明点校《李纲全集》本,长沙:岳麓书社,2002 年。

[3] ［宋］张舜民《郴行录》载:"大抵诸寺相邻,惟升中寺最高,宛转登陟,可百余步。门外小溪激射竹木,其声泠然,稍稍露石角。寺后有法华台,高绝山顶,晋僧法崇者笺《法华经》于此。……升中寺法华台下有白鹤泉,涓涓有声,味极甘泠。"顾宏义、李文整理《宋代日记丛编》本,上海:上海书店,2013 年,第 615 页。

面对古木飞泉长啸，益见清纯。洞真观传说是邓固真人羽化成仙之地。[①]

《拜岳石》一诗则记载了当地一个古老的习俗：

片石倚中天，云深鸟道间。

人多祝尧寿，登此拜南山。

岳麓山右边有一块两丈见方的平坦石头，当地人在上面建亭，遥拜南岳衡山，因名拜岳石。[②]

赵抃通过《抱黄洞》一诗，抒发思古幽情：

灵洞古坛基，烟萝接翠微。

日西春又晚，不见羽人归。

抱黄洞因曾有道人在此修炼而得名。[③]暮春夕阳西下，空有洞府，未见道人归来。

在赏心悦目的山水名胜之中，作为士大夫，让赵抃更感兴趣的应当是至今依然香火传承的岳麓书院。[④]在《麓山十咏》中，专有一首《书院》：

雨久藏书蠹，风高老屋斜。

邻居尽金碧，一一梵王家。

---

① ［宋］张舜民《郴行录》载："《洞真观记》云：邓固真人上升之所。"顾宏义、李文整理《宋代日记丛编》本，上海：上海书店，2013年，第615页。

② ［明］李贤等《大明一统志》卷六三《兴都·长沙府·山川》载："岳麓山，在善化县西南，亦名灵麓峰，即衡山七十二峰之一。上有岳麓书院，山下有石方平，土人于此望拜南岳，名拜岳石。"方志远等点校本，成都：巴蜀书社，2017年，第2787页。

③ ［明］李贤等《大明一统志》卷六三《兴都·长沙府·山川》载："抱黄洞，在岳麓山万寿官后。俗传洞有蟒患，晋陶侃射死之。后有道家者流修炼居此，因名抱黄。"方志远等点校本，成都：巴蜀书社，2017年，第2786页。

④ 关于岳麓书院的创立以及在北宋的状况，明人陈论编集、吴道行续正的《重修岳麓书院图志》卷一《沿革》所记稍详："岳麓书院在府治湘江西岸抱黄洞前，属善化县长乐乡，去城五里。宋开宝中，郡守朱洞筑室山下，以延四方学者，教化大冶。咸平辛卯，诏从知州李允则请，赐九经御书。祥符间，官其山长周式主国子簿，诏留讲诸王宫，式固辞，使归教授，始诏赐书院敕额，增给中秘书，赐对衣鞍马。自是与睢阳、嵩阳、白鹿三大书院并闻天下。"邓洪波校点本，长沙：岳麓书社，2012年，第28页。

书蠹屋斜与相邻金碧辉煌的庙宇，形成鲜明对比。赵抃的诗流露的是一个读书人无尽的失落。

虽然赵抃在潭州还有不少其他诗作，《麓山十咏》可视为其代表作，已具述如上。

初仕的赵抃，身在潭州，十分怀念生活了二十八年的故乡。他在给友人的诗中写道："楚馆夜衾凉，离人念故乡。远吟只觉苦，归梦不成长。"① 每逢佳节倍思亲，在遍插茱萸的重阳，赵抃写下了这样悲凉的诗句。

宝元元年（1038），赵抃升迁为著作佐郎的官阶，调到福建的崇安县担任知县。从担任武安军节度推官到监潭州粮料院，赵抃在潭州为官三年多。尽管思乡，他还是很喜欢岳麓山水和当地的风土人情。以后，仕宦四方的赵抃再也没有机会回到魂牵梦绕的潭州。这种心境，从他后来在知青州时写给弟弟的诗中可以备见："我忆初筵湖外日，于今三十八年间。无缘再得游潭府，有梦还应到岳山。"②

第二节 武夷时光

北宋太宗淳化五年（994）建置的崇安县，隶属福建路。由于位于闽、赣交界的武夷山区，在 20 世纪 80 年代被易名为武夷山市。这里群山环抱，跟赵抃的家乡衢州一样，拥有着茂林修竹，并且还是著名的产茶之地，每年为宫廷贡茶。苏轼就曾写过这样的诗："君不见武夷溪边粟粒芽，前丁后蔡相宠加。

---

① ［宋］赵抃《清献集》卷二《和戴天使重阳前一夕宿长沙驿二首》："诘旦逢佳节，今宵寓远乡。且欣宾榻解，休叹客亭长。黄叶临风乱，红萸泡露香。酒徒何处所，空自忆高阳。""楚馆夜衾凉，离人念故乡。远吟只觉苦，归梦不成长。壁有寒蛩怨，邻闻绿蚁香。登高在何处，明日宴山阳。"

② ［宋］赵抃《清献集》卷四《送十二弟太博扬倅潭州》："我忆初筵湖外日，于今三十八年间。无缘再得游潭府，有梦还应到岳山。屈指春秋惊老大，满头霜雪欲归闲。之官莫惮长沙远，行业于人不愧颜。"

争新买宠各出意，今年斗品充官茶。"① 范仲淹也写过这样的诗句："年年春自东南来，建溪先暖冰微开。溪边奇茗冠天下，武夷仙人从古栽。"②

成为崇安这一方土地父母官的赵抃，初度三十而立不久。仕途一帆风顺地走来。赵抃踌躇满志，意气风发，立志要做出一番出色的事业。暮年之时的赵抃，曾经回忆其当时心境，在诗中写道："少时来访武夷峰，学业优殊志气雄。"③

赵抃在崇安做了一项实实在在的事业，就是兴修水利。在赵抃到任之前，崇安由于多水，常常闹水灾，百姓苦于水患。针对这一状况，赵抃采取了两个方案加以治理。先是用石头垒成堤坝，然后又在城中开掘沟渠。④ 这两个方案，可以说都是从前人的做法中获得的智慧。

传说鲧治水就是以筑堤壅堵的方式而失败，其子大禹则是采用疏导洪水的方式而最终获得成功。其实这两种方式都无可厚非，关键在于针对实际，运用得当。赵抃把筑堤壅堵与开渠疏导这两种方式结合起来，不仅取得了成功，还获取了更为广泛的连锁效应。开掘的沟渠不仅在洪水来临之际可以疏导水流，平时还成为灌溉农田的水利设施。

关于赵抃兴修水利的事迹，在地方文献中还有更为具体的记载。说是有一天，赵抃外出劝课农桑。鼓励农民努力耕作，这是古代地方官的一项基本工作，在文献中，我们可以看到很多历代留传下来的劝农诗文。赵抃出城，看到南郊土地荒芜，就问是什么原因，有人回答说缺水。了解到这一情况后，赵抃便带人勘察地势，开凿水渠，并疏通旧有的陈湾陂，引西郊水灌溉县城附近的土地，

---

① ［宋］苏轼撰，［清］王文诰辑注：《苏轼诗集》卷三九《荔支叹》，孔凡礼点校本，北京：中华书局，1982 年，第 2127 页。

② ［宋］范仲淹《范文正公集》卷二《和章岷从事斗茶歌》，王瑞来点校《儒藏》（精华编）《范仲淹集》本，北京：北京大学出版社，2014 年，第 21 页。

③ ［宋］赵抃《清献集》卷五《送周古尉武康》："少时来访武夷峰（自注：予时宰崇安邑。），学业优殊志气雄。今我老归公始仕，神仙官在水晶宫。"

④ ［清］罗以智《赵清献公年谱》"康定元年庚辰"条载："在崇安任。邑旧多水，公作石堤障之。又于城中穿为沟渠，民赖其利。"第 1299 页。

还修筑堤坝，一直达到星洋。这些水利设施，可以灌溉几千顷的农田。①

在防洪和灌溉方面，赵抃主持兴建的水利设施不仅在当时发挥了作用，并且造福后世。几百年之后的元代，一个叫邹伯颜的人来到了崇安担任县尹。他了解到当年赵抃开凿的沟渠灌溉效果，曾经让几千亩农田获益。由于年久失修，他又对赵抃主持开凿的十里长沟加以修复，垒石加固，从而使农田常年丰收。②从邹伯颜修复所带来的收效，我们可以想见当年赵抃筑堤开渠收到的也是同样的效果。在崇安在任两年多，赵抃做出了造福一方几百年的实际事业。

除了兴修水利，防洪排涝，据地方文献记载，在天旱之时赵抃曾在石龙冈为百姓祈雨。③石龙冈又称石龙山。或许是祈雨之际，在一个下午，赵抃登上了高耸的石龙山，写下了一首诗：

> 石龙山顶拔巍颠，我此登临骨凛然。
>
> 直上更无容足地，速回犹在夕阳天。④

除了干实事，地方文献记载赵抃为政简静。简静就是简单清静，用一句话说，就是不做扰民的事。因此，深得当地民众的喜爱。⑤不仅为了赋税而劝农，赵抃还以儒学思想推行教化，不行酷政，就让民众特别守法。⑥

---

① ［清］郝玉麟等修、谢道承等纂《福建通志》卷三一《名宦》载："尝出劝课，见南郊土旷废耕，询其故，曰无水利也。抃相地开渠，浚陈湾陂，引西郊水灌邑治，又筑堤达于星洋，溉田数千顷。"《四库全书》文渊阁本。

② ［明］宋濂等《元史》卷一九二《邹伯颜传》载："邑有宋赵抃所凿沟，溉民田数千亩。岁久，沟湮而田废。伯颜修长沟十里，绕枫树陂，累石以为固，沟悉复抃遗迹，而田为常稔，民赖其利。"中华书局编辑部点校本，北京：中华书局，1976年，第4373页。

③ ［明］夏玉麟编纂《建宁府志》卷三载："石龙冈，在石白里界崇安、浦城两县，俗传尝有樵者镊斧于石脊，有血流出，因号为石龙冈。宋县令赵抃常祷雨于此。"嘉靖二十年（1541）刻本。

④ 按，此诗为赵抃集外佚诗，收录于明夏玉麟编纂《建宁府志》卷三。

⑤ ［明］李贤等《大明一统志》卷七六《建宁府·名宦》载："宋赵抃，知崇安县。为政简静，邑人爱之。"方志远等点校本，成都：巴蜀书社，2017年，第3371页。

⑥ ［清］郝玉麟等修、谢道承等纂《福建通志》卷三一《名宦》载："赵抃字阅道，衢州人。康定初，以著作郎知崇安。为政本于孝悌，不严而肃，民莫敢犯。"

赵抃本人也十分自律。白天做的事情,到了夜里一定要焚香向上天禀报。①烧天香,来自一种原始的天地崇拜信仰。赵抃通过这种仪式化的方式,每天进行自我反省。古人讲"慎独",赵抃夜深无人之际祷告,也是一种慎独。这件事,清人罗以智《赵清献公年谱》系于治平三年知成都府时。②从《福建通志》的记载看,时期应当更早,刚过三十不久,赵抃便有了这种反省自律的行动。

简静其实也反映了赵抃的行政能力,他对繁杂的事务处之裕如。因此,公务之余,行有余力的赵抃,作为士大夫,也很有雅兴,种植花草,修建了一些赏心悦目的亭台楼阁。这些花草和亭台也成为赵抃离任之后当地人睹物思人之处。在县衙北面,赵抃建有绿野堂。在武夷三曲金鸡洞下,建有吏隐亭。以梅明志的赵抃沿河岸种梅,也在县衙的后花园手植梅树。后人在后花园的梅树旁立有"清献梅"石刻。到了元代,还有县尹在旁边筑亭。③

置身于武夷山秀丽的风光之中,赵抃写下过一首七言古风诗《游山》:

> 武夷之山千万峰,一溪诘曲流其中。
>
> 寻真结胜舟楫过,登舟仰视奇灵踪。
>
> 白鹤不蕣写峭壁,雕虎一啸来清风。
>
> 遗棺蜕骨遗化外,绝壑驾船神鬼功。
>
> 寒岩鼎灶失鸡犬,密摇松桧盘蛇龙。
>
> 行行自喜亡尘容,观身顿觉辟樊笼。
>
> 当年今日是高会,左仙右仙之曲红。

---

① 「清」郝玉麟等修、谢道承等纂《福建通志》卷三一《名宦》载:"日所为事,夜必焚香告天。"

② 〔清〕罗以智《赵清献公年谱》"治平三年丙午五十九岁,在成都任"条载:"公之学得力在慎独。每夜静焚香庭,具言自晨兴至夕,凡与人言及于奏事与其所为事,谆谆以告诸天。又尝挂父母画像于卧床中,以自监。《北窗炙輠录》谓公无欺暗室事者,信然。"第1306页。

③ 〔明〕李贤等《大明一统志》卷七六《建宁府·宫室》载:"绿野堂:在崇安县治北。宋康定间赵抃建。清献梅亭:在崇安县治。宋赵抃尝令兹县,手植梅于后圃,后人立石刻'清献梅'三字。元县尹彭好古,构亭其上。"方志远等点校本,成都:巴蜀书社,2017年,第3366页。

> 紫皇归去曾孙散，不见幔亭桥跨虹。
>
> 余亦扪心有素蕴，待逃缰锁追鸿蒙。
>
> 可得洪崖浮丘辈，揖袂拍肩吾适从。[①]

诗中"余亦扪心有素蕴，待逃缰锁追鸿蒙"的表达，也真实地折射了赵抃同中国古代知识人一样的精神特征。既有儒学思想培植的积极入世的一面，也有老庄思想向往山林的遁世一面。这互补的两个面具有很好的调节功能，构成了多数古代知识人完整而健康的人格。

在唐代咸通元年（860）所建的东报恩寺，赵抃也留下了诗篇：

> 松撼寒声竹锁阴，梵宫潇洒称行吟。
>
> 庭前花意自荣落，门外山光同古今。
>
> 夜拓近轩孤月满，晓锄寻药乱云深。
>
> 中间若了休休事，不信叹愁解到心。[②]

情景交融，流露出赵抃的思想意识与历史感。

赵抃崇安为官尽管只有一任两年多，但其政绩以及各种遗迹犹如丰碑一样，不断唤起当地人的记忆。将近一百三十年后，一个姓诸葛的知县到任崇安，在县学为赵抃和胡安国建立了祠堂。

投射在宋元社会转型的大背景下审视，这一举动既是发掘乡贤，建设乡邦文化的反映，也是道学浸润地域的显现。不过，值得注意的是选择祭祀的人物。胡安国，本身就是崇安人，又是著名的理学家，作为乡贤被加以祭祀，可以说是不二人选。然而，赵抃则是一个仅仅在当地为官一任的外乡人，为什么能够入选呢？在诸葛知县看来，正是赵抃在任时的政绩以及他在朝时的大节，让他被视为乡大夫，与乡先生之贤者并膺其选。他说，需要学习的孔孟离我们很远，但乡大夫与乡先生之贤者则让我们感到很亲近。赵抃孝敬父母，友爱兄弟，为人自律，做官是良吏，在朝是铮臣，清廉的品格和完美的

---

① ［宋］祝穆：《方舆胜览》卷一一《建宁府·武夷山》，第185页。按，此诗为赵抃集外佚诗。

② 按，此诗为赵抃集外佚诗，收录于明夏玉麟编纂《嘉靖建宁府志》卷一九。

行为，为士人做出了表率。

悬挂着赵抃和胡安国画像的祠堂建好后，诸葛知县专门派人请当时就住在崇安开耀乡的朱熹写了一篇《建宁府崇安县学二公祠记》。[①] 当时，道学声势尚未大盛，进士登第整二十年的朱熹也还没有成为儒学宗主。不过诸葛知县郑重地请朱熹写祠记，既反映了对朱熹的重视，也反映了道学生长的势头。而赵抃作为乡大夫被祭祀尊奉，无疑是对地方父母官所作所为的极大肯定与褒扬。

---

① ［宋］朱熹《建宁府崇安县学二公祠记》："崇安建之岩邑，故官师赵清献公尝为之宰，故侍读胡文定公又其邑里人也。两公之德，后学仰之旧矣。然数十年之间，为是邑者不知其几何人，无能表而出之，以化于邑者。乾道三年，今知县事温陵诸葛侯始至，则将葺新学校，以教其人，而深以两公之祠未立为己病，于是访求遗像，因新学而立祠焉。明年五月甲子讫功，命诸生皆入于学，躬率丞掾，与之释菜于先圣先师，而奠于两公之室。三献成礼，揖诸生而进之曰：'学则孔孟尚矣，然居是邦，语其风声气俗之近，则乡大夫、乡先生之贤者，岂可以不知其人哉？惟赵公孝弟慈祥，履绳蹈矩，为政有循良之迹，立朝著謇谔之风，清节全行，为世标表，固诸公之所逮闻也。至于胡公，闻道伊洛，志在《春秋》，著书立言，格君垂后，所以明天理、正人心、扶三纲、叙九法者，深切著明，体用该贯。而其正色危言，据经论事，刚大正直之气，亦无所愧于古人。则诸君岂尽知之乎？吾承乏于此，过不自料，常欲与诸君相励以圣贤之事。今幸因吾民之余力，校室以修，方将日与诸君者从容俯仰乎其间。顾念古昔圣贤远矣，则欲诸君自其近者而达之，是以象两公于此堂也。诸君自今以来，盖亦望其容貌而起肃敬之心，考其言行以激贪懦之志，然后精思熟讲，反之于心，以求至理之所在而折衷焉，庶几学明行尊，德久业大，果能达于圣贤之事。是则两公私淑后来之本意，而亦区区平日所望于诸君也。诸君岂有意乎？'诸生皆拜曰：'诸生不敏，敢不敬蚤夜以思，无辱先生之诲。'于是既退而诸葛侯使人以是说走山间，属熹为之记。熹惟今之为政者固已不遑于学校之事，其或及之而不知所以教，则徒以禄利诱人而纳之卑污浅陋之域。是乃贼之，而于教何有？今诸葛侯于兹邑既新其学而语之以圣贤之事，又能尊事两公，俾学者由是而达焉，则可谓知所以教矣。此其志岂特贤于今之为政者而已哉？既不得辞，乃具书其本末以视同志，愿相与勉焉，以无负诸葛侯之教也。是月癸未，新安朱熹记。"郭齐、尹波编著《朱熹文集编年评注》卷七七，福建人民出版社，2019年，第3743—3744页。又，同卷《建宁府崇安县五大夫社仓记》载朱熹自云："乾道戊子春夏之交，建人大饥，予居崇安之开耀乡。"

第三节 远之广西

庆历元年（1041），三十四岁的赵抃，官升两级，以秘书丞通判宜州。宜州后来升为庆远府，在宋代隶属广南西路，现为广西河池市宜州区。在今天，这里作为"刘三姐"的故乡而远近闻名。秀丽的下枧河，被称作"第二条漓江"。距离中原遥远的宜州，在唐代属于羁縻州，即中央政府不派遣官员，由地方自治。五代十国时期，先后为楚和南汉统治。

由于处于边地，尚未充分开发，所以中央吏部任官时单独列为"远州铨"，很多官员都不愿意去，往往由当地官府自行任官代理。后来到了北宋神宗朝，正式确立了八路定差法，即两广加上四川、福建、湖南等八路州县的文、武官差遣，允许本路及北方诸路的在选官员随意选定窠阙，然后各由本路安抚制置司、转运司按照"定差阙"，分四季集注定差，每季第一月上旬公布阙榜，第二月由选人参司注授，第三月准备定差文状保明，申报吏部，请求颁发官告。[1]

赵抃的时代还没有形成这样的制度，况且又是升迁的任命，所以赵抃毫不推辞，就按正常程序前往赴任了。

通判作为州府一级地方行政机构的副长官，在宋初为了遏制五代以来藩镇跋扈的弊端而设置，虽为副长官，但有监察州府官员之权。民政、财政、司法等行政事务文件，知州必须与通判共同签署方能生效。[2]

对赵抃担任宜州通判时作为的评价，文献记载集中在两点。一是"爱民

---

[1] 《宋史》卷一五九《选举志·远州铨》，第 3721 页。

[2] 《宋史》卷一六七《职官志七·诸军通判》载："通判：宋初惩五代藩镇之弊，乾德初，下湖南，始置诸州通判，命刑部郎中贾玭等充。建隆四年，诏知府公事并须长史、通判签议连书，方许行下。时大郡置二员，余置一员，州不及万户不置，武臣知州，小郡亦特置焉。其广南小州，有试秩通判兼知州者。职掌倅贰郡政，凡兵民、钱谷、户口、赋役、狱讼听断之事，可否裁决，与守臣通签书施行。所部官有善否及职事修废，得刺举以闻。"第3974 页。

如子"，二是"加意士类"。这样的评价并不是空洞的标签，而是有事实为依托的。

对于"爱民如子"，这里可以举出一个实例。在赵抃担任通判期间，有一个士卒犯了杀人的死罪，被关在监狱里。这个士卒当时患有严重的痈疮，但还没有溃烂。一般对于死囚犯，都像被抛弃的垃圾一样，没人同情，也没人去关心。但赵抃则不是这样做的。赵抃让医生给这个死囚犯悉心治疗，没有使犯人因病死在狱中。不久，刚好遇上大赦令发布，死囚犯最终得以活命。苏轼在神道碑中记载了这件事之后评价说，赵抃对人爱护之悉心周到，都像这个事例所展现的一样。① 仁者爱人，儒学经典的教诲，应当说是熔铸在赵抃的脑海里，体现在他的行动之中的。

对于"加意士类"，文献记载说，赵抃在公务闲暇之时，便在香山寺召集年轻学子，讲授身心性命之学。赵抃的这一做法，让当地士人的风气大为改观。② 赵抃所处的时代，正是理学兴起的时代。宋初三先生石介、孙复、胡瑗，以及张载、李觏都活动于这一时期。被称为"真正开拓新儒学之视野并决定其导向者"③ 的周敦颐，后来则与赵抃成为同僚，并有很深的交往。前几人都受到过范仲淹的提携，跟欧阳修也多有交往。

宋朝在真宗朝完成了基本政权建设之后，进入仁宗朝，开始了道德重建的理论建设时期，其背景是士大夫政治对理论基础建树的需求。在范仲淹、欧阳修等人的倡导下，政治上有庆历新政，文学上有古文运动，理学的发展也引人注目。焕然一新的时代，被日本学者称为中国的文艺复兴时期。与上述理学家

---

① ［宋］苏轼《赵清献公神道碑》载："徙通判宜州。卒有杀人当死者，方系狱，病痈，未溃，公使医疗之，得不瘐死。会赦以免。公爱人之周，类如此。"

② ［清］李文琰修、何天祥纂《庆远府志》卷六载："赵抃字阅道，衢州兰溪人。庆历中为宜州别驾，爱民如子，尤加意士类。暇则集诸生于香山寺，讲身心性命之学，士习为之丕变。"乾隆十九年（1754）刻本。

③ ［美］陈荣捷：《中国哲学文献选编》，杨儒宾等译，南京：江苏教育出版社，2006年，第390、397页。

颇有交往的赵抃①，为士人讲授身心性命之学，无疑带有理学初起的时代印记。从这一点来看，赵抃也是思想敏锐，与时俱进，紧随时代潮流的。

在偏远的宜州，在赵抃离任几年后的庆历五年（1045），出了一个有名的士人，乡试、省试、殿试三级科举考试，都取得了第一名这样骄人的成绩，他的名字叫作冯京，人称"冯三元"。他后来也做到跟赵抃一样，官至参知政事，还一度做了军政最高长官知枢密院事。②冯京祖籍虽然是湖北，但他在宜州长大。③尽管没有资料表明，冯京与赵抃在任时有过来往，也从未有人往这方面联系。但从时间上看，赵抃庆历元年至庆历三年在宜州担任通判，香山寺的赵抃讲学，或许冯京就有可能参与。如果二人真的在此时有了交集，那么，冯京后来的连中三元，也可以说有赵抃加意士类，让士风大变的缘故吧。

庆历三年（1043），在宜州通判任上，赵抃没做到任满，便因继母的去世而中断了。④

因服丧中断任期而离开了宜州，但赵抃在近两年的在任期间所做出的业绩，让宜州没忘记他。后来，在通判办公的厅舍，以赵抃的谥号设置有"清献堂"；⑤

---

① 赵抃与理学家的交往，从《康熙衢州府志》卷三二的记载中可以略见一斑："周颖，字伯坚，江山人，受业安定胡瑗，以文行称。与赵抃、李觏交。抃为谏官，颖尝移书曰：当公心以事君，平心以待物，无以难行事强人主，无以私喜怒坏贤士大夫。抃以书进。仁宗喜，欲用之。熙宁初，诏举节行材识。"康熙五十年（1711）修，光绪八年（1882）重刊本。

② 《宋史》卷三一七《冯京传》，第 10338—10340 页。

③ ［宋］祝穆《方舆胜览》卷四一载："冯京庆历间廷对第一，解省又俱与首选，时号'三元'。其母葬长沙，有读书堂在舂陵。其解试寓鄂渚，其生长于宜。其游学随所至而往。"第 744 页。

④ ［宋］王象之《舆地纪胜》卷一二二《广南西路·宜州》"官吏"条载："按《衢州信安志·孝弟里记》云：赵抃，庆历三年，以秘书丞倅宜州，遭继母丧，泣血扶柩，归葬于西安之盈川乡，与弟拊等庐于墓。年月与宜州所载在景德中不同。象之谨按国史：清献当神宗时，与王介甫同朝争新法，不应于真宗景德时已为宜州通判也。熙丰后，于景德六、七、十年，若三十岁为倅，则其为相时几百岁矣，《图经》所纪景德，今不取。清献衢人，《信安志》所纪年月，必得其真。今从《信安志》。"赵一生点校本，杭州：浙江古籍出版社，2012 年，第 2778 页。

⑤ ［宋］王象之《舆地纪胜》卷一二二《广南西路·宜州》"官吏"条载："今倅厅有清献堂。"第 2778 页。

在官衙的东面，还建有"四贤堂"，祭祀跟宜州有关的四位杰出人物，其中就包括赵抃。①

第四节　三年庐墓

从文献记载赵抃在继母去世后护丧归乡的情况看，赵抃到遥远的广西宜州赴任，是带着包括继母在内的一大家子人去的。在过去，习举业，除了有家学渊源的儒学世家之外，对于一个并不富裕的家庭来说，也是一种投资。因为科举规模的扩大，也让普通贫穷的家庭看到了改变命运的希望，所以往往选择家中最聪明的孩子倾全力培养。这个孩子一旦金榜题名后走上仕途，则对整个家庭负有义务。从带着继母乃至弟妹赴任来看，显然赵抃也承担起了抚养一个大家庭的义务。

继母去世，中断任官的赵抃，千里迢迢，护送棺木，举家回到了久别的家乡。罗以智的《赵清献公年谱》说"扶柩归葬丁盈川乡"②。据文献记载，赵抃具体是将继母安葬在了西安县的盈川乡宣慈保。③"盈川"源自当地的河川名称。④

---

① ［明］李贤等《大明一统志》卷八四《广西布政司·庆远府》"宫室"条载："四贤堂，在府治东。宋建，祀冯京、黄庭坚、赵抃、吕璹四贤。"第 3701 页。

② ［清］罗以智《赵清献公年谱》"三年癸未三十六岁"条载："丁越国艰，扶柩归葬于盈川乡。"第 1299 页。

③ ［宋］赵抃《清献集》附录所载过勗《孝弟里记》云："里有人焉，姓赵名抃，字阅道，庆历三年以秘书丞倅宜州，遭继母丧，泣血扶柩归葬县之通川乡宣慈保。"宋人王象之《舆地纪胜》卷一二二载："按《衢州信安志·孝悌里记》云：赵抃，庆历三年，以秘书丞倅宜州，遭继母丧，泣血扶柩，归葬于西安之盈川乡，与弟拊等庐于墓。"赵一生点校本，杭州：浙江古籍出版社，2012 年，第 2777 页。按，据此可知，《清献集》附录所载过勗《孝弟里记》"通川乡"当为"盈川乡"之误。

④ ［宋］乐史《太平寰宇记》卷九七载："按县西有刑溪，陈时土人留异恶溪有'刑'名，改曰盈川，因为盈川县，盖取盈满之义。"王文楚等点校本，北京：中华书局，2007 年，第 1948 页。

继母徐氏，据我在本书第一章的考证，大约只比赵抃年长七岁。但在赵抃少年时已经父母双亡的家庭，家外靠长兄赵振经营，家内就全靠继母操持了。因此，赵抃兄弟们对继母的感情很深，安葬继母之后，赵抃和兄弟们就在坟墓旁边的房屋住下，遵循礼法，为继母守丧，直到终丧。

贯彻儒学思想，以文治国的宋朝，对服丧规定很严格。居官者父母等至亲去世，必须停止工作，解官服丧。隐瞒不服丧，会受到很严厉的处分。[①]丁忧服丧，并不稀见，但服丧期间，两年如一日，一直住在墓地旁边守丧，放弃正常生活，则很少见。赵抃这种"尽哀过礼"的行为，与当时一些士大夫在守丧期间的表现形成鲜明对比。

跟赵抃的弟弟相熟的孙侔，后来写下一篇《赵孝子传》，其中就讲到当时一些士大夫在守丧期间的表现。他说，他看到有的士大夫尽管披麻戴孝，穿着丧服，依然骑着马，带着宠物，笑嘻嘻地到处游逛，谄媚地奔走于权势之门，又暗中经营，与商人争利。由于是在服丧期间，官府对这些人的行为也无可奈何，他们则越发庆幸能有这样的机会可以为自己谋利。跟赵抃相比，这些人简直就是禽兽。孙侔还说，其实赵抃的行为，对于古人来说是很平常的行为。正因为现在这样做的人很少，大家才都认为他的品行好。的确，俗称的披麻戴孝，古人叫"斩衰"，指的是用粗麻布做成的丧服。这种丧服不锁边，用刀子随手裁取几块粗麻布，胡乱拼凑缝合在一起，因称"斩衰"。意思是指最亲近的人死了，悲伤得没有心思好好做衣服，将就着胡乱披几块麻布。这种丧服一穿就要穿将近三年。

---

① 《宋史》卷一二五《礼志二十八·服纪》载："丁父母忧。淳化五年八月，诏曰：'孝为百行之本，丧有三年之制，著于典礼，以厚人伦。中外文武官子弟，或父兄之沦亡，蒙朝廷之齿叙，未及卒哭，已闻莅官，遽忘哀戚，颇玷风教。自今文武官子弟，有因父亡兄殁特被叙用，未经百日，不得趣赴公参。御史台专加纠察；有冒哀求仕、释服从吉者，并以名闻。'"第2922页。《宋史·礼志》在赵抃服丧的那年还记载："庆历三年，太常礼院议：《礼记》：'父母之丧，无贵贱，一也。'又曰：'三年之丧，人道之至大也。'请不以文武品秩高下，并听终丧。时以武臣入流者杂，难尽解官。诏：'自今三司副使已上，非领边寄，并听终制，仍续月奉。武臣非在边而愿解官者，听。'"第2923页。

服丧时间将近三年的礼制，在中国很早就有了。在《论语》中，我们可以看到孔子的学生宰我对这一礼制跟孔子的讨论。孔子后来讲了其中的理由。说一般孩子出生三年后，才能离开父母的怀抱。所以说服丧三年，通过感恩怀抱三年，来表达对父母的哀思。[1]说是三年，并不是整三年，而是到第三年，大体上是二十五个月，也有二十七个月的。

赵抃严格遵循礼制，为当时的人做出了榜样。在赵抃兄弟服丧的第二年，西安县到任了一个叫过晸的县令。第三年秋天，有一百来人拿着写好的书状来到县衙，希望朝廷能表彰赵抃兄弟的孝行。过晸就通过知州，将赵抃兄弟的事迹报告给了朝廷。过晸还考察了地方文献图经，发现当地在孝行方面与古人相仿佛的，只有三个人，加上赵抃，可谓是"邑中四孝"。他又到乡里具体了解了赵抃兄弟的品行，发现他们在孝敬长辈和兄弟和睦这些古人称为"孝悌"方面，很少有人能比得上。于是，为了移风易俗，过晸把赵抃的居住地衢州西安县西安乡之陈庄保改名为"孝弟里"。[2]"弟"在古代与"悌"意义相通，是兄弟友爱的意思。

对此，孙俟在《赵孝子传》中讲，县里把赵抃居处的名称改为"孝弟里"，

---

[1]《论语·阳货》云："宰我问：'三年之丧，期已久矣。君子三年不为礼，礼必坏；三年不为乐，乐必崩。旧谷既没，新谷既升，钻燧改火，期可已矣。'子曰：'食夫稻，衣夫锦，于女安乎？'曰：'安。''女安，则为之！夫君子之居丧，食旨不甘，闻乐不乐，居处不安，故不为也。今女安，则为之！'宰我出。子曰：'予之不仁也！予生三年，然后免于父母之怀。夫三年之丧，天下之通丧也，予也有三年之爱于其父母乎！'"金良年：《论语译注》，上海：上海古籍出版社，1995年，第216页。

[2]［宋］赵抃《清献集》附录载过晸《孝弟里记》云："孝弟里，即衢州西安县西安乡之陈庄保也。今晸取'孝弟里'而名之？县令过晸易之也。何以易之？旌贤也。里有人焉，姓赵名抃，字阅道，庆历三年以秘书丞倅宜州，遭继母丧，泣血扶柩，归葬县之通川乡宣慈保，与弟拊等庐于墓侧，尽哀过礼，迨于服终。予四年冬移治此邑，五年秋，乡老列状来称孝行者百余辈，遂录其实达州长，闻于朝廷。晸因究图经，得古人之行者徐惠谭、郑崇、徐知新，惟三人尔。今又目睹阅道与古人参，足为邑中之四孝也。及访闻赵氏兄弟，性俱孝而友睦，近代鲜与比者。宜乎哉！所居之乡，可标其里而忠其善且以励风俗焉。后之君子，无以予为佞也。"

朝廷又加以表彰，这对于砥砺风俗来说，是一件十分妥当的大好事。孙伜还感叹说，虽然古人我无法看到，但我却确确实实见到了跟古人行为一样的赵抃的事迹。① 元祐二年（1087）成文的《赵孝子传》，在当时一定很有影响，苏轼也曾读到过，并在他元祐四年写作的赵抃神道碑中还特地加以提及，不过苏轼是把孙伜的名字记作初名"孙处"。②

至今，衢州还保留有孝弟里，上千年间，一直传扬着赵抃的事迹。

第五节　四十不惑

苏轼在神道碑中说，赵抃在守丧期满之后，被任命为泰州海陵县的知县。③大致时间，清人罗以智的《赵清献公年谱》记在庆历五年。④ 其实，更为具体的终丧时间也大体可以考证清楚。

在庆历五年（1045）十月十二日，赵抃为家乡的舍利塔院撰有《龙游县新修舍利塔院记》。⑤ 与赵抃同时代的欧阳修，在服丧期间拒绝为范仲淹写神道碑，理由就是服丧期间要遵守礼制，停止写作。赵抃守礼相当严格，甚至都住

① 《清献集》附录载孙伜《赵孝子传》云："赵抃，衢人，以进士得官，数迁为秘书丞，佐宜州，宜于湖南为最远。其继母卒，以丧归，既葬，与弟抲等庐墓以居，终丧焉。予曩在温，识其弟抲者，孝友温睦，且自道其兄之贤，今抃是也。予尝往来江淮间，见时所谓士大夫，麻冠布带，驱犬马，逐郡众，嬉然日游人之门，笑媚丐请，阴窃与商盗争上下，所过州无不有之，州莫能法者，人益幸其丧以自市。以抃观之，彼宜若禽与兽。然抃之为，亦古人之常行，以行之者少，故今通其为贤焉。抃诚能以是心一推其所行，抃益可贤也矣，宜乎县以'孝弟'榜其里，朝廷特以旌其家，盖所以厉风俗也。古人吾不得而见，安得如抃者而见之哉！元祐二年八月一日。"
② ［宋］苏轼《赵清献公神道碑》载："未几，以越国丧，庐于墓三年，不宿于家。县榜其居里为'孝弟'，处士孙处为作《孝子传》。"
③ ［宋］苏轼《赵清献公神道碑》载："终丧，起知泰州海陵。"
④ ［清］罗以智《赵清献公年谱》"（庆历）五年乙酉，三十八岁"条载："以承奉郎守秘书丞，起知海陵县。"第1300页。
⑤ 《龙游县新修舍利塔院记》载《清献集》卷一〇。

到墓地，孝行被当地人称颂。从这一事实看，赵抃写作《龙游县新修舍利塔院记》之时，一定已经终丧。还有一个证据是，在家乡江山县的景星山有个烟萝洞的名胜，赵抃在写作《龙游县新修舍利塔院记》的七天之后，又游览了烟萝洞，并留下了题刻。[①] 孙俦在赞扬赵抃《赵孝子传》中，曾经抨击一些士人在守丧期间到处游玩。那赵抃游览烟萝洞，就绝不会是在守丧期间。这两个记载表明，赵抃终丧时间的下限，就是庆历五年十月。

考证清楚了终丧的具体时间，那么，赵抃的继母去世以及终止宜州通判职务的时间，也大致清楚了。古人服丧一般是二十五个月或二十七个月。赵抃守礼严格，或许应当是二十七个月。从庆历五年十月逆推二十七个月，大体是在庆历三年的七月。

清楚了终丧时间，也就可以知道赵抃前往海陵赴任的大体时间了。一般接到任命到实际赴任，根据从离任地或家乡到任职地的远近，宋朝的制度规定有到任时间。这个规定比较宽松。从南宋周必大的几次赴任看，他赴任往往一路游山玩水，探胜访友，走上几个月，颇为悠闲。从周必大的例子看，赵抃在庆历五年接近年底接到新的任命，那么赴任出发时间，最快也应当是已经到了第二年庆历六年初了。

泰州海陵县，在北宋隶属淮南路，是泰州的州治官衙所在地，现在的地名没有变更，依然叫泰州，是江苏省辖的地级市。赵抃终丧起复，重新任职，尽管从表面上看，知县似乎低于通判，但赵抃的实际官阶既没有降低，也没有升迁。通判宜州时，赵抃官阶是朝官的秘书丞。这次是"守秘书丞、起知海陵县"。守的意思是说还按原来的官阶。不过，清人罗以智的《赵清献公年谱》在"守秘书丞、起知海陵县"之前加了"以承奉郎"四个字，却是有问题的。第一，在宋神宗元丰官制改革之前，"秘书丞"就是文官官阶，"承奉郎"是元丰改制后的官阶，不应当并用。第二，如果"承奉郎"跟"秘书丞"是同阶的

[①] 〔清〕王彬修、陈鹤翔等纂《江山县志》卷一载："烟萝洞……石下有泉一泓，深不可测。赵抃、苏舜元、汪大猷、辛弃疾留题，刻石至今尚存。赵抃题名尚可辨，题云：'庆历五年孟冬十八日，赵阅道、同宗□叔，及郎诚之谒此洞。'"同治十二年（1873）文溪书院刊本。

话,还不算大误。问题是元丰改制后的"承奉郎"比"秘书丞"官阶低了六阶,属于初等京官的序列。因此,在赵抃的官阶"秘书丞"前加"承奉郎",不仅是画蛇添足,并且产生了严重的错误。

赵抃知海陵县,他的前任是当年的同榜进士董仪。后来,赵抃给董仪写了一首唱和诗《次韵董仪都官见赠》,提及这一事实:

> 海陵余昔嗣英僚,旧尹咨新治有条。
>
> 此别风波嗟各路,但闻名誉籍当朝。
>
> 美夫郡接濒江地,幸矣民多乐岁谣。
>
> 南国故人千里隔,举头云岭郁岧峣。

在诗题之后,赵抃有一句自注说,我曾经担任海陵知县,是承继了董仪的善政,所以在诗中我写作"嗣英",意即接任了优秀的同僚工作。[①]从赵抃的诗注可知,董仪字公肃。于是,以此为线索,我在同时代人韦骧的《钱塘集》卷二找到了《董公肃都官被命倅南海以当分符之寄南归道中觊书因以诗为寄一首》,都是以刑部无具体分工的都官为官名,可知赵抃跟董仪唱和,也是在董仪担任广州通判期间;《钱塘集》还有《和董公肃十日菊二首》诗。[②]赵抃还有在其他时期写给董仪的一首唱和诗《次韵广东转运董仪职方同年见寄》[③],其中有云"感公迢递诗筒至",可见二人常常诗章酬唱。

在海陵知县任上,赵抃足足做了三年。不过,文献中对赵抃在这一期间的事迹,缺乏具体记载,显得比较模糊。泰州的地方志只是记载说,海陵知县赵抃是忠厚长者,喜怒不形于色,在任期间大力兴学,对教书的儒士很尊敬,给予很好的待遇。百姓有要求就尽可能满足,监狱中的犯人达到释放条件的就一

---

① [宋]赵抃《清献集》卷三《次韵董仪都官见赠》题下自注云:"予尝宰海陵,踵公肃美政之后,故云嗣英。"

② [宋]韦骧:《钱塘集》,《四库全书》文渊阁本。

③ [宋]赵抃《清献集》卷三《次韵广东转运董仪职方同年见寄》云:"赣守无堪出榜中,日闻将漕称才雄。感公迢递诗筒至,谓我优游讼笎空。高会正遥千障月,羁怀聊寄七弦风。何时把酒朋从乐,也待醒狂学次公。"

定释放。根据当地习俗制定施政方针，宗旨是以惠民为本。地方志还引述南宋名儒黄震的话，说赵抃为政和蔼可亲，虽不严厉，却让人们都很守规矩。即使是古代的循吏也没有赵抃做得好。[①]

明代设置的泰州名贤祠景贤堂，奉祀有十一位宋代的名贤，其中就有赵抃。[②] 尽管文献没有具体记载，但由此也可以想见赵抃在海陵的政绩。

赵抃任满之后，又调转到了哪里任官呢？清人罗以智的《赵清献公年谱》记载说是担任了同属泰州的如皋县知县。不过罗以智又说，担任如皋知县这一事实，《宋史·赵抃传》和苏轼的神道碑都没有记载，只见于《如皋县志》记载。[③] 对此，民国年间修纂的《衢县志》有所考辨，认为赵抃没有担任过如皋县令。[④] 据此可知，赵抃在知海陵县之后又任知如皋县的记载，子虚乌有。

在海陵知县任上，赵抃迎来了不惑之年。为此，他作诗咏怀说：

四十惊霜入鬓新，道光休叹守官贫。

荣涂渐快青云步，宠禄方酬白首亲。

此日文词夸世俗，异时才术济吾民。

功名立去何忧晚，要得相期到古人。[⑤]

从诗句的表达看，此时的赵抃依然雄心不减，立誓与古圣贤相期。

似乎与四十不惑相印证，佛教典籍《五灯会元》说赵抃过了四十就不近女

---

① ［清］王有庆修、梁桂等纂《泰州志》卷二〇载："赵抃字阅道，西安人，进士及第。仁宗时，知海陵县。抃长厚清修，人不见其喜愠。所至崇学校，礼师儒。民有可与与之，狱有可出出之。因俗设施，要以惠利为本。黄震言其为政恺悌，不严而肃，虽古循良无以过之。"道光七年（1827）刊，光绪三十四年（1908）补刻本。

② 《泰州志》卷一二载："名贤祠，旧志云即在景贤堂内。明嘉靖初建，祀宋富弼、范仲淹、胡瑗、王杨英、陈瓘、赵抃、孔道辅、曾肇、胡令仪、岳飞、文天祥。"

③ ［清］罗以智《赵清献公年谱》"（庆历）八年戊子，四十一岁"条载："知如皋县。本传、《神道碑》俱不载，见《如皋县志》。"第1300页。

④ ［民］郑永禧纂修《衢县志》卷二六云："考《宋史》本传及神道碑，未尝为如皋令，实即海陵也。"民国二十六年（1937）铅印本。

⑤ ［宋］赵抃：《清献集》卷三《次韵孙直言书怀》。

色，一心依皈佛教了。① 罗以智在《赵清献公年谱》中认为，对于这一事实，也不必为赵抃避讳，但赵抃并没有沉溺于佛教。② 是否信奉佛教另当别论，但说赵抃过了四十就完全杜绝女色，恐怕也不是事实，应当是相对以前来说，不大接近而已。

任满之后，赵抃被任命为江原知县。赵抃与四川的不解之缘，从此开始。

第六节　初履蜀道

知蜀州江原，罗以智《赵清献公年谱》将时间记在皇祐元年（1049），并且说是以太常博士调到江原担任知县的。③ 作为寄禄官官阶，太常博士比赵抃知海陵县事的秘书丞高一阶，相当于元丰官制改革后的承议郎，属于朝官序列。

江原县，唐代称唐安县，北宋开宝四年（971）改称江原。北宋后来的神宗极为崇尚唐朝，把官制全按《唐六典》改了一番，但开国的太祖却曾有去唐朝化的举动。就在开宝四年这一年，宋太祖下达诏令，要求全国县名中带有"唐"字的，都要改掉。④ 伴随着这一命令，跟其他地方一样，唐安也改称为江原。⑤

---

① ［宋］普济《五灯会元》卷一六曰："清献公赵抃居士，字悦道，年四十余，摈去声色，系心宗教。"苏渊雷点校本，北京：中华书局，1984年，第1059页。

② ［清］罗以智《赵清献公年谱》"（庆历）八年戊子四十一岁"条载："公之自甘淡泊本于性，成其学。博涉释老，不足为公累，亦不必为公讳，公固非惑溺于二氏者也。《传灯录》因以公为蒋山泉禅师法嗣，殆不可信。"第1300页。

③ ［清］罗以智《赵清献公年谱》"皇祐元年己丑四十二岁"条载："以太常博士移知江原县。"第1300页。

④ ［宋］李焘《长编》卷一二"开宝四年三月"条载："丁巳，改岭南思唐州为司明州，雄州为南雄州，天下县以'唐'为名者，皆改之。"第262页。

⑤ ［宋］曾巩《隆平集》卷一《郡县》载："开宝四年，改密州辅唐县曰安丘，蜀州唐安县曰江源，寿州盛唐县曰六安，同州奉仙县曰蒲城，广南恩唐州曰恩州。"王瑞来校证本，北京：中华书局，2012年，第42页。

也有不少文献记作"江源",不过,《宋史》和担任知县的赵抃,倒是一直写作"江原"。

江原在赵抃的时代隶属于成都府路的蜀州,治所在今四川崇州市东南三十里江源镇。在太宗时期,这里曾一度成为战场,北宋初年有名的暴动首领王小波就战死在这里。[①]

赵抃移知江原的任命应当是在庆历八年(1048)下半年下达的,年末赵抃便已出发入蜀。几千里路途,赵抃携带一大家子人,长期奔波在赴任旅途中。他在诗中描述了腊月二十四日立春那天的情形:

> 二十四日立春节,六七千里孤舟行。
>
> 呼儿倒酒迎春醉,忽尔持诗属我赓。
>
> 海上去年宾燕乐,江头今岁客心情。
>
> 兴来极目寻春色,岸柳汀芜绿未成。[②]

千里孤舟,好在一家人还团圆,在旅途中迎来了立春的节候。赵抃让孩子给他倒酒。诗中"呼儿"的"儿"也不限于自己的儿子,还包括年纪尚幼的弟弟们。这首诗的诗题为《和十二弟扬腊月立春》,而接着"呼儿倒酒迎春醉"一句之下,则是"忽尔持诗属我赓",显然持诗属和的是十二弟赵扬。去年这一时节,还在海陵高会宾客,今年则只是置身停泊在江边的一艘孤舟,显得很冷清。时节已届立春,想寻觅春色,岸边的杨柳却还没有泛绿。

羁旅之中,尽管一家团圆,其乐融融,并不那么寂寞,但赵抃依然怀念远在福建任官的哥哥,曾写下《忆松溪三兄县尉》,来抒发自己的怀念之情:

> 忆别扬州六月中,倏今三已换春冬。
>
> 烟帆去蜀七千里,云岭瞻闽几万重。
>
> 莫为沉迷嗟下邑,要将清白广吾宗。

---

① 《宋史》卷五《太宗纪二》于淳化四年载:"十二月辛丑,大雨雪。戊申,西川都巡检使张玘与王小波战江原县,死之。小波中流矢死,众推其党李顺为帅。"第92—93页。

② [宋]赵抃:《清献集》卷三《和十二弟扬腊月立春》。

天遥最是书难得，早倩来鸿寄一封。①

除了怀念，还有勉励，希望做地方官的哥哥不要沉沦于下层仕途，应当把作为家风的清白发扬光大。

三兄赵拯在福建松溪任官，五弟赵拊也留在衢州家乡没有随行。因此，赵抃在年底行至今天武汉附近的鹦鹉洲时，怀念家乡的弟弟，写有如下诗篇云：

腊残鹦鹉洲边过，忆汝东吴住旧庐。

诵圣穷愁千卷外，觅官留滞十年余。

也知失意能平气，底事多时不寄书。

兄在松溪我荆楚，别怀三处一欷歔。②

"觅官留滞十年余"当是指赵抃自己登第十来年的仕途奔波。"也知失意能平气"，也是对自己滞留于仕途底层的自我安慰。

除夕之夜，赵抃一行已到达临江，即今天重庆市的忠县。岁杪除夕，在赴任途中辞旧迎新，赵抃感慨尤多，便写下了诗篇抒怀：

县封萧索楚江澄，旅况吟怀冷似冰。

漏促已交新岁鼓，酒阑犹剪隔宵灯。

立身从道思无愧，得路由机患不能。

未报君恩逾四十，青春还是一番增。③

感慨年纪增长，说到"逾四十"，应当是指刚过四十岁不久。如果按罗以智《赵清献公年谱》系年，皇祐元年已经四十二岁。因此说，把知江原县的任命与赴任时间系于前一年庆历八年，比较合理。这一年，赵抃不惑之年刚过，四十一岁。当然，越过除夕，便是皇祐元年了。回顾入仕以来的经历，赵抃对自己"立身从道"问心无愧，但仕途上是不是顺利，他也认为要靠机遇，而自己却缺乏钻营的能力。"旅况吟怀冷似冰"，显然表达出赵抃对自己入蜀远仕有些情绪不高。

---

① ［宋］赵抃：《清献集》卷三《忆松溪三兄县尉》。

② ［宋］赵抃：《清献集》卷三《忆信安五弟拊》。

③ ［宋］赵抃：《清献集》卷三《除夜泊临江县言怀》。

过了除夕，赵抃的旅途，渐渐迎来了春天。舟行至今天的绵阳、当时叫巴西的地方，赵抃分别写下了描述白天和夜晚情景的诗篇。他写白天：

> 春到依羁旅，怀开似发缄。
>
> 野禽鸣胜管，春草绿于衫。
>
> 水暖风微碎，山明日半衔。
>
> 巴西寒极地，冰雪尚千岩。①

羁旅之中，迎来了春天，尽管还看得见冰雪，但春草茵茵已经绿过他穿着的官服，如管弦丝竹般悦耳的野禽婉啼，也让人开怀。微风和煦拂面，看着半掩于山峰的夕阳，赵抃写下了这首诗。孤舟之内，看到皎洁的明月，赵抃又生出许多哲思：

> 照不私毫发，波光上下浮。
>
> 明余到琴淡，清极入诗幽。
>
> 忽认江湖昼，浑疑天地秋。
>
> 闲云勿轻蔽，有客坐孤舟。②

由月到水，由琴到诗，光影声韵，赵抃在这里全部打通了，而强调的又是他一贯的意识，即清与淡。

由深冬走到春天，莺飞草长，姹紫嫣红，明媚的春光也让赵抃的心境充满了阳光。此时写下的诗篇，让人感受到赵抃初入巴蜀的欣喜。他的《初入峡》诗这样写道：

> 峡江初过三游洞，天气新调二月风。
>
> 樵户人家随处见，仙源云路有时通。
>
> 峰峦压岸东西碧，桃李临波上下红。
>
> 险碛恶滩知几许，晚停征棹问渔翁。③

舟行两岸青山叠翠，水波折射桃李花红。眺望山间，樵户人家点在，小径

---

① ［宋］赵抃：《清献集》卷二《入蜀舟中逢春》。

② ［宋］赵抃：《清献集》卷二《入蜀江上对月》。

③ ［宋］赵抃：《清献集》卷三《初入峡》。

直入云端。观赏美景的同时，对水路的险滩暗礁，赵抃还不忘在停泊之时询问当地的渔翁。三游洞在西陵峡外，距离宜昌不远。因唐代诗人白居易、白行简、元稹三个人曾一同游过此洞，所以得名。在途经此地时，赵抃还写了一首《下牢津》诗：

> 拖舟百丈苦攀跻，一过牢津恍似迷。
>
> 花放乱红迎彩斾，谷传深响答鸣鼙。
>
> 避人幽鸟凌云噪，抱子惊猿走险啼。
>
> 春岫重重春水绿，却疑身在武陵溪。①

欧阳修在贬谪为宜昌县令时路过此地，也有同题《下牢津》的五言诗：

> 依依下牢口，古戍郁嵯峨。
>
> 入峡江渐曲，转滩山更多。
>
> 白沙飞白鸟，青障合青萝。
>
> 迁客初经此，愁词作楚歌。②

比较同题的两首诗，会感到欧阳修与赵抃的心境完全不同，一为贬谪的迁客，一为升迁赴任的少壮官宦，欧诗多愁险，赵诗则轻快明丽，虽说逆流而上，却有着李白"两岸猿声啼不住，轻舟已过万重山"般的欢快。

春天到任后的赵抃，便开始投入工作。盛夏冒着酷暑，他在江原外出核查刑事案件。这一事实是从赵抃写的《酬张唐英》诗自述中得知的。诗这样写道：

> 方予谳狱唐安归，火云炽日交炎威。
>
> 炉烘炭赫几千里，百鸟不能凌空飞。
>
> 尘埃薄牒几前满，肤汗如雨淋漓挥。
>
> 俗官冗状纷未省，胸腹埋郁气力微。
>
> 蟾宫有客桂新折，忽遣诗筒慰慵拙。

---

① ［宋］赵抃：《清献集》卷三《下牢津》。

② ［宋］欧阳修：《文忠集》卷一〇《下牢津》，李逸安点校《欧阳修全集》本，北京：中华书局，2001年，第167页。

词佳句好吟未穷，一坐凉飙夺炎热。①

"唐安"就是江原，赵抃用的是旧称。"谳狱"就是调查核实刑事案件。说"归"，显然不是在县衙，而是外出。正因为外出，才更会感受到赤日炎炎，热得百鸟飞绝。即使是在室内，在没有制冷设备的四川盛夏，人也会大汗淋漓，翻阅卷宗更会挥汗如雨。可见赵抃工作得非常辛苦。

"尘埃簿牒几前满"和"俗官冗状纷未省"，则表明积案相当多，但过去的官吏并没有认真审理。"胸腹堙郁气力微"的描述，表现出赵抃看到对大量案件"俗官冗状纷未省"的状况很生气，很抑郁，甚至产生了一种无力感。读这首诗，让人想起了被贬到夷陵担任县令的欧阳修的经历。被贬到夷陵担任县令的欧阳修因为没有什么书可看，就翻阅县里的陈年案件卷宗，发现错判的案件很多。于是就感叹说，连荒远的小地方都是这样，全国各地的状况就可想而知了。从此欧阳修就对行政事务特别用心，不敢有一丝疏忽。士人跟他见面，几乎不谈诗文，光讲行政事务。欧阳修认为，写文章只是让自己更为充实和获得名声，但作为官员专心行政事务就可以让身外的他人获益。②赵抃的诗所描述的经历，跟欧阳修几乎完全一样，相信赵抃也一定会有与欧阳修同样的感悟，所以才会如此不辞劳苦，认真专注。

张唐英是后来在徽宗朝做到宰相的张商英的弟弟。据张商英写的《张御史唐英墓志铭》，张唐英是蜀州新津县人，他的母亲就是江原县人。或许由于这样的机缘，便跟到江原任官的赵抃有了交集。《张御史唐英墓志铭》记载张唐英庆历三年进士及第③，但有学者根据张商英为哀祭唐英所作的《宁魂辞》记

---

① ［宋］赵抃：《清献集》卷一《酬张唐英》。

② 《宋史》卷三一九《欧阳修传》载："方贬夷陵时，无以自遣，因取旧案反覆观之，见其枉直乖错不可胜数，于是仰天叹曰：'以荒远小邑，且如此，天下固可知。'自尔，遇事不敢忽也。学者求见，所与言，未尝及文章，惟谈吏事，谓文章止于润身，政事可以及物。"第10380—10381页。

③ ［宋］杜大珪《名臣碑传琬琰集》中集卷一四《张御史唐英墓志铭》载："年十八，州举送至礼部，再上，遂及进士第，实庆历三年也。"顾宏义、苏贤校证本，上海：上海古籍出版社，2021年。

载考证，"庆历三年"错误，应当是"庆历八年"。① 可以补充这一基本正确考证的是，庆历八年这一年并未开科取士，而是在第二年皇祐元年举行的。庆历八年应当是乡荐发解之年，其兄书写墓志铭时误记，而"八年"又为后人改易为"三年"。

这一事实，从赵抃这首诗也可以得到证明。诗有云"蟾宫有客桂新折"讲的正是进士登第之事。庆历八年之时，赵抃尚未到任江原。诗中描写的"火云炽日交炎威"，正是赵抃到任第一年，又是开科取士之年的皇祐元年。三月进士及第的张唐英，在夏天回到家乡后，给赵抃用诗筒寄来了一首诗，所以有了赵抃的这首酬答诗。原本炎热和积案让赵抃疲惫和郁闷，但张唐英的诗，"词佳句好吟未穷"，犹如一阵凉爽的清风，使赵抃"一坐凉飙夺炎热"。

从此，张唐英与赵抃定交，成为好朋友。不过，张唐英不久便得到了进士及第后的初次任命，担任渝州司理参军。② 赴任之前，赵抃与张唐英依依惜别，写下了一首《送张唐英司理赴渝州》：

> 不用咨嗟怆别离，听吾持酒祝公词。
>
> 少年得第人谁似，纯孝于亲里共推。
>
> 姓字已通丞相梦，才名须结圣君知。
>
> 狱情要在平生允，容驷高门自有期。③

张唐英二十三岁进士及第，比赵抃二十七岁及第还早四年，所以赵抃说

---

① 曾枣庄、刘琳主编《全宋文》卷二二三四所收《张御史唐英墓志铭》于"庆历三年"之下，整理者祝尚书先生记有校勘记考证云："庆历三年：按张商英为哀祭唐英所作《宁魂辞》云：'年十八，乡书送至礼部。后五年，为解头，遂释褐，调南平决曹掾。'又据该文，唐英生于天圣四年（卒于熙宁元年，年四十三，推之则生于天圣四年，即公元1026年），其十八岁当庆历三年（1043），州始举送礼部；后五年，即庆历八年（1048），再上，乃及进士第，时年二十三。则此处之'庆历三年'当作'庆历八年'。此墓志铭所叙年代多误，当是后人妄改。今且仍其旧，而随文考订。"上海：上海辞书出版社；合肥：安徽教育出版社，2006年，第102册，第241页。

② 《张御史唐英墓志铭》载："初调渝州决曹掾。"

③ ［宋］赵抃：《清献集》卷三。

"少年得第人谁似"。张唐英的确很有才华和学问。在担任渝州司理参军时曾向朝廷上《兴王正议》五十篇，当时的翰林学士孙抃看到很惊讶，说我们四川居然有这样优秀的后生，推荐他参加制科考试。制科比进士考试更高一级，有点相当于今天的研究生考试。张唐英后来调到归州担任司理参军，与邻近的夷陵令蒋堮、秭归令邓绾结为文友，在荆湖一带很有名。有人写诗说，一定是上天担心这个地方太寂寞，所以把这三个大才子放到了这个偏远之处。[1] 张唐英还颇具史学才能，撰有《仁宗政要》《宋名臣传》《蜀梼杌》[2]，《蜀梼杌》至今流传于世。而其他两部史书残存于其他文献中的内容，也成为宝贵的历史研究资料。[3]

惺惺相惜，赵抃在诗中说是"不用咨嗟怆别离"，其实正折射他对这一才子好友张唐英离去的伤感心理。可以想见，在短短的几个月里，赵抃与张唐英的诗篇酬唱与置酒欢聚等交往一定很频繁。

"所至崇学校，礼师儒"，作为士大夫，赵抃跟在知海陵县任内一样，在江原也是兴学重教。他有一首《劝学示江原诸生》诗这样写道：

> 古人名教自诗书，浅俗颓风好力扶。
>
> 口诵圣贤皆进士，身为仁义始真儒。
>
> 任从客笑原思病，莫管时讥孟子迂。
>
> 通要设施穷要乐，不须随世问荣枯。[4]

---

[1] 《张御史唐英墓志铭》载："初调渝州决曹掾，上《兴王正议》五十篇，翰林学士孙公梦得奇其文，曰：'吾蜀乃有此后生，马周、魏元忠不足多也。'以贤良方正直言极谏科荐之。再调归州狱掾，与夷陵令蒋堮、秭归令邓绾为文友，名声籍甚荆湖间，杨公元素以诗赠曰：'建平之江悍以湍，建平之山顽以峭。天恐江山太寂寥，故聚英才斗其妙。不然三子并国器，安得皆官此遐徼？'白云先生张少愚诵之曰：'真诗史哉！'"

[2] 《宋史》卷三五一《张唐英传》载："唐英有史材，尝著《仁宗政要》《宋名臣传》《蜀梼杌》行于世。"第11099页。

[3] 我研究宋代名臣寇准，就利用了李焘《长编》注中援引署名张唐英的《寇准传》，当即出自《宋名臣传》一书。《宰相故事——士大夫政治下的权力场》，北京：中华书局，2010年，第81页。

[4] ［宋］赵抃：《清献集》卷三《劝学示江原诸生》。

这首诗的确充满教诲意味。诗中讲到，古人通过儒学经典诗书来推行教化，移风易俗。无论是准备考进士的，还是已经进士登第的，都对圣贤的经典讲得头头是道，但实际践行仁义道德的，才能称得上是真正的儒士。这是勉励年轻的学子要真正行仁义之事，不要只是在口头上说说。并且赵抃告诫学子要达观，"通要设施穷要乐"，实际就是"达则兼济天下"和"穷则独善其身"的诗句化。通达显贵要有所作为，独善其身也要乐观。"莫管时讥孟子迂"，不要理会像当年嘲笑孟子迂腐那样的讥讽，"不须随世问荣枯"，不要为世俗的认识所左右。这些见解都表达了赵抃一种特立独行、超脱世俗的价值观。

在皇祐二年（1050）的重阳节，赵抃与邻县的孙直言相唱和，写下了《次韵孙直言九日登龙门山》：

> 皇祐二年秋九月，九日龙门遇佳节。
>
> 新都大夫孙隐之，报政优游共民悦。
>
> 升山高会宾主俱，满头黄菊泛茱萸。
>
> 遥开醉眼极千里，身高气爽胸怀舒。
>
> 逢时感物以次发，诗成落落倾玑珠。
>
> 初言府政好太守，化行岁稔民力苏。
>
> 喜声协气遽以狂，稚子负老老者扶。
>
> 又言登临风景异，澄川秀野如披图。
>
> 殊方真赏到奇处，未来空只夸江湖。
>
> 得之独善不在己，远遣遗我开烦纡。
>
> 嗟我江原亦民长，周遭百里平如掌。
>
> 簿书役役甚囚拘，闻有岷峨无计上。
>
> 及闻治邑兹山奇，脚力不到神魄驰。
>
> 谁知我亦好山者，箧中时复观君诗。①

这首七言古风诗，不仅记录了赵抃在江原任期内的交游，还表达了赵抃心

---

① ［宋］赵抃：《清献集》卷一《次韵孙直言九日登龙门山》。

系百姓的思绪。在描写了"初言府政好太守，化行岁稔民力苏。喜声协气遨以狂，稚子负老老者扶"邻县政通人和、百姓其乐融融的局面之后，作为一县父母官的赵抃，联想到了江原："嗟我江原亦民长，周遭百里平如掌。簿书役役甚囚拘，闻有岷峨无计上。"观此，可见赵抃颇有以邻县为鉴的自励之心。

孙直言也是景祐元年进士，与赵抃有同年之谊，当时为相邻的新都县知县，所以赵抃诗中称为"新都大夫"。在此之前，两个人曾经在成都邂逅。赵抃写诗记录了这次重逢：

> 同志同年分若亲，幸从天与岂关人。
>
> 交情旧别江乡晚，客宦今逢蜀国春。
>
> 酌酒强论贤否事，畏涂休说利名身。
>
> 邻封却喜无多远，来往诗筒莫厌频。①

江原还拥有号称川西名园的罨画池，现在位于成都崇州市城中心。这是在唐代就有的一座园林建筑，当时叫作东亭或东阁。杜甫在《和裴迪登蜀州东亭送客逢早梅相忆见寄》诗中就有"东阁官梅动诗兴"之句。罨画池在宋代为蜀州州衙的后花园，是地方官吏的宴饮宾客之地。到了宋代，始定名罨画池。据说最早出现罨画池名称的诗文，就是出自赵抃之手。蜀州通判杨瑜邀请赵抃游览州衙的这一后花园，于是便有一首诗留了下来：

> 占胜芳菲地，标名罨画池。
>
> 水光菱在鉴，岸色锦舒帷。
>
> 风碎花千动，烟团柳四垂。
>
> 巧才吟不尽，精笔写徒为。
>
> 照影摇歌榭，分香上酒卮。
>
> 主人邀客赏，和气与春期。②

赵抃这首五言排律描绘的荷花垂柳、亭榭池水，如今依然可见，成为一处

---

① ［宋］赵抃：《清献集》卷三《会新都孙直言于成都》。

② ［宋］赵抃：《清献集》卷三《蜀倅杨瑜邀游罨画池》。

观光名胜。小巧玲珑的精致庭园，经历千年风霜，定格在历史的时空之中。

据宋人祝穆《方舆胜览》记载，赵抃在江原县，曾建有杜甫祠。建立杜甫祠的理由是，杜甫当年曾经投奔高适在江原住过，有很多题咏，所以立祠纪念。① 赵抃写过一首题为《题杜子美书室》的诗：

> 直将骚雅镇浇淫，琼贝千章照古今。
>
> 天地不能笼大句，鬼神无处避幽吟。
>
> 几逃兵火羁危极，欲厚民生意思深。
>
> 茅屋一间遗像在，有谁于世是知音？②

对唐代诗人，就内容与诗风而论，人们通常将充满浪漫情怀的李白称为"诗仙"，而将充满忧国忧民精神的杜甫称为"诗圣"。仅就杜甫而言，赵抃也是如此认识的，所以他的诗中有这样一句："欲厚民生意思深。"赵抃认为自己也拥有同样的情怀，便以反问的口吻写道："有谁于世是知音？"实际是在说他自己正是杜甫的知音。从"茅屋一间遗像在"这句来看，似乎是指成都的杜甫草堂，并且赵抃后来也曾担任过成都知府。不过《方舆胜览》言之凿凿，说赵抃专门根据江原的遗迹建有杜甫祠。或许此茅屋非彼草堂，赵抃正是在知江原县时写下了这首诗。对"天地不能笼大句，鬼神无处避幽吟"，清人仇兆鳌评论说"语意拙滞"，显示出宋诗的风格。③ 其实，赵抃这两句讲杜甫诗的宏大与细微，写得很好。

《方舆胜览》还记载，赵抃在江原担任知县期间，跟一个叫张景通的人有过交往，曾写诗题其堂。④ 检《清献集》，的确有《题江原张著作善颂堂》一诗，诗为七律：

---

① [宋]祝穆《方舆胜览》卷五二《成都府路·崇庆府》"祠庙"载："杜工部祠，在江源县，邑宰赵抃建。昔杜甫依高适，寓于此，颇多题咏，故为立祠。"第 930 页。

② [宋]赵抃：《清献集》卷三《题杜子美书室》。

③ [清]仇兆鳌注《杜诗详注》附编《诸家咏杜·题杜子美书室》云："三四语，意拙滞，乃宋诗习气。"中华书局编辑部点校本，北京：中华书局 1979 年，第 2267 页。

④ [宋]祝穆《方舆胜览》卷五二《成都府路·崇庆府》"名宦"条载："皇朝赵抃，皇祐初宰江源，与邑之张景通游，有诗题其堂。"第 931 页。

构堂宾族聚于斯，屈指高风剑外稀。

七十年尊君乐隐，二千石重子荣归。

溪流石上来清响，岩洞檐前耸翠微。

旧令尹今西处望，江原闾巷正光辉。①

不过，从"旧令尹今西处望"一句下面赵抃的自注"予尝宰其邑"来看，显然此诗不是作于知江原县任内，属于后来的追忆。当然，赵抃与张景通的交往则有可能是在知县之时。

知江原县期间，赵抃跟刚刚进士及第后担任邛州军事判官的梓州人文同②相识，开始了交往。为文同的五箴堂，赵抃题诗云：

李唐韩吏部，矫矫文宗师。

立言作诸箴，励世亦自规。

游箴警惰废，事业终光辉。

言箴慎嗫嚅，张口触祸机。

行箴死所守，于义无乖违。

好恶不悖理，戒或私是非。

知名惧浮实，动主嫌怨随。

五者日践履，要以君子归。

与可知道粹，期至严奥窥。

诵已记所志，砻石镌其辞。

俾之揭堂上，使后亦忽骧。

夫人贵且富，非得强自为。

入贤去不肖，在己不在时。

希韩亦韩徒，中道无已而。③

---

① ［宋］赵抃：《清献集》卷四《题江原张著作善颂堂》。

② ［宋］文同《丹渊集》卷首载范百禄《宋尚书司封员外郎充秘阁校理新知湖州文公墓志铭》云："皇祐元年登科第五，调邛州军事判官。"

③ ［宋］赵抃：《清献集》卷一《题邛州文同判官五箴堂》。

由此诗可见，赵抃此时的思想倾向，还是以纯粹的儒学为主，所以赞赏文同的希韩，即崇尚韩愈。

前面讲过，赵抃是携家带口前往江原赴任的。因此，在此期间，也留下了他和两个弟弟赵扬、赵抗的一首《引流联句》诗：

> 别派从江垠，邀流入农畎（抃）。
>
> 淙淙来源深，瀄瀄度沟浅（抗）。
>
> 园穿萧艾茇，堑断荆蓁剪（扬）。
>
> 疏功浃辰长，溉利千步远（抃）。
>
> 田观疑泽潴，坎听类瓴建（抗）。
>
> 北溟归凿池，幽岳漾妆巘（扬）。
>
> 泻珮纹湍驶，回湾波细转（抃）。
>
> 过窦石眼窥，经虚土口吮（抗）。
>
> 浮行值落叶，浸长逢生藓（扬）。
>
> 孤鹤眼怪觇，纤鱼鬣跳展（抃）。
>
> 中沉无秽淤，底净有纹礛（抗）。
>
> 映苇色莫分，喧琴韵难辨（扬）。
>
> 增霖人闹蛙，涵月夜惊犬（抃）。
>
> 侵篁鞭起萌，逼水低垂菌（抗）。
>
> 怜黄浇菊篱，惜紫沃兰畹（扬）。
>
> 吏咨窑甓甍，童戏芒车卷（抃）。
>
> 灌携令手劳，漱掬致腰俯（抗）。
>
> 庭秋临加凉，轩夏尚消烜（扬）。
>
> 我矜近济能，僮贺遥汲免（抃）。
>
> 贮卮埋巨甒，归厨架修笕（抗）。
>
> 供掏饭盎粮，给澳羹鼎脔（扬）。
>
> 调药修白饵，煎茶试罗筅（抃）。
>
> 坐客频泛觞，蹲儿屡洗砚（抗）。

聆寒心脱烦，挹冷酒除湎（扬）。

瓮挑筇步随，静看髭吟撚（抃）。

高怀造文摅，清兴团诗遣（抗）。

瑰章非俗成，怪句自幽选（扬）。

涌词波翻瀛，绵意绪抽茧（抃）。

书丹字隶行，款碣石磨琬（抗）。

题为引流篇，记耳非白衔（扬）。

在诗的前面，赵抃写有一个小序。据此可知，兄弟三人是在距离江原县衙东面三百步远的溪水亭廊，你上句，我下句，一起作了这首联句诗。兄弟之间，其乐融融，宛如曲水流觞。小序记载赵抃兄弟这次活动的时间，为皇祐二年冬十一月己酉，即十一月二十六日，换算为公元纪年是 1050 年 12 月 12 日。①

罗以智《赵清献公年谱》记载赵抃在知江原县之后，又于皇祐三年担任了成都府路永康军青城县的知县。不过，他也说《宋史·赵抃传》和苏轼写的神道碑对这件事都没有记载，仅见于《孔氏谈苑》的记载，并指出，南宋的朱熹和洪迈都认为《孔氏谈苑》对赵抃等人多有诋毁，可能这本书是别人伪托的，并不可信。②我们仔细玩味苏轼写的神道碑，在记载赵抃终丧知海陵县和知江原县之后，说"还，通判泗州"③。一个"还"字，不仅是说赵抃出蜀，回到距

---

① ［宋］赵抃《清献集》卷五《引流联句》序云："江原县，江缭治廨沁而东，距三百步，泷湍驰激，朝暮鸣在耳，使人听爱弗欲倦。遂畚渠通民田，来围亭阶庑间，回环绕旋，沟行洺渟。起居观游，清快心目。公事暇休，与弟抗、扬坐东轩，欣然撷词为诗。章成，书之石，曰'引流联句'。皇祐二年冬十一月己酉，越人赵抃阅道云。"然明人曹学佺编《蜀中广记》（《四库全书》文渊阁本）卷七所录诗序"与弟抗、扬坐东轩"以下，仅记作"怡然盘桓，共为诗章云"一句，盖出于后人省略改易。

② ［清］罗以智《赵清献公年谱》"皇祐三年辛卯四十四岁"条载："知青城县。本传、神道碑具不载，见《孔氏谈苑》。朱子、洪迈并谓是书于清献而下多有诋毁，恐是伪托，未可信，姑于是年系之。青城隶成都府路永康军。"第 1301 页。

③ ［宋］苏轼《赵清献公神道碑》载："终丧，起知泰州海陵，复知蜀州江原。还，通判泗州。"

离朝廷比较近的地方，更主要是表明赵抃是任期结束而还。如果说赵抃在知江原县之后，又在皇祐三年开始做了青城知县，那么跟赵抃下一个任职的间隔时间也过短，并且赵抃本人也没有留下记载。还有一个过硬的证据是，《宋史·赵抃传》也明确记载"知崇安、海陵、江原三县，通判泗州"[1]，并没有提及青城。所以说，赵抃担任青城知县的记载很可疑，难以取信。

赵抃的第一次入蜀任官，我们只能根据可靠的史料认为，止于知江原县。此后，赵抃又出蜀任官。

第七节　淮南作为

赵抃知江原县任满后，被任命为泗州通判，时间应当是在皇祐三年（1051）。在丁母忧服丧之前，赵抃已经担任过通判了。终丧之后，却又做了两任看似地位在通判之下的知县。但边远的广西小州宜州通判，跟大州泗州通判，尽管官名都叫通判，但重要程度是不一样的。况且在终丧之后，赵抃并没有被降级任用，官阶一直在升迁。从宜州通判到知海陵县，官阶都是秘书丞，属于平级调动。从知海陵县到知江原县，官阶升一级，成为太常博士。这次任命为泗州通判，官阶升至屯田员外郎，又升一级。[2]

古泗州在江苏省盱眙县境内，北宋赵抃的时代隶属于淮南路。南瞰淮水，北控汴流。由于水陆交通发达，而成为南北要冲，中原咽喉。唐宋之时，粮食等漕运物资都在这里中转。因此，总是停泊着成群结队的船只。与赵抃同时的诗人梅尧臣曾写诗描述过当时的繁盛景象："官舻客艑满淮汴，车驰马骤无间时。"[3] 不幸的是，被称为泽乡水国的泗州地势低洼，在康熙十九年（1680），惨遭灭顶之灾，被黄河夺淮的狂涛淹没在洪泽湖底，至今在民间还流传着水母娘

---

① 《宋史》卷三一六《赵抃传》，第 10321 页。

② 《宋史》卷一五八《选举志》载："淳化以前，资叙未一，及是始定迁秩之制：……三丞、著作皆迁太常博士，转屯田员外郎。" 第 3699—3700 页。

③ ［宋］梅尧臣：《宛陵集》卷四七《泗州郡圃四照堂》，《四库全书》文渊阁本。

娘沉泗州的神话传说。

出蜀的赵抃应当是回到家乡，休整安顿了一段时间，在皇祐三年秋后才前往泗州赴任的。在所有传记资料中都没有记载这一事实，但我们从赵抃写的一首《次韵衢守陈守言职方招游烂柯山》可以考知：

> 贤侯九日去寻山，牵俗无由得附攀。
>
> 换世昔传仙局久，登高今喜使车还。
>
> 平原丰稔农欢劝，犴狱空虚吏放闲。
>
> 从此烂柯光价起，为留佳句落人寰。①

烂柯山，作为赵抃家乡衢州的山，以一个古老的传说得名。这一年的九月九日重阳节，衢州知州陈守言邀请归乡的赵抃一起登高聚会。不过，据此诗赵抃自注"守尝见约，是日以事弗克同往"可知，那一天赵抃因为有别的事情，没能赴约，因此写了这首唱和诗。陈守言知衢州的时间，《衢州府志》记载在皇祐三年至六年之间。② 从时间上看，赵抃与陈守言在衢州见面，只能是在皇祐三年秋天。除此之外，没有时间空档留给赵抃。

苏轼写的神道碑，记载了赵抃担任泗州通判时的一件事。由于这件事跟赵抃何时到任泗州有关，我们先讲述一下。在赵抃担任泗州通判时，当时的泗州长官一把手知州比较昏聩，不好好工作，负有监察州县官员之责的淮南路上级官员一直想把这个不作为的知州罢免调离。赵抃作为知州副手的通判，便默默地把本该知州干的工作都承担下来，却说是按知州的指示做的，并不是自己主动做的，从而把政绩都归功于知州。这样一来，上级官员就没有了罢免调离知州的理由了。最终，这个知州得以任满正常升迁调走。③

---

① ［宋］赵抃：《清献集》卷三《次韵衢守陈守言职方招游烂柯山》。

② ［明］林应翔修、叶秉敬纂《衢州府志》卷二《宋刺史》载："陈宗言，屯田郎中，皇祐三年任；邢处恭，驾部郎中，皇祐六年任。"明天启二年（1622）刊本。按，据此并曾巩《元丰类稿》卷一三《序越州鉴湖图》，赵抃文集所记"陈守言"当为"陈宗言"之误。

③ ［宋］苏轼《赵清献公神道碑》载："通判泗州，泗守昏不事事，监司欲罢遣之，公独左右其政，而晦其所以然，使若权不已出者。守得以善去。"

那么，这个知州叫什么名字？赵抃为知州代劳又是在什么时候呢？检视赵抃的文集，收录有一篇题为《乞放泗州酒坊钱札子》。这篇写给朝廷的奏札讲到赵抃在担任泗州通判时经历的一件事。札子的内容大致如下。

泗州管辖的临淮、招信、盱眙三个县的役人衙前根据庆历二年（1042）的朝廷命令，调查到须收酒坊钱二万四千余贯。由于后来庆历五年（1045）十一月朝廷发布一道新的规定，取消收纳以前统计到的酒坊钱。但到了皇祐四年（1052），泗州知州陈式却不执行朝廷新的规定，仍然派人下到三个属县催促缴纳酒坊钱，已经收缴上了五千余贯。当时赵抃作为通判，认为新的规定讲得很清楚，不应当再加催缴。为了慎重起见，赵抃又向临近的滁、濠、宿等州发文询问情况，看他们对新的规定是如何执行的。了解到新规定下达后，临近各州都不再催缴酒坊钱，只有泗州知州陈式还不顾新规定，为了自己的政绩，进行聚敛征收。对于这件事，在去年六月泗州曾经给朝廷的负责财政的三司打了报告。因为没有答复，所以泗州还一直在征收酒坊钱。希望朝廷能够明确发文，根据新规定，免收酒坊钱，以减轻百姓的负担。①

根据这篇奏札所述，我们可以获得这样一些信息。在皇祐四年时，泗州知

① ［宋］赵抃《清献集》卷六《乞放泗州酒坊钱札子》云："臣昨通判泗州日，伏见本州临淮、招信、盱眙三县，有百姓衙前元系庆历二年敕，根究到买扑村酒坊场净利钱共二万四千余贯。续准庆历五年十一月敕节文：今日已前先降指挥，令百姓及衙前人送纳交卖酒坊钱条贯，更不施行；其所根究到酒场净利钱数，更不催纳。至皇祐四年内，知州陈式不晓敕意，却行点检勘决干系人，仍下三县督责监催元欠人送纳交坊钱数入官，前后催理钱五千余贯外，尚有一万九千余贯无可送纳。臣为见已该庆历五年十一月条贯更不施行，灼然明白，不当更须追催。本州未敢一面除放，又牒邻近滁、濠、宿等州，勘会得似此人户所欠净利酒钱，例各依敕除放去讫。独有泗州，只因陈式不顾条贯，惟务聚敛，刻削细民，反行监催，为己劳绩。本州曾于去年六月内具此因依申奏，蒙送三司。有司之吝，未即放免，至今本州却且追勾理纳。窃缘淮南比年灾伤不易，百姓等为此无名欠负破荡财产，填纳不足，至有死亡逃窜者。州县枷锢欠人骨肉，追及亲邻，窘贫无聊，嗟怨滋甚。臣谓朝廷涣汗之号已行，欲乞特降指挥下泗州，所有人户见欠上项酒坊钱，一依庆历五年内敕条，并与放免。所贵疲民渐苏，感召和气。"

州是一个叫陈式的人。^①奏札中讲到去年六月泗州曾给朝廷提交过报告。由于至和元年（1054），赵抃已经入朝担任了殿中侍御史，所以札子所说的这个去年六月，应当是皇祐五年（1053）六月。报告也是赵抃在调查了解了邻州的情况之后提交的。

检视梅尧臣《宛陵集》，有写于皇祐四年十一月间的《送乐职方知泗州》^②一诗，可知陈式泗州知州的职务终止于皇祐四年下半年。今人李之亮《宋两淮大郡守臣易替考》记陈式知泗州到皇祐三年，是不准确的。^③由奏札提及的皇祐四年这一时间节点，再考虑到苏轼写的神道碑记载赵抃替知州工作、回护知州等事，可知当时赵抃在泗州已经工作了一段时间。因此可以认为，赵抃作为通判到任泗州，应当是在皇祐三年。这样便跟卸任江原知县，远程赴任泗州，在时间上就衔接了起来。陈式在任泗州知州时，赵抃作为副手回护他，当陈式离任之后，赵抃就不会再有顾虑，不需要顾及彼此同僚的关系，因此便在陈式离任大约半年后，即第二年六月就给朝廷写了报告，后来在写给朝廷的奏札中也抨击了陈式。

围绕着赵抃在泗州通判任内经历的这件事，可以看出，赵抃很注意维护与上下级以及同僚之间的关系，陈式在任之时，用自己的努力工作，来应对上级对知州陈式的不满。在工作上，赵抃绵密认真，当他觉得陈式违反新规定继续征收酒坊钱不妥时，慎重发文询问邻州的具体做法，来证实自己的判断。由于问题一直没有得到解决，赵抃即使离任之后，也牵挂于怀，专门向朝廷提出奏札，由此也可以看出赵抃对工作的责任感和体恤百姓的仁义之心。

赵抃在担任泗州通判之时，还经历过另一件事。这件事在苏轼写的神道碑和《宋史·赵抃传》中都有记载。

---

① 关于陈式的生平，祖无择曾撰写过《颍川陈君神道碑铭》，收录于《龙学文集》（《四库全书》文渊阁本）卷九。观《陈君神道碑铭》，完全得不出"昏不事事"的认识，可见为墓主讳、唱赞歌的墓志铭所讲的，诚不可尽信。

② ［宋］梅尧臣：《宛陵集》卷一六《送乐职方知泗州》，《四库全书》文渊阁本。

③ 李之亮：《宋两淮大郡守臣易替考》，成都：巴蜀书社，2001年，第174页。

同属于淮南路的濠州（今安徽凤阳东北）的知州克扣士卒的禄米，没有按规定发放，激起了公愤，士兵们打算发动兵变。有人把这一消息告诉了知州。这个知州十分害怕，每天还没到天黑就把府邸的大门紧紧关闭，不敢出去。这并不仅仅是由于这个知州胆小如鼠，而是当时不远的历史教训让他感到恐惧。在真宗朝，咸平三年（1000），四川益州就发生过王均兵变，景德四年（1007），后来赵抃担任通判的广西宜州也发生过陈进兵变。①起因都是长官或知州克扣军饷以及待遇不公。这次濠州的事与曾经发生过的王均、陈进等兵变很类似。因此，淮南路的长官转运使很紧张，火速把赵抃调到濠州，担任代理知州。

赵抃到达濠州之后，不动声色，跟平日一样，正常处理公务。赵抃的镇静，让打算发动兵变的士兵不敢轻举妄动，估计赵抃在士兵待遇问题上也做了妥善处理。于是，一场险些发生的兵变，在赵抃的镇静处理之下，潜消于未形。②

差一点引发兵变的知州姓名可以考知。检视李焘的《续资治通鉴长编》（以下简称《长编》），于皇祐五年记载，这一年的闰七月接近月末，侍御史吴祕因事追责被贬放为濠州知州。后来事情查明，对吴祕等人的处理有些冤枉。不过既然任命已经发出，就没有纠正。③就这样吴祕就到濠州上任了。或许是由于这样，感到很窝火的吴祕有些抵触情绪，心情不好，就把火气转发到士兵身上了。结果，险些酿成兵变，幸亏赵抃赶去妥善处理，才得以平息。

---

① ［宋］曾巩：《隆平集》卷二〇《妖寇》，王瑞来校证本，北京：中华书局，2012年，第634、637页。
② ［宋］苏轼《赵清献公神道碑》载："濠守以廪赐不如法，士卒谋欲为变，或以告，守恐怖，日未夕，辄闭门不出。转运使徙公治濠。公至，从容如平日，濠以无事。"
③ ［宋］李焘《长编》卷一七五"皇祐五年闰七月"条载："壬辰，降翰林侍读学士、刑部郎中吕公绰为龙图阁学士、知徐州，御史台吴祕知濠州，提点淮南路刑狱、度支员外郎、集贤校理孙锡知太平州，度支员外郎王砺知信州。初，谏官、御史言公绰前知开封府受庞籍旨，决赵清贶杖近脊下，故清贶不至配所死。公绰遂得罪，而锡坐前为推官，砺为判官，祕亦独不弹奏，故皆责及之。既而，公绰上章自辨，乃诏知开封府杨察按其事，具言杖清贶实在判官厅，非公绰所临。然其命已行，但令札示公绰而已。"第4226—4227页。

局势安定之后，赵抃又回到了泗州。在多年后，知睦州的赵抃写过一首诗：

濠州抵泗里数百，长淮波平晓如席。

鸣橹解缆杨柳堤，画船中有东吴客。

君恩得请许归去，聊治里闾去咫尺。

岁穷天远心欲飞，念之汲汲事行役。

豁如天意适我愿，号令西北起风伯。

初时渐渐以鼓动，布帆尚留十幅窄。

孤樯得势安以平，中流激箭巨浪劈。

篙横橹阁力不用，疾若挚隼增羽翮。

瞥然两岸瞬霎过，木叶驰黄山走碧。

拿舟月余今日快，一樽自歌两手拍。

樽中酒空不自歌，顺风好景如之何。

毗陵太守同此乐，为言无惜新诗多。①

闰七月底吴祕接受任命，到任和险些酿成兵变应当是在深秋，赵抃完成使命返回时，大概已届年末。异时之诗，摹景抒情，倒像写的是当年的所经所历。诗句"木叶驰黄"的描写，是说季节。赵抃回想前往濠州时的逆水缓慢，与归程顺流直下，成为鲜明对比，因此赵抃写道"拿舟月余今日快"。平息事态，代理知州的任务顺利完成，赵抃乘船返回泗州。濠州在泗州西边，沿淮乘船正是顺流而下，并且又遇到顺风。"濠州抵泗里数百，长淮波平晓如席"，几百里行程，"瞥然两岸瞬霎过"，跟"轻舟已过万重山"一样，其实在描摹景色的同时，赵抃是在表达自己轻松而欢快的心境。

多年后，当赵抃再度途经濠州时，他也写下了一首诗：

朝离石涧寺，暮泊香山夹。

扬帆复顺流，快若两翼插。

---

① ［宋］赵抃：《清献集》卷一《顺风呈前人》。按，诗题的"前人"，当是指文集此诗的前一首诗题《和范御史见赠》所言及的"范御史"范师道。

> 濠州旧风物，愚昔此承乏。
>
> 重上庄生台，如梦觉一霎。①

在这首诗中，赵抃明确地提到了曾经代理濠州知州的经历："愚昔此承乏。"

赵抃历任地方官的出色表现，特别是泗州通判与代理濠州知州的作为，让他获得很高的评价，很快就有"伯乐"为他开辟了新的天地。从此，赵抃在一个更高的平台上展开了一番新的作为。

---

① ［宋］赵抃:《清献集》卷一《过濠州呈前人》。按，诗题的"前人"，当是指文集此诗的前一首诗题《和范御史十一月三日见月》所言及的"范御史"，同是范师道。

第四章　铁面御史

第一节　无意顾藉家与身

四十七岁的赵抃，在金榜题名之后，度过了整整二十年的地方官生涯。他饱经历练，再次走进京城，首次在朝廷做官，担任要职殿中侍御史。这一年原本为皇祐六年（1054），因为在三月改元，所以一般称作改元后的至和元年。

赵抃能够入朝担任殿中侍御史，是得益于一位"伯乐"的荐引。这位伯乐就是曾公亮。曾公亮在后来神宗朝位至宰相，是宋代的名臣，当时担任相当于皇帝秘书的翰林学士。其实，推荐赵抃的曾公亮，那时与赵抃还不相识。[①] 未曾相识而推荐，那一定是耳闻目睹了赵抃相当多的政绩以及舆论的褒扬。宋朝的制度规定，推荐人是负有连带责任的。如果被推荐人后来犯了严重错误，推荐人也要连坐受到降官等处罚。因此说，曾公亮未曾相识而推荐了赵抃，还真是有着伯乐的慧眼，鉴别出赵抃作为杰出人才，一定不负所望。

宋代沿袭前代官制，设置有御史台，负责监察百官，整肃纲纪。遇到大事可以当廷发言，质疑辩论，其他事情可以随时上奏弹劾。宋代尽管言论的自由度比较高，士大夫们也经常上言，但是除了有诏令要求进言以外，对一般官员的上言还是有些限制的，违反规定则有越职言事之嫌。不过，御史台官员上

---

① ［宋］苏轼《赵清献公神道碑》载："曾公亮为翰林学士，未识公，而以台官荐，召为殿中侍御史。"《宋史·赵抃传》也记载说："翰林学士曾公亮未之识，荐为殿中侍御史。"第 10322 页。

言则是名正言顺。加上谏院的官员，在宋代被合称为"台谏"，监察百官朝政，规正皇帝行为。宋代的台谏，作为制度规定的独立存在，在宋代政治舞台上，无论是风平浪静之时，还是党争风起云涌之际，都发挥着极为重要的作用。

观察北宋的政治现实，北宋的石介就说过台谏拥有制约君主和对抗宰相大臣的力量。[①]为赵抃写神道碑的苏轼也这样讲过台谏，不管尊卑，批评皇帝，皇帝也必须认真听纳；批评宰相，宰相就必须自我停职，等候处理。[②]

赵抃时代的御史台，下设侍御史主持的台院、殿中侍御史主持的殿院、由监察御史构成的察院。御史中丞是御史台的长官，殿中侍御史有两名，监察御史有六名。这是御史台的主要干部。[③]可见一入朝，赵抃就处在了一个很重要的位置上。

赵抃入朝担任殿中侍御史的时间，元人陈樫的《通鉴续编》和明人商辂的《续资治通鉴纲目》都记载在至和二年[④]，但宋人李焘的《长编》在至和元年九月已经就记载了赵抃作为殿中侍御史的上奏发言[⑤]。不光是《长编》的证据，赵抃本人在后来写的诗中也有明确的回顾："至和改元秋九月，诏书晓落长淮

① ［宋］石介《徂徕石先生文集》卷一三《上孔中丞书》云："君有佚豫失德、悖乱亡道、荒政咈谏、废忠慢贤，御史府得以谏责之；相有依违顺旨、蔽上罔下、贪宠忘谏、专威作福，御史府得以纠绳之；将有骄悍不顺、恃武肆害、玩兵弃战、暴刑毒民，御史府得以举劾之。君，至尊也；相与将，至贵也，且得谏责纠劾之，余可知也。御史府之尊严也，如轩阶之下，庙堂之上，进退百官，行政教，出号令，明制度，纪赏罚，有不如法者，御史得言之。御史府视中书、枢密虽若卑，中书、枢密亦不敢与御史府抗威争礼，而反畏悚而尊事之。御史府之重，其无与比。"陈植锷点校本，北京：中华书局，1984年，第148页。
② ［宋］苏轼《苏轼文集》卷二五《上神宗皇帝书》云："言及乘舆，则天子改容；事关廊庙，则宰相待罪。"孔凡礼点校本，北京：中华书局，1986年，第740页。
③ 《宋史》卷一六四《职官志四》载："御史台掌纠察官邪，肃正纲纪。大事则廷辨，小事则奏弹。其属有三院：一曰台院，侍御史隶焉；二曰殿院，殿中侍御史隶焉；三曰察院，监察御史隶焉。"第3869页。又载："殿中侍御史二人，掌以仪法纠百官之失。凡大朝会及朔望、六参，则东西对立，弹其失仪者。"第3871页。
④ 见［元］陈樫：《通鉴续编》卷七、［明］商辂：《续资治通鉴纲目》卷五，均为《四库全书》文渊阁本。
⑤ ［宋］李焘：《长编》卷一七七"至和元年九月辛酉"条。

滨。孤贫自省预台选，无意顾藉家与身。"① 由此可见，任命赵抃担任殿中侍御史的诏书，是在至和元年九月下达到知泗州赵抃那里的。

李焘《长编》在至和元年九月一日，杨察罢权三司使条，就记有赵抃以殿中侍御史的职务提出的反对意见。九月诏书才到达泗州，不可能当天赵抃就到了汴京，并提交奏疏。李焘《长编》虽然是编年体史书，但在每项记事之下，往往把不同时期的相关之事也汇集在一起，集中叙述，以便读者明了事情来龙去脉。这样的写法等于是对编年体史书难以体现某个事项完整样貌缺陷的一个弥补。因此，对于这样写法下的编年记事，需要有所分析，不能僵化地按事项系时来看待。从赵抃为杨察鸣不平的上疏看，应当是事情发生过去了一段时间，赵抃到任后提出的。不过，可以肯定的是，接到任命后，赵抃几乎没有过多的耽搁，在九月的当月就到京履职，展开工作了。

从包括赵抃的文集在内的各种文献记载看，在到任的当月九月，赵抃就递交了很多奏疏。下面略加梳理。

《论邪正君子小人疏》，载《清献集》卷六，署"九月二日"。② 此疏苏轼在神道碑中在记载赵抃担任殿中侍御史之后也引述数句。文集将时间记在"九月二日"③，也似乎过早。如果真是上奏在九月二日，那么便还是赵抃身在泗州，未赴任殿中侍御史之时。奏疏的结尾有一句"臣远贱之迹"，似乎表明赵抃此时尚未置身朝廷。如果是这样的话，包括苏轼写的神道碑在内，许多文献把这篇奏疏说成是担任殿中侍御史时所上就不确切了。

《乞缉提匿名文字人状》，载《清献集》卷六，署"九月十日"，当亦进于这一年九月。

---

① ［宋］赵抃：《清献集》卷一《和范御史见赠》。

② 《论邪正君子小人疏》，又见［宋］佚名辑：《国朝二百家名贤文粹》卷六八，宋庆元刻本，《宋集珍本丛刊》第93册，北京：线装书局2004年版；［明］黄淮、杨士奇编：《历代名臣奏议》卷一五四，上海：上海古籍出版社影印本，1989年；［清］蒋廷锡等奉敕编：《古今图书集成》皇极典卷二六〇，光绪十年（1884）上海图书集成铅版印书局排印本；［清］姚宝煃修、范崇楷纂：《西安县志》卷四七，嘉庆十六年（1811）序刊本。

③ 宋刊本《赵清献公集》记在"九月三日"。

《辨杨察罢三司使状》，载《清献集》卷六，署"九月"。①

《乞放泗州酒坊钱札子》，载《清献集》卷六，署"九月"。审札子中"臣昨通判泗州日"，知当在至和元年九月。

《论北使到阙状》载《清献集》卷六。契丹派遣使者的到来是在至和元年九月②，可知此状进于这一年九月。

《论置水递铺不便状》，载《清献集》卷六。③据状中言，是跟《辨杨察罢三司使状》相关之事，此状应当也是进于这一年九月。

审视《清献集》卷六所收录的奏疏，都是编年排列的，在同卷署时"十月一日"的《论契丹遣使无名疏》之前，还有《乞改差以次臣僚监护温成皇后葬事状》和《乞不许虏使传令上圣容状》两通奏疏，应当也是上于九月。

如果按九月初赵抃接到任命，以最快速度入朝履职，也要花费一些时日。把这些时间除掉，九月留给赵抃上奏论事的时间并不多。然而，就在不长的时间内，赵抃居然上奏了上述八通奏疏。尽管赵抃的奏疏篇幅不长，都在几百字、上千字的程度，但论奏不同的事项，事先要调查，调查结果要分析，然后才能归纳在奏章中。这些操作都需要时间。在九月份，赵抃上奏了八通奏疏，差不多平均两三天就提交一份。台谏以言事为本职，如果言事过少，也会受到指责，被认为不尽职。于是就有许多言官为了塞责，找一些鸡毛蒜皮的小事上奏。并且出于明哲保身，对一些关系重大的容易得罪人的敏感事情，大多回避不言。对于这一现象，南宋初年的李纲就曾痛斥过。④然而赵抃显然不是这样的。我

---

① 《辨杨察罢三司使状》，又见于《长编》卷一七七、《太平治迹统类》卷九。

② 《宋史》卷一二《仁宗纪》载："（至和元年）九月乙亥，契丹遣使来告夏国平。"第237页。

③ 《论置水递铺不便状》，又见于［明］解缙等编：《永乐大典》卷一四五七五，北京：中华书局影印本，2012年。

④ ［宋］李纲《梁溪集》卷九九《论淮西军变札子》："今侍从、台谏以言为职，类皆毛举细故以塞责，所论不过簿书、资格、守倅令丞除授之失当，至于国家大计，系社稷之安危、生灵之休戚者，初未闻有一言及之。"又《梁溪集》卷一三八《道乡邹公文集序》也讲道："当时台谏具员，然类皆毛举细故以塞责，甚者至于变乱白黑，颠倒是非，投时好以取世资，虽谓之无可也。"

们来分析一下上述赵抃九月份上奏的内容。

《论邪正君子小人疏》，是赵抃为数不多的务虚之论，不是针对具体事情而发，而是劝诫皇帝的议论。宋代的士大夫政治，置于君主制政体之下。士大夫在实际上主宰政治，但必须取得皇帝的支持。为了与皇帝和衷共济，士大夫需要用各种方式来引导皇帝言听计从。日臻完备的行政制度，留给皇帝实际施政的空间很小，但还是拥有名义上的官员任用权。任用什么样的人，对士大夫政治很有影响。所以需要让皇帝任命符合士大夫政治利益的官员。为此，需要不断以各种方式施加影响，让皇帝按照士大夫的意志来选拔人才。赵抃的君子小人论的出发点，正在于此。在奏疏中，赵抃列举儒学经典和历史教训，强调了区别君子与小人的重要性。从《长编》记载别的臣僚告诫宋仁宗"不宜过听小人"[1]来看，赵抃貌似泛泛而言的上书是有一定的针对性的。

除了这篇奏疏，其余奏疏都是针对具体事情的发言。《论北使到阙状》和《乞不许虏使传今上圣容状》是涉及宋辽国际关系的内容，前者讲因仁宗宠妃温成皇后葬礼期间禁止奏乐与接待辽使时的对策，后者讲拒绝辽使索要仁宗画像之事，都反映了赵抃在传统的华夷观主导下增重国家威望的主张。

《乞放泗州酒坊钱札子》则是根据自己在担任泗州通判时的亲身经历，为泗州百姓请命的奏疏。一个已经离任的官员，还把以前的百姓事情挂记于怀，由此也可看出赵抃的责任心。

《乞缉提匿名文字人状》，是要求彻查在京城雕版印行匿名传单之事。在唐代，写匿名信被法律严禁。[2]在五代混乱时期，这一规定松弛下来。[3]在正常的形势下，匿名信会带来政治混乱。从这个意义上，赵抃才主张彻查，加

---

① 参见后面注引《长编》卷一七七的记载。

② ［唐］长孙无忌等撰《唐律疏义》卷二四《投匿名书告人罪》载："诸投匿名书告人罪者流二千里。"刘俊文笺解本，中华书局，1996年，第1644页。

③ ［元］富大用《古今事文类集新集》卷一七《不按匿名》载："长兴三年，邢州、汝州戍兵还，见讫于殿庭，遗下匿名书论本指挥元霸率敛人钱物。帝令张从宾按问。枢密使范延光奏曰：'匿名文字，准格不治，禁讼端也，不宜按问。'乃止。"《四库全书》文渊阁本。

以禁绝。

如果说上述奏疏还属于没有涉及具体人与事的不会得罪人的内容，那么，其他奏疏都有着可能与人结怨的利害关系。《乞改差以次臣僚监护温成皇后葬事状》，是讲原定让参知政事刘沆护丧温成皇后，后来刘沆升任宰相，赵抃认为有损国体，不应当再让刘沆护丧。温成皇后是仁宗宠爱的张贵妃，在年初去世后，被悲痛的仁宗追封为皇后。赵抃反对刘沆继续护丧，就既得罪了皇帝仁宗，也得罪了宰相刘沆。并不是事事皆书的苏轼所撰的神道碑，专门把这件事写了进去。这表明苏轼很看重初任殿中侍御史的赵抃的大胆上言。[①]

另外两疏《辨杨察罢三司使状》和《论置水递铺不便状》涉及互有关联的同一件事。

宦官杨永德提议在蔡、汴河设置水递铺，三司使杨察认为不妥，否决了这项提议。杨永德就在仁宗面前诋毁杨察，从而导致杨察被罢免。[②] 由于对杨察的罢免没有道理，所以仁宗在罢免杨察三司使后，任命新职务时，还提升了杨察的官阶。对此，赵抃在奏疏中强硬地说，如果杨察有罪，就不应当

① ［宋］苏轼《赵清献公神道碑》载："温成皇后方葬，始命参知政事刘沆监护其役。及沆为相，而领事如故。公论其当罢，以全国体。"

② 《长编》卷一七七至和元年载："九月辛酉朔，权三司使、翰林学士、兼端明殿学士、翰林侍读学士、礼部侍郎、知制诰杨察为户部侍郎、提举集禧观事。内侍杨永德建请蔡、汴河置水递铺，察条其不便，罢之，永德毁察于帝。三司有狱，辞连卫士，皇城司不即遣，而有诏移开封府鞫之。察由是乞罢，帝从其请。知谏院范镇言：'外议皆谓察近因点检内衣库积尺罗帛及建言水递铺非便，又言内藏库不当买交钞，又言香场人吏取乞钱物，皇城司占护亲从官不以付外勘鞫。此等事皆是害政伤理之大者，三司义当论列，而谗邪小人，多方沮毁，使其请解使权，朝廷因遂其请，臣窃为陛下惜之。夫邪正之辨，治乱之所系也，不可不审，陛下以察之所陈，是邪？非邪？以为是，则宜使察且主大计，以塞奸幸之路；以为非，则不当改官，使自暇逸。累日以来，日色不光，天气沉阴，欲雨而不雨，此邪人用事之应，而忠良之情不得上通也。陛下宜以察所争四事，下中书、枢密大臣详正是非，付有司依公施行，复察所任，庶几上应天变，下塞人言。'殿中侍御史赵抃亦言：'察若有罪，不当更转官资，若本无罪，不当遽罢。乞令依旧职局，追还新命。'不报。抃，西安人也。抃为御史，弹劾不避权幸，时号铁面御史。"第4277—4278页。

升迁官阶，如果本来就没有罪，就不应当罢免。赵抃希望取消对杨察的新任命，恢复原职。最后，赵抃强调，我身在执行监察的部门，对这件事，不能保持沉默。

其实，赵抃替杨察鸣不平，除了会得罪得宠的宦官乃至仁宗之外，还要有不避嫌疑的勇气，因为杨察是赵抃的同榜进士[①]。在科举大盛的宋代，同榜进士便成为同年关系。有了这一层关系，同年之间在政界互相提携扶持是极为常见之事，而皇帝则忌讳官僚之间的公然结党。不论曲直，仁宗完全可以用回护同年的罪名把赵抃罢免。因此，赵抃的上言是要有做出牺牲政治前途的精神准备的。尽管赵抃的意见未被采纳，但毫无疑问，赵抃的言行在士大夫舆论那里得了分，展现了初任言官的风采。于是编纂《长编》的李焘，第一次记载了赵抃，并在其后写道："抃为御史，弹劾不避权幸，时号'铁面御史'。"看来，"铁面御史"这一称号，在赵抃担任殿中侍御史不久，便因与相权、皇权以及皇权延伸的宦官势力抗争而获得了。

第二节　朝廷基扃要扶助

从至和元年（1054）九月赴任，到嘉祐元年（1056）九月卸任，整整担任了两年殿中侍御史的赵抃，进言上疏达一百多通。这不仅体现了作为言官的尽职，更反映出在士大夫政治背景下赵抃的政治责任感。两年后，赵抃在殿中侍御史卸任之时，写了一首较长的七言古风，其中有一句是："朝廷基扃要扶助。"[②]基扃泛指城阙。作为比喻，赵抃认为宋王朝这座大厦需要众人来维护。从这一理念出发，赵抃在任期间针对他所观察到的问题，经过认真思考，毫无保留地提出了自己的意见与建议。

---

① 《宋会要辑稿》选举二之七载："景祐元年四月十八日，诏新及第进士……第二人杨察、第三人徐绶并为将作监丞、通判诸州。"第5268页。

② ［宋］赵抃：《清献集》卷一《和范御史见赠》。

　　赵抃上言的内容十分广泛。有对官员的弹劾，有对人事任免的提案，有对朝廷政策的异议，有对制度改革的建议。这些上言有些是针对具体的人和事而发，有些是颇具建设性的提议，都是有的放矢，不是空洞无益之言。

　　我们来看一下赵抃的一些具有建设性的提议。

　　在北宋的国际关系中，朝廷对北方大国辽朝最为重视，在充满戒备的同时，小心地维护着两国的和平关系。对于辽朝在至和元年九月毫无名目突然派遣使者到来，赵抃上《论契丹遣使无名疏》①，建议提高警惕，提出精择将帅、训练士卒、储备物资三项方案。

　　在内政方面，针对内廷奉宸库把珠犀、玉帛、珍宝等放到市场变卖的状况，赵抃上《乞寝罢奉宸库估卖物色状》说，国家并不缺这点钱，这类消息传到国外，会让人家认为宋朝财政窘迫，也会让社会感到不安，并且还影响到国家形象，所以希望赶紧停止变卖。②

　　《乞差填殿帅札子》是赵抃对军政建设的建言。③北宋的殿前都指挥使司、侍卫亲军马军都指挥使司和侍卫亲军步军都指挥使司是掌管全国军队的最高军事机构，被称为"三衙"，犹如今天的军委。长官本为都指挥使、副都指挥使和都虞候六名，但赵抃发现，当时的三衙只有两名长官，阙员四人。尽管此时处于澶渊之盟后的和平时期，阙员也不利于军政建设，所以赵抃建议补齐。

　　《论三路选差状》是赵抃对河东、河北、陕西选任官员的提议。④过去即使对犯有较轻的私罪和公罪的官员，审官院也一律不会选派其担任这三路的地方官。赵抃建议除了犯有较重罪行的官员以外，应该给予其余官员改过自新的机会，加以任命，也可以使一些贫穷得难以归乡的官员不至于流离失所。可见这是一个比较人性化的建议。人性化的建议还有《乞官员身故孤遗骨肉依在日资

①　[宋]赵抃：《清献集》卷六《论契丹遣使无名疏》，又见于《历代名臣奏议》卷三二九。
②　[宋]赵抃：《清献集》卷八《乞寝罢奉宸库估卖物色状》，又见于《国朝诸臣奏议》卷一○七、《历代名臣奏议》卷二六四。
③　[宋]赵抃：《清献集》卷六《乞差填殿帅札子》。
④　[宋]赵抃：《清献集》卷六《论三路选差状》。

序拨船乘载状》①，对于在赴任或调转时去世的官员家属无资格再乘坐官船的规定，赵抃以两个具体实例举一反三，希望依旧提供官船，使这些家属能够还乡。

还有几通跟科举有关的奏疏。《乞依近降指挥试举人状》针对有人建议推迟当年的开封府试和国子监试，赵抃认为，水灾之后，京城居住困难，如果推迟，朝令夕改，不仅让朝廷失信，也给举子造成很多困难，所以赵抃主张还是按原定的七月举行考试。②《起请科场事件状》则是对新颁布的《贡举条贯》中如何防止考试作弊的方案做的补充。③科举登第后成为选人的下级官员在升迁时需要进京接受考察，由于分批考察很费时日，选人就要在京等候很长时间，给本来就贫穷的多数选人带来很大的经济上的困难，赵抃在《乞并甲磨勘选人状》中建议几批合并在一起考察，这样就可以缩短排队等候的时间。④

赵抃还有一些体恤民间疾苦、减轻百姓负担的提案。《乞下淮南路应人户买扑酒坊课利许令只纳见钱状》，是赵抃根据他担任泗州通判时了解的情况，对整个淮南一路酒坊课利，提出跟其他各路一样，以现钱缴纳，而不是折换成米麦，这样就不会让百姓因低于市价和损耗造成损失。⑤《乞减省益州路民间科买状》，赵抃明确在奏状中写道，这是根据他在知蜀州江原县时了解到的情况，而做出的宽民力、安人心的建议。⑥

大量河北、京东路百姓因灾害流入京城乞讨，扶老携幼，遍街皆是。赵抃了解这一状况后，上《乞赈救流移之民状》，希望朝廷及时采取措施，赈济

---

① ［宋］赵抃：《清献集》卷八《乞官员身故孤遗骨肉依在日资序拨船乘载状》。

② ［宋］赵抃：《清献集》卷八《乞依近降指挥试举人状》。

③ ［宋］赵抃：《清献集》卷八《起请科场事件状》。

④ ［宋］赵抃：《清献集》卷八《乞并甲磨勘选人状》。

⑤ ［宋］赵抃：《清献集》卷六《乞下淮南路应人户买扑酒坊课利许令只纳见钱状》。

⑥ ［宋］赵抃《清献集》卷六《乞减省益州路民间科买状》中云："臣昨知蜀州江原县日，备见民间科纳之际，忧愁亡聊，兼体问得宝元以前，本无如此浩大数目。伏望陛下仁圣，特赐矜恤，下本路钤辖转运司共同体量，于折变科配买织匹帛万数内减放一半以上，庶几宽远方之民。"

灾民。^①遭受水灾之后，朝廷派遣高官去各地调查受灾情况。每个高官都带上百十人的士兵随从，反而造成了扰民。赵抃于是上《论句畎府界积水搔扰状》，建议由当地官员来负责指导救灾，不要因派遣官员的到来，反而造成民众的负担。^②

京城以及周边地区连年大兴土木，修建寺观。赵抃上《乞裁减停罢修造寺院宫观状》，认为在灾害频发、北方又有军事压力的状况下，应该停止这类并没有急迫需要的工程，不要让这些无益的劳役伤财害民。正像做地方官时祈雨一样，在大旱之年，赵抃上《论久旱乞行雩祀状》，希望依照古代雩祀祈雨的方式，派遣官员向天地、宗庙、社稷、五岳、四渎分别祈祷，下修人事，上应天心，这样或许会早降雨泽，变沴气为和气。

赵抃身在京城，也很留意京城的治安问题，针对一些具体事件，屡有上书。在赵抃刚担任殿中侍御史的第二个月，上奏《乞勘断道士王守和授箓惑众状》，讲到信州龙虎山道士王守和住在寿星观中，从上年秋天开始就纠集京城的官员、百姓以及妇女一二百人以授符箓神兵为名，夜间聚会，一早散去，影响越来越大，听说在十月十五晚上又要聚众作法。赵抃认为，天子脚下的京城不能容忍这种妖妄之人，要求朝廷下令给开封府，把这个人押解送回原籍，以免扰乱京城治安。^③与这件事类似，在第二年二月，京城中有个叫李清的无业游民，以诵佛为名，组织"经社"，结集二三百人，也是夜间聚会，一早散去。鉴于曾经发生过的事件，赵抃上《乞禁断李清等经社状》，希望朝廷下命令给开封府，严加禁止，以杜绝妖妄。^④

还有一件发生在京城的事情，跟上述两件事不一样。有个名叫王道的人，

---

① ［宋］赵抃：《清献集》卷七《乞赈救流移之民状》。

② ［宋］赵抃：《清献集》卷八《论句畎府界积水搔扰状》。

③ ［宋］赵抃：《清献集》卷六《乞勘断道士王守和授箓惑众状》，又见于［宋］赵汝愚：《国朝诸臣奏议》卷八四、北京大学中国中古史研究中心校点整理《宋朝诸臣奏议》本，上海：上海古籍出版社，1999年；《历代名臣奏议》卷一七五。

④ ［宋］赵抃：《清献集》卷六《乞禁断李清等经社状》。

曾经做过孟州河阳的县尉。几个月以来，一直穿着官服沿街乞讨，到处喊冤，诉说州府官员听信谗言，把他停职了。这个样子的王道，引起了市井中大量围观，成为京城中的一道奇景。有人可怜，认为他可能确实有冤屈；也有人嘲笑，认为他这样做给士人的形象带来耻辱。赵抃得知这一情况后，上《乞勘验王道在街坊称冤状》，希望朝廷下令给开封府，进行仔细调查，如果确实有冤，就加以昭雪；如果没有冤枉，属于胡闹，就押回原籍。①

在仁宗生病期间，　时中止了台谏官上殿直接跟皇帝交谈的做法。在仁宗病情有好转之时，有人建议恢复这一做法，但一直未得到答复。对此，赵抃连上两通《乞依自来体例令台谏官上殿札子》《再乞指挥中书许令台谏官依例上殿札子》②，希望恢复台谏官上殿的做法。他说，有些事情涉及机密或敏感的内容不方便写出来，只能口头上奏。这是赵抃身为台谏官维护自身发言权，保障言路畅通的重要行动。

宋代虽然宦官势力没有达到东汉、晚唐和明代的跋扈程度，但势力也很大，历朝皇帝都在军政等许多领域重用宦官。鉴于历史教训，宋代士大夫对宦官势力的增长充满警惕，时常加以抑制。在赵抃的上言中，就有一些这样的内容。比如京城因为水灾，作为一时权宜，让宦官带领士兵在京城地区巡逻。在水灾消退后，赵抃立即提出了《乞罢内臣权巡检状》③，说原有的巡警和地方官员负责这项事务，希望恢复旧制，以防宦官扰民。

此外，赵抃还有《乞寝罢内臣修筑汴堤状》④。宦官势力是皇权的延伸，抑制宦官势力，也就在一定意义上成为对皇权的抑制。

赵抃不仅抑制间接的皇权，还直接对皇帝的行动进行干预。比如，按旧制，除假日外，仁宗每天应当上朝，坐在前殿后殿视事。后来仁宗大病初愈，改为

---

① ［宋］赵抃：《清献集》卷九《乞勘验王道在街坊称冤状》。

② ［宋］赵抃：《清献集》卷八《乞依自来体例令台谏官上殿札子》《再乞指挥中书许令台谏官依例上殿札子》。

③ ［宋］赵抃：《清献集》卷八《乞罢内臣权巡检状》。

④ ［宋］赵抃：《清献集》卷七《乞寝罢内臣修筑汴堤状》。

一天坐前殿，一天坐后殿。后来又因为暑热，改为单日上朝，双日不上朝。入秋以后，这一方式便持续了下来。赵抃就上《乞每日坐前后殿状》①，要求认真恢复到每天上朝的旧轨上来。

自从唐代的三省六部制确立之后，以皇帝名义发出的命令必须有大臣署名签字画押，才能生效，宋朝也承续了这一制度。在唐代，如果皇帝不经大臣署名这道程序而发出命令，则被称为打破行政规则的"斜封墨敕"，会受到抵制。宋代的皇帝如果破坏规则，发出一些内降指挥，也会经常受到抵制和批评。比如，仁宗对治理黄河失败的责任者，不经中书、枢密院，派出几个宦官，又连下三道内降文字指示处理意见。赵抃提出《乞追还内降指挥状》②，要求仁宗收回这些不合程序的指示。他说道，不征求公卿大臣的意见，有伤国体，并且这样做等于是把行政权力交给了宦官和宫廷内起草诏令的女官。赵抃认为，这正是斜封墨敕的再现。事情不大，但作为士大夫政治的拥护者，赵抃防微杜渐，制止皇权脱逸常轨。

有一次，皇族有将近二十人没按正常程序超迁升了官。对此，赵抃上《论皇亲非次转官状》③，提出了批评。在传统社会，各个王朝都是一姓皇帝的家天下，但作为皇帝，在正常的政治状态之下，并不能为所欲为，有许多制度性限制。在士大夫政治成为主宰的宋代，皇帝滥用权力更是受到了很大的限制。其中就包括来自台谏的批评。

仁宗没有子嗣，在位后期，特别是生了大病之后，后继者成为朝野关注的问题。但皇帝尚在位之时，作为臣子，议论这样的问题很犯忌讳，甚至会被罢官。在宋太宗后期，许多官僚因为上言继承人之事而丢了官，只有铮臣寇准的上言才被太宗接受了。④

---

① ［宋］赵抃:《清献集》卷八《乞每日坐前后殿状》。

② ［宋］赵抃:《清献集》卷九《乞追还内降指挥状》。

③ ［宋］赵抃:《清献集》卷七《论皇亲非次转官状》。

④ 参见王瑞来:《宰相故事——士大夫政治下的权力场》，北京:中华书局，2010年，第三章《左右天子为大忠:"使气之寇准"》，第79—127页。

尽管有这样并不太远的历史教训，赵抃还是鼓起极大的政治勇气，上奏了《言皇嗣未立疏》[①]，希望仁宗能作为权宜之计，选择皇族中有好的声望的孩子，或是收养在宫中，或是封为亲王，再选择良士正人加以教导。即使将来真有自己的子嗣诞生，这样做也没有什么影响。赵抃说，我的职务让我有这样上言的责任，所以我丝毫没有考虑对我自身以及家庭的影响，进忠言等待处罚。冒着牺牲自己的政治前途与生命的危险而进言，赵抃所体现的，正是宋代士大夫的主流精神。[②]

由于士大夫政治过于强盛，君主无力对抗，也不需要对抗，因为君臣之间并无根本的利害冲突。所以宋仁宗基本采取了放任的态度，乐得在宫中做一个高高在上的清闲皇帝。宋人这样说仁宗"百事不会，只会做官家"[③]，就是说仁宗很会做皇帝。其实仁宗的会做，就是无为而治。全面放手，便让士大夫打造了四十年的辉煌时代。有人曾经夸张地说，宋仁宗在位四十年，是中国历史上最好的时代。这样的时代辉煌中，无疑也有赵抃的一份贡献。

第三节　频章累疏辨得失

针对朝廷已经实施的事项，赵抃觉得不妥的，不论大事小情，都会出于强烈的政治责任感，频频上书，提出不同意见，希望得到修正。不管意见被接受与否，作为言官，赵抃的上言，体现了反馈机制的启动，对于朝廷此后的决策与施策，都会起到正面的积极效应。

在赵抃刚刚就任殿中侍御史的第二个月，太常礼院的一个叫元介的礼生，因为私自签发文件暴露后逃走了。这件事引起了赵抃的注意。他发现太常礼院尽管有八九名知院、判官等官员，但发送文件时，只是在空白印纸上书写，也不经过

---

① ［宋］赵抃：《清献集》卷八《言皇嗣未立疏》。

② 参见王瑞来：《宋代士大夫主流精神论》，《宋史研究论丛》第6辑，2009年。

③ ［宋］施德操：《北窗炙輠录》卷上，虞云国、孙旭整理本，郑州：大象出版社，2017年，第174页。

集体传阅或讨论，就由具体办事的事务人员，即胥吏代为签上官员名字发送。赵抃认为这样做不仅会招致人言，也会对行政造成损害。因此，他上《论礼院定夺申明用空头印纸状》①，要求朝廷以皇帝的名义下令，让太常礼院在制定礼法制度时，不能用空头印纸，必须经过主管官员共同商讨后，盖上印章才能发送。

安放宋太祖及皇后牌位的太平兴国寺开先殿，在建成的当时，就对主持修建的官员进行了超越常规的升迁赏赐。过了十年，修理的官员还希望得到像当年那样的升迁和赏赐。对此，赵抃上《乞寝罢酬奖监修开先殿官员状》②，希望纠正以前过分奖赏的失误，这次停止特别赏赐和升迁。关于这件事情，欧阳修也有上言。从《长编》记载的欧阳修上奏中，可以了解一些事情的原委。③原本开先殿只坏了两根柱子，修缮的官员却更换了十三根柱子，企图扩大工程规模，来求得赏赐和加官。由此可知，赵抃上奏的缘由。此外，从庆历六年（1046）重修开先殿参知政事宋庠曾经获得赏赐来看④，赵抃上奏要求停止赏赐的背后，恐怕也有更复杂的背景，是针对参与的某个大臣而发。因为伤害了一些人的实际利益，赵抃的上奏无疑也会遭到怨恨。

跟赏赐有关的奏疏，赵抃还上有《乞候今冬六塔河堤并无疏虞方许酬赏状》。⑤一般治理河流完工便行赏赐，但赵抃鉴于以前治理黄河完工后不久便

---

① ［宋］赵抃：《清献集》卷六《论礼院定夺申明用空头印纸状》。按，据文集所收前后奏状均署时"十月"，知此奏也应当在同月。又按，四库本《清献集》于此状后以注文记有奏状后的处理结果："下中书，断礼生等各赎铜放。"然《全宋文》卷八八二所录此状不载此注。
② ［宋］赵抃：《清献集》卷七《乞寝罢酬奖监修开先殿官员状》。按，此奏当与《长编》所载欧阳修奏疏同时期所上，即至和二年七月。
③ 《长编》卷一八〇"至和二年七月乙酉"条载翰林学士欧阳修奏疏有云："昨开先殿只因两柱损，遂换一十三柱，前后差官检计，朝廷并不取信，只凭最后之言，遂致广张功料。盖缘广张得功料，即多图酬奖恩泽。"第4360—4361页。
④ ［宋］宋庠《元宪集》卷一九《中书谢传宣表》，《四库全书》文渊阁本。又据《宋史》卷二一一《宰辅表》，宋庠出任参知政事在庆历五年，第5468页。
⑤ ［宋］赵抃：《清献集》卷八《乞候今冬六塔河堤并无疏虞方许酬赏状》。按，据文集前后奏疏署时，此奏当上于嘉祐元年四月。

又决口的教训，希望等候到冬季河堤一直没有出现问题时，再论功行赏。

有些奖赏的颁布，赵抃提出异议，跟受赏人基本无关，只是从技术的角度，为了让赏罚更为公平一些。比如，后来做到执政之一枢密副使的薛向[①]，在赵抃刚任殿中侍御史时，由于赈济水灾的功绩，朝廷给了他两年后担任知州的许诺作为奖励。在这期间，朝廷又下令让他参与清理变卖朝廷库存物资，并说明完毕后跟卖场监督官员一起受赏。赵抃认为两年后让薛向担任知州，已经是奖赏了，变卖官物再受赏就重复了。况且，朝廷中还有许多有能力的官员没有得到差事干，出于公平起见，希望能起用其他官员承担这项工作。

宣徽使和节度使都是唐末五代以来的重臣，到了宋代成为高官的名誉性职位。即使这样，赵抃也认为不应当轻易授予。在《乞立定规除宣徽使并节度使札子》中，他建议今后文臣必须是担任过中书、枢密院的宰相、执政大臣，武臣必须是守边建功立业的人，才能够授予。赵抃提到曹彬平江南立了大功，太祖也没授予这样的职位，要求遵守祖宗法，重爵位之赏。[②]对此，仁宗下诏做了回复，要求今后中书、枢密院有这样的授予，如果有不妥当的，需要审查上奏。[③]

每逢皇帝过生日，按照惯例，一定级别的官员可以请求自己的子孙或亲属恩荫做官。日积月累，加上科举入官的人，官场上人满为患，越来越拥挤，出现了"冗官""冗员"的状况。嘉祐元年（1056）闰三月，仁宗下达圣旨，要求侍从以上的官员和台谏官一起讨论如何减省奏荐子孙亲戚恩泽之事。为此，赵抃上《乞颁下减省奏荐恩泽状》，认为减省奏荐子孙亲戚恩泽，对于改变官场"冗员"的状况很有必要。不下决心实行，"冗员"的状况会越来越严重。应该尽快颁布，在当年就实行，不然的话，官僚们还会按照惯例申请子孙亲戚

---

① ［宋］徐自明：《宋宰辅编年录》卷八"元丰三年九月癸未"条，薛向除枢密副使。王瑞来校补本，北京：中华书局，1986年，第484页。

② ［宋］赵抃：《清献集》卷七《乞立定规除宣徽使并节度使札子》。

③ 《长编》卷一八一"至和二年九月甲申"条在引录赵抃奏疏后载："诏中书、枢密院自今有如此除授，或未允当，即检详执奏。"第4377—4378页。

恩泽。①对于赵抃的这通上奏,《长编》在引录之后,也记载了仁宗的反馈意见:"从之。"②即接受了赵抃的建议。因为仁宗从奏疏中,读出的一定是赵抃为宋王朝政治建设所显现出的责任意识。

造成官僚人数过多的"冗员"状况,有多种因素,多为研究者所分析指出,但其中冒名顶替的因素似乎还无人发覆。赵抃担任殿中侍御史期间,就遇到一例这样的事情。一个叫晏垂庆的人,居然冒名顶替担任了他死去的哥哥晏宗应的京官职务。京官已经进入地位不低的中级官僚序列了,许多进士登第的人,一生都沉滞于低级官僚选人阶层。那么,在严密的制度规定之下,这个原本就有些痴呆的晏垂庆是怎么做到的呢? 原来,是他官居殿中丞的哥哥晏思晦从中做的手脚。晏思晦在京行贿,编造举荐官员,又在朝廷委托的民间公证机关书铺取得文件,从而欺骗了朝廷。这一事件被揭露后,有关部门审理此案,但并没有了解到上述事实。因此,赵抃上《乞追摄晏思晦勘断状》,讲述了他所调查到的事实,希望皇帝下令,让开封府将晏思晦与晏垂庆一同调查处理。在奏疏的最后,赵抃指出,冒名顶替也是冗官的一个因素,必须加以追究。③

与改变"冗官""冗员"的状况相应,赵抃还有《论恭谢礼毕恩赦转官剃度状》。这通奏状同样是对仁宗询问御史台的答复。对即将举行的郊祭大礼,有人希望能像举行明堂典礼过后一样,实行施恩大赦和转迁官阶。明堂典礼之后,例行官僚转迁官阶和给出家的年轻人颁发成为和尚的度牒身份证明。除了"冗官""冗员",当时还有"冗费"的状况,所以赵抃在奏疏中,指出官员过多和靡费社会财富的僧道过多,是必须慎重对待的两大问题,并且近年以来多次实行大赦,也不应过于频繁赦免。因此,赵抃建议,恩赦转官与剃度只比照南郊祭天的体例即可。④

---

① [宋] 赵抃:《清献集》卷八《乞颁下减省奏荐恩泽状》,文集此奏署时为"闰三月七日"。
② 《长编》卷一八二"嘉祐元年闰三月己丑"条。按,"己丑"与文集署时"七日"为同一天。
③ [宋] 赵抃:《清献集》卷八《乞追摄晏思晦勘断状》,《四库》本文集于此奏之后注有处理意见:"下开封府勾思晦勘结。"
④ [宋] 赵抃:《清献集》卷九《论恭谢礼毕恩赦转官剃度状》。

　　地方各路机构和州府的官员遇到朝廷举行各种庆贺典礼之类的事情，都要写出祝贺信，派专人送往京城的都进奏院。道路遥远的四川、福建、两广大多征发轮流服役的农民，要走上好几个月，费很多钱。对此，赵抃上《乞许诸路庆贺章表入递附奏状》，希望体恤远方的百姓，下指示给都进奏院，除了进贡物品之外，贺信就通过政府的邮政系统送达即可。①

　　在庆历初，朝廷曾拨给太学二百余亩农田和六七千贯房钱，主要用来接济贫寒的太学生。不过，在至和三年（1056）的春天这些优惠全都收回了，让学生费用自理。有人要求归还给太学，也没有答复。于是赵抃上《乞给还太学田土房缗状》，对于这种与士大夫政治的取向相违的施策，从尊儒重道、兴学育才的高度，希望加以改变，将田土房缗发还给太学。②

　　在赵抃所上奏疏中，有不少篇章是关于强化廉政法制建设的。赵抃的奏疏都是根据具体事件提出的建议。比如，主管财政的三司胥吏收受商人的财物，从而高价用公费购买商人的物品。这种收取好处费、损公肥私的事情被揭发出来之后，由于这一案件关系到三司的许多人，揭发者又已调到别处任职，因此，审理案件的机构就想大事化小。赵抃得知后，上奏《乞移司勘结三司人吏犯赃状》③，气愤地说，三司是主管全国财政的机关，现在财政困难，三司的官吏却上下欺瞒，盗隐官物，公然犯罪。由此推知，像这样被发觉的，一百件中也没有一两件，只是冰山一角，如果不加深究，就难以改变这种状况。所以赵抃希望皇帝下旨，改换其他机构来调查审理这一案件，查清赃情，严肃法治。这一案件，后来根据赵抃的建议，被移交到开封府审理了。④

　　赵抃所上《乞移勘丘岳李先受赃等事状》，则是在上述案件之后，对军巡院的丘岳、李先等人公然行使贿赂而放走罪人案件的处理建议。因为也同样跟

---

① ［宋］赵抃：《清献集》卷九《乞许诸路庆贺章表入递附奏状》。

② ［宋］赵抃：《清献集》卷八《乞给还太学田土房缗状》。

③ ［宋］赵抃：《清献集》卷七《乞移司勘结三司人吏犯赃状》。

④ ［宋］赵抃《清献集》卷八《乞移勘丘岳李先受赃等事状》云："臣昨将弹奏三司人吏枉法受赃，支官钱与客人公事，蒙三司府司移送开封府。"

许多机构有关联，为了公正审理，赵抃要求选派清廉的官员，或是移交到御史台审理。这样做，也是防止牵连到无辜的人。

由此可知，对于从中央到地方的官衙中官吏营私舞弊，赵抃是有着清楚的认识的。所以当赵抃听说荆南府进士、僧道、公人、百姓刘宗正等百余人进京称赞知府王逵政绩，请求让王逵再留任三年，他完全不相信。他上奏《乞发遣荆南举留王逵诸色人归本贯状》说，这个王逵为人苛虐，所至害民，怎么会到这个州就有了善政。他推测这些人是受到威逼胁迫，才远道入京请求的。因此赵抃要求下令由开封府出面，让这些请愿的人回去，来表明朝廷明察秋毫，不会被人迷惑。①

赵抃上任殿中侍御史不久，还遇到一件奇葩的积案。一个广州的商人带着一颗五斤重的大珍珠，准备到京城去贩卖，不料走到潭州的时候，突然因病死亡。潭州的知州和荆湖南路的转运判官等一群官员，以没有通行证和漏税为由，把这个价值三千多贯的珍珠，没收充公，然后又作价四百余贯私卖，每个人分到几十贯不等。后来这个商人的孩子不依不饶上告，才把这件事给捅了出来。

都是些什么人把这颗大珍珠贱卖分钱了呢？从赵抃的另一通奏疏中我们可以知道，有当地驻军首脑钤辖宋定，有转运判官李章，有知益阳县左振，有走马承受蓝惟永，有监税赵寅，有判官黄宋卿。从调查结果看，其中左振分钱最多，但调查报告唯独看不到知州任颙的名字。赵抃推测，狡猾的任颙是用左振的名字买的。由于任颙对左振有推荐之恩，所以左振在调查时就自己承担了下来。此外，从社会关系看，李章又是当朝宰相陈执中的女婿。因为是一群在地方有实力、在上边有关系的人，所以案件拖了一年多，也没有结果。直到赵抃上任，才开始再度追究。赵抃连上《乞勘鞫潭州官员分买客人珠子状》②《乞取问王拱辰进纳赃珠状》③两通奏章，请求皇帝下令彻查这件积案。宋朝的官

① ［宋］赵抃：《清献集》卷八《乞发遣荆南举留王逵诸色人归本贯状》。
② ［宋］赵抃：《清献集》卷六《乞勘鞫潭州官员分买客人珠子状》。
③ ［宋］赵抃：《清献集》卷七《乞取问王拱辰进纳赃珠状》。

方行政资料汇编《宋会要》也记载了这件事和赵抃的上言。① 由此可见，以清白自任的赵抃，对这蛇鼠一窝的肮脏勾当表现出嫉恶如仇的态度。

第四节 直期贤用不肖斥

士大夫政治与皇帝共治，赋予皇帝的，主要是人事任免的裁决权。然而，这种任免裁决权也处于士大夫的监督之下。在朝廷百官之中，台谏官的职责所在，让他们成为名正言顺的监督者。以"直期贤用不肖斥"自任的赵抃②，在担任殿中侍御史期间，提出了大量的奏疏。其中，最多的就是对人事任免的发言。

赵抃看到任命汤夏为开封府判官，提出《论汤夏不合权开封府判官札子》表示反对。他认为这个早于他进士及第的汤夏在士大夫中声誉不好③，并且在身体方面还耳聋。重要的是，汤夏做了开封府判官，下一步就可能担任地方路一级的官员。这样一来，便会让所管辖的州县受害。可见对一个官员的任命，赵抃的尺度不仅是这一官职的重要性，还要考虑到这一官员的声誉，更要顾及对将来的影响。④

---

① 《宋会要辑稿》职官六五之一三、一四载："（至和二年）七月六日，龙图阁直学士、刑部员外郎任颛降天章阁待制，仍旧知渭州。先是，颛知潭州，会广州大商道死，且籍其财，得真珠八十两，以无引漏税没于官，颛与本路转运判官李章及其僚佐贱市之。其后死商之子讼于三司，遂置狱湖南。案未上，三司使王拱辰悉以珠进内。御史赵抃弹奏拱辰，以李章宰相陈执中之婿，阴有附结，请并劾拱辰以戒中外。至是，夺颛职，徙章监当，余悉追停之。十一日，宣徽院使、判并州王拱辰复为尚书左丞、端明殿学士、兼翰林侍读学士、知永兴军。初，御史赵抃等累言拱辰前知并州，与僚官颇从燕逸；为三司使，令内臣廖浩然进未断商人真珠入内；又奉使契丹，与宋选饮至醉，座间赋诗不谨语言。遂罢之。"第4804—4805页。

② ［宋］赵抃：《清献集》卷一《和范御史见赠》。

③ ［明］陈策纂修：《正德饶州府志》卷二，《天一阁藏明代方志选刊续编》影印正德六年（1511）序本。

④ ［宋］赵抃：《清献集》卷六《论汤夏不合权开封府判官札子》。

　　对一些人事任命，赵抃之所以反对，主要是看被任命人的人品，尤其是对重要职位的任命。赵抃的同僚殿中侍御史俞希孟被任命为言事御史。御史台的长官御史中丞张昇和赵抃等一同上书表示反对。虽说是联名上书，但这篇《论俞希孟别与差遣状》的奏疏收录在赵抃的文集中①，表明奏疏是赵抃起草的，其中的认识也应当主要是赵抃的认识。对这位同僚的任命，奏疏列举了具体事例，作为反对的理由。主要有两条，一是取媚宦官，二是听命大臣。台谏官设置的本意，是作为一种独立的力量，来纠正朝廷的缺失。如果与宦官或宰相大臣同气相应，便失去了台谏官存在的意义了。所以这项任命引起了包括赵抃在内的御史台全体官员的反对。由于遭到如此强烈的反对，在赵抃等上疏的第四天，俞希孟就被外放到地方任职了。②

　　当然，对有些任命，赵抃提出异议，不仅是由于被任命人的人品，还牵涉到被任命人的背景关系。比如，周豫担任馆阁校勘，是赵抃多次弹劾的宰相陈执中推荐的。赵抃在列举陈执中的八大罪状时，曾提及惧内的陈执中曾把宠爱的侧室寄放在周豫家里，周豫对陈执中也是百般阿谀奉承。③鉴于周豫这样的人品与这样的关系，在士大夫中声誉不好，赵抃上《乞罢周豫召试馆职状》，要求取消对周豫的这项任命，从而一新士风，使人知有廉耻。④

　　赵抃对人事任免提出意见，都做了绵密的调查，提出的意见有理有据，令人不得不信服。比如所上《乞罢萧汝砺详议官状》，一是指出萧汝砺刚升迁京官，就请假回家将近一年。回朝后，没有折扣请假的时间，就又不断升迁。二是指出萧汝砺的家族在乡营造楼阁，招了不少歌妓舞女，用以接待权贵子弟。并且同时指出，对于萧汝砺的各种行为，舆论反映很不好。因此赵抃要求中止

---

① ［宋］赵抃：《清献集》卷七《论俞希孟别与差遣状》。

② 《长编》卷一八一"至和二年十月己亥"条记载张昇等上书，四天后载："壬寅，改希孟为祠部员外郎、荆湖南路转运使。"第4380页。

③ 《长编》卷一七八"至和二年二月庚子"条载赵抃弹劾陈执中的奏疏中提及："执中尝寄嬖人于周豫之家，而豫奸谄，受知执中，遂举豫召试馆职。"第4309页。

④ ［宋］赵抃：《清献集》卷六《乞罢周豫召试馆职状》。

萧汝砺详议官的任命，让审刑院另行推荐人选。^①《四库》本的《清献集》在这通奏状之后，注有处理结果："诏汝砺依前通判徽州。"由此可见，由于赵抃的反对，萧汝砺没有做成审刑院的详议官。皇帝和朝廷听从了赵抃的意见，则证明了赵抃意见的正当合理，并且顺乎舆论。

历来有"宋朝家法最善"之说，其中宦官势力没有过度膨胀也是被称许的内容之一。其实，宋朝之所以没有形成如东汉、唐中后期以及明代那样宦官气焰熏天的状况，跟强大的士大夫政治所形成的强力遏制有很大关系。士大夫政治的遏制，就包含了赵抃这样士大夫的努力。赵抃的奏疏，有不少是对宦官任命提出的反对意见。

在仁宗宠妃温成皇后去世后，宦官石全彬参与负责了安葬活动。事后，被授予宫苑使、利州观察使，后来又给予观察留后的待遇，但石全彬仍不满足，跟仁宗请求，希望担任入内副都知，而仁宗似乎是认可了他的请求。入内副都知是相当于大内总管之一的职位。消息传出，舆论很震惊，因此赵抃上《乞寝罢石全彬陈乞入内副都知等事状》，要求仁宗不要理会石全彬的请求，按原定任命执行。^②《四库》本的《清献集》在这通奏状之后，注出的处理结果，显示听取了赵抃的意见："罢副都知。"无为而治，基本遵从士大夫们的意见，仁宗的做法也无疑让赵抃受到很大鼓舞。

宦官阎士良被任命为带御器械，但根据前几年刚刚重申的内臣旧制，必须在边防五年，带御器械五年，五十岁以上，没有任何犯罪经历，才可以选允押班，仁宗也认可了这一规定的重申。根据这一规定，阎士良就不够格，并且生性狡黠，与中外大臣交相结托，在河北任职时张皇事势，还曾经因犯罪被流放过。因此，赵抃上《乞罢内臣阎士良带御器械状》^③，要求中止这项任命。并且说，枢密院发出这样的任命，与刚重申的规定相冲突，很不负责。其实，任命阎士良未尝不是仁宗的意见，只是经过枢密院的程序而已。既然

---

① ［宋］赵抃：《清献集》卷七《乞罢萧汝砺详议官状》。

② ［宋］赵抃：《清献集》卷六《乞寝罢石全彬陈乞入内副都知等事状》。

③ ［宋］赵抃：《清献集》卷七《乞罢内臣阎士良带御器械状》。

枢密院经手，赵抃便可以毫无顾忌地直接批评。《四库》本的《清献集》在这通奏状之后的注文以及《长编》引录赵抃奏疏之后，都记载了处理结果："诏罢士良带御器械。"①从《长编》记载此奏为御史范师道、吕景初、马遵、赵抃一同所上来看，之所以有这样的处理结果，是来自士大夫群体的强烈反弹所形成的压力，让仁宗不得不收回成命。赵抃上奏的最后一句，表明了目的："惩劝陛下左右之人。"就是要威慑宦官。

宦官虽无生育能力，但在宋代，宦官养子很普遍，并立有家业。从赵抃所上《乞令供奉官周永正认姓追夺官资状》讲述的周永正之例，可见在宦官内部也结成了错综复杂的裙带关系，并且彼此间也有激烈的争斗。周永正成为周美的养子，又成为宦官入内都知任守忠的女婿，自己的妻兄又是入内供奉官任克明。周永正跟任克明有矛盾冲突，在养父周美去世后，又仗势与兄弟周永清争夺家产。因此，赵抃上奏要求严肃处理。②《四库》本的《清献集》在这通奏状之后，注出的处理结果是："诏追夺周永正出身历任文字，除名。"由此可见，在宋代，士大夫政治基本可以对宦官势力形成压制。

抑制宦官势力，无疑也是间接抵制皇权的不正当延伸。赵抃还有通过抵制任命来限制皇权的行动。至和二年（1055）八月，朝廷派遣第二年元旦贺契丹国母正旦使者，副使选派内殿崇班、阁门祗候李克忠。《长编》记载赵抃提出了反对意见，认为李克忠的官职差遣都是未经过正常程序，由皇帝在宫廷直接下达指示任命的，希望改换副使。朝廷和皇帝真的听从了赵抃的意见，副使改换为另外的官员。③赵抃所上奏疏题为《乞寝罢李克忠充国信副使状》，收留

① 《长编》卷一八○"至和二年七月"条。
② ［宋］赵抃：《清献集》卷七《乞令供奉官周永正认姓追夺官资状》。
③ 《长编》卷一八○"至和二年八月"条载："辛丑，翰林学士、吏部郎中、知制诰、史馆修撰欧阳修为契丹国母生辰使，四方馆使、果州团练使向传范副之。右正言、知制诰刘敞为契丹生辰使，文思副使窦舜卿副之。起居舍人、直秘阁、知谏院范镇为契丹国母正旦使，内殿承制、阁门祗候王光祖副之。权度支判官、刑部员外郎李复圭为契丹正旦使，内殿崇班、阁门祗候李克忠副之。时朝廷未知契丹主已卒，故生辰、正旦遣使如例。既而御史赵抃言克忠多由内降得差遣，请改命，乃以染院副使、兼阁门通事舍人柴贻范代之。"第4365页。

在文集中。《长编》所记的处理结果，跟赵抃文集此奏后的注文内容一致："诏李克忠罢入国之命。"① 这也可以证明，赵抃文集的奏疏后面以注文形式所记的处理结果是可信的。

这个李克忠因为是仁宗保姆的孙子，所以仁宗照顾有加。② 赵抃不会不知道这个底细，他要求换掉李克忠，实际上是驳了仁宗的面子。在就任殿中侍御史后不久，赵抃就曾提出过《乞追还内降指挥状》，制止皇帝不走正常程序任命官员。士大夫政治的背景之下，士大夫行事上言有着充足的底气。因为皇帝是"与士大夫治天下"。

仁宗后期，曾征发几十万人治理黄河支流六塔河。由于举措不当，竣工之后又决口，不仅白白浪费许多物资，民夫和士兵也死伤不少，造成巨大灾害，民怨沸腾。然而，对于主持工程的李仲昌等几个责任者，并没有加以严厉处理，有的人调到其他地方又做了转运使或知州。对此，从四月到七月，赵抃接连上《乞贬黜李仲昌张怀恩等状》③《论李仲昌等乞改正严科状》④《乞黜罢燕度状》⑤，要求严厉处理相关责任人，安抚人心，平息民怨。

除了针对一般官员的任免提出意见，对于高官的任免，赵抃也不乏勇气发声。钱延年即将被任命为天章阁待制。赵抃得知后，上《乞寝罢钱延年待制之命状》，希望取消这项任命。待制是皇帝的侍从，属于清要之官，官居从四品，一般由有声望、有文才的士大夫中的佼佼者担任，在选任官员方面也有很大的发言权。赵抃反对的理由，跟很多任命一样，是出于被任命者的人品。赵抃说此人猥琐，举止不庄重，人所共知。如果让这样的人处于清要的荣誉之地，不能起到对其他官员的勉励作用。另外一个理由是，过去定员

---

① ［宋］赵抃：《清献集》卷七《乞寝罢李克忠充国信副使状》。

② ［宋］慕容彦逢《摛文堂集》卷五《故秦国夫人林氏孙阁门祗候李克忠可内殿承制制》云："敕某：仕缘恩阀，籍在禁闱。予哀保母之终，且有绪孙之托。"《四库全书》文渊阁本。

③ ［宋］赵抃：《清献集》卷八《乞贬黜李仲昌张怀恩等状》。

④ ［宋］赵抃：《清献集》卷八《论李仲昌等乞改正严科状》。

⑤ ［宋］赵抃：《清献集》卷八《乞黜罢燕度状》。

只有两个人的侍从，现在已经有了十五人，并不缺他一个。因此希望仁宗顾及舆论，取消任命。从《四库》本文集此奏后的注文，我们可以知晓赵抃上奏的结果："诏钱延年与转修撰。"① 就是说，在赵抃的反对之下，钱延年没当成天章阁待制。

在至和二年（1055）六月，后来跟宋神宗讲过"与士大夫治天下"这句名言的文彦博成为宰相，一个月后，程戡成为相当于副宰相的参知政事。两个人是儿女亲家。由于有这种关系，同在中书的两个人都提出过要避嫌辞职，但仁宗不知出于什么考虑，一直没批准。对此，赵抃上《乞许文彦博程戡避亲状》，要求仁宗同意两个人的请求，其中的一个人转任他职。赵抃说，两个人同在政治决策的核心处理政务，如果二人意见相同，容易被认为是同党；如果意见不一致，也会产生隔阂，还是把两个人分开为妥。② 这种事情，当事者本人来讲，并没有什么；但出自他人之口来要求，往往会让当事人有复杂的心理感受。赵抃对于宰相执政大臣的去留提出建议，也是没有顾及个人得失的。

在人事任免方面，赵抃的奏疏并不仅仅是像上述那样全是批评性的负面意见，充满对各类有问题的官员要求罢免的弹劾，也有不少希望在任命上加以改进的建设性的正面意见，包括对错误任命的纠正建议，期待任命能体现出对官员的勉励与对正气的弘扬。就是说，赵抃关于人事任免的奏疏包括了人们常说的"进贤退不肖"两方面，这正应了赵抃写下的诗句："直期贤用不肖斥。"

至和元年（1054）十一月，赵抃刚担任殿中侍御史不久，就发生了太常礼院的礼生代署文书之事，但由于复杂的矛盾纠葛，揭发者之一同知太常礼院的吴充被贬知高邮军。对此，赵抃上《论除吴充知高邮军不当状》，要求重新调查这一事件，弄清谁是谁非，不能滥加惩罚。③《长编》也记载了赵抃和谏官

① ［宋］赵抃：《清献集》卷八《乞寝罢钱延年待制之命状》。
② ［宋］赵抃：《清献集》卷八《乞许文彦博程戡避亲状》。
③ ［宋］赵抃：《清献集》卷六《论除吴充知高邮军不当状》。

范镇等人上言认为吴充不应当贬黜。① 后来，赵抃才清楚自己和其他人上奏的意见未被采纳，是因为宰相陈执中在其中起了作用。所以，在第二年弹劾陈执中时，赵抃列举的八大罪状之一，就是这件事。②

赵抃前后上有《乞牵复陆经旧职札子》③《乞依刑部定夺除落葛闳陆经罪名状》④，希望重新审理陆经等人被贬官的案件，予以恢复原官。赵抃在奏疏中认为陆经是被人诬陷而贬官的，所以要平反。许多事情的背景并不单纯，都有复杂的因果。陆经贬官虽然有一些具体事情，例如像赵抃在奏疏中提及的"因乡里借钱并与官员聚会等公事"，但细究起来，发现他曾得罪过皇帝仁宗⑤。这件《长编》有记载的事件，赵抃上奏时不会不知道，但他只字不提此事，既是为了使事情便于解决，也是顾及了仁宗的面子。同时可以看出赵抃并不怕因此而得罪皇帝。后来陆经的确被恢复官职了，在嘉祐六年（1061）还跟赵抃一起担任了那一年的殿试考试官。⑥

范仲淹有句名言，叫作"私罪不可有，公罪不可无"⑦，体现了宋代士大夫勇于任责的担当精神。当然，公罪也是形形色色，也有的确是官员失职的过失。对于公罪，有时处分也很重。有个叫方龟年的，在担任江宁知县时，因为城镇大火，他与他的上司知州，都受了严厉的处分。据司马光的记载，这种处分，

① 《长编》卷一七七"至和元年十月辛酉"条载："诏礼直官及系检礼生各赎铜八斤，充、真卿俱补外。抃及谏官范镇等皆言充等无罪，不当黜，不报。"第4289页。

② 《长编》卷一七八"至和二年二月庚子"条载赵抃上疏有云："又吴充、鞠真卿摘发礼院生代署文字等事，人吏则赎金免决，吴充、鞠真卿并降军垒。此执中缪戾，宜罢免者二也。"第4309页。

③ ［宋］赵抃：《清献集》卷六《乞牵复陆经旧职札子》。

④ ［宋］赵抃：《清献集》卷八《乞依刑部定夺除落葛闳陆经罪名状》。

⑤ 《长编》卷一三九"庆历三年正月"条载："丙子，大理寺丞、集贤校理、同知太常礼院陆经落职，监汝州酒税。初，鄂王服既除，以甲戌燕契丹使，下太常礼院议，经言天子绝期，今鄂王虽有爵命不为殇，皇帝制服已除，当作乐。既燕罢，经复论奏，以鄂王为无服之殇，燕在以日易月之内，不宜举乐。上以经前后反覆，又援臣庶之礼，非是，故责及之。"第3337页。

⑥ ［宋］刘昌诗：《芦浦笔记》卷五《赵清献公充御试官日记》，第39页。

⑦ ［宋］晁说之：《晁氏客语》，黄纯艳整理本，郑州：大象出版社，2003年，第105页。

显然也有其他因素在内。① 后来起用，他也并没有官复原职。赵抃上《乞检会牵复方龟年官资状》说，这个人很有才，当年科举时一日十赋，后来撰写呈上过边策和阵图，多次被大臣举荐，认为事业可采。的确，《宋史·艺文志》还著录有方龟年所撰《群书新语》。② 比照其他类似的犯有公罪的人后来官复原职的起用，让方龟年从初等职官做起，显然有失公平。③ 这个方龟年与赵抃是同一年及第的进士。④ 这种同年关系，无疑也让赵抃存有着恻隐之心。

赵抃对一些犯有过失的官员再起用，并非出于私情。除了同年方龟年，赵抃还上《乞牵复李士勋旧官状》，这个李士勋是因病没有得到批准就擅自离职而受到的处分，属于私罪。后来虽说决定起用，但一直没有兑现，因此赵抃才上了这通奏状。从东头供奉官、阁门祗候这样李士勋担任过的官职来看，此人似乎是个宦官。⑤ 可见赵抃是一视同仁的。

牵复是一个来自儒学经典《易经》的好词。《易·小畜》："九二，牵复，吉。"唐代的孔颖达疏这样解释："牵谓牵连，复谓反复。"后来就用作恢复官职的意思。

有些奏疏，赵抃是上书于人事任免形成之前，试图让自己的意见对即将做出的决定产生影响作用。比如国子博士傅卞因坐骑受惊，冲撞了京城的禁卫，

---

① ［宋］司马光《温公日录》卷一"李宥得罪"条载："刘贡父曰：宥知江宁府，遭火，疑军士为变，不救，遂燔市里寺府库俱尽。令幕职方龟年作表，奏言：'不意祸起萧墙，衅生回禄。'时新有卫士之变，朝廷恶其言，由是州官得罪皆重，以宥老，直除分司。"顾宏义、李文整理《宋代日记丛编》本，上海：上海书店，2013 年，第 46 页。

② 《宋史》卷二〇七《艺文志》六载："方龟年《群书新语》十一卷。"第 5300 页。

③ ［宋］赵抃：《清献集》卷七《乞检会牵复方龟年官资状》。

④ ［明］陈道修、黄仲昭纂《八闽通志》卷五三《选举》"景祐元年嘉许张唐卿榜"条载："方龟年，仪之从孙，屯田郎中，有《群书新语》《经史题解》。"《四库全书存目丛书》影印弘治四年（1491）序刊本。

⑤ 《长编》卷一五一"庆历四年八月壬子"条载："右正言、秘阁校理孙甫为契丹国母生辰使，如京使夏防副之；太常少卿、直史馆刘夔为契丹生辰使，崇仪使杨宗让副之；盐铁判官、祠部员外郎、秘阁校理张瓌为契丹国母正旦使，内园副使焦从约副之；开封府推官、监察御史刘湜为契丹正旦使，东头供奉官、阁门祗候李士勋副之。"第 3687 页。

即将遭到处分，赵抃上《乞释傅卞罪状》，引用儒学经典，说罪行不是自己做出，因为过失受到连累，是应当赦免的。由于赵抃的上奏，傅卞只受到了比较轻的处分。这从《四库》本文集赵抃奏疏后的注文可知："诏傅卞罚铜八斤，理为公罪。"按公罪处分，比私罪对官员的影响要小。后来这个傅卞也跟赵抃一同作为考试官参与了嘉祐六年（1061）的殿试。①

范仲淹提携过的"宋初三先生"之一胡瑗，在担任湖州州学教授时，精心设置规章，州学教育井井有条，很见成效，远近闻名。庆历年间振兴太学，朝廷特地派人到湖州取经。后来到了京城担任学官之后，跟他学习的学生很多，多到太学都容纳不下的程度。科举考试，胡瑗的学生有将近一半都能合格。当胡瑗由于一些原因想离开太学回到地方时，赵抃上《乞留胡瑗状》，说胡瑗在太学教导学生朝夕不倦，如果放走胡瑗，则跟朝廷惜贤尊道、兴学育才的风向有违，希望皇帝专门下诏，把胡瑗留在太学供职，并根据以前孙抃的建议，让他参与经筵，给皇帝讲课。② 在赵抃离开朝廷后，欧阳修也上有《举留胡瑗管勾太学状》。③从后来的结果看，赵抃上奏的目的达成了。《长编》记载，嘉祐元年十二月，成为天章阁侍讲的胡瑗管勾太学，参与经筵讲读，并依旧掌管太学。④

在人事任免上，赵抃上奏所发挥的重要作用，有时可以用挽狂澜于既倒来形容。苏轼在赵抃神道碑中特别记载了这样一件事。朝廷下达命令，让在朝的侍从吕溱出守徐州，蔡襄出守泉州，吴奎出守寿州，韩绛出守河阳。不久，欧

---

① ［宋］刘昌诗：《芦浦笔记》卷五《赵清献公充御试官日记》，第 37 页。

② ［宋］赵抃：《赵清献公文集》卷八《乞留胡瑗状》。

③ ［宋］欧阳修：《欧阳修全集》卷一一〇《举留胡瑗管勾太学状》，李逸安点校《欧阳修全集》本，北京：中华书局，2001 年，第 1670 页。

④ 《长编》卷一八四"嘉祐元年十二月乙卯"条载："乙卯，太子中允、天章阁侍讲胡瑗管勾太学。始，瑗以保宁节度推官教授湖州，科条纤悉备具，以身先之。虽盛暑必公服坐堂上，严师弟子之礼。视诸生如其子弟，诸生亦信爱如其父兄，从之游者常数百人。庆历中，兴太学，下湖州取其法，著为令。瑗既为学官，其徒益众，太学至不能容，取旁官舍处之。礼部所得士，瑗弟子十常居四五，随材高下，喜自修饰，衣服容止，往往相类，人遇之，虽不识，皆知其为瑗弟子也。于是擢与经筵，治太学犹如故。"第 4461 页。

阳修又请求出知蔡州，贾黯请求出知荆南。见到这种状况，赵抃立即上《乞勿令欧阳修等去职状》，说最近的正人贤士，都纷纷离开朝廷去了外地，这种状况让人感到担忧。侍从中贤者，像欧阳修这样的人没有几个，现在都请求离开，是因为他们都正直地立于朝堂，不会对权要谄媚，所以他们受到了很多伤害。在赵抃文集这通奏章之后注文记载的结果反馈为："诏修、黯各令依旧供职。"这表明，由于赵抃的这通上书，欧阳修这些名臣才没有被外放任职，安定地留在了朝廷。[①]跟庆历时期有一大批集结在范仲淹周围的少壮士大夫推动了庆历新政一样，仁宗晚年因赵抃上奏所挽留下来的这批名臣，为仁宗朝生机勃勃的士大夫政治向英宗朝乃至神宗朝顺利过渡奠定了基础，从而产生了影响深远的王安石变法。

第五节　九重上报不惜死

赵抃在担任殿中侍御史的两年间，针对朝廷的各种事情，尽职尽责，写了大量奏疏，为政策纠偏，为朝政进言。这两年中，最为惊心动魄的，让赵抃最终以"铁面御史"流芳千古的，并不仅仅是上述这些上奏言行，而是对几个朝廷重要大臣的猛烈弹劾，并且都以大获全胜告终。

在赵抃担任殿中侍御史不到三个月，当年的年底，发生了宰相陈执中的家中因私刑虐待婢女致死的事件。从至和元年（1054）十二月到至和二年（1055）六月陈执中被罢相为止，赵抃连续不断地上书弹劾，苏轼在神道碑中说一共有十二通奏章。[②]我们具体来看一下收录在赵抃文集中奏章的内容。

---

① ［宋］苏轼《赵清献公神道碑》："先是吕溱出守徐，蔡襄守泉，吴奎守寿，韩绛守河阳。已而欧阳修乞蔡，贾黯乞荆南。公即上言：'近日正人贤士，纷纷引去，忧国之士，为之寒心，侍从之贤，如修辈无几。今皆欲请郡者，以正色立朝，不能谄事权要，伤之者众耳。'修等由此不去，一时名臣赖之以安。"

② ［宋］苏轼《赵清献公神道碑》："复言宰相陈执中不学无术，且多过失。章十二上，执中卒罢去。"

第一通奏章上于十二月九日。这通奏章题为《论宰臣从人捶杀妇人乞下开封府勘鞫状》，从奏章标题到内容并没有提及陈执中的名字，只是讲述了听说到的大致事实。说有一名妇人被宰臣的随从打伤头骨，以致死亡，当时曾经派官员验尸。如今事情已经过去了半年，发生事件的管辖地官员并不积极调查处理，显然是对调查有顾虑，故意回避，拖延时间，想把事情冷却。对此，赵抃强调说，性命关天，在天子脚下的京城，岂能容忍光天化日之下无故杀人？而官府却不处理，令人痛愤，希望皇帝专门给开封府下令，追查相关人员并加以审讯，让死去的冤魂得以安息。显然，赵抃虽然知道是陈执中家的人打死了人，但具体事实还不清楚，所以没提及姓名，只是请求下令加以调查。

在此之后，赵抃又进一步了解到更为详细的情况，所以在半个月后的十二月二十四日的上疏，便直指陈执中，强烈谴责，请求对家中发生了这样事情的陈执中直接罢免宰相职务。在《论宰臣陈执中家杖杀女使状》中，赵抃详细叙述了他所了解到的更为具体的事实。

陈执中家的婢女迎儿被暴打致死。究竟行凶者是谁，说法不一。有的说是陈执中亲手施暴打死的，有的说是陈执中残暴的宠妾阿张打死的。赵抃认为，无论是这两种说法中的哪一种，陈执中都不能摆脱罪责。如果婢女有过错，应当交送官府处置，怎么能设私刑，像个普通的野蛮人那样施暴立威？这样做不仅作为大臣失体，也触犯了朝廷的法律。如果婢女是阿张所杀，就应当送交司法部门来定罪，怎么能无视舆论，公然庇护她？由此，赵抃推而论之，都说家庭安定才能让天下安定，陈执中既不能正家，又伤害无辜，有这样的行为而担任宰相，陛下您依赖他，指望他能治理安定天下，就像想前进而退着走一样，怎么可能呢？北宋后期，伴随着理学的兴起，《大学》中的"八条目"被重新发掘归纳出来，即"格物，致知，诚意，正心，修身，齐家，治国，平天下"。由外到内，再由内到外，成为从那个时代开始的士大夫的理想追求。早于这个归纳几十年，赵抃的奏疏中就已经隐含了"修身，齐家，治国，平天下"的理念。

宋代无论司法或行政，都习惯参照旧例。这种旧例如果是宋朝以前的，一般叫作"故事"，本朝的一般称作"祖宗法"。在论事或施政之时，这类故事或祖宗法，往往显得很有说服力。赵抃在这通奏疏中，就举出了当朝以前晏殊的例子。著名文人晏殊在仁宗初年担任执政大臣之一的枢密副使，地位比今天的国防部副部长还高。有一天跟随临朝听政的皇太后一起前往玉清昭应宫，他发现忘记带笏板。宋代的高级官僚上朝或是在其他公开的正式场合，都手持一个象牙或是其他材质的笏板。这种笏板既有装饰作用，也有实用价值。可以把上奏要点或其他事情写在上面，以免一时之间想不起来。忘记带笏版的晏殊本来就有些懊恼，不料让随从的仆人去取，又姗姗来迟。这让晏殊更为恼火，举起迟迟送来的笏板，对着仆人的门面就打了一下，结果打掉了那个仆人的一颗门牙。可见诗词写得婉约缠绵的晏殊，性格还是挺猛烈的。晏殊的这一失态行为，遭到了御史的弹劾，结果竟被罢免了枢密副使。[1]赵抃举出这个例子说，晏殊还是皇帝太子时代的旧臣，陛下都以法律为重加以罢免。陈执中治国治家都有问题，更应当罢免。

过了一个星期，在正月初一，赵抃又上奏，希望更换身体不好的官员，选派更精干的官员来调查陈执中家杖杀婢女的案件。一案未了，一案又起。陈执中家对待奴婢实在是劣迹不断。用棍棒打死婢女迎儿的案件还在调查审理之中，没过几天，又传出陈执中家婢女海棠死于非命的消息。开封府派人验尸，发现海棠身上也被棒打得伤痕累累。大家都传言又是陈执中的宠妾阿张所为。在短时间内，接连两个女奴非正常死亡，这让赵抃在《乞一就推究陈执中家使女海棠非理致命状》中陈述了事实之后，愤怒地说，"臧获虽贱，其如性命非轻"。"臧获"，是古代对奴婢的贱称。[2]这句话的意思是说，奴婢虽然地位卑贱，生命也同样贵重。

---

[1] 《宋史》卷三一一《晏殊传》载："坐从幸玉清昭应宫从者持笏后至，殊怒，以笏撞之折齿，御史弹奏，罢知宣州。"第10196页。

[2] [汉]扬雄《方言》卷三云："荆淮海岱杂齐之间，骂奴曰臧，骂婢曰获。齐之北鄙，燕之北郊，凡民，男而婿婢谓之臧，女而妇奴谓之获。亡奴谓之臧，亡婢谓之获。皆异方骂奴婢之丑称也。"华学诚《扬雄方言校释汇证》本，北京:中华书局，2006年，第183页。

陈执中家虐待奴婢是个案，但个案无疑也反映了一般，即当时家奴命运悲惨的普遍性现实状况。然而面对这样的现实，宋代的士大夫已经超越贵贱的等级意识，从对生命的重视来看待奴婢的境遇，"臧获虽贱，其如性命非轻"。这种认识的升华，一方面来自儒学民本思想的薰陶，一方面也是社会现实的反映。科举规模的扩大，社会流动的加速，商品经济的繁荣，自耕农的增加，使得当时的人们对待奴婢问题的认识也发生了变化。

南宋初年的钟相、杨幺暴动，发出了"等贵贱、均贫富"的呼声。[①] "等贵贱"是一个古老的说法，在《子夏易传》中就可以看到。[②] 不过，那是把贵贱分等的意思。来自宋代底层民众的呼声，则赋予了这个词汇新的含义，让贵贱平等。就是说，不仅寻求财富的公平，更要求身份的平等。社会意识正是士大夫认识的源泉之一。因此，逆社会潮流而动的陈执中家庭，自然要遭到士大夫以及当时舆论的抨击。而这样的事情如果放在唐代，恐怕就不会遭到如此强烈的抨击。《太平广记》就记载一个地方豪族张直方，"臧获有不如意者，立杀之"[③]。

且不论中国社会的发展是不是早已走出了奴隶社会，在漫长的历史上，降至明清，甚或民国，奴婢的普遍存在，则是不争的事实。然而进入宋代社会后，知识精英对奴婢地位的认识，实在是一个进步。对生命的重视，对人性的呼唤，是人类自身用痛苦和血泪唤醒的认识。

赵抃在奏疏中讲了"臧获虽贱，其如性命非轻"之后说，我职责所在，不敢对此一言不发，保持沉默，辜负作为"朝廷耳目"监督的使命。希望皇帝特别为这件事下令彻查。

---

① ［宋］李心传《建炎以来系年要录》卷三一"建炎四年二月甲午"条载："相，武陵人，以左道惑众，自号'天大圣'。言有神灵与天通，能救人疾患。阴语其徒，则曰：'法分贵贱贫富，非善法也。我行法，当等贵贱、均贫富。'持此语以动小民。故环数百里间，小民无知者，翕然从之。备粮谒相，谓之拜父。"胡坤点校本，北京：中华书局，2013 年。

② ［周］卜商《子夏易传》卷六云："天地节寒暑而成岁，圣人等贵贱而设制度。"北京：中国书店出版社，2018 年。

③ ［宋］李昉《太平广记》卷四五五《张直方》载："臧获有不如意者，立杀之。"中华书局编辑部点校本，北京：中华书局，1961 年，第 3713 页。

在正月，赵抃还上有《论灾异乞择相疏》，讲到不祥星象、旱灾、地震最近频发等自然现象，认为是天谴，要求重新任命贤明的宰相。[1] "神道设教"是传统社会常用的方式，借用自然现象来表达政治主张。自然灾害的出现，常常被认为是有责任协调人与自然的宰相治理无方。宰相也往往会因此引咎辞职或被罢免。宋太宗时期的宰相李昉等人就曾以此理由被罢免。[2] 赵抃也利用了这种"神道设教"的方式，虽未指名，在弹劾陈执中的时期上奏这样的奏章，矛头显然是直指陈执中而发的。

当陈执中家婢女迎儿被虐杀之时，在赵抃的强烈要求之下，作为当事人的宰相陈执中，不得不同意设置专案调查。不过，前后换了几拨人调查，在取证时，陈执中都不积极配合。于是，这便导致了御史中丞孙抃和殿中侍御史赵抃对宰相陈执中的联名弹劾。站在陈执中一边的仁宗皇帝下诏撤销专案，遭到了负责监察的御史台全体官员的反对。翰林学士欧阳修也站出来反对。这次婢女海棠因受虐待自杀身亡，陈执中又是百般阻挠，不提供证据，不让家中仆人出面作证。

赵抃在上了《乞下陈执中发遣干连人状》没有回应之后，又上《乞正陈执中之罪状》，直接指斥陈执中的罪行。这是赵抃几次上书请求彻查婢女死亡案件之后，发现不仅陈执中不予配合，指定的调查人员也不按规定办事，偏袒宰相陈执中。于是，在沸腾的舆论鼓舞下，赵抃把锋芒直接指向了陈执中本人，不仅讲陈执中在处理案件时的种种作为，还指出作为宰相的陈执中在施政方面的问题。他说人人皆知陈执中不学无术，措置失当，心胸狭隘，排斥异己，任用品行不正之人，还招请一些巫师占卜之人。赵抃最后说，我不是不知道权要难犯，刑祸易招，之所以这样做，是为了报答皇帝的知遇之恩，只要有益于朝廷，我是虽死无悔。如此看来，赵抃决意豁出性命，也要跟宰相陈执中抗争到底。当然，让赵抃有底气的是，士大夫政治下的舆论几乎是一边倒地站在他这一边。

这篇《乞正陈执中之罪状》，只是概况地指出了陈执中的罪行。上奏之后，

---

① ［宋］赵抃：《清献集》卷六《论灾异乞择相疏》。
② 《宋史》卷二六五《李昉传》，第 9137 页。

赵抃又细加梳理，系统地整理了陈执中的八大罪状，发起了总攻击。

至和二年（1055）二月十二日，赵抃上了《乞罢免陈执中疏》。作为重要文献，李焘在《长编》中也转录了主要内容。这篇奏疏列举了陈执中的八大罪状。其中有些是赵抃根据后来的调查，在以前的奏疏中没有披露过的新事实。在奏疏的开头，赵抃说他以前把陈执中的"不学无术、措置颠倒、引用邪佞、招延卜祝、私仇嫌隙、排斥良善、狠愎私情、家声狼藉"八项罪状概略地讲到了，但恐怕皇帝认为这些都是虚言，一直没有回复，所以这次要列举出一些具体事实来加以说明。

第一条不学无术，赵抃举出两件事。一是去年春天以后，所制定的制度礼法都很不妥当，原委就是陈执中不知典故，只是阿谀皇帝。二是翰林学士过去有定员，但陈执中不询访博识之士，自作主张，任命了七个人。这说明陈执中空疏，应当罢免。

第二条措置颠倒，主要是讲陈执中人事任免不当。赵抃举出几个事例。其中就有赵抃曾经上奏过的吴充、鞠真卿揭发礼院生代著文字等事，被贬放到外地，而违规的人吏却只交罚金，免于处理。赵抃斥责陈执中赏罚在手，率意卷舒，不遵守规范，处置乖谬。

第三条引用邪佞，讲陈执中树恩私党，不顾公议。举出的事例一是崔峄超迁给事中，移知郑州，罢免后还保留了给事中，所以后来崔峄参与审理陈执中的案件时，袒护报恩。二是陈执中曾经让宠妾寄居在周豫的家里，周豫取媚讨好陈执中，陈执中就提名周豫参加馆职的考试。

第四条招延卜祝，说宰相是皇帝所依赖的，应当为国家广纳贤才，但陈执中却从来没接纳过俊杰贤能，座中都是苗达、刘抃、刘希叟、普元、李宁、程惟象这些人。位居宰相高位测候灾变，穷占吉凶，不知他想干什么，大家都感到很恐怖。赵抃举的这一条很厉害。宋朝皇帝从太祖、太宗起，就疑神疑鬼，禁止民间拥有占卜测候的书籍，指责陈执中意欲何为，显然是要触动仁宗敏感的神经。

第五条私仇嫌隙，是讲陈执中根据自己的好恶营私舞弊。赵抃举了正反两例。邵必知常州错判一个人徒刑，后来上书检讨，又赶上赦宥的命令，本来应当离职改官，因为陈执中一直很讨厌邵必，就把邵必贬到远方任监当官。而汀州石民英被判为使臣犯赃，杖脊黥面，配广南牢城，但陈执中却只降了石民英差遣职务。该轻的反而重，该重的反而轻，大家都愤慨陈执中的处理。

第六条排斥良善，说陈执中阴险中伤，欲人杜口结舌。具体举两个事例。一是吕景初、马遵、吴中复弹奏梁适，梁适被处理之后，随之就把吕景初等人外放逐出朝廷。二是冯京上疏言吴充、鞠真卿、刁约不应当无罪被贬官。不仅不听谏，还解除了冯京的修起居注职务。这些事都让朝廷背上了罪忠拒谏之名。至今士大夫们还议论纷纷。

第七条狠愎私情，就是赵抃一直在弹劾的虐杀婢女之事。在这一条中，赵抃所述比其他奏章在细节上都要具体。说婢女迎儿才十三岁，就常常遭到毒打，冬天裸冻身体，绑上手腕，不给吃喝，还被囚禁在黑屋，以致惨死。另一个叫海棠的婢女也被阿张打得遍体鳞伤，自缢而死。还有一个婢女也被剃去头发棒打，自杀未遂。赵抃说，在一个月之内，就发生了这样三件事，可以想象以前也一定有不少冤魂。

第八条家声狼藉，讲陈执中家中丑闻很多，又放纵宠妾和胥吏。虽然身家万贯，却视亲戚族人如路人，对贫穷者，从不接济一分一毫。

赵抃之所以把一直弹劾的陈执中家事放在最后，因为仁宗曾经对赵抃等人以前的上奏不以为然，说过"台谏官不识体，好言人家私事"的话[1]，便把跟朝政有关的事项放在了前面先讲。

最后赵抃归纳说，陈执中有这么多罪状，还不知廉耻，想一直待在宰相的位置上。现在谴责的天象还未消退，朝廷纲纪未立，财用匮乏，冗兵众多，北方又有军事压力，黄河决口尚未修复，民力疲弊，正是需要进贤退不肖。为了大宋江山，为了天下百姓，希望能应和内外公论，早日罢免陈执中。

《长编》转录的赵抃这通奏疏的内容如上，检视赵抃文集，奏疏还有最后一段，则是赵抃讲述自己上疏的心路历程。他说，老老实实地沉默不言，回避

---

[1] 《长编》卷一七八"至和二年二月甲辰"条，第4313页。

是非，不讲原则地阿谀奉承迎合，可以很快达成富贵，这一点我不是不知道。也知道直言顶撞，得罪权要会被贬谪，但我想，如果为自身考虑，这样做好像是发疯了，但为国家考虑，则是忠心耿耿，无愧于古人，无愧于陛下。所以我宁可冒着掉脑袋的风险，也要上书。

从赵抃奏疏讲述陈执中的罪状中，我们其实还可以观察到，在士大夫政治顶端的宰相的权力。比如关于翰林学士的任用，我曾考察过仁宗朝之前真宗朝的翰林学士。[①] 作为皇帝的秘书，翰林学士选择的都是当时有声望的文人。从翰林学士再进一步，就进入权力中枢，成为执政大臣。但翰林学士属于内廷，不归主管行政的宰相任命。从陈执中可以左右翰林学士的任命来看，士大夫政治主宰政务，已经在相当程度挤压了皇帝的权力空间。而对其他官员的任免赏罚，陈执中也可以说是一手遮天的。被赵抃斥为不学无术的陈执中，在苏轼眼里也是一个"俗吏"[②]。不过，他与仁宗保持了密切的关系，相权与皇权结合所形成的合力，即使恶行累累、声名狼藉，也让他在相位苟延残喘了相当长的时间。

赵抃在系统地梳理了陈执中八大罪状奏上之后，担心仁宗不及时阅览，又上《乞省览弹陈执中疏札子》，敦促仁宗尽快批阅处理。[③] 不过，在二月这次赵抃上疏之后，陈执中不再上朝，一些重大活动也没参加。因此，赵抃也在静静地等待陈执中罢相的结果下达。然而，到了四月间，陈执中又忽然回到中书，

---

① 王瑞来：《代王言者——以宋真宗朝翰林学士为中心的考察》，《漆侠先生纪念文集》，河北大学出版社，2002年。

② ［宋］苏轼《东坡志林》卷四"真宗仁宗之信任"条云："真宗时，或荐梅询可用者，上曰：'李沆尝言其非君子。'时沆之没，盖二十余年矣。欧阳文忠公尝问苏子容曰：'宰相没二十年，能使人主追信其言，以何道？'子容言：'歇以无心，故尔。'轼因赞其语，且言：'陈执中俗吏耳，特以至公犹能取信主上，况如李公之才识，而济之无心耶！'时元祐三年兴龙节，赐宴尚书省，论出。是日，又见王巩云其父仲仪言：'陈执中罢相，仁宗问：谁可代卿者？执中举吴育，上即召赴阙。会乾元节侍宴，偶醉坐睡，忽惊顾拊床呼其从者。上愕然，即除西京留台。'以此观之，执中虽俗吏，亦可贤也。育之不相，命矣夫！然晚节有心疾，亦难大用，仁宗非弃材之主也。"王松龄点校本，北京：中华书局，1981年，第85页。

③ ［宋］赵抃：《清献集》卷六《乞省览弹陈执中疏札子》。

上朝办公。这让赵抃和许多人都很震惊,不知道仁宗是什么意思。所以赵抃再度上《再乞罢免陈执中相位札子》,说如果皇帝认为陈执中有罪,就赶快罢免,如果认为陈执中无罪,就把我贬放到远方去。①的确,赵抃摆出跟陈执中对决的姿态。在五月,八日、十五日、二十一日,连上三疏,请求离职,到外地任官。②理由就是担任御史,竟不能弹劾罢免一个奸邪之人。二十八日,赵抃又上《引诏书再论陈执中状》。③并且在几天后的六月一日,面见仁宗时,他直接要求罢免陈执中。④

　　十一天后,陈执中罢相,出判亳州。⑤以赵抃作为主力的御史台大获全胜。

　　除了陈执中,在担任殿中侍御史期间,赵抃还集中弹劾了三个重要官僚。一个是三司使王拱辰。王拱辰是仁宗朝的进士状元⑥,还担任过御史台的长官御史中丞。他曾经对范仲淹的改革不满,通过弹劾苏舜钦等人来打击范仲淹的势力,让当时的舆论很看不起。赵抃弹劾王拱辰,则主要是因为他出使辽朝时失礼,把没收的潭州官员私卖病死客商的珍珠献给宫中,以及后来越格

① ［宋］赵抃:《清献集》卷七《再乞罢免陈执中相位札子》。

② ［宋］赵抃:《清献集》卷七《乞浙郡状》《乞检会前状乞浙郡状》《乞早赐浙郡指挥状》。

③ ［宋］赵抃:《清献集》卷七《引诏书再论陈执中状》。

④ 《长编》卷一八〇"至和二年"条载:"六月戊子朔,赵抃入对,又言:'臣窃以宰相之任,赏罚二柄,出乎其手,能祸人,能福人,当世庸常之人,既惧祸,又邀福,谁不附会而迎承之?宰相有罪恶彰露,迹状狼籍,谏官不论列,御史不纠弹,天子不得闻,下情不得通,积日持久,天子之势危矣。昨以宰臣陈执中狠愎昏暗,诋诬欺罔,破坏礼法,侮弄朝廷,臣职忝御史,以身许国,极口论列,累章纠弹。不敢阿容执中而上负陛下者,诚恐陛下不得闻执中之罪,而外廷庸常之人又多附会迎承之者,如此积日持久,使天下之势危,则臣之为罪,虽伏斧钺,肆市朝,不足以偿其默默也。伏望陛下纳忠荩谠直之言,辟奸佞荧惑之说,特早发宸断,正执中之罪而罢免之。则圣德愈隆,公议大协,庆流宗社,福蒙生民矣。'"第4346页。

⑤ 《宋史》卷二一一《宰辅表》于"至和二年宰相罢免"栏载:"六月戊戌,行吏部尚书、同平章事陈执中以检校太尉、同平章事、镇海军节度判亳州。"第5476页。

⑥ 《长编》卷一〇九"天圣八年三月"条载:"甲子,御崇政殿试礼部奏名进士。丙寅,试诸科。丁卯,赐进士王拱寿等二百人及第,四十九人同出身。己巳,赐诸科及第、同出身者五百七十三人。拱寿,咸平人也,诏更其名曰拱辰。"第2537页。

升任过去优待执政大臣的宣徽使。对这三件事，赵抃前后上疏达十通之多。①
《宋史·王拱辰传》也都有记载。②

　　另一个是李淑。李淑十二岁赐童子出身。虽然有才，人品有些问题。比如，
后来成为宰相的宋庠原名叫宋郊，李淑担心宋郊升迁得比自己快，就跟仁宗
说，宋是国姓，郊又是交的意思，姓跟名合在一起不祥。③他这样说了，在仁
宗的命令下，宋郊不得不改名。宋郊的弟弟宋祁也是有名的文人，以一句"红
杏枝头春意闹"，赢得了"红杏尚书"的美名，曾跟欧阳修一起修纂《新唐书》。
在担任翰林学士期间，宋祁受命为仁宗宠妃张贵妃起草制词。按惯例，成为贵
妃要接受册命，所以作为诰命进呈有些不当，他就问作为同僚的李淑。李淑明
明知道不对，却故意说，你只管进呈，有什么可疑的。结果，对成为贵妃遭受
不少非议的张贵妃本来就很敏感，见到不合规格的诰命，跟仁宗大闹，宋祁因
此被罢免了翰林学士。《宋史·李淑传》举了上面这两个例子说，李淑的阴险
都类似这样。④

　　在李淑被第二次任命为翰林学士时，《宋史·李淑传》记载说："言者指其

<hr/>

① ［宋］赵抃：《清献集》卷七收录有《论王拱辰等入国狂醉乞行黜降状》《论王拱辰入国
辱命乞行黜降状》《论两府庇盖王拱辰疏》《乞宣王拱辰语录付御史台状》《乞取问王拱辰进
纳赃珠状》《乞夺免王拱辰宣徽使状》《乞早赐夺免王拱辰宣徽使札子》《再乞追还王拱辰宣
徽使新命状》《再乞追寝王拱辰宣徽使新命状》《再乞追夺王拱辰宣徽使状》。

② 《宋史》卷三一八《王拱辰传》载："至和三年，复拜三司使。聘契丹，见其主混同江，
设宴垂钓，每得鱼，必酌拱辰酒，亲鼓琵琶以侑饮。谓其相曰：'此南朝少年状元也，入翰
林十五年，故吾厚待之。'使还，御史赵抃论其辄当非正之礼，'异时北使援比以请，将何
辞拒之？'湖南转运判官李章、知潭州任颛市死商真珠，事败，具狱上，拱辰悉入珠掖庭。
抃并劾之。除宣徽北院使，抃言：'宣徽之职，本以待勋劳者，唯前执政及节度使得为之，
拱辰安得污此选？'乃以端明殿学士知永兴军。"第10360—10361页。

③ 《宋史》卷二八四《宋庠传》载："庠初名郊，李淑恐其先己，以奇中之，言曰："宋，
受命之号；郊，交也。合姓名言之为不祥。"帝弗为意，他日以谕之，因改名庠。"第9591页。

④ 《宋史》卷二九一《李淑传》载："宋郊有学行，淑恐其先用，因密言曰：'宋'，国姓；而'郊'
者交，非善应也。又宋祁作《张贵妃制》，故事，妃当册命，祁疑进告身非是，以淑明典故问之，
淑心知其误，谓祁曰：'君第进，何疑邪？'祁遂得罪去，其倾侧险陂类此。"第9741页。

在开封多亵近吏人，改给事中、知郑州。"意思是说，李淑在权知开封府期间跟下面的胥吏打得火热。这里没有指名的"言者"就是赵抃。在赵抃文集中，收录有《乞寝李淑充翰林学士指挥状》《再论李淑状》《再乞追罢李淑状》《再乞寝李淑恩命状》这样四通反对任命的奏章。① 赵抃弹劾李淑，并不是出于个人的好恶，而是根据公众舆论。这从《宋史·李淑传》记载后来包拯等人上言李淑生性奸邪也可以印证。②

第三个是枢密使王德用。王德用是将门出身，立有军功。在章献太后临朝听政期间，曾经抵制过章献太后。由于这个缘故，仁宗亲政后，起用为签书枢密院事，逐渐升任军政最高首脑枢密使。因为长得黑，被称为"黑面相公"。又因为他相貌与宋太祖相近，并且在军队中威望很高。御史为此上言，被罢免过知枢密院事。③ 晚年他再度被任命为枢密使。在此期间，其子收受别人赠马贿赂，那人由此获得了很好的差遣。这件事舆论影响很坏。王德用的这个儿子，《宋史·王德用传》也记载说，在几个儿子中最为溺爱。由于放纵少教，干了不少不法之事。④ 赵抃从这件事入手，以贪婪、结交权贵等罪名，半年期间，前后七次上疏，猛烈地弹劾王德用，要求罢免其枢密使职务。⑤ 当然，联

---

① 弹劾李淑的奏章，均载《清献集》卷八。

② 《宋史·李淑传》载："谏官包拯、吴奎等言淑性奸邪，又尝请侍养父而不及其母，罢翰林学士，以端明、龙图阁学士奉朝请。"第9741页。

③ ［宋］徐自明：《宋宰辅编年录》卷四，第222页。

④ 《宋史》卷二七八《王德用传》载："德用诸子中，咸融最钟爱，晚年颇纵之，多不法。"第9469页。

⑤ ［宋］赵抃《清献集》卷八《乞正王德用罪名贬黜状》云："臣累次弹奏枢密使王德用贪婪挟私，男咸融纳马庆长马，偏与优等差遣，人情不平，外议喧沸，乞正其罪。所冀于治朝行公法，不为德用私而屈之也。至今多日，未蒙指挥。且德用结托权要，赃污暴闻；拜跪艰难，失人臣礼；当职议论，语同俳优；勋劳素无，负乘兹久。臣愚伏望陛下采之公议，断在勿疑，以臣前后所上章奏，命政事府果决施行，王德用等罪名，严赐贬黜。然后别择贤才，入冠枢府，使夷夏畏服，朝廷尊严，天下不胜幸甚。"其他几次上疏，卷七有《论王德用男纳马庆长马状》《乞替马庆长接伴副使速正典刑状》《乞罢免王德用状》；卷八有《乞勘鞫王咸融纳马庆长马状》《论王德用乞正其罪札子》《再乞罢免王德用状》。

想到赵抃曾经上疏阻止辽朝请求赠予宋朝当朝皇帝画像之事①，要求罢免王德用，没有说出的理由，可能也包含有王德用貌似太祖的因素。

历代不乏铮臣，但赵抃的铮铮铁骨，有儒学经典的多年陶铸，更是在士大夫政治的背景下铸就的。在宋代，铮臣辈出已不是特出的个别现象，在赵抃的同时代，先后涌现的范仲淹、包拯都是这样的铮臣。士大夫政治唤起的读书人以天下为己任的责任意识影响深远，像遗传基因一样，为后世的读书人所传承。

赵抃的殿中侍御史生涯，整整两年，在嘉祐元年（1056）九月，便被终结了。终结也有内情。这一年八月，同知谏院范镇被任命为户部员外郎、兼侍御史知杂事。②侍御史知杂事是从唐代延续下来的官职，总管御史台庶务，等于是御史台长官御史中丞之下的二把手。在弹劾宰相陈执中的事情上，赵抃跟范镇意见不同，互相上书诘难，由此产生隔阂。现在范镇从谏院调到御史台，还成为殿中侍御史的上司，这让赵抃感到很难相处。于是，在范镇任命发布五天后，赵抃上疏，直言因为弹劾陈执中的缘故，两人有过节，要求外放离开御史台。③在上书没有得到答复的情况下，赵抃又在十一天后再度上疏要求外放。④此时，朝中的另一位宰相刘沆，在赵抃刚担任殿中侍御史时，便因护丧温成皇后之事，与赵抃结下梁子。看到赵抃如此猛烈弹劾陈执中，自然会担心陈执中罢相后，矛头会指向自己，因此恨不得尽快把赵抃驱出朝廷。刚好在制度上有个规定，御史担任满两年就要换岗，升任知州，但这个规定已经早就不实行了。刘沆翻了出来，利用这个规定，也借着赵抃自己要求外放，乘势就把赵抃外放到睦州担任知州。⑤由此可见，各种结果的形成，往往不是出于单纯

① ［宋］赵抃：《清献集》卷六《乞不许虏使传令上圣容状》。
② 《长编》卷一八三"嘉祐元年八月"条载："庚申，起居舍人、直秘阁、同知谏院范镇为户部员外郎、兼侍御史知杂事。"第4434页。
③ ［宋］赵抃：《清献集》卷九《乞避知杂御史范镇状》，奏章署时为："八月十五日。"
④ ［宋］赵抃：《清献集》卷九《再乞避范镇状》，奏章署时为："八月二十六日。"
⑤ 《宋会要辑稿》职官一七之七："嘉祐元年九月，出侍御史范师道知常州、殿中侍御史赵抃知睦州。中书虽有台官二年出知州条，然久不用。宰臣刘沆特申明下台，至是师道等有请而出之。"第3451页。

因素，而是由较为复杂的合力造成的。为此，御史台长官御史中丞张昇还专门上疏弹劾刘沆，说他出于私怨把御史赶出了朝廷。① 张昇愤怒地说："作为天子耳目的御史，是用还是不用，都应当由皇帝说了算，怎么能任凭宰相来罢免呢？希望能明确是非曲直，给个说法。"② 尽管如此，刘沆的理由有制度依据，赵抃外放的决定便无可逆转了。

自此，结束了人生一个波澜壮阔的阶段，赵抃开始了新的征程。

---

① 《宋史》卷二八五《刘沆传》载："沆既疾言事官，因言：'自庆历后，台谏官用事，朝廷命令之出，事无当否悉论之，必胜而后已，专务抉人阴私莫辨之事，以中伤士大夫。执政畏其言，进擢尤速。'沆遂举行御史迁次之格，满二岁者与知州。御史范师道、赵抃岁满求补郡，沆引格出之，中丞张昇等言沆挟私出御史。"第 9607 页。

② 《长编》卷一八四"嘉祐元年十二月壬子"条载："范师道、赵抃既出，御史中丞张昇言："'天子耳目之官，进退用舍，必由陛下，奈何以宰相怒斥之！愿明曲直，以正名分。'"又请与其属俱出。"第 4460 页。

第五章　转徙五地

第一节　归钦一曲桐江好

嘉祐元年（1056）九月，接近月末，殿中侍御史赵抃被任命为知睦州。[①]睦州在唐代置州，五代时属于吴越，在太宗太平兴国三年（978）纳入宋朝版图，隶属两浙路，治所在今天的浙江建德梅城。睦州位于钱塘江上游，交汇富春江、新安江、兰江，成丁字形，赵抃在诗中就曾这样描述，"丁字溪流甚箭奔"[②]。所以通常形容睦州是南襟丁水，北枕乌龙山。跟赵抃的家乡衢州一样，也是江南山水秀丽处。

两年的御史生涯，惩恶扬善，让赵抃无时不处于神经紧张之中。"桐江得请上恩荣"，如愿获得请求，离开是非之地，避开人事龃龉，回到距离家乡并不遥远的地方任职，尽管许多人联想到赵抃离职的其他因素，为赵抃的离去鸣不平，但赵抃本人其实是有一种获得解脱的轻松感的。跟同时外放的御史范师道并舟而行，赵抃写下这样的诗句：

> 昔如李郭去登仙，今复东行并客船。

---

① 《长编》卷一八四"嘉祐元年九月"条载："癸卯，侍御史范师道知常州，殿中侍御史赵抃知睦州。"第 4448 页，

② ［宋］赵抃：《清献集》卷三《和范都官重九日寄》，原题为《和前人重九日寄》。按此处"前人"指文集此诗之前诗作所记人名，即"范都官"。如此处理，当为文集编辑者所为，非赵抃诗题原貌，在此回改。

夹岸云山千里路，满襟风月九秋天。①

东汉的布衣名士郭太归乡，上千人送行，众人望见郭太与赏识郭太的河南尹李膺同舟，如神仙一般。后来"李郭同舟"便成为一个成语典故，来比喻知己相处，不分贵贱，亲密无间。范师道两年间与赵抃并肩战斗，互相声援，成为很好的同道友人。这次又同时外放，并舟而行，自然让饱学的赵抃想起了这一出自《后汉书》的典故。②范师道外放到常州任知州，但从赵抃诗中的另外诗句"君到七闽佳丽地，荔枝红发欲殷然"可知，福建出身的范师道是要先回到自己的福建老家，赵抃也是在赴任前先回家乡。

"归棹岂能忘旧里"③，云山风月，秋高气爽。想到即将回到阔别已久的家乡，轻松之中一定还有几许兴奋。"望阙天光惊已远，到家春色喜先迎"。④时值九月，赵抃写作"春色"，自然是指心情喜悦与家人相聚犹如春色。新的任命下达后，赴任前的归乡休假也是得到皇帝批准了的。在《知睦州到任谢上表》中就写道："先庐许过。"

几个月的还乡休整，既是从紧张中脱离出来的身的休整，也是得以安静思索的心的休整。嘉祐元年（1056）这一年，赵抃还差一年就到知天命之年了，业已走过的人生历程，已经让赵抃有了深刻的生命感悟，所以给自己起了一个"知非子"的名号。清人罗以智的《赵清献公年谱》将这件事系于五十九岁那年是不对的。这一"知非子"的典故来源，是出自《淮南子·原道》所云"蘧

---

① ［宋］赵抃：《清献集》卷三《次韵范师道御史》。

② ［南朝宋］范晔《后汉书》卷六八《郭太传》："郭太字林宗，太原界休人也。家世贫贱……乃游于洛阳。始见河南尹李膺，膺大奇之，遂相友善，于是名震京师。后归乡里，衣冠诸儒送至河上，车数千两。林宗唯与李膺同舟而济，众宾望之，以为神仙焉。"中华书局编辑部点校本，北京：中华书局，1965年，第2225页。

③ ［宋］赵抃：《清献集》卷三《初到睦州寄毗陵范御史》。

④ ［宋］赵抃《清献集》卷三《次韵石温之都官见赠》："桐江得请上恩荣，孤士惭无善可旌。望阙天光惊已远，到家春色喜先迎。云边旧念青山隐，鉴里新逢白发生。多谢贤朋遗佳句，重于珍璧价连城。"

伯玉行年五十，而有四十九年非"之语。苏轼写赵抃"公年四十已得道"①，也可以旁证赵抃"知非子"命号当在五十之前。

在家休整了几个月之后，赵抃过了正月十五，于嘉祐二年正月二十四日到任睦州。到任后，例行要向皇帝报告。于是，赵抃递交了《知睦州到任谢上表》，不仅报告了到任日期，还回顾了他担任殿中侍御史两年间的经历与心路。他说，我虽然愚笨，但处于监察要地，哪能沉默不语，辜负作为朝廷耳目机关的使命，所以对于有害朝政的事情一定要上言。皇帝不怪罪我，还让我担任山清水秀的睦州的知州，衣锦而归。我一定要向官民传达皇帝的恩德，来加以报答。②

在赵抃进士及第那年，范仲淹曾因与宰相吕夷简的政争，被贬谪到睦州担任知州。③二十多年后，赵抃步范仲淹后尘，也担任了这里的父母官。到任这年，赵抃已届知天命之年，对着镜子，看到头上生出的银丝，他在诗中写道："云边旧念青山隐，鉴里新逢白发生。"④不过，此时的赵抃依然是壮志不减，豪情满怀。在另一首诗中，他如此诉说："逢时自可青云致，喜老休将白发轻。垂世功名期力到，上方求治急材英。"⑤古人"立功、立言、立德"三不朽与士大夫政治所赋予的使命感，把赵抃积极入世的那一面极大地激发出来，渴望功名

---

① ［宋］苏轼：《苏轼诗集》卷一九《赵阅道高斋》。孔凡礼点校本，中华书局，1982年，第992页。

② ［宋］赵抃《清献集》卷一〇《知睦州到任谢上表》云："臣某言：伏奉敕差知睦州军州事，已于今月二十四日赴本任讫。恩牍宸庭，奉俞音而与幸；剖符乡郡，抚孤迹以为荣。旧职仍存，先庐许过。臣某中谢。臣草莱贱士，簪绂盛时。常念疏愚，践风宪纪纲之地；岂宜喑嘿，辜朝廷耳目之司。害于政而必陈，局于嫌而当避。岂谓伏蒙皇帝陛下圣慈下察，人欲俯从。栗以天威，未加伏锧之戮；委之郡绂，因令衣绣而归。况复吴分上游，严陵古处，佳山水以乐圣旦，见吏民以宣上恩。敢忘夙夜之心，誓答乾坤之造。臣无任。"

③ ［宋］楼钥：《范文正公年谱》，王瑞来点校《儒藏》精华编《范仲淹集》本，北京：北京大学出版社，2012年，第649页。

④ ［宋］赵抃：《清献集》卷三《次韵石温之都官见赠》。

⑤ ［宋］赵抃：《清献集》卷三《和范都官述怀》。

垂世。

来到睦州，了解到的先贤事迹，无疑也激励着赵抃。"开元刺史名千古，东汉先生钓一竿。"① 赵抃诗中的开元刺史，当是指宋璟（663—737）。宋璟在唐开元年间曾担任睦州刺史②，后成为名相，与姚崇并称"姚宋"，对唐朝的中兴，起到重要作用。③ "东汉先生"则是指拒绝光武帝刘秀做官邀请的严光（前39—41）严子陵④。睦州还有传说是当年严子陵隐居垂钓的钓台遗迹。初至睦州，登临观风阁，赵抃赋诗云：

> 一凭栏望意无穷，民屋连云叠嶂中。
>
> 微术可令民不疾，有惭兹阁号观风。⑤

登高眺望，俯瞰栉比鳞次的房屋，赵抃想的是用什么办法让百姓不困苦，无愧于这个"观风"的阁名。

苏轼在赵抃神道碑中，作为政绩，记载了赵抃在担任睦州知州时的两件事。

一件是原来规定让睦州每年向杭州供应羊肉的扰民之事，被赵抃专门呈文终止了。⑥ 羊肉为宋代的主要肉食，南宋时代还有"苏文熟，吃羊肉"的俗谚。⑦ 北宋的首都开封每年也消费大量羊肉。在赵抃之前不很久，山西的绛

---

① ［宋］赵抃：《清献集》卷三《新定即事》。

② ［宋］陈公亮修《严州图经》卷一载："宋璟，邢州南和人。开元三年三月三十一日，自御史大夫坐小累，为睦州刺史。"《宋元方志丛刊》影印本，北京：中华书局，1990 年。

③ ［宋］欧阳修、宋祁：《新唐书》，中华书局编辑部点校本，北京：中华书局，1975 年，第 4389—4394 页。

④ ［南朝宋］范晔：《后汉书》卷八三《严光传》，中华书局编辑部点校本，北京：中华书局，1965 年，第 2763—2764 页。

⑤ ［宋］赵抃：《清献集》卷五《新到睦州五首》之一《观风阁》。

⑥ ［宋］苏轼《赵清献公神道碑》载："睦岁为杭市羊，公为移文却之。"

⑦ ［宋］陆游《老学庵笔记》卷八载："建炎以来，尚苏氏文章，学者翕然从之，而蜀士尤盛。亦有语曰：'苏文熟，吃羊肉。苏文生，吃菜羹。'"李昌宪整理《全宋笔记》本，郑州：大象出版社，2012 年，第 91 页。

州每年还要买几万只羊供应首都开封，后来经知州蔡充上奏才得以减免。[1] 可见，苏轼特笔记入神道碑的这件事，也与知绛州的蔡充之事一样，是赵抃的安民之举。

另一件是讲睦州百姓要缴纳茶税，对于不产茶的地方，赵抃特地上疏请求免去这项不合理的税收。[2] 在讲了这件事之后，苏轼写道："民至今称焉。"意思是说，老百姓至今还念着赵抃的好。赵抃的这一善政，成为值得效法的"故事"，被上百年后的官员所引述，作为依据，来为百姓减免茶税。[3]

除了上述务实的政绩，赵抃在培育人才方面也颇为用心。跟他以前知江原县写诗劝学一样，在睦州，他也写有《勉郡学诸生》一诗：

> 桐江为守愧颛蒙，来喜衣冠好士风。
>
> 劝学重思唐吏部，教人多谢汉文翁。
>
> 济时事业期深得，落笔词章贵不空。
>
> 道有未充须自立，莫将荣悴汩于中。[4]

作为士大夫的一员，赵抃明确意识要为士大夫政治培育人才，认为这是"济时事业"。从诗中的表达可以看出，赵抃劝学，是以汉代在蜀地兴学的文翁和分别写下劝学诗与文的唐代韩愈为楷模的。他鼓励年轻的士子自立，充实道行，不要写空洞的文章。

---

① ［宋］曾巩《元丰类稿》卷四二《司封员外郎蔡公墓志铭》载："于绛州，州岁市羊数万供京师，公奏减之，至今赖其法。"陈杏珍、晁继周点校《曾巩集》本，北京：中华书局，1984年，第585页。

② ［宋］苏轼《赵清献公神道碑》载："民籍有茶税，而无茶地，公为奏蠲之，民至今称焉。"

③ 《宋会要辑稿》食货三一之一四、一五载："（绍兴）三十一年四月七日，臣寮言：'邵武军管下四县，有产茶价钱，岁纳之数通不及一千七百缗，昨行经界日，应乡民植茶虽止一二株，尽籍定为茶园敷纳价钱，无虑数千户。后虽荒废，无复存者，所科钱依旧输纳入。官司以有名额，不敢往催，而逐年催到之数，常不及十之五六。臣恭闻仁宗皇帝时，赵抃为严守，民籍有茶税而无茶者，抃为奏蠲之，民至今受赐。乞下有司究实，尽行蠲免。'诏令户部看详。"第6668页。

④ ［宋］赵抃：《清献集》卷三《勉郡学诸生》。

劝学的楷模，赵抃只提到了汉代的文翁与唐代的韩愈，却没有提到二十多年前曾同在此地担任知州的范仲淹。我想这跟范仲淹刚刚去世五六年，后世的崇高威望在此时尚未形成有关。不过，在嘉祐三年（1058）正月写的《睦州学进士登科题名记》中，赵抃还是提及了范仲淹在睦州兴学的事迹，说范文正奠基兴建州学，在其中与学生们谈经治文，使州学日益兴旺。在这篇文章中，还提到在范仲淹之后的另一位知州，奉行庆历新政时颁布的兴学诏书，扩建了州学。正因为如此，这几十年的每次科举，睦州出身的士人都榜上有名。由此可见，尽管被认为很快便失败的庆历新政，还是影响到了地方，并显现出收效。在赵抃看来，学校的兴废完全在人，而士人能否登第，学校则很重要。赵抃在文章中还表达了这样的理念，希望士人走古圣贤的道路，并且都能"至其所未至"，超越古圣贤，从而走上仕途之后，让自己公正的行为像呼吸那样自然。剿章刻句的为文，则是行有余力的雕虫小技。①

劝学是为士大夫政治培育预备队，而直接发现人才荐举则更为直接。赵抃在知睦州期间，就直接举荐了不少人才。赴任不久，他就分别举荐了寿昌县令郑谔、分水县令江震，此后又陆续举荐了睦州巡茶盐董诏、监睦州清酒务白昭明、睦州兵马都监魏寅、睦州团练推官姚甫、睦州司理参军连希元、建德县令周演、睦州司法参军朱伯玉等人。宋朝的职官制度，官员升迁，无论是选人层级内升迁，还是由选人升迁到京官，除了本人的政绩和勤务年限之外，还需要有几个上级官员的推荐。推荐官员中必须要有被称为"职司"的顶头上司。

---

① ［宋］董弅编《严陵集》卷八载赵抃《睦州学进士登科题名记》云："睦于吴会为神郡，苍嶂寒濑，齿齿激激，风土物色，缥缈秀巧。钟气生士，翘俊殊甚。其学校自文正公基之，谈经治文，出乎其间，日益盛。金部向侯，奉庆历诏，更广堂舍，学者为便。距今业精而上，第无虚榜，数十年间，以今较昔，得人为三倍夥。是以知学之废兴在人，士之进退由学，圣时之明劝也。然士之所谓学，诚心竭力，企古圣贤道，将至其所未至者也。爵位于朝，仰首信眉，掌握当世务，与夺非是，出呼吸间，一率以正。然后尽臣子忠义之分，称人君敦勉之意。唇吻小巧，剿章刻句而已乎！因萃前后登第者名诸石，后来继焉。"《四库全书》文渊阁本。按，此文，现存《清献集》失载，当属佚文。文中所提及之"金部向侯"，据《严州图经》卷一，名为向侯，在康定年间知睦州。

赵抃作为知州，就属于这样的顶头上司。

我们看被推荐的人，有文官，有武官，有选人内的升迁推荐，有充京官亲民任使的推荐。被推荐的人有可能是求到赵抃的，也有可能是赵抃主动推荐的。无论是什么状况，赵抃一定是对被推荐人有一定的了解，并且有着自己推荐的原则标准。比如，对郑谔，赵抃的评价是"为性纯静，守官恪勤"；对江震，赵抃的评价是"能修官方，甚得民誉"；对董诏，赵抃的评价是"公勤廉干，勾当得事"；对白昭明，赵扑的评价是"临莅局务，廉谨精干"；对魏寅，赵抃的评价是"奉公蔑私，所守不懈"；对姚甫，赵抃的评价是"入幕四年，备见廉干"；对连希元，赵抃的评价是"治狱尽心，持平向正"；对周演，赵抃的评价是"勤劳县道，治迹有称"；对朱伯玉，赵抃的评价是"守法奉公，久而益固"。① 除了上述以外，赵抃还推荐陆琮担任虔化知县，陆琮在虔化的施政被比喻为西门豹治邺。②

赵抃勤于公务，再加上有上述这么多的得力下属佐助，便让睦州被治理得井井有条。这就使赵抃游刃有余，有闲暇把目光投向睦州秀丽的风光，从而写下了不少诗篇。那么，我们也走进赵抃自己在诗中所说的"诗里江山"，领略一下赵抃笔下的山清水秀和他在彼时彼地的心境。

赵抃的《新定言怀》这样写道：

---

① ［宋］赵抃：《清献集》卷一〇《举睦州寿昌县令郑谔状》《举睦州分水县令江震状》《举睦州巡茶盐董诏状》《举临睦州清酒务白昭明状》《举睦州兵马都监魏寅状》《举睦州团练推官姚甫状》《举睦州司理参军连希元状》《举睦州建德县令周演状》《举睦州司法参军朱伯玉状》。按，赵抃文集奏议部分均为编年，因而，以上举荐状均为在知睦州任内所上。然以上举荐状有的署有时间，有的没有，还有的署时有误。比如《举睦州兵马都监魏寅状》，《四库》本署时为"嘉祐十年六月二十六日"，然嘉祐年号只行八年，检康熙本《赵清献公集》，则为"嘉祐二年六月二十六日"。由此推知，《举睦州巡茶盐董诏状》署时为"嘉祐六年五月六日"，亦当有误。此外，从以上所有举荐状之"本州"云云，亦可知是赵抃在任期间所上，而非离任多年后的推荐。

② ［清］陆心源《宋史翼》卷一九《陆琮传》载："其为虔化令，赵抃辟也。邑号难治，风俗坏久矣，至于子辗父足，弟搦兄臂，为之者莫怪。有翁于庭诉其子毁者，使腰以石沈诸江，若是者杀三人。于是一邑大惊，俗骤变，或以比邺令杀河伯娶妇。"影印本，北京：中华书局，1991 年。

> 吾家于衢守于睦，治余何以乐且闲。
>
> 仙棋一局钓一壑，烂柯山下严陵滩。[①]

赵抃的家乡离睦州并不远，公务之余的闲适游览，相似的山水，严陵滩令赵抃想到了家乡的烂柯山，想到了关于烂柯山的传说。

在重阳节，赵抃写下《和范都官重九日寄》：

> 丁字溪流甚箭奔，忍看行色夕阳村。
>
> 三吴望远迷烟棹，九日登高泥酒樽。
>
> 诗得琼瑶今有意，感充怀抱更无言。
>
> 归欤一曲桐江好，西北通宵欲梦魂。[②]

范仲淹在睦州时，写过有名的《潇洒桐庐郡》[③]，赵抃的笔下，有景有情有潇洒，"一曲桐江好"，也是一首《潇洒桐庐郡》。

赵抃的诗，多是浏览登临之际的即兴抒怀。睦州的山水佳处，赵抃留下不少诗篇。

富春山麓，富春江畔，东汉严子陵隐居处的钓台，是睦州的名胜。仰慕严子陵为人的赵抃，不少诗是围绕着这一名胜而作。《过严陵呈范师道》写道：

> 使棹穿溪弥屈曲，溪鸥随棹更徘徊。
>
> 地经严隐翻高尚，应转心轻在柏台。[④]

地因人而变得高尚，"先生之风，山高水长"[⑤]，由于严子陵的隐居，让睦州也变得令人崇敬。

《过子陵故祠》，赵抃发出这样的感怀：

---

① ［宋］赵抃：《清献集》卷五。

② ［宋］赵抃：《清献集》卷三，原题为《和前人重九日寄》。

③ ［宋］范仲淹：《范文正公集》卷五，王瑞来点校《儒藏》（精华编）本，北京大学出版社，2014年，第51页。

④ ［宋］赵抃：《清献集》卷五。

⑤ ［宋］范仲淹：《范文正公集》卷八《桐庐郡严先生祠堂记》，王瑞来点校《儒藏》（精华编）本，北京大学出版社，2014年，第116页。

帝念先生素所亲，殊恩终不顾丝纶。

图勋耻预凌烟像，辞贵甘为掷钓人。

云水孤高教适意，俗风奔竞使还淳。

如今丘壑无遗士，天子思贤号圣神。①

肖像悬挂凌烟阁，恐怕是追求"三不朽"的文人或武人的最高理想，但东汉的严子陵却不以这些为荣，视富贵如浮云，宁可做一个江边的垂钓人。赵抃认为，尊崇严子陵的最大意义，就在于遏制世俗的奔竞之风。

苏辙《太子少保赵公诗石记》曰："公诗清新律切，笔迹劲丽，萧然如其为人。"②我们看《题甘棠楼》：

阑干十二压仙瀛，占得龙峰作画屏。

林映远笼千里月，湖光寒照一天星。

望来瀑布真霜练，飞过沙禽半雪翎。

人赏不知春已老，隔桥依旧柳青青。③

远观明月照林，近瞰繁星映湖。晚春时节的夜晚，凭栏望去，桥边柳色青青。龙山宛若一块巨大的画屏，留住了月夜动静交融的画面。

赵抃的诗描写的都是睦州当地山光水色，提及的地名多有可考。《乌龙山》诗云：

泉石淙淙泻百寻，群峰环翠起春林。

危巅召雨云先作，不失苍生望岁心。④

据地方志所记，乌龙山在府城北三里，山下尚有乌龙庙。⑤危巅召雨便不

---

① ［宋］赵抃：《清献集》卷三。

② ［宋］苏辙：《栾城集》卷二四《太子少保赵公诗石记》，第413页。

③ ［宋］董弅编：《严陵集》卷五。

④ ［宋］赵抃：《清献集》卷五。

⑤ ［明］吕昌期修、俞炳然纂《续修严州府志》卷二载："乌龙山，在府城北三里，一郡之镇山也。高六十丈，周回一百六十里。初以龙为君象，改曰仁安，其山下有乌龙庙。"《中国方志丛书》影印万历四十二年（1614）原刊顺治六年（1649）重刊本。

至于干旱，赵抃写景之际也是心系苍生。

府城东乌龙山之脉为高峰山，山顶有七级浮屠塔，跟南山天宁寺塔遥遥相望。赵抃登临后写诗云：

> 上石披松十步劳，下窥人物见秋毫。
>
> 嗟谁更向孤峰顶，树塔孤撑碧落高。①

赵抃还有一首《次韵郑琰登睦州高峰塔》：

> 旧迹蒙君丽句夸，昔同峰顶蹑云霞。
>
> 逢秋谒寺留诗笔，薄暮归鞍照月华。
>
> 旋酌香醪浮瓮蚁，斗烹新茗满瓯花。
>
> 心余更作儒官会，帐内诸生拥绛纱。②

这是回忆曾经与同乡郑琰同登高峰塔的诗篇，描述秋天访寺题诗，月华初上，暮色中乘马而归，而后又饮酒品茗，与年轻的学子同乐。

九峰山，在城西五里，有九峰寺。赵抃游览后题诗：

> 龙丘石室人难继，安正书堂世莫登。
>
> 但见烟萝最高处，九峰排列一层层。③

玉泉，在城东北七里的乌龙山麓，其水甘香，有玉泉亭构于其上。赵抃写诗记云：

> 潺潺朝暮入神清，落涧通池绕郡厅。
>
> 乱石长松山十里，讨源须上玉泉亭。④

赵抃还在府衙后花园建有赏春亭，赋诗云：

> 滂葩浩艳满亭隈，当席芳樽醉看来。
>
> 始信春恩不私物，乱山穷处亦花开。⑤

---

① ［宋］赵抃：《清献集》卷五《高峰塔》。

② ［宋］赵抃：《清献集》卷三。

③ ［宋］赵抃：《清献集》卷五《九峰岩》。

④ ［宋］赵抃：《清献集》卷五《玉泉亭》。

⑤ ［宋］赵抃：《清献集》卷五《赏春亭》。

赵抃寄情山水，游览名胜，都是在公务之余。他在《同信守赵诚司封会灵山亭》诗中写道：

> 寺亭高绝面灵山，迤逦群峰不可攀。
>
> 登赏谁知贤者乐，狱扉空冷讼筒闲。[①]

"狱扉空冷"表示牢房里没有犯人，也就是说没有各种案件发生。在宋代，常常用"狱空"一词来表示治理的成绩。上报给朝廷，会得到奖励。[②]显然，赵抃在睦州的政绩，就达到了"狱空"。

睦州的秀丽山水与风土人情，让赵抃很喜欢这一方土地。知常州的好友范师道寄诗歌说常州的鱼肥美时，赵抃的和诗则夸睦州的鱼也好：

> 江南鲋鲞客夸肥，公到常州鲙熟时。
>
> 见说桐江鱼亦好，昔贤多作钓台诗。[③]

赵抃讲自己所在的睦州鱼也好，还拿出了过硬的证据，我们睦州有钓台，自古以来有许多吟咏的诗篇。言外之意，如果鱼不好，能有钓台吗？

在城内秀山下的洞真观，赵抃写诗云：

> 木老岩垌冷，泉飞月殿寒。
>
> 栖真无一事，清啸倚栏干。[④]

洞真观位于城内秀山之下。[⑤]无事栖真，倚栏清啸，此刻的赵抃，有着魏晋文人的洒脱。

---

① ［宋］赵抃：《清献集》卷五。

② 《宋史》卷六《真宗纪》载："开封府奏狱空，诏嘉之。"第113页。又，卷二六一《张铎传》载："又移澶州，颇勤政治，以瑞麦生、狱空，连诏嘉奖。"第9048页。按，这些记载，均为比赵抃时代稍早的真宗朝。

③ ［宋］赵抃：《清献集》卷五《和美毗陵鲋鲞之美》。

④ ［宋］赵抃：《清献集》卷三《洞真观》。按，此诗本为《麓山十咏》之一，然《乾隆建德县志》卷九亦收录此诗。姑录之，作地存疑。

⑤ ［清］高寅修、檀光焕等纂《建德县志》卷二载："洞真观，在城内东北秀山下。"《稀见中国地方志汇刊》影印康熙元年刊本。

"人为闲郡我为荣,僚友多欢事少生"①。相比较繁忙紧张的御史岁月,睦州的两年的确让五十初度的赵抃身心俱轻松。

官务不繁,身心轻松,最小的弟弟赵扬,在这期间也金榜题名进士及第②,赵抃兴奋地写诗道:

> 景祐初余唱第归,入门逢尔正儿嬉。
>
> 如何二十三年后,继得蟾宫桂一枝。③

赵抃回忆起他登第之时的情景,当时弟弟赵扬还是嬉戏的小孩子。如今也已登第,他为这个世代业儒的家庭人才涌现、后继有人而欣喜。

由于父亲过早去世,年长的哥哥照料抚育他和弟弟们成长起来。在此期间,赵抃还为没有孩子的过世长兄申请赠官,请求朝廷把他的应转官资,让给长兄,使长兄有一个文官的赠官。④尽管这样做并没有什么实际意义,但无疑对赵抃的内心是个安慰。

南宋人编纂的地方志《严州图经》,记载历代贤牧,宋代只收录了田锡、范仲淹、赵抃三人的事迹。⑤理学家张栻在担任知严州时,专门到纪念这三人的三公堂拜谒,写下《谒三公堂祝文》,表达了高山仰止的敬仰之意。⑥

---

① [宋]赵抃:《清献集》卷三《和范都官述怀》。

② [明]沈杰修,吾冔、吴夔纂《衢州府志》卷一〇《科贡》载:"赵扬,嘉祐二年章衡榜进士。"《天一阁藏明代方志选刊续编》影印弘治十六年(1503)序刊本。

③ [宋]赵抃:《清献集》卷五《喜十二弟登第》。"二十三年",《四库》本作"二十二年"。按,从景祐元年赵抃进士及第计,至嘉祐二年正为二十三年,据康熙本改。

④ [宋]赵抃:《清献集》卷一〇《乞将合转官资回赠兄状》。

⑤ [宋]陈公亮修:《严州图经》卷一《贤牧》。

⑥ [宋]张栻《张栻集》补遗《谒三公堂祝文》云:"敢昭告于谏议田公、文正范公、清献赵公:某被命来守此邦,稽诸图牒,惟三公之遗风流泽在焉。高山仰止,拳拳此心,敢不自勉,庶几万一。视事之始,敬荐薄奠。"杨世文点校本,北京:中华书局,2015年,第1493页。

第二节 徙命乘辂入锦川

一、短暂梓州路

（一）受命赴任

相比较在朝担任殿中侍御史的紧张生活，外放知睦州的赵抃，的确是把神经松弛了下来，得以时常徜徉于富春江秀丽的山水之间。然而，这样的清闲时光并没有持续多久，仅一年有半，任期未满，赵抃便被任命为梓州路转运使。唐代后期的中央派出机构称为"道"，宋初还沿袭唐制。宋太宗至道三年（997），始改称为"路"，将全国分为十五路，在各路设置转运使、提点刑狱、提举常平，有时视需要设置安抚使，统领一路的军政、民政和财政。因为还负有监察州县官员之责，又把路一级官署称为"监司"。因此，路一级长官拥有很大的权力。[①]

由一般知州成为一路的长官，无疑是一种升迁。或许是被要求尽快到任，赵抃把家人暂时安顿在明州（治今浙江宁波）[②]，只身赴任，二次入蜀。虽说是一个人，他也不寂寞，身边还有一鹤一龟。龟是几年前买自睦州，一直养在身边的。赵抃以诗志云：

> 买自桐江数岁前，洁中轻外欲巢莲。
>
> 同麟荐世宜为瑞，邀鹤寻真定得仙。
>
> 肯示吉凶贻后悔，只随呼吸到长年。
>
> 主人幸不烦供养，俾托辂车看两川。[③]

一鹤一龟，赵抃祈祷平安吉祥，携带入蜀。

赵抃受命为梓州路转运使后，深感重任在肩，没有像是离任朝中殿中侍御

[①] 参见朱瑞熙：《中国政治制度通史》（宋代）第五章《地方行政体制》第二节《中央派出机构及其机制转换》，北京：人民出版社，1996年，第320—349页。

[②] ［宋］赵抃《清献集》卷一〇《梓州路转运使到任谢表》云："窃愧冥顽，特膺寄任，遽托家于甬上，即驰传于潼中。"

[③] ［宋］赵抃：《清献集》卷三《新定获龟继得梓漕携之赴官》。

史知睦州时那样，给自己放上几个月假才赴任。这次临时安顿好家人之后，他即刻启程，经过七八千里遥远的舟车劳顿，于嘉祐三年（1058）七月便已到任。在完成交接手续之后，赵抃向皇帝送交了《梓州路转运使到任谢表》。[①]

宋真宗咸平年间，朝廷将原本川峡两路的四川，划分为益、梓、利、夔四路。梓州路管辖领梓州、遂州、果州、资州、普州、昌州、叙州、泸州、合州、荣州、渠州、怀安军、广安军和富顺监，共十四个州、军、监。[②]因此赵抃在《梓州路转运使到任谢表》中就说："十四郡兵农之务，期尽绥调。"赵抃由睦州一州知州成为管辖十四个州一级单位的首脑，所以他感到责任重大。

在赴任途中，赵抃路过曾经担任知县的崇安。故地重经，不到十年，已从一个初等京官的知县，成为总揽十四州的大员，这不禁让赵抃感慨万千。为此，他写下一首《再经江原县有作》诗来抒发感怀：

> 徒命乘轺入锦川，岷沱寒霁好人烟。
>
> 弹琴旧治俄三政，持斧重来未十年。
>
> 欲去民忧同乐只，敢孤朝寄独恬然。
>
> 邑城东望踟蹰久，魏阙天遥里数千。[③]

在曾经理政的江原县衙，赵抃抚琴赋诗，决心去民忧患，与民同乐。"欲

---

① ［宋］赵抃：《清献集》卷一〇《梓州路转运使到任谢表》云："臣某言：伏奉敕就差充梓州路转运使，已于今月十七日到任交割勾当讫。乞郡还吴，愧未及期而报政；拜恩入蜀，误令将节以宣风。宠数固优，烦言岂逭。臣某中谢。伏念臣禀性暗拙，逢辰昌明，比由郎曹，骤入台选。指奸救弊，敢思身计以自容；极口输诚，知有主恩而上报。属避嫌而惜体，幸得请以便私。乡郡颁条，才遂归与之乐；宸纶徙命，俾持使者之权。窃愧冥顽，特膺寄任，遽托家于甬上，即驰传于潼中。八千里舟车之劳，敢辞艰险；十四郡兵农之务，期尽绥调。惟惧无堪之材，尚贻不称之刺。斯盖伏遇皇帝陛下听纳谠论，悯怜孤忠，不遗风宪之远臣，使分漕挽之外计。臣敢不始终一节，夙夜乃心，奉近诏督察之文，识本朝澄清之意。损无名暴横之敛，所以存远人；去不逞猥墨之徒，所以激污俗。民吏以戒，边疆以宁，实将助风化之源，岂独取财赋之足。少答中宸之赐，用宽西顾之忧。臣无任。"

② 李昌宪：《中国行政区划通史（宋西夏卷）》第二章《宋代诸路的辖区与治所》，上海：复旦大学出版社，2007年，第79页。

③ ［宋］赵抃：《清献集》卷三《再经江原县有作》。

去民忧同乐只"的诗句表达，其实也有着他的前辈名臣范仲淹所言的"先天下之忧而忧，后天下之乐而乐"的意思在。

（二）走访邂逅

赵抃只有一个多月在梓州路转运使任上，按他自己的说法是席不暇暖，但是他还是很尽职的。下辖十四个州军，他一定也走访了几个。比如，根据赵抃在后来的奏章中所讲，他在担任梓州路转运使的时候，曾经调查到郑戩在淯井监滥杀少数民族住民老幼妇女一百二十余人。①

此外，在走访期间，赵抃还有一个重要的邂逅。这就是与当时在所辖的合州任官的周敦颐相识了。如果赵抃在这一个月期间，不去合州，也就无缘在那时与周敦颐相识了。所以说，赵抃在调令下达之前，还是到下属的一些地方走访了的。

不过，从记载来看，赵抃与后来的理学大家周敦颐的初识并不愉快。当时，周敦颐为合州判官。判官是位于选人层级的下级官僚。以恩荫入官的周敦颐，向来在行政方面很有能力。在合州，一些具体事情，如果不经他手，胥吏都不敢做出判断。未经周敦颐之手的命令即使下达了，百姓也不会听从。周敦颐行事，可能得罪了一些人，所以当赵抃来到合州时，有人就对赵抃说了周敦颐的坏话。由于听了他人的谗言，形成了先入为主的印象，赵抃见到周敦颐，便一直板着面孔。对此，周敦颐泰然处之。②没有时间让两个人有充分的接触，赵抃便离开了梓州路。赵抃后来给周敦颐写诗也表明此时他们只有这一次接触："蜀川一见无多日。"③不过，山不转水转，后来两个人居然又在同一个地方成为上下级同僚。这使赵抃对周敦颐有了深入的了解，才明白以前对周敦颐印象不好是听信了传言，于是，赵抃拉着周敦颐的手说，几乎与君失之交臂，现在我才真正认识了你。从此，两人结下了很好的友谊。作为仕途先进，赵抃

---

① ［宋］赵抃：《清献集》卷九《乞追夺郑戩所授京官状》云："臣前任梓州路转运使日，访闻郑戩先在淯井监所杀夷獠一百二十余人，其间半是年老或幼稚并妇女之属，边徼至今冤之。"

② 《宋史》卷四二七《周敦颐传》载："历合州判官，事不经手，吏不敢决，虽下之，民不肯从。部使者赵抃惑于谮口，临之甚威，敦颐处之超然。"第12711页。

③ ［宋］赵抃：《清献集》卷三《次韵周敦颐国博见赠》。

几次向朝廷推荐周敦颐。不过，这是后话。

二、转任益州路

（一）转任时间

苏轼写的赵抃神道碑说赵抃担任梓州路转运使没多长时间，就调到了益州。[①]这一事实，由赵抃本人的文字可以证明。赵抃在调转到任后，例行给皇帝上了感谢的文书。在《益州路转运使到任谢表》中，赵抃说，这个月十一日，我收到文件，调任益州路转运使，已经在二十三日到任了。尽管赵抃没写明是几月，但从下文讲到担任梓州路转运使刚过一个多月就接到调任命令的表达来看，七月中旬以后到任的赵抃，大概是在九月接到这一新的任命的。

益州路管辖益州、眉州、蜀州、彭州、绵州、汉州、嘉州、邛州、简州、黎州、雅州、茂州、维州、陵州和永康军十五个州军。[②]治所在益州，赵抃到任的第二年嘉祐四年（1059）升益州为成都府，益州路也更名为成都府路。从重要性上，益州路要高于梓州路。这一点可能在官职上也有所体现，所以赵抃在谢表中用了"宠命非常，惊怀失次"的表达，说自己很惊讶得到了这样的恩宠任命。[③]

---

① ［宋］苏轼《赵清献公神道碑》载："移充梓州路转运使，未几，移益。"

② 《中国行政区划通史（宋西夏卷）》第二章《宋代诸路的辖区与治所》，第 79 页。

③ ［宋］赵抃《清献集》卷一〇《益州路转运使到任谢表》云："臣某言：今月十一日，进奏院递到敕牒一道，蒙恩就差臣权益州路转运使，已于二十三日到任讫。领漕左潼，仅能逾月；移司西蜀，只是邻邦。宠命非常，惊怀失次。臣某中谢。伏念臣本缘寒士，窃慕古人，素非事业之长，偶入风宪之选。南台二岁，勉竭孤忠；左浙一麾，惭无异迹。未几被中宸之命，误令分外计之权。前莅涪川，不遑于暖席；改辕蜀部，忽拜于朝缙。而况地雄井络之区，古重蚕丛之国，惟是输将之寄，宜求特杰之才。均民赋庸，赡国储峙。部封违法者，刺举以正其罪；官属首心者，荐扬以达于朝。洁廉乎贪邪之风，敦厚乎偷薄之俗。至使夷獠威服，兵民惠安，以宽圣朝之忧，以宣治主之泽。岂伊愚品，辄付重权，惧清议之未平，在烦言而曷遏。兹盖伏遇皇帝陛下体尧仁智，越舜聪明，谓其草芥之贱微，尝纳刍荛之议论。俯怜孤外，不使湮遗，亟回乾造之恩，俾易坤维之任。臣敢不冰霜其操，松柏乃心。澄清必自于身先，安有家为之顾；职业已充于己任，冀专国计之忠。庶几治行之成，少答圣恩之赐。臣无任。"

（二）所任为何

《宋会要》记载赵抃在嘉祐三年（1058）十二月上言时的职务为知成都府。[①]担任益州路转运使的赵抃，还兼任知成都府之事，从苏轼写的神道碑，到罗以智的年谱，都未提及。不过，据《宋会要》这条记载的内容，在赵抃文集中找到了相应的奏疏《乞降指挥内臣入蜀只许住益州十日状》，是说宋祁在知益州任上修纂《唐书》，仁宗派两个内臣去催问。结果这两个内臣在成都一住就是七十天，花费几千贯，并且索要无度，影响很坏。赵抃于是上言，要求进行限制。[②]因此，《宋会要》所记赵抃为"知成都府"，怀疑有误。

（三）一新政风

赵抃担任益州路转运使期间的事迹，苏轼在赵抃神道碑中有一段概括性的记载。说四川天高皇帝远，百姓老实，官吏肆无忌惮地做一些不法的事情，州郡的官员之间互相馈赠酒食等物。由于宋代是让百姓中的富裕人家轮流充当衙前的差役，蜀地就让衙前承当过往官员的招待费用，造成许多人家破产。赵抃以身作则，提倡节俭，对不遵从者按违反规定处理。赵抃这样做，让蜀地的风气为之一变。

四川的一些偏远乡镇，有的人生来就没见过一路的长官，赵抃则走遍了所有管辖的地区。这让乡亲父老感到很惊喜，也很宽慰，而奸吏见到赵抃这样的行为，也很收敛害怕。[③]苏轼的这一记载，也被节引记入了宋朝国史，所以今

① 《宋会要辑稿》刑法二之三三载："（嘉祐三年）十二月十一日，知成都府赵抃言：传宣使臣，川中不得住过十日；内侍省官差出内臣传宣等，须日行两驿；所住处到发三日。并依奏。"第8301页。按，《宋史》卷一二《仁宗纪》明确于嘉祐四年（1059）十月癸酉记"复益州为成都府"，然据《宋会要》此记，此前一年，赵抃已带"知成都府"职衔，或系史臣按后来任官惯例改易。不过，《宋会要》此记赵抃知成都府作为孤证，疑有舛误。
② ［宋］赵抃：《清献集》卷九《乞降指挥内臣入蜀只许住益州十日状》。
③ ［宋］苏轼《赵清献公神道碑》载："两蜀地远而民弱，吏恣为不法，州郡以酒食相馈饷，衙前治厨传，破家相属也。公身帅以俭，不从者请以违制坐之，蜀风为之一变。穷城小邑，民或生而不识使者，公行部无所不至，父老惊喜相慰，奸吏亦竦。"

天在《宋史·赵抃传》中也可以看到。①

这些事实，从赵抃文集收录的奏章中，也可以得到印证。《乞止绝川路州军送遗节酒状》就指出，四川各路官员逢年过节低价向民间买酒，邻路邻州之间，动用官邮系统，或征发民夫，互相馈送。这种让百姓怨声载道的惯例，赵抃希望能以皇帝的名义下令禁止。从奏疏开头"臣伏见益、梓等路诸州军"云云可知，这是赵抃对前后担任梓州路和益州路转运使时的调查结果进行的综合上奏。②

从南宋的史籍中，也可以观察到赵抃在担任益州路转运使期间的一些作为。李心传在《系年要录》中记载，嘉祐四年（1059），赵抃在担任转运使期间，鉴于民间流通的铁钱过多，容易引起通货膨胀，曾建议十年之内停止铸造铁钱，以宽民力。③

（四）劝学兴教

作为士大夫，赵抃任官各地，都勉励士人，劝学兴教。在成都，为弘扬汉代太守文翁石室育才的精神，赵抃专门新建了汉文翁祠堂，来纪念文翁兴教。曾知益州的宋祁专门写下了一篇《成都府新建汉文翁祠堂碑》，来记载这件事。④后来，赵抃的门生文同也在《刻赵抃王素苏采诗记》一文中讲述过此事。从文同的讲述看，新建汉文翁祠堂，以及对此的多人唱和，"流于里巷，万口

---

① 《宋史》卷三一六《赵抃传》载："蜀地远民弱，吏肆为不法，州郡公相馈饷。抃以身帅之，蜀风为变。穷城小邑，民或生而不识使者，抃行部无不至，父老喜相慰，奸吏竦服。"第10322页。

② ［宋］赵抃：《清献集》卷九《乞止绝川路州军送遗节酒状》。

③ ［宋］李心传《建炎以来系年要录》卷一六九"绍兴二十五年八月甲午"条载："嘉祐四年，赵抃为转运使，奏以蜀中铁钱甚多，乞罢铸十年，以宽民力。"第3209页。

④ ［宋］吕祖谦编《宋文鉴》卷七六宋祁《成都府新建汉文翁祠堂碑》云："祠之兴，同尚之贤，则转运使赵抃及提点刑狱使者凡三人；赞辅之勤，自通判军州事祝咨以降六人；营董之劳，自兵马都监毛永保而下二人，咸画象于西厢，列官里于石室。"齐治平点校本，北京：中华书局，1992年，第1097页。

腾习"①，在当时产生了很大影响。

（五）整肃治安

在担任殿中侍御史期间，赵抃曾有几通奏章的内容是要求限制汴京城内百姓以宗教或民俗的名义夜间聚会。四川在宋初，发生过几次暴动民变，因此对于百姓聚会之事，赵抃也很敏感。在益州路所属的各州，每年都有一些无业游民以祭赛鬼神的名义，敛求钱物，一聚就是二三百人，扮作将军、官吏，拿着刀枪、旗帜，列队游行，或是男扮女装，或是女扮男装，奏乐杂耍，往往会闹腾三四夜。赵抃看到这种情况，觉得对治安不利，但又考虑到这是相沿已久的民俗，就要求制定一些条例加以限制。在赵抃上奏之后，皇帝特地下诏做了指示，支持赵抃的提议。②

（六）荐引人才

赵抃无论在哪里任职无不以推荐人才为己任。在担任成都府路转运使期间，赵抃荐举了不少人。其中很重要的是，他慧眼发现了"三苏"。正如当年曾公亮在尚未与赵抃相识时就加以推荐一样，赵抃对苏洵、苏轼、苏辙父子也是如此。嘉祐五年（1060），苏洵被任命为秘书省校书郎，据《宋会要》记载，就是出于成都府路转运使赵抃的推荐。③推荐苏洵时，赵抃也还没有与他见过

---

① ［宋］袁说友等编《成都文类》卷一三文同《刻赵抃王素苏采诗记》云："是时，今大尹龙图赵公以弹察之职，总转输之任，景贤乐善，重此建置，乃抒己之意，缉民之声，形于咏歌，以侈厥事。太原公与按宪苏侯咸属其韵，流于里巷，万口腾习。"赵晓兰整理本，北京：中华书局，2011 年，第 283 页。

② 《长编》卷一九二"嘉祐五年十二月壬申"条载："初，赵抃为成都转运使，尝言：'所部诸州，每年有游惰不逞之民，以祭赛鬼神为名，敛求钱物。一坊巷至聚三二百人，作将军、曹吏、牙直之号，执枪刀、旗旛、队仗，及以女人为男子衣，或男子衣妇人衣，导以音乐百戏，三四夜往来不绝。虽已揭榜禁约，然远方风俗相沿，恐难骤止，请具为条制。'诏所犯首领以违制论，仍徙出川界，本路监司半岁一举行。"第 4653 页。

③ 《宋会要辑稿》选举三四之三九载："（嘉祐五年）八月八日，以眉州进士苏洵为秘书省校书郎。成都府路转运使赵抃言洵学行推于乡里，故有是命。"第 5929 页。

面。① 这一事实，后来苏洵还在写给赵抃的信中回顾，说您在不相识之时就加以推荐，跟世俗之人有着天壤之别。② 苏辙记载，他曾经在成都拜见过转运使赵抃。孔凡礼先生撰《苏轼年谱》，推测当时大概苏轼也一同参与了谒见。③由此知遇之恩，苏轼兄弟与赵抃一家结下了深厚的友谊。赵抃去世后的神道碑就是苏轼执笔，饱含深情撰写的。不仅如此，苏轼还写下过《赵清献公像赞》，其中讲述了他与赵抃的亲密关系："我辱公爱，日相亲近。"④

除了三苏父子，赵抃还推荐了不少其他人。绵州官吏过去贪贿成风，以至于供给士兵的薪炭以及瓜果蔬菜都要从中取利，通判鲜于侁到任后，一切都不多收取。在他的影响下，风气发生了改变。这样的作为，清廉的赵抃很欣赏，于是便推荐了鲜于侁。⑤

在被任命为右司谏还朝时，赵抃还以"为性耿介，处身清修，持平徇公，为众称道"的理由，推荐了苏寀。⑥ 在推荐状中，赵抃只是写了苏寀的寄禄官

---

① ［宋］佚名编《国朝二百家名贤文粹》卷八八苏洵《上赵司谏书》云："今年秋始见太守窦君京师，乃知阁下过听，猥以鄙陋上塞明诏。不知阁下何取于洵也？洵固无取，然私独嘉，以为可辞于世者，其不以驰骛得明矣。洵不识阁下，然仰君子之风，常以私告于朋友。……顷者朝廷猥以试校书郎见授，洵不能以老身复为州县之吏，然所以受者，嫌若有所过望耳。以阁下知我，故言及此，无怪。"

② ［宋］苏洵《嘉祐集》卷一三《谢赵司谏书》云："今阁下举人而取于不相识之中，则其去世俗远矣。"曾枣庄、金成礼笺注本，上海：上海古籍出版社，1993年。

③ 孔凡礼《苏轼年谱》卷四"嘉祐五年"条载：《栾城集》卷二十四《太子少保赵公诗石记》："辙昔少年，始见公于成都，中见公于京师，其容晬然而温，其气肃然以清。苏轼或同谒见。"北京：中华书局，1998年，第86页。

④ ［清］杨廷望等纂修、光绪重刊康熙《衢州府志》卷六苏轼《赵清献公像赞》云："志在伯夷，其清惟圣。顽懦闻风，百世增敬。若清献公，实嗣其正。处乎乡间，力学笃行。立乎朝端，面折廷诤。玉比其洁，冰拟其莹。饫乎圣经，本乎天性。自初登第，迄于还政。毅然一节，始终惟令。我辱公爱，日相亲近。世有公像，如月在水。表而出之，后学仰止。"

⑤ 《宋史》卷三四四《鲜于侁传》载："通判绵州。绵处蜀左，吏狃贪成风，至课卒伍供薪炭、刍豆，鬻果蔬多取赢直。侁一切弗取，郡守以下效之。赵抃使蜀，荐于朝，未及用。"第10936页。

⑥ ［宋］赵抃：《清献集》卷一〇《行右司谏举尚书度支员外郎苏寀自代状》。

阶，具体差遣没有提及，但苏寀在四川赵抃的手下任职则是无疑的。赵抃曾跟苏寀等人在成都有过诗篇唱和。

（七）与民同乐

每年三月二十一日，作为成都的风俗，民众游城东的海云寺，在水池中摸石头来求子。这是一个盛大的活动，知府也参与，与民同乐。[①]《成都文类》中收录了赵抃等人几首唱和诗，就是参与活动的产物。

游海云山　　赵抃

　　　　缥缈齐云阁，喧阗摸石池。物华春已盛，人意乐无涯。

　　　　罗绮一山遍，旌旗十里随。遨棚夹归路，骁骑看星驰。

　　和韵　　苏寀

　　　　笙歌揭虚阁，帷幕匝春池。且与民同乐，都忘天一涯。

　　　　旧游嗟倏忽，故步喜追随。陌上人如堵，归鞍莫载驰。

　　和韵　　邢梦臣

　　　　使旌驱近郭，民宴列芳池。泄泄春台上，沉沉暮海涯。

　　　　鸿惊人宛转，电激骑追随。此会经年至，须防日似驰。

　　和韵　　霍交

　　　　山深藏古寺，旁枕旧芳池。鼓响揭云外，石探从水涯。

　　　　使旌游不倦，瑞麦献相随。事简民同乐，归心莫竞驰。[②]

诸诗描述的场面盛大，热闹非凡，安和景象，其乐融融。并且官民同乐，也跃然纸上。除了上述唱和，赵抃还有跟苏寀个人的唱和诗：

　　　　　　锦川风俗喜时平，上巳家家出郡城。

　　　　　　射圃人稠喧画鼓，龙湫波净照红旌。

---

① ［宋］袁说友等编《成都文类》卷九载："成都风俗，岁以三月二十一日游城东海云寺，摸石于池中，以为求子之祥。太守出郊，建高旆，鸣笳鼓，作驰骑之戏，大宴宾从，以主民乐。观者夹道百里，飞盖蔽山野。欢讴嬉笑之声，虽田野间如市井，其盛如此。"赵晓兰整理本，北京：中华书局，2011 年，第 187 页。

② ［宋］袁说友等编：《成都文类》卷九"诗·时序"，第 187 页。

迎真昔诧登天虎，命侣今闻出谷莺。

勉为远民同乐事，使台仍是得贤明。^①

农历三月三，昔日王羲之在江浙，曾有曲水流觞之会。这一时节的成都，也同样热闹。承平岁月，赵抃很欣喜与民同乐。

在赵抃文集中，还可以看到赵抃写给霍交的诗：

阁外风光满意新，诸公同上看梁岷。

蜀天六月云如火，夷界千峰雪似银。

岩叟近传多得寿，羽人曾此数登真。

夫君不为神仙事，早暮孜孜泽远民。^②

这是登临转运判官霍交所建瞻岷阁所赋即景之诗。"蜀天六月云如火，夷界千峰雪似银"，的确，在今日的成都，只要是晴朗的夏日，也可以遥遥望见远方的雪山。赵抃赋诗，不光是陶醉于眼前的景色，内心中所想的，还是如何泽惠距离皇帝遥远的这一方百姓。赵抃还有与霍交的唱和诗：

自怜拙政无他状，强继前贤乐远民。

轩豁四檐芳草岸，夷犹千棹绿波春。

岷山霁色尘氛敛，锦里风光气候新。

暮角未吹人未散，醉歌欢舞共纷纶。^③

在这首诗中，又出现了"远民"一语，前诗"泽远民"是恩泽惠及远民，此诗"乐远民"是让远民安乐。这些表达，都是赵抃爱民意识的自然流露。写给霍交的诗还有《招运判霍交回辕》：

自邛之雅渐高丘，所过从容尽胜游。

白鹤山头云里寺，金鸡关外雨中州。

公今南按蠲民瘼，岁已西成辍上忧。

---

① ［宋］赵抃：《清献集》卷四《次韵苏寀游学射山》。

② ［宋］赵抃：《清献集》卷三《题运判霍交瞻岷阁》。

③ ［宋］赵抃：《清献集》卷四《次韵霍交中春游乐俗亭》。

江渎荷花开似锦，且同归去采莲舟。①

从诗题可知，霍交时为赵抃手下的转运判官。"蠲民瘼"，消除民众疾苦，同样是上述意识的反映。歌咏言，诗言志。赵抃工整优美的诗篇，常有忧国忧民的表达。

（八）巡行轶事

前面讲过赵抃在担任梓州路转运使时视察所属州军时与周敦颐相识之事。在担任益州路转运使时，赵抃到下面走访，也留有轶事。这是来自与赵抃同时代的沈括的记载。是说赵抃作为转运使到下面走访时，轻车简从，只携带一琴一鹤，坐着的时候，便对鹤弹琴。有一次他途经青城山，遇到下雪，住进一个旅店。旅店的人不知道赵抃是一方大员，对待赵抃很不礼貌，但弹着琴的赵抃并不以为意，也不责问。②携琴巡行应当是赵抃的惯常行为，他自己曾经这样写诗描述过：

携琴晓出锦官城，千里秋原一望平。

放舸急流身觉快，披云孤屿眼增明。

农田雨后畦畦绿，渔笛风前曲曲清。

讯狱远邦先涤虑，恤哉休戚在民情。③

在青城山，赵抃曾写下过一首《谒青城山》：

背琴肩酒上青城，云为开收月为明。

观宿有诗招主簿，庐空无分遇先生。

墙留古画仙姿活，石载奇文俗眼惊。

却念吾乡山亦好，十年孤负烂柯行。④

---

① ［宋］赵抃：《清献集》卷三《招运判霍交回辕》。

② ［宋］沈括《梦溪笔谈》卷九《人事》载："赵阅道为成都转运使，出行部内，唯携一琴一鹤，坐则看鹤鼓琴。尝过青城山，遇雪，舍于逆旅。逆旅之人不知其使者也，或慢狎之，公颓然鼓琴，不问。"金良年点校本，北京：中华书局，2015年，第95页。

③ ［宋］赵抃：《清献集》卷三《按狱眉山舟行》。

④ ［宋］赵抃：《清献集》卷三《谒青城山》。

看着蜀地青山，赵抃此时的脑海浮现出家乡的山水，"却念吾乡山亦好"。而其中的"背琴肩酒上青城"，似乎正可以印证上述的轶事。

（九）坚忍自律

赵抃担任成都府一路长官，还有轶事流传。传说的第一个版本是这样的，有一天，赵抃看到一个头插杏花的歌妓，觉得很可爱，开玩笑吟出一句诗："头上杏花真可幸。"不料，这个歌妓反应十分敏捷，随口回应道："枝头梅子岂无媒？"对仗工整的回答，让赵抃更加喜爱。于是他便问值班的老兵，知不知道这个歌妓的住处。老兵说知道。赵抃就让老兵去招来这个歌妓。但已经快到半夜了，还不见那个歌妓来，赵抃想再派人去催，犹豫半天作罢了。这时，值班的老兵从帘幕后面走了出来，赵抃很奇怪，问他怎么在这里。老兵说，我估计不过一个时辰，您就会打消这个念头的，所以尽管接受了命令，但我并没有去。①

这个传说的第二个版本是，以前张咏担任成都长官时，都是找一些良家女孩担任杂役，后来赵抃在任时也如是效法，不敢跟这些女孩亲近，让她们住在另外的地方，有宴会活动时再召集来。有一天，赵抃忽然对其中的一个女孩产生爱意，宴会之后把这个女孩留在了府中另外的房间，对女孩说，等我叫你时，你就到我的房间来。女孩很高兴，许多胥吏也讨好这个即将得到宠幸的女孩。但过了很久，不见赵抃召唤。有人偷偷向赵抃所在的内室望去，只见赵抃连声叫着自己的名字说："赵抃不得无礼！"又过了一个时辰，赵抃把随从叫来说，支给那个女孩五百贯，明天就让她嫁人。还有一种说法是，赵抃已经把那个女孩留下了，打算洗完脚，去那个女孩那里。于是，便叫老兵拿盆水来。当时正是冬天，房间里烧着取暖的炭火。老兵

---

① ［宋］庞元英《谈薮》附录引郑景望《纪闻》云："赵清献帅蜀日，有妓戴杏花，清献喜之，戏语之曰：'头上杏花真可幸。'妓应声曰：'枝头梅子岂无媒。'赵益感惑，夜语直宿老兵曰：'汝识某妓所居乎？'曰：'识之。'曰：'为我呼来。'去几二鼓不至，复令人速之，旋又令止之。老兵忽自幕后出，公怪问之，兵曰：'某度相公，不过一个时辰，此念息矣。虽承命，实未曾往。'"金圆整理《全宋笔记》本，郑州：大象出版社，2006年，第213页。

把一盆水全浇到通红的炭火上，顿时满房间烟火飞扬。赵抃立刻清醒下来，便把女孩打发走了。①

无论是哪个版本，都表明赵抃也是一个有着七情六欲的正常人，但不同于常人的是，他有着坚强的自制力，能够克制自己的欲望。《五灯会元》记载赵抃四十余岁便"屏去声色，系心宗教"②，史籍《皇朝编年纲目备要》记载的时间更为具体，说是四十九岁时"即居外寝"③。这些都是讲赵抃到了一定年龄便不近女色了。但这应当是相对而言，只是表明赵抃拥有很强的自制力而已，即使偶生欲念，也能克制。正常人都有七情六欲，南宋人黄震记载了赵抃克制自己欲望的一个方式，那就是把父母的像挂在卧床前，望见之后，自然就把升起的欲望压抑下去了。④

赵抃四次入蜀，我把以上轶事记在第二次担任成都府路转运使时，则是基于这样的考证。第一次只是任知县，还不能称为"帅蜀"，第三、四次可以称为"帅蜀"，但年龄都已经到了接近六十和六十过半，只有第二次是正当壮年的五十一二岁，与《皇朝编年纲目备要》记载的"即居外寝"也接近。

---

① 丁传靖辑《宋人轶事汇编》卷九《赵抃》引《宋稗类钞》载："张忠定帅蜀，择良家处子十人，执浣濯纫缀之役。后赵清献继之，然不敢亲也，置之他所。有宴集，则召之。一日，偶喜其间一人，酒罢留之外舍。公先入曰：'俟来呼汝则入。'女不胜喜。孔吏官以下皆通名谒见求庇覆矣。公入不出，或觇之，则行室内，连声自叱其名曰：'赵抃不得无礼。'如是一时顷，乃呼吏云：'适间女子可支铁五百千，明日便令嫁人。'又云清献既留此女，入而濯足，且将复出。天大寒炽炭，命老兵持盆水至，忽举盆浇炭上，烟火飞扬满室。公悟，乃遣女。"北京：中华书局，2003年，第417—418页。

② ［宋］普济《五灯会元》卷一六《蒋山泉禅师法嗣清献赵抃居士》载："清献公赵抃居士，字悦道，年四十余，摈去声色，系心宗教。"苏渊雷点校本，北京：中华书局，1984年，第1058页。

③ ［宋］陈均编《皇朝编年纲目备要》卷二〇"元丰二年"条载："抃和易长厚，气貌清逸，人不见其喜愠，年四十九即居外寝，自号知非子。"许沛藻、金圆、顾吉辰、孙菊园点校本，北京：中华书局，2006年，第491页。

④ ［宋］黄震《黄氏日抄》卷四四《读本朝诸儒书》十一下《元城语》云："赵清献欲绝欲，挂父母像于卧床。"张伟、何忠礼整理《黄震全集》本，杭州：浙江大学出版社，2013年。

（十）广泛交游

当年担任江原知县时相识的蜀人张唐英，赵抃此时还有交往。为张唐英的桂香亭题诗云：

> 月中新得桂香清，归向斯亭立美名。
>
> 作赋仗前登第好，拜恩堂下到家荣。
>
> 晓羞兰膳亲心乐，春照蓝袍俗眼惊。
>
> 跬步不宜轻自待，青云岐路坦然平。[①]

虽然诗中提及登第，但此诗并非张唐英登第之际赵抃在江原知县任上所作，从诗题可知，此时张唐英亦担任秘阁校勘。赵抃还有写给张唐英的另一首诗：

> 蜀卿荣耀跂光尘，忠孝兼全到古人。
>
> 万乘累年闻奏牍，双亲同日拜恩纶。
>
> 志伴鸾鹄风仪远，文得岷峨气象新。
>
> 圣政于今急贤者，肯教留滞蜀江滨。[②]

从诗题可知，此时的张唐英，官阶已升至太常博士。

移任成都路的赵抃，给继任的梓州路转运使赵诚寄诗云：

> 东川使者驻前旌，西念邻邦眷旧情。
>
> 屐齿峻登云顶寺，诗筒遥寄锦官城。
>
> 民间乐矣原田稔，境上熙然狱犴平。
>
> 闻说提封足和气，我心欢快为宗盟。[③]

虽然在任仅短短一个多月，由于曾经下去走访过，所以依然很关注梓州路的情况，看到民乐田丰，充满祥和之气，赵抃喜悦之情，溢于言表。

除了同僚士大夫，赵抃还有跟当地的僧人等交往唱和之诗。《和诗僧栖诘求诗》云：

> 澄观未逢韩退之，当时佳句有谁知。

---

① ［宋］赵抃：《清献集》卷三《题张唐英秘校桂香亭》。

② ［宋］赵抃：《清献集》卷三《送张唐英太博》。

③ ［宋］赵抃：《清献集》卷三《寄酬梓路运使赵诚度支》。

蟠龙僧胆大如斗，直以诗求蜀守诗。①

诗中说唐代僧人澄观在没见到韩愈之前，他的好诗没人知道。由此来说诗僧栖诘也会因自己而闻名。品味诗意，也可以看出赵抃多少有些自负。

赵抃还有《寄题导江勾处士湖石轩》诗：

水精宫里石奇哉，万里从容入蜀来。

都与先生助吟赏，惹烟笼月一窗开。②

这是写给处士的诗，赵抃称之为先生，当亦是当地高人。

还有《谢张遂先生惠诗》：

怀想仙风甚渴饥，岷山潜德世谁知。

愚今幸有真消息，先得曹溪五首诗。③

张遂先生作为道士，对赵抃的仕途有过不少准确的预言。关于赵抃与张遂的交往，我们后面还会述及。

以简静为治的赵抃，个人生活也比较安静。公务之余，便在居室中独坐，吏人们也不敢去打扰。不过只有一个叫俞汝尚的判官下属，跟赵抃比较投缘。每次来不打招呼就直接进入内室。然后，两个人便会对坐清谈很久。这个俞汝尚由于很有声望，在变法期间，曾有人把他推荐给王安石，想让他担任御史，来打击那些反对变法的人。被召到京的俞汝尚，了解到这样的用意之后，坚辞不做。后来又追随赵抃到了青州。④

---

① ［宋］赵抃：《清献集》卷五《和诗僧栖诘求诗》。

② ［宋］赵抃：《清献集》卷五《寄题导江勾处士湖石轩》。

③ ［宋］赵抃：《清献集》卷五《谢张遂先生惠诗》。

④ 《宋史》卷四五八《俞汝尚传》载："赵抃守蜀，以简静为治，每旦退坐便斋，诸吏莫敢至，唯汝尚来辄排闼径入，相对清谈竟暮。王安石当国，患一时故老不同己，或言汝尚清望，可置之御史，使以次弹击。驿召诣京师，既知所以荐用意，力辞，章再上得免。亲故有责以不能与子孙为地者，汝尚笑曰：'是乃所以为其地也。'还家苦贫，未能忘禄养。又从赵抃于青州，遂以屯田郎中致仕。"第13447页。

在任期间，赵抃还荐举过精通儒学经典的隐士章詧。[①] 不光是推荐人才，他也把散在民间的文献著作呈送给朝廷。赵抃看到已经去世的隐士何群的著作有益时政，便希望皇帝下诏让果州誊录奏上。在奏疏中，赵抃说了这样一句话："非若茂陵书起天子侈心也。"意思是说，何群的书不像是汉代司马相如的遗书劝武帝封禅那样的内容，会让天子变得奢侈浪费和好大喜功。大概这句带有劝诫皇帝的话不大中听，赵抃的上奏没得到下文。

赵抃关照过的隐士，还有一个叫王仲符的。华阳士人王仲符科举落第后，便一直隐居。然而，即使隐居，以儒学为业的王仲符不仅教授士人，也关心地方政治，经常提出一些建议。赵抃很看重王仲符，给了他田地，来解决生活问题。有一个县令被人诬告，成都府路的长官打算治罪。王仲符找到赵抃说，这个县令很正直，不应当因为小的过错而中断仕途。我从您那里得到土地，想要报答您。您如果认为我说得对，就为他辨明罪过并推荐他。这样不光可以免罪，还可以为他打通将来升迁的道路。赵抃接受了王仲符的意见，对那个县令很好，不仅小人的诬告没有得逞，县令后来也被朝廷重用了。[②] 赵抃成功治蜀，也应当是得益于像王仲符这样一些人尽心尽力的帮助。

后来，苏辙在以皇帝名义撰写的李之纯知成都府告词中，把赵抃治蜀作为

---

① 《宋史》卷四五八《章詧传》载："章詧字隐之，成都双流人。少孤，鞠于兄嫂，以所事父母事之。博通经学，尤长《易》《太玄》，著《发隐》三篇，明用蓍索道之法，知以数寓道之用、三摹九据始终之变。蜀守蒋堂、杨察、张方平、何郯、赵抃咸以逸民荐。"第13446页。

② ［宋］吕陶《净德集》卷二三《承事王府君墓志铭》载："赵清献公镇成都，最加厚遇，即其居，与之田，以资隐计。先生乐道人善，耻言讦缺，至于断否臧，明利害，则勇不可夺。……导江令吴太元刚廉少与，小人忌之，部使不能察，欲绳以罪。先生于是移书清献公，谓：'太元履尚坚正，不当以小过废。'且曰：'某受田于公，每思所以报，公苟以某言为是，辨太元而荐之，非独免今日过，抑可为他日用，则其报公之责塞矣。'清献信其然，待太元益厚，小人不能胜，太元竟为朝廷所擢。"《丛书集成初编》本，北京：中华书局重印，1985年。按，据《长编》卷二一三"熙宁三年七月庚子"条所记，吴太元于此时已升任荆湖北路转运判官。

正面典型加以评价说：“赵抃奉使，方泰侈之余，节之以礼，民安乐之。”①

仁宗皇帝终究还是怀念这个当年的“铁面御史”，嘉祐五年（1060）五月，把一直带着侍御史外放的赵抃又召回朝廷，为右司谏，供职于谏院，出蜀还朝。②

第三节　雪中始见松难改

在元丰官制改革之前，左右司谏都是表示寄禄官，相当于官制改革后的朝奉郎，如果不特别有旨注明供职谏院的话，还并不是言官。③但赵抃在任命下达时，就注明了是供职谏院。可见仁宗和朝廷召回赵抃，还是需要他这张嘴。

清人罗以智《赵清献公年谱》于嘉祐五年（1060）记赵抃“八月召为右司谏，举尚书度支员外郎苏寀自代”④。看来，罗以智是以文集中有明确署时“八月三日”的《行右司谏举尚书度支员外郎苏寀自代状》为证的。然而，据前述《长编》所记，赵抃右司谏的任命下达于嘉祐五年五月癸丑，即二十六日。出蜀长途跋涉，八月应当是实际到任之时。

除了八月三日上有《行右司谏举尚书度支员外郎苏寀自代状》，文献中还有赵抃以右司谏的名义在八月参与活动的记载。《宋会要》记载八月六日命赵抃担任开封府举人考试的考官，排在赵抃之后的还有直集贤院王安石，同日任命担任国子监举人考试考官的还有司马光。八九年后熙丰变法的风云人物，在

---

① ［宋］苏辙：《栾城集》卷三〇《李之纯宝文阁直学士知成都府告词》，陈宏天、高秀芳点校《苏辙集》本，北京：中华书局，1990年，第518页。

② 《长编》卷一九一“嘉祐五年五月”条载：“癸丑，以侍御史赵抃为右司谏，谏院供职。”第4626页。按，赵抃的《知睦州到任谢上表》就自述是“旧职仍存”，此次任命又署三年前的“侍御史”，可知旧职即是指侍御史。

③ 《宋史》卷一六一《职官志》载：“司谏、正言非特旨供职亦不任谏诤。”第3768页。

④ ［清］罗以智：《赵清献公年谱》，第1304页。

这里已经作为临时同事相遇了。①

从嘉祐五年八月实际到任开始工作，到嘉祐六年四月被罢，再次外放知虔州，八九个月的时间，赵抃跟以前担任殿中侍御史时一样，以极大的热情与责任感，上奏各种奏疏二十多通，平均一个月两通多。荐举褒扬的奏疏自然没有风险，但弹劾的奏疏，则把赵抃一次次推到风口浪尖之上。好在此时的朝廷还没有激烈的党争，政治状态还相对正常，批评弹劾也是就事论事，就人论人，并不掺杂过多的个人间复杂的感情因素在内。

我们先来看一下赵抃一般性的弹劾与建议。

在十月十七日，赵抃上有《乞检会张席奏状相度解盐札子》，还有一通《论陕西官员占留禁军有妨教阅状》没有署时，因为同样是有关陕西的事情，上奏当在同一时期。②前者讲尚书比部员外郎张席建议陕西产盐的解州等五州和其他二十多县用官钱和官米收买食盐，赵抃认为比较合理，可以宽恤民力，请求下达产盐地区实施。奏疏提及的"种盐畦户"，显然是制盐专业户。元代以职业划分户籍，被认为是很有时代特色的做法，其实许多做法是源自宋代。后者讲陕西各州的禁军主帅把士兵几百人乃至上千人留在手下，这些士兵多是"匠氏、乐工、组绣、书画、机巧"等职业匠人，不参加军事训练，像是一个个生产兵团。赵抃认为，在这种状况下，万一出现敌情，完全没有战斗力，请求朝廷向各地下达命令，严禁以虚名留用士兵参与生产，并要求各路的提点刑狱司和转运司进行监察。

为何会连续讲到陕西的事情呢？两通奏疏分别有"臣近经陕西"和"臣近过陕西"的表达。在此期间，赵抃并没有被派往陕西从事调查，只有一个可能，

---

① 《宋会要辑稿》选举一九之一三载："（嘉祐）五年八月六日，命右司谏赵抃、直集贤院王安石、郑獬、集贤校理滕甫考试开封府举人，殿中侍御史陈洙、直秘阁司马光、秘阁校理李大临、集贤校理杨绘考试国子监举人，左正言王陶、秘阁校理裴煜考试锁厅举人。"第5627页。

② 《乞检会张席奏状相度解盐札子》《论陕西官员占留禁军有妨教阅状》均收录于《清献集》卷九。

那就是赵抃在从四川回到开封时途经陕西，自行调查的结果。由此可见，尚未到任履职右司谏的赵抃，已经实际在尽责了。这充分反映出赵抃的高度事业心与责任感。

同样跟食盐有关，当时在江淮等路设置盐运司的官署，配置船只上百艘，胥吏士兵等人员几十人，原本是为了向不产盐的地区运送食盐，但几年下来效果并不好，所以赵抃上《乞废罢盐运司状》，请求废罢，把这项业务交由各路的制置发运司办理，以期精简机构。①

跟军队有关的事情，赵抃还上有《论拣选厢禁军状》。对于朝廷要求各地挑选禁军士兵入京之事，赵抃认为在严寒时节，让士兵扶老携幼，背井离乡，很不妥当，请求各地还没有征发的，暂时留在当地，以顺民情。② 在宋代，士兵多是携带家属的。因此，当时首都开封人口有上百万人，其中不少就是禁军将士的家属。

士大夫政治中，为了实现让皇帝最大程度的配合，士大夫们很重视以儒学经典教育皇帝。而皇帝为了留名青史，做个好皇帝，一般也接受这种教育，因此，作为皇帝教育机构的经筵，在制度建设上，宋真宗时代便已完成。程颐后来讲过这样的话，叫作"君德成就责经筵"③，意即皇帝能具有很好的品德，关键在于经筵的教育。在程颐之前的赵抃，也同样重视通过经筵对皇帝施加教育。他上《论经筵及御制宸翰状》指出，当时经筵侍讲官员只讲吉不讲凶，只讲治不讲乱；而侍读的官员只读得不读失，只读存不读亡。赵抃认为这样无助于开阔皇帝的视野。希望经筵官无论好事坏事都要讲读。另外，赵抃在奏疏中还指出，现在无论大臣还是宦官、外戚都请求皇帝给写碑铭或挽词以及题词，希望皇帝慎重题写，以保持威严。

跟皇帝直接有关的，还有一件事。有个叫董吉的士兵，声称擅长炼丹，被

---

① ［宋］赵抃：《清献集》卷九《乞废罢盐运司状》。
② ［宋］赵抃：《清献集》卷九《论拣选厢禁军状》。
③ 《长编》卷三七三"元祐元年三月辛巳"条载程颐上疏云："臣以为天下重任，惟宰相与经筵。天下治乱系宰相，君德成就责经筵。"第9031页。

宦官引进到宫廷之中。赵抃听说后，在嘉祐五年十月，起草《乞斥逐烧炼兵士董吉状》，同唐介、王陶两个台谏官一同奏上。① 奏章历数汉唐以来类似的历史教训，希望斥逐这个董吉，以免皇帝为其所误，或生出祸端。一个人起草，几个台谏官一同上书，无疑会增重上书的份量。由此也可见，台谏官往往也不是孤军奋战。这件事，在《宋史·王陶传》中也有记载。② 苏轼写的赵抃神道碑，记载赵抃再入朝担任右司谏上奏的第一件事就是这件事，并且对这一奏疏也有节略引述，可见苏轼对赵抃的这一行动的看重。③

对于体现皇权延伸的宦官势力，赵抃也极力压抑。他上《乞追寝刘保信等恩命状》，请求中止对几个宦官超越常格授予遥郡刺史和团练使的任命，认为这是影响很坏的滥施恩德。④ 在这通奏疏因仁宗留中不发而没有下文时，赵抃又上《乞检会前奏追夺刘保信等恩命状》，要求仁宗加以处理，以平息舆论。从奏状的开头"臣等"的表述看，这通奏章赵抃又是联合了其他几个台谏官一同上奏的。从奏章中述及"况近日知制诰杨畋等封还刘永年、李珣等转官词头"的事实看，连皇帝的秘书官知制诰也拒绝写委任状，可见反对的声浪很大。

朝廷向河北、陕西等路派遣均税官员，造成了百姓的恐慌，用各种方式试图隐藏资产。对此，赵抃上《乞抽回河北陕西等路均税官状》说，今年水灾，百姓生活困难，况且土地肥硗不同，农民勤劳与懒惰也不同，不应当均一对待，让民情不安。⑤ 赵抃后来对王安石变法持有异议，由这一奏章似乎可以看出他的认识渊源。

---

① ［宋］赵抃：《清献集》卷九《乞斥逐烧炼兵士董吉状》。

② 《宋史》卷三二九《王陶传》载："中贵人导炼丹者入禁廷，陶言：'汉、唐方士，名为化黄金、益年寿以惑人主者，后皆就戮。请出之。'"第10610页。

③ ［宋］苏轼《赵清献公神道碑》载："以右司谏召，论事不折如前。入内副都知邓保信引退兵董吉以烧炼出入禁中，公言：'汉文成、五利，唐普思、静能、李训、郑注，多依宦官以结主，假药术以市奸者也，其渐不可启。'"

④ 《乞追寝刘保信等恩命状》《乞检会前奏追夺刘保信等恩命状》均收录于赵抃《清献集》卷九。

⑤ ［宋］赵抃：《清献集》卷九《乞抽回河北陕西等路均税官状》。

河中府的一个商人投诉竹木务监官韩铎对他的货物压低数量和扣除过多损耗，致使他损失了六百多贯。结果被押送到开封府调查，关押了一百来天，但犯罪的官吏则逍遥在外。赵抃认为，这明显是对官吏的包庇。他要求把这一案件转到御史台调查，尽快结案。①

枢密院打算根据勒停选人郑戬在处分前的功绩升迁京官官阶，听到这个消息，让赵抃想起他在担任梓州路转运使期间曾经调查过郑戬滥杀当地少数民族老幼妇女一百二十多人的残酷事实，并且赵抃又了解到郑戬这次升迁转官是他有钱的家庭行贿权要的结果。因此，赵抃请求皇帝下令追夺郑戬所授的京官大理寺丞。②

跟处理边地少数民族关系有关，赵抃还上《乞勘劾萧注状》，要求对贪污罪行清楚的广西知邕州萧注进行调查处理，以平息当地民众的骚动。③

除了指出问题和弹劾，赵抃还有对文武官员的举荐和褒扬。比如，他看到国子监直讲的位置出现空缺后，上《举丘与权充直讲状》，对曾任苏州州学教授，服丧闲居建州期间还有百十人从学的丘与权加以举荐，说丘与权孜孜诲诱不倦，固穷守道。④此外，还前后举荐武将礼宾副使李泰、阁门祗候魏筌、六宅副使王訦、内殿崇班刘辅充将领或充行阵战斗，理由是"才敏有机略"或"谋智有闻"以及"胆勇可尚"。⑤无论是文官还是武将，在举荐状的结尾，都写有"后不如所举，甘当同罪"一句话。意思是说，就任以后如果不像举荐的那样，我甘愿受到处罚。尽管这是当时举荐状的套话，但也表明了赵抃愿意承担风险举荐的责任意识。

在担任右司谏期间，赵抃有两次弹劾，跟他在担任殿中侍御史时弹劾陈执

① ［宋］赵抃：《清献集》卷九《乞移勘韩铎状》。

② ［宋］赵抃：《清献集》卷九《乞追夺郑戬所授京官状》。

③ ［宋］赵抃：《清献集》卷九《乞勘劾萧注状》。

④ ［宋］赵抃：《清献集》卷一○《举丘与权充直讲状》。

⑤ ［宋］赵抃：《清献集》卷一○《举礼宾副使李泰阁门祗候魏筌充将领行阵战斗状》《举六宅副使王訦充将领内殿崇班刘辅充行阵战斗状》。

中、王德用一样，是冒着风险对政坛大人物的弹劾。缺少典型意义的事例，大文豪苏轼都没有写进赵抃的神道碑中，但这两次弹劾都被写入了。

一次是对枢密使宋庠的弹劾。宋庠是政坛大佬，早在十来年前的皇祐年间，就出任过枢密使，担任过宰相。苏轼写的赵抃神道碑，只是简单记载了赵抃弹劾宋庠任用武臣不按制度规定。赵抃文集中收录的《论宋庠乞罢免枢密使状》和《再论宋庠札子》，则披露了更多的事实。比如前一状指出宋庠措置无状，阿谀不公，壅蔽下情，以及舆论说他昏庸；后一札子则不仅指出宋庠对于授予武臣差遣不公的投诉置之不理，还讲到在等待上朝的待漏院与作为副手的枢密副使程戡吵架纷争，让内外取笑，议论纷纷，结果程戡被罢免，宋庠还留在枢密使的位置上。在先后两通奏章没有下文的时候，赵抃又联合其他台谏上疏，要求仁宗认真审阅，下达指示。[1] 在赵抃等人的弹劾下，宋庠在当年十一月份，被罢免枢密使，出判郑州。[2]

另一次是对枢密使陈旭的弹劾。陈旭，苏轼写的赵抃神道碑记作"陈升之"。陈旭是原名，陈升之则是后来出于避神宗赵顼的名讳而改。陈升之在王安石变法时担任宰相，很有名，但赵抃弹劾之时，是在仁宗朝，没有避讳的问题，所以我们的讲述还是使用陈旭原名，这符合当时历史的原貌。

嘉祐五年（1060）十一月十六日，陈旭被任命为枢密副使。[3] 十二月二日，赵抃上《乞罢陈旭枢密副使状》。赵抃说，陈旭在内结交宦官，在外结交小人，他的枢密副使的任命下达后，朝野内外都很惊讶。希望皇帝能借着陈旭对任命

[1] ［宋］赵抃：《清献集》卷九《论宋庠乞罢免枢密使状》《再论宋庠札子》《乞检详前奏罢免宋庠札子》。按，《乞检详前奏罢免宋庠札子》开头说"臣等"，证明是赵抃起草奏章，多人联名所上。

[2] 《宋史》卷二一一《宰辅表》于"嘉祐五年"条载："十一月辛丑，宋庠自检校太尉、行兵部尚书、同平章事兼群牧制置使、莒国公、枢密使以河阳三城节度使、同平章事判郑州。"第5479页。

[3] 《宋史》卷二一一《宰辅表》于"嘉祐五年十一月辛丑"条载："欧阳修自翰林学士兼侍读学士、礼部侍郎、知制诰、史馆修撰，陈旭自枢密直学士、右谏议大夫，赵槩自御史中丞、加礼部侍郎，并除枢密副使。旭后改名升之。"第5479—5480页。

例行推辞的时候，顺势收回成命。并且赵抃还指出，枢密副使已经有了三个人，也不缺他一个。不待有下文，两天后，赵抃又跟台谏官唐介、王陶一同上了《论陈旭乞寝罢除命状》。这通篇幅稍长的奏章具体罗列了陈旭各种不法行为的具体事实，等于是前一奏章的扩展版。又过两天，赵抃等几个人再上《论陈旭乞黜守远藩札子》，追加补充了陈旭在知开封府时勾结宦官和贪污受贿的事实。三天后的十二月九日，赵抃等几个人又上《乞黜陈旭以革交结权幸之风札子》，归纳人量事头，梳理了陈旭的七大罪状。到没有回音的第五天，赵抃又上《乞早赐宸断屏黜陈旭札子》，重新缕述了以前奏章所列事实。到嘉祐六年（1061）四月四日为止，赵抃等人又针对陈旭，连上《论陈旭乞制狱推劾状》《再论陈旭札子》《乞从窜逐以谢陈旭札子》《论陈旭自乞远贬状》《论陈旭乞待罪札子》《乞辨陈旭奸邪状》《乞早除陈旭外任札子》《乞速行退罢陈旭以解天下之惑疏》《乞以论陈旭章奏付外施行札子》《论陈旭乞闲慢州军差遣札子》《以论陈旭再乞知州军差遣札子》十一通奏章，并且还上了以辞职相逼的《乞在私家听候贬窜状》。[①] 陈旭与赵抃是同榜进士。[②] 在同年普遍结成互相提携的政治关系的当时，赵抃并未徇私情，而是认真履行了他的谏诤职责。

在赵抃等人连续不懈地弹劾之下，在嘉祐六年四月二十七日，陈旭终于被罢免枢密副使，出知定州。不过，这也不能说是赵抃等人大获全胜。这一结果的代价是玉石俱焚。同一天，弹劾陈旭的几个台谏官也被罢免外放，知谏院唐介知洪州、右司谏赵抃知虔州、侍御史知杂事范师道知福州、殿中侍御史吕诲知江州。[③] 在几天前，一同弹劾陈旭的右正言王陶被罢知卫州。名义是因病自请，

---

① 以上奏疏均收录于赵抃《清献集》卷九、卷一〇。
② ［宋］杜大珪《名臣碑传琬琰集》下卷一五《陈成肃公升之传》载："景祐初，举进士。"顾宏义、苏贤校证本，上海古籍出版社，2021年。
③ 《长编》卷一九三"嘉祐六年四月"条载："庚辰，枢密副使、右谏议大夫陈旭为资政殿学士、知定州，三司使、给事中包拯为枢密副使，礼部郎中、天章阁待制、知谏院唐介知洪州，右司谏赵抃知虔州，兵部员外郎兼侍御史知杂事范师道以本官知福州，殿中侍御史吕诲知江州。"第4666页。

《宋史·王陶传》则说是因弹劾陈旭而罢。为此，赵抃在自己被罢任的前两天，还上《乞留右正言王陶在院供职札子》，请求不要外放王陶。①

在担任右司谏期间，准确说是离开朝廷之前，赵抃还参与了一项活动。这就是临时被指派，担任嘉祐六年殿试的考官。正是这次参与，赵抃为研究宋代科举留下了一份珍贵的文献。赵抃是个细心的人，在参与殿试期间，写下了一份日记，记录了每一天的活动，具体到每天的天气阴晴。不过，赵抃的文集并没有这一日记的收录，是南宋人刘昌诗在他的《芦浦笔记》卷五首次根据家藏的赵抃手迹全文披露的，题名为《赵清献公充御试官日记》。

关于宋代的殿试，尽管记载的文献不少，但像这样由考官根据亲身经历写下的还是独一份。这份珍贵的第一手资料，不仅可以通过存世的宋代文献证实其可信性，更可以纠正现存史籍的记载错误。比如，《宋会要》把这次殿试开始的时间记载为"二月十七日"，《长编》则记载为"二月辛未"。通过干支换算，"二月十七日"与"二月辛未"为同一天。两部权威的宋代史籍的嘉祐六年殿试开始时间相同，似乎就不存在丝毫的疑问了。但我们翻检赵抃的日记，记载开始的时间却是"二月二十七日"，并且此前此后日日相连，没有中断。显然亲历者赵抃的记载是准确的。估计《宋会要》的记载在日期上脱落了一个"二"字，南宋的李焘依据《宋会要》致误后的记载，按《长编》体例换算为干支纪日，也跟着错了。如果没有赵抃的这份日记存在，后人永远无法知晓嘉祐六年殿试开始的准确时间。

此外，日记还可以纠正《宋史·选举志》关于参与殿试的内廷官署"御书院"当为"御药院"之误。更为宝贵的是，日记补充了史籍关于宋代殿试制度记载的缺失，并且可以带给人们对于宋代殿试一个直观而具体的认识。②

与前一年开封府举人、国子监举人的考试一样，这次殿试，赵抃又临时跟司马光、王安石成为同事。赵抃担任殿试名次的编排官，司马光担任进士初考

① ［宋］赵抃：《清献集》卷一〇《乞留右正言王陶在院供职札子》。
② 关于《赵清献公充御试官日记》，参见王瑞来《赵抃〈御试官日记〉考释——兼论北宋殿试制度的演变》，《东北师大学报》1986 年第 4 期。

官，王安石担任复考详定官。① 过去制度规定，或从初考、或从复考定等，详定官不得擅自决定考生的等第。正是这次殿试，作为详定官的王安石，认为初考、复考都不允当，另选一人作为状首，改变了规矩。从此"详定官得别立等"就成了定制。② 得以遂愿的王安石，得意地写诗说道："汉家故事真当改，新咏知君胜弱翁。"③ 与此适成对照的是，在真宗天禧三年（1019）的殿试时，陈尧佐与陈执中作为编排官变动考生等次，则遭受了降一官的处分。④ 后来，作为参知政事的赵抃，与王安石在变法问题上有分歧，不知是不是从此时便对王安石的擅作主张有了不好的看法。

---

① ［宋］刘昌诗：《芦浦笔记》卷五《赵清献公充御试官日记》，第 39 页。

② ［宋］沈括《梦溪笔谈》卷一《故事》载："嘉祐中，进士奏名讫，未御试，京师妄传王俊民为状元，不知言之所起，人亦莫知俊民为何人。及御试，王荆公时为知制诰，与天章阁待制杨乐道二人为详定官。旧制，御试举人，设初考官先定等第，复弥之，以送覆考官再定等第，乃付详定官，发初考官所定等以对覆考之等，如同则已，不同则详其程文，当从初考或从覆考为定，即不得别立等。是时王荆公以初、覆考所定第一人皆未允当，于行间别取一人为状首，杨乐道守法，以为不可，议论未决。太常少卿朱从道时为封弥官，闻之，谓同舍曰：'二公何用力争，从道十日前，已闻王俊民为状元，事必前定，二公恨自苦耳。'既而二人各以己意进禀，而诏从荆公之请，及发封，乃王俊民也。详定官得别立等自此始，遂为定制。"金良年点校本，中华书局，2015 年，第 7 页。

③ ［宋］王安石《临川文集》卷一八《详定试卷二首》之二，刘成国点校《王安石文集》本，北京：中华书局，2021 年，第 294 页。

④ 《长编》卷九三"天禧三年三月"条载："己卯，工部郎中陈尧佐、右正言陈执中，并夺一官。尧佐为起居郎，依前直史馆，监鄂州茶场。执中监卫尉寺丞，监岳州酒税。初，上累定考试条制，举人纳试卷，即先付编排官，去其卷首乡贯状，以字号第之，封弥官誊写校勘，始付考官定等讫，复封弥送覆考官再定等，乃送详定官启封，阅其同异，参验着定，始付编排官取乡贯状字号合之，即第其姓名差次，并试卷以闻，遂临轩放榜焉。大抵欲考校、详定官不获见举人姓名、书翰，编排官虽见姓名，而不复升降，用绝情弊。而尧佐、执中为编排官，不详此制，复改易其等级。翌日，内廷覆验，多所同异，遂悉付中书，命直龙图阁冯元、太子右谕德鲁宗道阅视，仍召尧佐、执中洎考校、详定官对辨之，尧佐等具伏。王钦若等言：'尧佐等所犯，诚合严谴。若属吏议，其责甚重，请止据罪降黜。'从之。"第 2140 页。

"雪中始见松难改，火后须知玉是真。"[1] 再次担任言官的赵抃，不为身谋，不畏权势，铁骨铮铮，尽忠兴谏。他写给同道好友范师道的这两句诗，也可以说就是他自身的写照。

无论怎么说，再次入朝的一切，都暂时结束了，赵抃的生涯又翻过去了一页。八九个月，经历了同样是惊心动魄谏官生涯的赵抃，又开始了地方官的生涯。

第四节　赵公遗爱虎头城

嘉祐六年（1061）四月底，赵抃结束右司谏任职，获任知虔州。接到新的任命，赵抃不是像被任命为右司谏时那样即刻入朝，而是又回到家乡住了将近半年，才前往虔州赴任的。在到任后向皇帝报告的文书中，赵抃就说，虔州虽然远离首都，但到我的家乡衢州则是顺路。或许是身居言职过于紧张，跟前几年殿中侍御史任职期满外放睦州时一样，赵抃需要松弛一下紧张的神经，休整一下身体。这应当是赵抃赴任前返乡最大的精神因素。

回到家乡四十多天后，赵抃写诗抒怀：

> 旧里徘徊忽四旬，高斋高胜足欢忻。
>
> 当轩晓看山横黛，负郭秋成稼覆云。
>
> 酌酒屡邀朋契乐，弄琴真与俗喧分。
>
> 虔州莫讶迟迟去，乡便恩荣荷圣君。[2]

"负郭秋成稼覆云"，正是秋季丰收的景象。独自抚琴的清静与邀朋饮酒高会的欢乐，无疑让赵抃一直紧张的神经得到了松弛。高斋的住所，《避暑录话》和《冷斋夜话》等宋人著述都记载说是赵抃晚年根据杭州的住宅命名的，清人罗以智的《赵清献公年谱》根据这首诗，认为早在嘉祐年间就有了。并且推测，

---

① ［宋］赵抃：《清献集》卷三《寄知福州范师道龙图》。

② ［宋］赵抃：《清献集》卷三《守虔过家登高斋即事》。

赵抃在衢州营造家屋也是在知虔州期间。^①

充分休整，祭扫先人陵墓之后，赵抃出发赴任，其时已是冬季。赵抃后来这样在诗中回忆了赴任出发时的情形："我忆去年仲冬月，夜醉离樽晓船发。"^②可知赵抃是在家乡众人饯别之后，清早出发的。一路奔波，多是行舟。夜泊接近虔州的惶恐滩，清晨时分，晓风传来报时角声。船工再次启程，船行几道弯，天已大明。一路穿山越水，抵达虔州。在舟中，赵抃欣然命笔写道：

> 江南历尽佳山水，独赣潺潺三百里。
>
> 移舟夜泊惶恐滩，画角乌乌晓风起。
>
> 栖鸥宿鹭四散飞，梦魂惊入渔樵耳。
>
> 三通迤逦东方明，又是篙工造行矣。
>
> 横波利石千万层，板绳缚累如山登。
>
> 夷途终致险且升，自顾忠信平生凭。^③

诗的最后一句"夷途终致险且升，自顾忠信平生凭"，赵抃是以行船自况平生。以行船历经艰险最终化险为夷，米联想人生历经风波而平安，自信这是本身的忠信所致。不光是赵抃，南宋人也有类似的表述：

> 忠信平生自可期，江神于我定相知。
>
> 顺风鼓楫潮如席，世事由来却险巇。^④

赵抃于嘉祐六年（1061）十一月十三日到任，向朝廷发出谢表报告。

---

① ［清］罗以智《赵清献公年谱》于"元丰二年"条载："衢之浮石滩，旧有别馆名'高斋'。按，公于嘉祐六年出知虔州还家，已有登高斋诗，及亦有'高斋待挂冠'之句。《避暑录话》《冷斋夜话》诸书谓公退老后始作《高斋》，仍钱塘州宅之名者，非也。公至和中奏《乞浙郡状》云'兄弟孤遗，尚寄于他族'；《到梓州谢表》云'遽托家于甬上，即驰传于潼中'，则公治第于衢，即在知虔州时。转运河北，携家之任。改知成都，家依洛中。自后其家何时归衢第，不可考矣。"第1312页。

② ［宋］赵抃：《清献集》卷一《将至太和寄蔡仲偃太博》。

③ ［宋］赵抃：《清献集》卷一《入赣闻晓角有作》。

④ ［宋］韩元吉：《南涧甲乙稿》卷六《乘潮遇顺风》，刘云军点校本，北京：中国社会科学出版社，2022年，第97页。

以境内虔化水得名，自隋代设州，虔州这个州名一直用到南宋初年改为赣州为止。不过到今天，虔还是赣州的别称。宋代的虔州隶属于江南西路。章江、贡江在赣州合流为赣江，所以人们也常常用章贡来代指这一地方。赵抃的《章贡台记》这样描述："江右遐陬，南康古郡。水分二派，来数百里。贡源新乐，章出大庾，合流城郭，于文为赣。奇峰怪岩，环视万状。"①

在《知虔州到任谢上表》中，赵抃回顾了他的仕途历程，在担当殿中侍御史时不为身谋，报答君恩，出守睦州时乐职安抚俗庶，担任东西川转运使时努力不旷废官职。赵抃诉说的重点是刚刚离职的言官。他说担任了言官，我知道如果言听计从的话，在这个位置上可以做得很久，但这样充数而被升官，我会感到很羞耻。这次弹劾，让枢密副使得到了罢免，舆论也平息了，还让皇帝有了从谏的好名，也就尽了我纳忠的心意了。然后赵抃根据自己的了解讲到了虔州的情况。他说虔州这个地方是通往两广的要冲，远离其他州郡，常有上千人的盗贼结伙，每天都有刑事案件需要处理，州尚未开化。对此，赵抃说一定要鞠躬尽瘁，让皇帝少有南顾之忧。②

苏轼在赵抃神道碑中写道，由于虔州远离内地，老百姓喜欢打官司，在赵抃知虔州的任命下达后，大家都以为赵抃会不愿意去，但赵抃回乡安顿之后，

① ［宋］赵抃：《清献集》卷一〇《章贡台记》。
② ［宋］赵抃《清献集》卷一〇《知虔州到任谢上表》云："臣某言：伏奉敕差知虔州军州事，已于今月十三日到任讫。无状立朝，日虞公议之迫；以言得郡，恩出宸俞之优。内省孤疏，但深荣惧。臣某中谢。伏念臣愚不可进，学无所长，忝位朝闱，滥巾宪府，独谓君恩之足报，孰知身计之为谋。二浙守麾，抚俗庶几于乐职；两川将漕，竭诚幸免于瘝官。岂图帝检之来，俄有谏垣之召。念拾遗补阙之寄，非钳口结舌之司。若言行计从，虽久次臣谓可也；苟备员承乏，或骤迁臣实羞之。惧失诤臣之风，愿为剧郡之请。俯从私欲，仰荷朝金，且虔虽远方，而衢乃便道。过家上冢，恩章得尽于哀荣；跋山涉川，之任敢辞于艰险！而况枢臣报罢，物议有归，广圣君从谏之名，遂微臣纳忠之志。实寒士逢时之盛，获谏官出守之荣。自惟所得之已多，尚虞不称之贻诮。斯盖伏遇皇帝陛下涵容光大，仁圣聪明，求治则所以思贤人，好问未尝深罪言者。不弃刍荛之贱，俾分符竹之权。惟兹赣川，控彼南粤，负贩常为群盗，不下一千余人；疆畛最远他邦，动经八九百里。刑无虚日，俗未向风。臣敢不勤瘁公家，谋惟夙夜，颁宣宽诏，抚驭远人，勿烦南顾之忧，少酬北阙之寄。臣无任。"

便欣然赴任了。① 在《虔州即事》一诗中，赵抃也写到"赣川在昔名难治"，说虔州自古以来是出了名的难以治理的地方。可见赵抃对治理虔州将要遇到的困难是有充分的精神准备的。

那么，到任之后的情形如何呢？在离任后，赵抃在诗中写道："虔州之民十万家，下车公议乱如麻。"公务纷乱如麻，如何治理这一州十万户之民？这首诗继续写道："去除烦苛养疲瘵，令严讼简俗亦嘉。"这两句诗是赵抃对治理虔州的简洁概括。苏轼在赵抃神道碑中记载了赵抃是如何由"令严"达到"讼简"的。

赵抃到任后，办事简洁明快，严而不苛。他把所属十个县的县令召集到州衙。对他们说，作为一县之长，你们应当担责，不要把事情往上推。如果事情办得好，让百姓高兴，我就不会责备你们。对于这样充分信任放权，县令们都很高兴，争相尽力。于是虔州的麻烦事就变得很少了，常常出现监狱空无囚犯这种过去标志地方行政治理很好的"狱空"状况。② 在前面引述的同一首诗中，赵抃自己也这样描述："农事屡登稻粱积，狱犴空虚寇衰息。"不过，赵抃谦虚地说："远陬安堵幸实天，阙然自愧予何力。"意即这些都是上天垂幸，我自己并没什么能力。③

赵抃知虔州时，同一年进士及第的何若谷正担任通判。江西本地出身，又与赵抃是同年关系，何若谷成为赵抃在行政上的得力助手。公务之余，两个人也共同参加一些活动，有不少诗篇唱和。

在嘉祐七年（1062）的正月十五，赵抃写有《次韵何若谷都官灯夕》：

千门灯烛事遨游，车马通宵不暂休。

① ［宋］苏轼《赵清献公神道碑》载："公得虔州，地远而民好讼。人谓公不乐，公欣然过家上冢而去。"
② ［宋］苏轼《赵清献公神道碑》载："既至，遇吏民简易，严而不苛，悉召诸县令告之，为令当自任事，勿以事诿郡。苟事办而民悦，吾一无所问。令皆喜，争尽力，虔事为少，狱以屡空。"
③ ［宋］赵抃：《清献集》卷一《将至太和寄蔡仲偃太博》。

幸免烟氛遮皓月，任随笳鼓杂鸣驺。

金壶漏下丁丁永，玉罕霞生滟滟流。

帝泽远临人鼓腹，赣川宜有太平讴。①

远离天子帝都，人人能吃饱肚子，上元灯会还这样热闹，赵抃觉得值得为虔州的太平景象讴歌。

三月初三上巳节，赵抃与何若谷游江，也有唱和：

祓禊追修宴集开，山川聊为霁风雷。

衣冠恺乐觞传羽，旗鼓号呶笛弄梅。

画鹢稳移随岸曲，珍禽惊避逐波颏。

百城锦绣人如织，笑看使君乘兴来。②

城如锦绣人如织，祓禊宴集，与民同乐，似乎要比昔日王羲之等少数士族的曲水流觞热闹得多。

清明寒食节，跟何若谷也有宴会活动，从而唱和赋诗：

雨过江城绝点尘，清明佳节正千门。

舞香扑坐花新戴，歌响盘云曲旋翻。

几欲为春留日驭，直须同俗醉衢樽。

因思老氏登台乐，若此斯民未足论。③

"雨过江城绝点尘"，诗的第一句颇有"渭城朝雨浥轻尘，客舍青青柳色新"的意象。看到民众这样欢乐，赵抃也想随俗醉倒在街巷之中。

在其他的唱和诗中，赵抃也表达有同样的年丰民乐的意蕴。《次韵楚守孙直言职方见寄》写道：

间关来赣会年丰，十里农桑画障中。

雨足山川多秀气，暑消台阁有清风。

人惊地远还同近，谁道江西不似东。

---

① ［宋］赵抃：《清献集》卷三《次韵何若谷都官灯夕》。

② ［宋］赵抃：《清献集》卷三《次何若谷上巳游江》。

③ ［宋］赵抃：《清献集》卷三《次韵何若谷寒食燕集》。

琴酒从容随分乐，敢将身计事匆匆。^①

赵抃来到虔州，刚好遇到丰年，他觉得江西在各方面似乎并不比发达的江东差多少。

一贯以劝学为己任的赵抃，在《次韵钱颛见赠入学听讲》这样写道：

文翁治蜀泽民深，赣守无堪愧士林。

长育务先庠序教，讲磨思见圣贤心。

今兹未肯孤毫芒，学者尤宜念寸阴。

三百余篇金石奏，席间愿听得遗音。^②

赵抃觉得跟汉代文翁治蜀兴学相比，自己作为虔州的太守感到有愧士林，自勉也是勉励学者，要珍惜时间。钱颛是赣县知县，在《清献集》卷五收录有赵抃《答赣县钱颛著作移花》诗。卷三还有《次韵钱颛喜雨》，诗中"令尹爱民形喜色，作诗先已报丰祥"，径称"令尹"。

在赵抃担任知州期间，何若谷的通判任满。赵抃写诗与同年何若谷依依惜别。《送何若谷都官过乡还朝》诗云：

景祐贤科昔共登，长沙宾佐复交承。

三千里外今同郡，二十年前旧得朋。

赣水帆樯惊远别，玉峰栏槛到先凭。

朝廷正是求材日，欲恋仙乡算未能。^③

此诗备述两人科举同年和行政同郡的情谊。何若谷离开后，赵抃又写《留题悦亭因简何若谷都官》寄给他：

翠柏环庭数亩间，萧疏仍是枕江干。

都如君子怜松茂，半为主人谙岁寒。

素壁留诗多健美，画船过里暂盘桓。

---

① ［宋］赵抃：《清献集》卷三《次韵楚守孙直言职方见寄》。

② ［宋］赵抃：《清献集》卷三《次韵钱颛见赠入学听讲》。

③ ［宋］赵抃：《清献集》卷三《送何若谷都官过乡还朝》。

因公此景予心喜，亦有高斋待挂冠。①

这首诗有两条赵抃自注，"画船过里暂盘桓"句下注云："公倅虔代还。""倅"就是指副手通判，"代还"是说任满离去。"亦有高斋待挂冠"句下注云："公尝题高斋诗。"可知何若谷似乎到访过赵抃家乡的高斋题诗。由此也可以看出二人友谊之深。

何若谷任满离去，那么填补通判空缺的后任是谁呢？世间人与人的缘分，真可以说是有些不可思议。在几年前赵抃担任梓州路转运使期间只有一面之交的周敦颐，以朝官国子博士的身份被派到虔州担任通判。清人罗以智在《赵清献公年谱》说赵抃"时与州倅同年何都官若谷唱和，时与通判周国博敦颐唱和"。② 其实有些不大准确。州倅就是通判的意思，与下文通判并列，似乎虔州有两个通判。作为小州，这是不可能的。另外尽管宋代偶有添差通判的情况，即多加一个通判，但无论何若谷，还是周敦颐，通判都没带"添差"的字样。因此只能判断，周敦颐是补何若谷的阙，前来虔州担任通判的。这两个通判是先后关系，不可能同时。

赵抃在梓州路转运使期间与周敦颐的那次会面，由于是听信传言后，带着先入为主的不好印象见面的。短时间的会晤，来不及打消赵抃的坏印象。直到这次成为同事，有机会长时间共处，周敦颐的所作所为，才彻底消除了赵抃以前的坏印象。坦诚率直的赵抃拉着周敦颐的手说，几乎把你错过了，今天我才算真正认识了你。从此，两人结下深厚的友谊，赵抃几次向朝廷推荐周敦颐。③并且在虔州期间以及以后，两个人也颇多诗篇唱和。

这首《次韵周敦颐国博见赠》，应当是二人重逢初次见面之后的唱和：

蜀川一见无多日，赣水重来复后时。

古柏根深容不变，老桐音淡世难知。

① ［宋］赵抃：《清献集》卷三《留题悦亭因简何若谷都官》。

② ［清］罗以智：《赵清献公年谱》嘉祐七年，第1305页。

③ ［宋］度正：《濂溪先生周元公年表》，吴洪泽《宋人年谱丛刊》校点本，成都：四川大学出版社，2003年，第1516页。

观游邂逅须同乐，离合参差益再思。

篱有黄花樽有酒，大家寻赏莫迟疑。①

"老桐音淡世难知"，其实是赵抃慨叹相知之难。"离合参差益再思"，则是讲分离之后的冷静思索。

跟周敦颐同游马祖山，赵抃写下这样的诗篇：

晓出东江向近郊，舍车乘棹复登高。

虎头城里人烟阔，马祖岩前气象豪。

下指正声调玉轸，放怀雄辩起云涛。

联镳归去尤清乐，数里松风笋骨毛。②

"虔"字上半部形似"虎"字，故有"虎头城"之称。在马祖岩上指点江山，气势豪壮。不知两人争辩的是什么问题，山间云涌，仿佛因争辩而起。

赵抃有《次韵周国博不赴重九饮会见寄二首》，其一云：

嫩菊浮香酒泼醅，命俦欢饮郁孤台。

如何兴会翻为恨，为欠车公一到来。

其二云：

九日年丰狱讼稀，望君同醉乐无涯。

樽前慰我区区意，只得登高一首诗。③

九月初九重阳节，赵抃与同僚欢聚于虔州名胜郁孤台，十分遗憾周敦颐未能参加这次聚会。我们观察前述跟何若谷的唱和都是在上半年正月十五和三月的上巳与清明，而跟周敦颐的唱和则是在下半年的重阳，由此也可知，作为通判，何若谷和周敦颐并不同时，而是前后任的关系。在诗中，赵抃跟其他诗一样，也述及当时"年丰狱讼稀"的好景况。

---

① 〔宋〕赵抃：《清献集》卷三《次韵周敦颐国博见赠》。

② 〔宋〕赵抃：《清献集》卷三五《同周敦颐国博游马祖山》。

③ 〔宋〕赵抃：《清献集》卷五《次韵周国博不赴重九饮会见寄二首》。

虔州的通天岩，还有赵抃和周敦颐的题刻，可见二人曾经同游。[1]

虔州州学原本有赵抃的纪念祠，但后来被塞进几个州、路一级的长官像，作为生祠来奉祀。一个叫刘子和的州学教授到任后，下令将这些供奉悉数撤下，恢复供奉赵抃，并加上了昔日的通判周敦颐的像，以这种形式将死后的赵抃与周敦颐联系起来纪念。[2]

"郁孤台下清江水，中间多少行人泪。"[3]辛弃疾的词让郁孤台远近闻名。赵抃也专有诗篇吟咏：

> 群峰郁然起，惟此山独孤。
>
> 筑台山之巅，郁孤名以呼。
>
> 穷江足楼阁，危压斗牛墟。
>
> 直登四临瞰，众势不可逾。
>
> 赣川缭左右，庾岭前崎岖。
>
> 望阙峙其后，北向日月都。
>
> 人家杂烟水，原野周城郭。
>
> 烜润或晴雨，明晦或晓晡。
>
> 春荣夏物茂，秋肃冬林枯。
>
> 气象日千变，一一如画图。
>
> 比予去谏舍，乞此养慵愚。
>
> 事讹得以正，俗瘵得以苏。

---

[1] ［民国］邵启贤《赣石录》卷一载宋人留元刚《通天岩题名》云："循崖访古，得清献、濂溪题刻，乃知此山之重，昉于二公。仰止高风，裴回久之。"南昌:江西高校出版社影印本，2020 年。

[2] ［宋］朱熹《晦庵先生朱文公文集》卷九八《刘子和传》载："及至官，视其学故有赵清献公祠，后废，而生祠郡守、部刺史至五六人。子和曰:'赵公与濂溪先生法皆当得祠者，今或废于已举，或初未尝立也，彼纷纷者，果何为哉？'命悉撤去，而更为二公之祠。"郭齐、尹波编著《朱熹文集编年评注》本，福建人民出版社，2019 年，第 4595 页。

[3] ［元］刘一清:《钱塘遗事》卷二《辛幼安词》，王瑞来校笺考原本，中华书局，2016 年，第 46 页。

> 岁丰盗攘息，狱命冤系无。
>
> 熙然与民共，所喜朋僚俱。
>
> 中淡有琴咏，外喧有歌歈。
>
> 樽罍有美酒，盘餐有嘉鱼。
>
> 优游一台上，四序不暂辜。
>
> 乃知为郡乐，况复今唐虞。①

　　年丰狱清，跟同僚一起与民同乐，赵抃觉得不辜负时光，比起朝廷争斗的惊心动魄，深感为郡之轻松。

　　赵抃与周敦颐重逢共事不到一年，赵抃被召还朝，两个人再次分开。后来当周敦颐调任永州通判时，三度入蜀的赵抃还远寄诗篇《寄永倅周敦颐虞部》：

> 君去濂溪湖外行，倅藩仍喜便乡程。
>
> 九疑南向参空碧，二水秋临彻底清。
>
> 诗笔不闲真吏隐，讼庭无事洽民情。
>
> 霜鸿已到衡阳转，远绪凭谁数寄声。②

　　"吏隐"，在仕途上寻求隐居的乐趣，并不真正摆脱尘世。这是宋代士大夫刻意营造的一个精神田园。就连高吟"先天下之忧而忧，后天下之乐而乐"的范仲淹，在诗中也频频出现"吏隐"。③赵抃早年知崇安县时，也建过吏隐亭。可见身在仕途，心向隐逸，赵抃的精神世界中，也有一个栖息的角落。赵抃的寄诗，引出了许多人唱和，在《周敦颐集》中的附录杂诗中就在《益帅赵阅道以诗寄周茂叔程公辟相率同和》诗题下录有潘兴嗣的诗：

> 道交衷契少人行，况是云霄自有程。

---

① ［宋］赵抃：《清献集》卷一《郁孤台》。

② ［宋］赵抃：《清献集》卷三《寄永倅周敦颐虞部》。按，宋人度正所撰《濂溪先生周元公年表》将赵抃此诗系于治平二年四月以后。

③ ［宋］范仲淹《范文正公集》卷三《送吴安道学士知崇州》有"长孺之才同吏隐"；卷三《桐庐郡斋书事》有"吏隐云边岂待招"；卷四《移丹阳郡先游茅山作》有"天教吏隐接山居"；同卷《寄安素高处士》有"吏隐南阳味日新"等诗句。

　　　　目极一涯天共远，心期千里月同明。

　　　　春归锦里豪华地，秋入浯溪冷淡情。

　　　　山水高深无恨意，为公分付玉徽声。①

　　遥相唱和的肯定有周敦颐，但其诗已佚，难得其详。"道交衷契少人行"，以道相交，和衷相契，赵抃与周敦颐的交往，诚为值得传颂的佳话。

　　赵抃还在州衙西北野景亭旧址之上建有章贡台，写下一篇文字精炼的《章贡台记》。讲到自己到任虔州后，由于岁丰盗息，以往的繁多的事务变得很少，便与同僚或宾客偶尔游览。除了文章《章贡台记》，赵抃还有诗篇《登章贡台》：

　　　　章贡东西派，并流作赣川。

　　　　奔湍出城曲，离合向台前。

　　　　把酒来凭槛，鸣橹见放船。

　　　　滔滔归底处，沧海路三千。②

　　摹景写实，犹如一幅照片。由于章贡台就在州衙附近，赵抃可以常常登临。他在《南康公余有作》中写道：

　　　　道未中充气未闳，圣神遭遇本寒生。

　　　　廷中入愧言无补，岭下来欣治有名。

　　　　世路计身焉用巧，古人逢物要推诚。

　　　　从容章贡台前望，赣水秋天一样清。③

　　不偷巧用心机，推诚待人待物，赋诗明志，澄净的秋空与清澈的赣水，都是在自喻。"岭下来欣治有名"，则是欣慰自己在虔州治理的成果。

　　关于赵抃治理虔州的政绩，苏轼的赵抃神道碑记载了这样两件事。即"改修盐法，疏凿灨石"，然后说"民赖其利"。④改修盐法之事，缺乏详细记载，

---

① ［宋］周敦颐：《周敦颐集》卷七附录杂诗《益帅赵阅道以诗寄周茂叔程公辟相率同和》，梁绍辉等点校本，长沙：岳麓书社，2007年，第147页。

② ［宋］赵抃：《清献集》卷二《登章贡台》。

③ ［宋］赵抃：《清献集》卷三《南康公余有作》。

④ ［宋］苏轼《赵清献公神道碑》载："改修盐法，疏凿灨石，民赖其利。"

不过从以前赵抃上的《乞检会张席奏状相度解盐札子》和《乞废罢盐运司状》看，赵抃对于盐法是有着自己的考虑的。《乞废罢盐运司状》讲的是南方江淮等路的盐运司，或许苏轼说的"民赖其利"的正是这一奏疏。

"疏凿濑石"的"濑石"，唐代诗人孟浩然曾有诗云："濑石三百里，沿洄千嶂间。"[①] 更早的正史《陈书》记载说："南康濑石旧有二十四滩，滩多巨石，行旅者以为难。"[②] 赵抃主持治理的是二十四滩中的惶恐滩。这不仅在清人顾祖禹《读史方舆纪要》中有记载[③]，赵抃的诗中也屡屡提及"惶恐滩"。他来虔州赴任，尚未入城，第一晚就是夜泊惶恐滩。前面引述的诗句"移舟夜泊惶恐滩"就是这一经历的写实。后来，赵抃又写过"惶恐滩长从险绝"的诗句。这个惶恐滩，在南宋末年，也进入到文天祥那首有名的《过零丁洋》诗中："惶恐滩头说惶恐，零丁洋里叹零丁。人生自古谁无死？留取丹心照汗青。"[④]

虔州是通往南方的要冲，被称为两广的南大门。从两广北上，多是从虔州换船而行。赵抃下令利用一些剩余的木材，造了一百艘船，发文给两广各州说，在两广为官身死，家属无力北归的，请发文给我们，这里预备船只。对来的人赵抃不仅提供了船只，还用州里的公费发给必要的物品，使很多人因此得以归乡。[⑤] 这是赵抃同类相怜，为士大夫家族做了一件得人心的好事。

---

① ［唐］孟浩然：《孟浩然诗集校注》卷二《下濑石》，李景白校注，北京：中华书局，2018 年，第 203 页。

② ［唐］姚思廉：《陈书》卷一《高祖纪》，中华书局编辑部点校本，北京：中华书局，1972 年。

③ ［清］顾祖禹《读史方舆纪要》卷八十七"万安县"条载："赣江，县城西南。自赣县界北流抵城下，凡百二十里。其间有滩曰昆仑，曰武朔，曰昌邦，曰小蓼，曰大蓼，曰绵津，曰晓，曰漂神，曰皇恐，凡九滩。又折而东北流入泰和县界。水性湍险，皇恐滩尤甚。本名黄公滩，后讹为皇恐也。今滩在县治西。宋赵抃为虔州守，尝疏凿此滩。或云东坡南迁始讹黄公为皇恐。又陈书：'赣水有二十四滩。'今止有十八滩。"贺次君、施和金点校本，中华书局，2005 年，第 4024—4025 页。

④ ［宋］文天祥：《文天祥诗集》，刘文源校笺本，北京：中华书局，2017 年，第 825 页。

⑤ ［宋］苏轼《赵清献公神道碑》载："虔当二广之冲，行者常自虔易舟而北。公间取余材，造舟得百艘，移二广诸郡，曰：'仕宦之家，有父兄没而不能归者，皆移文以遣，当具舟载之。'至者既悉授以舟，复量给公使物，归者相继于道。"

"民赖其利"的政绩，成为赵抃给虔州留下的遗爱。南宋文坛四大家之一杨万里就在《题赣州重建思贤阁》诗中这样写道：

> 赵公遗爱虎头城，直到张公续此声。
>
> 前赵后张俱可阁，赣民不用美西京。①

张公指南宋赣州守臣张贵谟。与杨万里同乡的南宋孝宗朝宰相周必大也写有《赣守张子智贵谟重修思贤阁奉赵清献公》诗：

> 霜凝宪简肃朝衣，日转熙台治郡时。
>
> 事道初无中与外，居仁自有勇兼慈。
>
> 盯谣曾咏来何暮？德政常留去后思。
>
> 眼看清规非面友，肩随画像是心期。②

南宋张贵谟重修的思贤阁供奉着赵抃的画像，对此，周必大感慨说，"德政常留去后思"。能够做到离去之后还让人因其贤而思念，这正可谓是遗爱在民间。

苏轼说，正是由于赵抃在虔州的政绩，他显示出能力很强，于是很快就被召回了朝廷。③

第五节　水阔风高万里秋

嘉祐七年（1062）七月十九日，朝廷下达新的任命，右司谏、知虔州赵抃为礼部员外郎兼侍御史知杂事。④时任皇帝秘书之一的知制诰王安石，起草了委任状《右司谏赵抃礼部员外郎兼侍御史知杂事制》。制词以皇帝的口吻说，

---

① ［宋］杨万里：《诚斋集》卷三九《题赣州重建思贤阁》，辛更儒《杨万里集笺校》本，北京：中华书局，2007 年，第 2068 页。

② ［宋］周必大：《周益国文忠公集》卷四二《赣州张子智贵谟重修思贤阁奉赵清献公》，王瑞来《周必大集校证》本，上海：上海古籍出版社，2020 年，第 636 页。

③ ［宋］苏轼《赵清献公神道碑》载："朝廷闻公治有余力，召知御史杂事。不阅月为度支副使。"

④ ［宋］李焘：《长编》卷一九七"嘉祐七年七月甲子"条，第 4769 页。

御史作为皇帝的耳目，如果不是工作了很长时间，并且又很称职，是不会任命为侍御史知杂事的。由于你曾经担任过言官，表现很好，为舆论所称誉，因此升迁为郎官，安排在这个位置。① 侍御史知杂事位于御史台一把手御史中丞之下，等于是御史台总管。伴随这一任命，赵抃的寄禄官阶也由右司谏升至郎官中属于后行员外郎的礼部员外郎。

离开虔州之际，通判周敦颐特地在赣江之畔的香林寺为赵抃饯行，依依惜别。赵抃为此写下《和虔守任满周敦颐国博香林寺饯别》唱和诗：

> 顾我入趋尧阙去，烦公出饯赣江头。
>
> 为逢萧寺千山好，不惜兰船一日留。
>
> 清极往来无俗论，道通何处有离忧。
>
> 分携岂用惊南北，水阔风高万里秋。②

七月下达的任命，但从这首跟周敦颐的和诗中"水阔风高万里秋"看，离开虔州之时已经入秋。周敦颐的原诗没有收录在周敦颐的文集中，已经散佚。不过，南宋的朱熹曾经看到过周敦颐的这首送行诗。朱熹在赵抃手迹的题跋中写道，赵抃后来与周敦颐相知很深，而周敦颐也同样把应该提醒赵抃的事说得很详细。这次虔州送行的篇什中可以看得很清楚。③ 清极往来，毫无俗论，道通心通，便无离忧。尽管看不到周敦颐的原诗，从赵抃的诗便可印证朱熹所言，赵抃"知濂溪先生甚深"。

---

① ［宋］王安石《临川文集》卷四九《右司谏赵抃礼部员外郎兼侍御史知杂事制》云："敕某：朕置御史以为耳目，非更事久而能自称职，则不以知杂事也。以尔尝任言责，有猷有为，行义之修，士人所誉，故迁郎位，使在此官。悉其诚心，迪上视听，义之与比，时乃显哉！可。"刘成国点校本，北京：中华书局，2021 年，第 815 页。

② ［宋］赵抃：《清献集》卷三。按原题作《和虔守任满前人香林寺饯别》，然文集前一首诗题为《次韵周敦颐国博见赠》，由此可知，此诗"前人"即为前诗所记"周敦颐国博"之省文指代。

③ ［宋］朱熹《晦庵先生朱文公文集》卷八三《跋赵清献公家问及文富帖跋语后》云："赵清献公晚知濂溪先生甚深，而先生所以告公者亦甚悉，见于章贡送行之篇者可考也。"郭齐、尹波编著《朱熹文集编年评注》本，福州：福建人民出版社，2019 年，第 3960 页。

《长编》于嘉祐八年（1063）正月以回顾的方式记述朝廷最初打算让侍御史知杂事赵抃兼任判都水监，赵抃推辞不懂水利，于是在正月二十四日改任了他人。① 以正月二十四日这一时间节点，来考虑苏轼的赵抃神道碑说赵抃担任侍御史知杂事没过一个月，就改任为三司度支副使②，可知赵抃作为侍御史知杂事赴任履职，应当不是离别虔州的秋天，而是已经到这一年的年底左右了。

嘉祐八年（1063）三月二十九日，在位四十年的仁宗驾崩。四月一日，英宗即位。王安石的文集中收录有他作为知制诰起草的《三司度支副使赵抃户部员外郎加上轻车都尉》的制词。从制词中"朕初嗣位"的表达看，制词的发布时间是在四月。四月时，赵抃已经是三司度支副使。因为赵抃只担任了一个月左右的侍御史知杂事，履职又是在前一年年底，所以赵抃转任三司度支副使，至迟应当在嘉祐八年的二月。从王安石的这一制词看，赵抃由侍御史知杂事转任三司度支副使，官阶也由礼部员外郎升迁至户部员外郎。户部员外郎属于中行员外郎，高出礼部员外郎一阶，相当于元丰官制改革后的朝散郎，为从六品。

就在四月份，赵抃接受了一个临时的差事，出使辽国，传达新皇帝英宗即位之事。关于这次遣使，《宋史》卷一三《英宗纪》只在四月记载"乙亥，遣韩赟等告即位于契丹"，并没有提及赵抃的名字，《辽史》也没有记录，仅见于苏轼的赵抃神道碑记载说"英宗即位，奉使契丹"。对于这样一个类似于孤证的记载，我从赵抃的诗中还是找到了佐证。

在《清献集》卷五有《次韵前人长至有怀二首》。赵抃诗文集的编纂体例，凡属跟前面诗题所见人名相同者，均将人名改作"前人"，以期简省文字。这种情况，诗文集中有很多处例子可证。比如这一节前面引述的和周敦颐的送行诗，也记作"前人"，但翻检前面的诗则可以知道是周敦颐。那么，这首诗的

---

① ［宋］李焘《长编》卷一九八"嘉祐八年正月丙寅"条载："龙图阁直学士、知审官院韩赟兼判都水监。初，置都水监，欲重其事，以知杂御史判。至是，知杂赵抃辞以不知水事，故命赟焉。"第4789页。

② ［宋］苏轼《赵清献公神道碑》载："朝廷闻公治有余力，召知御史杂事。不阅月为度支副使。"

"前人"指的是谁呢？从这首诗往前翻阅，有《次韵程给事会稽八咏》。程给事为程师孟。由此可知，《次韵前人长至有怀二首》是与程师孟的唱和诗。我们来看这两首诗的内容：

其一：

> 诗美皇皇使者风，礼修戎馆致雍容。
>
> 去年佳节辽东会，此日新阳湖上逢。

其二：

> 我昔间关出使胡，新春沙漠未昭苏。
>
> 海东青击天鹅落，鸭绿江边曾见无？

检《宋史·神宗纪》，程师孟作为辽主生辰使，于熙宁九年（1076）八月出使辽国。[①]"诗美皇皇使者风，礼修戎馆致雍容"，描述的正是程师孟。"去年佳节辽东会"，并不是说赵抃与程师孟在辽东的聚会，而是讲程师孟去年在辽东度过了中秋节或重阳节。"此日新阳湖上逢"，则是说在春天与程师孟相逢。由程师孟的使辽，赵抃回忆起自己往年的出使，所以说"我昔间关出使胡"。这是赵抃曾经出使辽国的最为有力的证据。赵抃出使是四月份。四月的北方还很寒冷，完全没有江南莺飞草长的春意，所以赵抃追忆描述当时的景象是"新春沙漠未昭苏"。或许出使的赵抃曾亲眼在鸭绿江边见到契丹人以海东青猎鹰搏击天鹅的场面，就以询问的口吻对程师孟写道："鸭绿江边曾见无？"意思是说，这种场面你在鸭绿江边见没见到过？除了这两首诗，赵抃似乎没有再提起过这次作为随员出使辽国的经历。这次使节团的正使是韩赟，出使时间是四月四日。不过，还有一首写给程师孟的七言排律中，有对塞北风光的描述：

> 謇謇去为中国使，皇皇宁许外夷觇。
>
> 河冰日度疑铺玉，朔雪时逢类撒盐。

---

① 《宋史》卷一五《神宗纪》于"熙宁九年八月"条载："己丑，遣程师孟等贺辽主生辰、正旦。"第291页。《长编》卷二七七于同日的记载更为详细："己丑，命给事中程师孟为辽主生辰使，皇城使、嘉州团练使刘永寿副之；度支员外郎、秘阁校理安焘为正旦使，文思使高遵治副之。"第6775页。

持节塞垣先正席，过涂溪馆尽穷阎。

光华不辱熙朝命，诽讪因知黜虏恰。

去路冬迎风若箭，还朝春早月如镰。①

其中对河冰朔雪等北方景色的描述，生长在江南的赵抃，如果没有亲身体验，是很难写出的。因此，虽说是写程师孟出使，一定也是参照了自身出使时的体验的。

出使归来，尚在途中，赵抃就接获了新的职务，被升迁为天章阁待制，差遣为河北都转运使。天章阁待制属于文学侍从之职，官居从四品。以前赵抃担任过梓州路转运使和益州路转运使，这次的任命，在转运使前多了一个"都"字。宋代担任转运使官员的官品高于五品以上或者兼官数路，都加上个"都"字。赵抃成为天章阁待制，官品已经高过五品，所以是都转运使。

在升迁为天章阁待制、河北都转运使的嘉祐八年（1063），赵抃也是喜事连连，长子赵岏登进士第②，长孙河北郎出生③。长孙乳名"河北郎"的命名，当亦有着赵抃担任河北都转运使的印记。

赵抃担任河北都转运使的事迹，苏轼在神道碑中，以不短的篇幅集中记载了相互关联的两件事。在赵抃担任河北都转运使期间，曾任宰相的河北人贾昌朝正以相当于宰相地位的使相判大名府。赵抃作为都转运使，要核查贾昌朝管辖的大名府仓库。贾昌朝派人来讲，以前的路一级机关从来没有核查过我所管

---

① ［宋］赵抃：《清献集》卷五《次韵前人见赠》。按，宋景定元年（1260）陈仁玉刻元明递修十六卷本赵抃文集，此诗前一首为《登望越亭寄程给事》，因知"前人"者为程师孟，且述出使事亦与程师孟经历相合。

② ［宋］文同《丹渊集》卷三八《试秘书省校书郎赵君墓志铭》载："嘉祐中，锁试嘉庆院，复得。是时场屋方议以策论取士，天下豪俊，并挟艺京师，无一人肯自以为吾不如某人而愿下之者。南宫主司皆禁林巨公，亦审慎戒饬，以待多士。既试，文卷坌入，悉高谭剧辩，磊磊可畏，而柬次其可以应当世之所宜用者上之，以君当奏名第六。"《四部丛刊初编》影印明汲古阁刊本。

③ ［宋］文同《丹渊集》卷三八《试秘书省校书郎赵君墓志铭》载："男子一人，名河北郎，始三岁。"按，据此墓志铭，赵岏卒于治平二年（1065），逆推可知河北郎生于嘉祐八年（1063）。

的府库。你这样做，虽说是尽你的职责，但恐怕是违反规定的，你自己斟酌如何是好吧。赵抃回答说，如果我放过大名府不加核查，那么核查其他各州时，人家也会不服的。这样回答后，赵抃就去核查了大名府的府库。这件事，让贾昌朝很不愉快。①

接下来赵抃又遇到一件事。以前命令河北招募士兵，过了期限如果没有达到招募名额的话，相关负责的官吏要处罚两年徒刑。有些州办得不及时，因此就有八百多个官吏要面临这样的处罚。接受命令处理这件事的赵抃上奏说，河北一带这几年丰收，所以招募达不到指标，请求宽容他们的过失，等农闲再行招募。这是苏轼的记载。②

《宋会要》和《长编》记载赵抃请求为官吏免罪的理由则有些不同。赵抃上奏说，当初前几年接受这项命令时的官员大多已经调离，具体办事的胥吏也是死的死，走的走。现在的官吏大多是新来的。如果所有官吏都治罪的话，这些新来的都要顶罪。请把期限宽限到年末，如果到那时还招不满额，再进行治罪。朝廷同意了赵抃这一合情合理的要求。③贾昌朝看到赵抃对这件事的人性化处理，惭愧地感叹说，赵抃真不是浪得虚名啊。

在赵抃担任河北都转运使期间，还有一件事被记载下来。在治平元年

---

① ［宋］苏轼《赵清献公神道碑》载："时贾昌朝以使相判大名府，公欲按视府库，昌朝遣其属来告，曰：'前此，监司未有按视吾事者。公虽欲举职，恐事有不应法，奈何？'公曰：'舍大名，则列郡不服矣。'即往视之。昌朝初不说也。"

② ［宋］苏轼《赵清献公神道碑》载："前此有诏，募义勇，过期不足者徒二年，州郡不时办，官吏当坐者八百余人。公被旨督其事，奏言：'河朔频岁丰熟，故募不如数，请宽其罪，以俟农隙。'从之。坐者得免，而募亦随足。昌朝乃愧服，曰：'名不虚得矣。'"

③ ［宋］李焘《长编》卷二〇一"治平元年四月"条载："夏四月辛未，诏以河北州县官吏补义勇不足，令转运使劾治。都转运使赵抃奏：'初受诏，官多已罢，吏多死徙。今官吏多新至，若皆治，则新至者被罪。请以岁尽为限，不足乃劾治。'诏从之，其河灾州军令渐补。"第4861页。《宋会要辑稿》兵二之二载："英宗治平元年四月，诏以河北州县官吏补义勇不足，令转运司劾治之。都转运使赵抃言：'初受诏官吏多以罢散，今多新至，若皆治，则新至者被罪众。请以岁尽为限，不足乃劾。'诏许之。其它州军令渐补之。"第8621页。

（1064）五月，三司报告说，河北都转运使赵抃要求停止由提点刑狱司来主管提举粮食的买入买出，把这项业务交给转运使司管理。宋代各路设置有转运使司、提点刑狱司、提举常平司等。从业务归口名正言顺的角度看，赵抃的提议很合理，因此，皇帝便同意了赵抃的请求。①

看到赵抃这么能干，朝廷在赵抃担任河北都转运使一年后，又委以新任。新的任命，便让赵抃第三次进入了四川。

第六节　十年三出剑门关

治平元年（1064）十二月接近年关，朝廷下达新的命令，任命吏部员外郎、天章阁待制、河北都转运使赵抃为龙图阁直学士、知成都府。②清人罗以智《赵清献公年谱》把这一任命记在治平二年春是不准确的。这次任命，文学侍从之职由天章阁待制升迁至龙图阁直学士，从官品看，已与翰林学士同级，为从三品。

五年前曾经担任过益州路转运使，这次以更高的官职重返就任，对于本来就喜欢巴山蜀水的赵抃来说，尽管路途遥远，也依然是豪情满怀，欣然赴任。任命在治平元年年底，过了年不久，没做过多耽搁，赵抃就很快启程赴任了。

赴任途中，在通过剑门关时，在江中眺望江岸山间逶迤隐入云端的古栈道，赵抃的脑海中不禁再度回荡着李白"蜀道难，难于上青天"的诗句，赋诗抒怀：

> 谁云蜀道上天难，险栈排云彻万山。
>
> 我愧于时无所补，十年三出剑门关。③

从知蜀州江原县，到先后担任梓州路转运使、益州路转运使，十多年间，赵抃三度入蜀任职，因此说"三出剑门关"。

---

① 《宋会要辑稿》食货四九之一七载："英宗治平元年五月二十一日，三司言：'河北都转运使赵抃乞罢提点刑狱都提举籴便，望委转运司管勾。'从之。"第7301页。

② ［宋］李焘：《长编》卷二〇三"治平元年十二月癸丑"条，第4927页。按，是年十二月癸丑为二十二日。

③ ［宋］赵抃：《清献集》卷五《乙巳岁渡关》。

到任后，赵抃与前任知成都府韩绛交接。在分别之后韩绛还写诗寄给赵抃，赵抃因而唱和回复：

> 关山晴晓过绵州，两蜀人思惠爱稠。
>
> 去路旌麾朝日下，驾空桥栈接云头。
>
> 初观妙句离怀释，似酌清泉渴恙瘳。
>
> 孤绪摇摇更东望，西楼千尺止三休。[①]

后米韩绛在神宗即位当年，与赵抃同时进入执政中枢，韩绛任枢密副使，赵抃任参知政事，两人又成为同事。

跟韩绛有关，赵抃在知成都府期间，还写过一首《张公（咏）二月二日始游江以集观者韩公绛因创乐俗亭为驻车登舟之所》：

> 长桥东畔尼朱轮，画栋雕栏锦水滨。
>
> 子美浮槎传大句，乘崖游棹看芳春。
>
> 樽罍泛泛留佳客，鼓吹喧喧乐远人。
>
> 夹岸香风十余里，晚随和气入城闉。[②]

诗题所记"二月二日"尽管是讲沿袭张咏以来的传统，但如果是实指治平二年的话，便可证赵抃仅用一个月就已到任。这种可能性不是没有。在治平二年九月一日，秘书丞阎灏写的《赐赵抃父老借留奖谕诏序》就说到"龙图阁直学士天水公治蜀甫阅岁"[③]。"甫阅岁"是说刚过一年。赵抃如果是正月到任，至九月尽管不足一年，但从前一年的任命时算起，已经跨年。并且"晚随和气入城闉"一句之下，赵抃自注云："韩公绛尝游，故云。"似乎在二月二日这天，赵抃与前任韩绛同游。这也可以旁证赵抃这次赴任之快。

五年前，在益州路，赵抃跟他在朝担任殿中侍御史时上疏要求制止京城以邪教聚众的方针一样，也曾上言要求对蜀地以妖祀不法聚众者处以严刑。这次

---

① ［宋］赵抃:《清献集》卷三《和交代韩公绛端明别后见寄》。

② ［宋］赵抃:《清献集》卷三《张公（咏）二月二日始游江以集观者韩公绛因创乐俗亭为驻车登舟之所》。

③ ［宋］袁说友等编:《成都文类》卷一七阎灏《赐赵抃父老借留奖谕诏序》，第363页。

到任后，刚好又遇到了类似的案件。那些犯案的人知道赵抃有这样的主张，都特别害怕，以为赵抃一定会用严刑来处置他们。赵抃在认真调查之后，发现这些人只是聚众饮酒，并没有其他不法行为，于是便仅仅处置了领头的，把其他人都释放了。由于这样的妥当处理，让当地的民众对赵抃很爱戴。①

以上是苏轼在赵抃神道碑中的记载，来自国史的记载略有不同。说以前赵抃担任转运使时，曾主张对以妖祀不法聚众者首犯处死，其他人流放。在这次赵抃到任时，刚好有些人因为这样的事情被关在监狱里等待处理。听说新任的长官是赵抃，当地人十分恐惧，担心赵抃会像过去主张的那样处理。但赵抃跟那些犯人说，你们如果能安分本业，我就赦免了你们。听到赵抃这样说，犯人们都纷纷叩头，表示要改过自新。于是，赵抃只是处置了首犯，其他的人没有追究罪过，全都释放了。当地人为此很感谢和佩服赵抃的处理。②

因俗施设、宽猛相济，以安抚为主，对于赵抃治蜀的做法，新皇帝英宗很欣赏，他对即将派往成都担任转运使的荣諲说："赵抃为成都，中和之政也。"意思是说，赵抃治理成都，施行的是中正平和的方针。

"中和之政"，这是一个很高的评价。中和，既是儒学主张中庸的内核，又是宽猛适当的行政手段。《礼记·中庸》就讲，喜怒哀乐的情绪没有表现出来叫做中；喜怒哀乐的情绪适度地表现出来叫做和。中是天下最大的根本，和是天下要达到的终极方式。人如果能做到中和，天地都会赋予他应有的位置，万物也会

---

① ［宋］苏轼《赵清献公神道碑》载："旋除龙图阁直学士、知成都。公以宽治蜀，蜀人安之。初，公为转运使，言蜀人有以妖祀聚众为不法者，其首既死，其为从者宜特黥配。及为成都，适有此狱，其人皆惧，意公必尽用法。公察其无它，曰：'是特坐樽酒至此耳。'刑其为首者，余皆释去。蜀人愈爱之。会荣諲除转运使，陛辞，上面谕曰：'赵某为成都，中和之政也。'"
② ［宋］李焘《长编》卷二○三"治平元年十二月"条载："癸丑，吏部员外郎、天章阁待制、河北都转运使赵抃为龙图阁直学士、知成都府。抃前使蜀时，言蜀人好妖祀，聚众为不法，请以其首处死，余皆黥流。抃至，会有犯者系狱，蜀人大恐。抃谓囚曰：'汝辈能复业，吾释汝罪。'皆叩头乞自新，止坐为首者，余释不问，蜀人欢服。他日，上谓转运使荣諲曰：'赵抃为成都，中和之政也。'"第4928页。

得到很好的养育。[1]《论语》也记录孔子说，中庸作为道德标准，应当是最高的了。[2] 儒学经典主要从道德的层面主张中和，而儒法兼济的荀子，则从行政的角度讲解了中和。他说，中和是听政者为政的准绳。注释这句话的古人说，中和就是宽猛适中。[3] 英宗说赵抃在成都实施的是中和之政，应当是两种意思兼而有之。

英宗所讲赵抃的治蜀方针，在赵抃自己的诗中也有体现，《按狱眉山舟行》就有这样的诗句："讯狱远邦先涤虑，恤哉休戚在民情。"[4]

在没有特别事变的承平时期，安抚宽恕的治蜀方针，也让赵抃获得了很多闲暇，可以旁顾欣赏巴山蜀水的秀丽风光，与友人交往，进行诗篇酬唱。在刚到成都一个月，就接到象州知州周源从几千里外远寄而至的三首诗，为此赵抃作诗回酬：

> 念公别后固依然，蜀距炎方里数千。
>
> 剑栈过来才一月，诗筒传得已三篇。
>
> 胸藏忠谊坚于石，口吐文章涌似泉。
>
> 何日解符还阙去，如今朝野不遗贤。[5]

周源比赵抃晚六年登进士第，由于是衢州江山人[6]，跟赵抃有同乡之谊，

---

[1]　[汉]戴德、戴圣整理《礼记·中庸》云："喜怒哀乐之未发谓之中，发而皆中节谓之和；中也者，天下之大本也，和也者，天下之达道也。致中和，天地位焉，万物育焉。"王文锦译解本，北京：中华书局，2001年。

[2]　金良年《论语译注·雍也》："中庸之为德也，其至矣乎。"上海：上海古籍出版社，1995年，第65页。

[3]　[战国]荀况《荀子·王制》："公平者职之衡也，中和者听之绳也。"杨倞注："中和谓宽猛得中也。"王先谦集解本，北京：中华书局，1988年。

[4]　[宋]赵抃：《清献集》卷三《按狱眉山舟行》。

[5]　[宋]赵抃：《清献集》卷三《寄谢象州守周源屯田》。从诗题记官阶"屯田"，考周源在治平年间写作余靖《武溪集序》（明成化九年苏铚刊本《武溪集》卷首）署衔"屯田员外郎"，可知赵抃此诗作年当为是年。

[6]　[清]李卫等修、傅王露等纂《浙江通志》卷一二三《选举》于"宝元元年戊寅吕溱榜"载："周源，江山人，职方员外郎。"民国二十三年（1934）上海商务印书馆影印光绪二十五年（1899）重刊本。

所以可能早就相识的二人有着交往与诗文书信往来。

曾与韩绛一同登临过的成都西楼，赵抃也有单独诗篇：

> 多暇朱栏倚望频，远云开即见峨岷。
>
> 昔贤初尽经营力，今我独为优幸人。
>
> 胜阁帘高惟掩雨，老台民乐只登春。
>
> 争如蜀国西楼好，四序风光日日新。①

在天气晴朗的成都盆地，遥望到远方的雪山，这是今天也可以看到的一道风景。"昔贤初尽经营力"，赵抃感激曾经的前任对成都的治理。这包含早年的张咏和刚刚离任的韩绛等。

正因为前贤打下了良好的治理基础，所以他说"今我独为优幸人"。从"老台民乐只登春"的表达看，似乎赵抃是在春天登临西楼的。而述及感谢前贤，大约此次登临是在跟韩绛同游之后不久的再次登临。

《送前人还都》一诗，据文集此诗前一首为《运使王举元兵部因谈道惠诗次韵》，可知为王举元。诗云：

> 蜀道将输茂绩成，远人安靖岁丰盈。
>
> 发施号令岷山峻，除去贪婪锦水清。
>
> 一旦赐环来日下，九秋乘驿度云程。
>
> 朝廷礼盛荣归好，亲见吾皇讲太平。②

赵抃知成都府时，成都府路转运使为王举元，《大明一统志》记载王举元在成都颇有政绩，这从此诗"蜀道将输茂绩成，远人安靖岁丰盈"的表述也可概见。③

在王举元之后，担任成都府路转运使的，就是在辞行时英宗当面褒扬赵抃

---

① ［宋］赵抃：《清献集》卷三《成都西楼》。

② ［宋］赵抃：《清献集》卷三《送前人还都》。

③ ［明］李贤等撰《大明一统志》卷六七《成都府》载："王举元，治平中成都路转运使。邛井盐岁入二百五十万，为丹棱卓个所侵积不售，下令止之，盐登于旧。"方志远等点校本，成都：巴蜀书社，2017年，第3008页。

的荣谭。到任后，跟赵抃的关系也很好。赵抃曾赠诗云：

　　　欲见遐陬尽乐康，沈黎回即按嘉阳。

　　　寻山举扆三峨峻，度岭驱车九折长。

　　　坞柏正宜寒后悦，驿梅多向腊前芳。

　　　锦川遨乐春期近，早着鞭来入醉乡。①

　　这是荣谭到所辖地区巡视时，赵抃写给他的诗。从"驿梅多向腊前芳"和"锦川遨乐春期近"的描述看，季节当是早春。作为王举元的后任，又是在赵抃知成都府已经有一定政绩之后到来的，荣谭到任后的视察和赵抃的写诗时间，应当是在治平三年或四年的早春。

　　赵抃知成都府任内，作为路一级长官的转运使变动频繁。在赵抃在任后期，转运使是赵抃曾经以自代荐举的苏寀。当苏寀被召回朝廷时，赵抃有诗送行：

　　　有诏西来亟治装，古今咸望重痴床。

　　　不烦右蜀专飞挽，直为南台正纪纲。

　　　豸角风霜秋肃肃，鹤形环佩晓锵锵。

　　　忠贤得用朝廷美，礼法匡时事业光。②

　　据《宋史·苏寀传》，苏寀是以判刑部被召回朝廷的。③因此除了诗题直接称为刑部之外，看诗的内容，也多与法制有关。

　　赵抃初次入蜀担任江原知县时，便与一个叫李垂应的成都玉局观道士相识。这个道士的师傅张遨，赵抃也有交往，文集中有两首与给张遨的诗。这个善于以星象算命的李垂应很神奇地对赵抃与四川的渊源有着准确的预测。比如，在知江原时，李垂应就说赵抃某年会再入蜀，后来赵抃果然被任命为梓州路转运使。到梓州后，又接到李垂应的来信说，赵抃不久就会转任成都。果然赵抃

---

① ［宋］赵抃：《清献集》卷三《荣谭学士按部未还因寄》。

② ［宋］赵抃：《清献集》卷三《送苏寀刑部赴召》。

③ 《宋史》卷三三一《苏寀传》载："入判大理寺，为湖北、淮南、成都路转运使，擢侍御史知杂事、判刑部。使契丹，还及半道，闻英宗晏驾。"据传记所示时间线索，苏寀任成都路转运使当在赵抃任期内。

一个多月后就改任为益州路转运使。赵抃担任后来改称成都府路转运使任满后，李垂应到新都弥牟镇送行，对赵抃说，六年后，我再到这里迎接你。当赵抃由殿中侍御史左迁为知虔州时，李垂应又来信说，这是必定前来成都的兆头，请多保重。以上这些经历，都是赵抃亲口所言。① 这些预言一一应验，让赵抃十分佩服。赵抃曾赠诗给李垂应：

> 坐观山水地幽清，恬淡冲虚乐性情。
>
> 迹混光尘宗老氏，术通仙俗似君平。
>
> 欣逢真侣论根本，耻向权门叩利名。
>
> 济世金丹得传授，先生高隐在青城。②

李垂应的师傅张邈，也曾准确地预测过赵抃以后的官历。对此，暂且按下。

赵抃在各地为官，以文翁为楷模，处处不忘劝学，在知睦州时，写下过"劝学重思唐吏部，教人多谢汉文翁"的诗句；知虔州时，也说"文翁治蜀泽民深"。在前几年担任益州路转运使时，赵抃重建以兴学重教闻名的汉代太守文翁祠。当再次来到成都担任知州，赵抃不仅整修了郫县犀浦镇文宣王庙③，还为府学的诸生写下劝学诗：

> 学初心勿动华纷，须念文翁昔日勤。

---

① ［宋］委心子《新编分门古今类事》卷一二《卜兆门》下《垂应紫堂》载："王垂裕，玉局化道士，深于紫堂。王文康初作小官，垂裕见之曰：'后若干年，当奉使入川，又若干日，当知成都。'皆如其言。其徒李垂应、王嘉言皆传其术。赵清献抃尝曰：仆知江原县日，垂应尝言某年当入蜀，后果授梓州路转运。至梓州，得垂应书，言非久移成都，已而果然。仆官满，垂应送至新都弥牟镇曰：'后六年再来此攀迎台斾。'弥牟距汉州二十里，垂应不肯前，曰：'汉守聂寺丞欲召某，而其人天狱星动，故不敢见。'未几，聂果以公事下狱。仆后六年知成都。先是仆以言事谪虔州，一日递中得垂应书云：'是行也，乃必来成都之兆，宜切自爱。'"金心点校本，北京：中华书局，1987 年，第 185 页。
② ［宋］赵抃：《清献集》卷三《赠玉局李垂应太师》，诗下的自注云："张先生邈，乃其师也。"
③ ［宋］袁说友等编《成都文类》卷三一王赏《郫县犀浦镇修文宣王庙记》载："朝廷自庆历中诏郡国皆立学，学必有孔子庙。犀浦旧为县，肆成治平间，府尹清献赵公始葺而新之，县令冯接为记。"第 613 页。

> 事业直教名不朽，声猷堪畏世无闻。
>
> 平居乡党终传道，得位朝廷必致君。
>
> 为语诸生期远到，天衢亨处有青云。①

诗中教诲士子初学时要潜心静气，不要歆慕浮华，学习文翁的勤奋。"平居乡党终传道，得位朝廷必致君"，是说用学到的知识，居乡则传道教化，升朝则致君行道。这两句诗正是北宋以来理学家重新从儒学经典发掘出的"格物、致知、诚意、正心、修身、齐家、治国、平天下"的具体化，休现了士大夫政治背景下读书人的政治理想。同时，赵抃还以儒学历来所提倡的"荣名以为宝"的重名意识，来激励士子，诗中"事业直教名不朽，声猷堪畏世无闻"和"为语诸生期远到，天衢亨处有青云"，表达的都是这样的意识。

这次赵抃担任知成都府两年多。在赴任之初的大半年，宽猛相济的妥善治理，很受人们爱戴。因此人们也担心赵抃被早早调离，让当地失去一位好的青天父母官。成都上千民众拦在成都府路长官的车前，说蜀地偏远，人口众多，风俗奢靡，自从赵抃担任知府之后，问俗布政，以仁义道德教化民众，而不专施严刑厉法，使风俗变得淳厚，让人很少犯法。又均徭薄赋，劝勉农桑，换得风调雨顺。民众都很担心把他调走。② 来自民众的这一请求，传到皇帝那里，英宗特地命翰林学士王珪草拟了一份《赐龙图阁直学士知成都府赵抃治迹尤异

① ［宋］赵抃：《清献集》卷四《劝成都府学诸生》。

② ［宋］袁说友等编《成都文类》卷一七《赐赵抃父老借留奖谕诏序》云："龙图阁直学士天水公治蜀甫阅岁，府之黎老士民举千百数伏使者车，言曰：'蜀之壤陋众夥，俯首输赋，风尚燉靡，怯不鸷立。自公问俗布政，阔略法禁，绪正纲目，坐格醇茂，仁义道德，衍为教化，徭赋均节，俗本生业，人人自爱，以重犯法，风雨时若，粒米狼戾。民惕然惧朝廷之召迁而父母去我矣，愿上书借公留。'语闻上，上以手迹细札奖勖褒嘉之，都人顿首伏读，欣喜蹈舞。恭惟天诏有'慈良简重，治迹尤异'之称。公恕物以仁，约己以礼，表俗以信，镇浮以德，故上知公之深如此。汉胶东相成，颍川守霸，皆有玺书勉励异等效，著在篇简。今公之拜休宠者，当有以揭金石刻，永传无穷，而为西南藩维之光华也。《书》不云乎，'敢对扬天子之休命'。《诗》云：'虎拜稽首，天子万年。'盖报上归美所宜侈大也。治平二年九月一日。秘书丞阎灏谨序。"第363页。

奖谕诏》^①，并亲自书写，传达到成都府。为此，成都府专门将诏书连同一篇
《赐赵抃父老借留奖谕诏序》刻石纪念。后来，苏辙在以皇帝名义撰写的其他
人担任成都知府告词中，也作为后人的榜样提及此事："及其复来，吏民欢呼，
唯恐其去。"^②

　　尽管如此，两年后，赵抃还是被召回了中央，担任要职。不过，赵抃巴蜀
缘未了，此为后话。

① ［宋］王珪《华阳集》卷一九《赐龙图阁直学士知成都府赵抃治迹尤异奖谕诏》："敕：
蜀远在西南，最要郡也。朕患吏不能究宣德泽，以被于远民，故其择守，非慈良简重者，
不以命之。卿在蜀甫逾年，而使者以其治迹尤异，上于朝廷。夫吏，所以治民也，能尽其
治而民赖之，岂不嘉汝乎?"《丛书集成初编》本，北京：中华书局，1985 年重印。
② ［宋］苏辙：《栾城集》卷三〇《李之纯宝文阁直学士知成都府告词》，陈宏天、高秀芳
点校本，北京：中华书局，1990 年，第 518 页。

第六章　变法风云

第一节　重返朝廷

治平四年（1067）正月，体弱多病的宋英宗，实际在位不到四年，便驾崩了。六月，二十岁的新皇帝神宗召赵抃入朝。

关于赵抃这次入朝，也有轶事流传。《渑水燕谈录》记载一个不知居所行踪的张山人，曾多次往来李道士的住所。这个李道士，就是与赵抃曾经有过交往赠诗的成都玉局观道士李垂应。而张山人，就是李垂应的师傅张遇。赵抃在《赠玉局李垂应太师》诗的自注中提及过。应该是通过李垂应，赵抃后来认识了张遇。

有一天，张遇来到李垂应的住所，对李垂应说，你告诉龙图公赶紧准备行装，马上就要召他入朝，并且即将担任参知政事了。赵抃是带着龙图阁直学士的职名担任知成都府的，所以张遇以"龙图公"尊称赵抃。当李垂应把张遇的话转告给赵抃后，赵抃对张遇的预言感到很惊讶，就对李垂应说，等张遇再来的时候，你派人悄悄告诉我，我不带随从来见他。过几天，张遇又来的时候，李垂应刚把告诉赵抃讯息的人派走，张遇就要离去，怎么留都留不住，张遇说，龙图公马上就要来了。赵抃闻讯正准备去李垂应那里，听说张遇已经走了，便没有去，但越发觉得张遇神奇。果然，没过多久，召赵抃入朝的命令就到了，入朝后不久又担任了参知政事。这一切都未出张遇的预料。

的确，张遇和其徒李垂应对赵抃尚未经历的一些事情的准确预测，在今天看来，也有几分不可思议。后来，赵抃再次入蜀担任成都知府，才终于跟张邈有了实际交往。①

还朝途经以前担任知州的虔州属县寿昌，赵抃了解到一件事。当地有个叫周大雅的进士，为父亲守丧，也是住在坟墓旁，三年荤腥不入口，群鸟栖居在周围。赵抃看到这种情形，或许想到了自己为继母守丧的类似经历，上报给朝廷，把周大雅居住的乡名改为至孝里。②

赵抃入朝时间，史籍的明确记载是在治平四年（1067）六月。③这时候，神宗即位已经半年。赵抃入朝后，神宗召见赵抃，问道："听说你只带着一琴一龟，骑着一匹马就到四川赴任了，并且为政不繁不扰，真是这样吗？"④联想到英宗曾对前往成都担任转运使的官员称赞赵抃在任所行为妥当的中和之政，年轻的神宗皇帝好奇地发问，当是源自太子时代从英宗那里的耳闻。

---

① ［宋］王辟之《渑水燕谈录》卷四《高逸》载："治平初，龙图阁直学士赵公抃镇成都，有张山人者，不知所居，数至李道士舍。一日，语李曰：'白龙图公促治装，行当入觐，且参大政矣。'赵闻而异之，喻李令与俱来。及再至，李邀欲同见公，张固辞曰：'与公相见自有期，今未可也。'李具以告公，公曰：'俟其再至，密令人来白，当屏去导从，潜往见之。'他日又至，李方遣人白公，而张遽求还，留之，不可。曰：'龙图且来矣。'公方命驾，闻其去，乃止，益奇之。未几，果膺召命，乃参政柄。及出镇青社，熙宁五年，张遗书云：'当来相见。'公大喜，语宾佐曰：'张山人且来矣。'久之，无耗。至秋，公奉诏再领成都，方悟曰：'山人言来，乃吾当往也。'故将行，先寄张诗，有'不同参政初时入（原注：谓吕余庆），也学尚书两度来（原注：谓张乖崖）。到日先生应笑我，白头犹自走尘埃'之句。"吕友仁点校本，北京：中华书局，1981年，第48—49页。

② ［明］李思悦、洪一整纂修，李世芳增修《重修寿昌县志》卷八载："周大雅，三都人，登进士。治平中，居亲丧，庐墓三年，膻荤不入口，有群鸟驯其旁。赵清献公还，因访焉。察其有异行，请于朝，锡以束帛，改乡曰至孝里、曰求忠。今县南渡里许曰杭岭，故庐存焉。"国家图书馆《明代孤本方志选》影印嘉靖四十年（1561）刻万历递修本。

③ ［宋］陈均《皇朝编年纲目备要》卷一七"治平四年"条载："六月，以赵抃知谏院。"许沛藻、金圆、顾吉辰、孙菊园点校本，北京：中华书局，2006年，第402页。

④ ［宋］苏轼《赵清献公神道碑》载："及谢，上谓曰：'闻卿匹马入蜀，以一琴一龟自随，为政简易，亦称是耶？'"

入朝的赵抃,最初任命是以龙图阁直学士、户部郎中知谏院、提举万寿观。[①]
其中,主要是知谏院。按北宋以来的惯例,从遥远的要地成都任职还朝的官员
都会重用,甚至是担任执政大臣,而不是担任谏官。比如真宗朝的王钦若在卸
任西川安抚使还朝的当天,就被任命为了参知政事。[②]因此,任命赵抃为知谏院,
有的大臣就提出了异议。对此,神宗回答说,我任用赵抃为谏官,就是希望他
上言。如果再想重用,那又有什么妨碍。[③]

看来赵抃"铁面御史"的事迹,没少传到即位前神宗的耳中。所以刚刚即
位的神宗,在广泛征求直言意见的同时[④],又任命素有直臣声望的赵抃担任言
官,来监督朝纲。谏院和御史台在宋代合称台谏。谏院以司谏、正言知院,如
果以他官兼任,则称知谏院。凡是朝政阙失、大臣至百官任用不当、三省至各
官署有失误,都可以上谏言指正。

"投之以桃,报之以李。"新天子的知遇之恩和当面勉励的态度,让赵抃焕
发了极大的政治热情。连续做了三件事。

第一件是疏言十事。这十件事是:任道德、柬辅弼、别邪正、去侈心、信
号令、平赏罚、谨机密、备不虞、勿数赦、容谏诤。从内容看,这是对神宗的
指导。在此前不久,被任命为翰林学士的司马光也曾上疏,论修心之要三:曰
仁,曰明,曰武;治国之要三:曰用人,曰信赏,曰必罚。并且说这是他平生
所学的至精至要的东西,曾把它献给过仁宗,又献给过英宗,现在献给神宗。[⑤]

比较赵抃和司马光的上疏,在内容上很接近,只不过司马光的六事更为概

---

① [宋]彭百川:《太平治迹统类》卷一二《神宗圣政》。

② [宋]李焘:《长编》卷四八"咸平四年四月己未"条。

③ [宋]苏轼《赵清献公神道碑》载:"神宗即位,召知谏院。故事,近臣自成都还,将大
用,必更省府,不为谏官。大臣为言。上曰:'用赵某为谏官,赖其言耳。苟欲用之,何伤?'"

④ [宋]陈均《皇朝编年纲目备要》卷一七"治平四年闰三月"条载:"求直言。寻命张
方平、司马光详定以闻。"第 400 页。《宋史》卷一四《神宗纪》"治平四年六月"条载:"辛
未,诏天下官吏有能知徭役利病可议宽减者以闻。"第 266 页。

⑤ 赵抃上疏和司马光上疏的记载均见于《皇朝编年纲目备要》卷一七"治平四年"条,
第 401—402 页。

括和形而上，赵抃的十事更为具体直观。对于年轻的君主来说，赵抃的十事更有实际指导意义。无论是概括还是具体，都体现了士大夫政治对君主的规范。

第二件事是上疏指出，吕诲、傅尧俞、范纯仁、吕大防、赵瞻、赵鼎、马默都是骨鲠敢言之士，贬谪之后没有再召回，有负于士大夫们的期望。对此，苏轼写的神道碑说"上纳其说"，就是说，神宗接受了赵抃的提议。①

第三件事是上疏论五费。五费是指宫掖、宗室、官滥、兵冗、土木五个方面的财政过度支出。这是扭转"三冗"之一"冗费"的具体措施。上疏后的反馈则是，"多见纳用"。②

七月份，赵抃还受命跟另一位官员一同详定中外臣庶所言差役利害。③因为在六月曾下诏征求关于差役的意见。对于征求上来的意见，赵抃等人担任了审阅和归纳的工作。

赵抃还朝之后的作为，苏轼写的神道碑还记载了一件事。武将郭逵在英宗治平二年被任命为同签书枢密院事④，成为执政大臣之一。同签书枢密院事这个职位也是从郭逵开始的。在任命之初，人们的意见就很大。第二年，郭逵又升迁为签书枢密院事。这件事到了神宗朝，属于历史遗留问题。赵抃采纳众议，提出罢免郭逵的签书枢密院事。在神宗新朝，赵抃也像当年弹劾宰相陈执中、枢密使宋庠、王拱辰那样，直接对执政大臣的任免发表意见。从结果看，神宗

---

① ［宋］苏轼《赵清献公神道碑》载："上疏论吕诲、傅尧俞、范纯仁、吕大防、赵瞻、赵鼎、马默皆骨鲠敢言，久谴不复，无以慰缙绅之望。上纳其说。"

② 赵抃上疏论五费，见于《皇朝编年纲目备要》卷一七"治平四年"条，第402页。

③ 《宋会要辑稿》食货六五之二载："（治平四年）七月十三日，命龙图阁直学士赵抃、天章阁待制陈荐同详定中外臣庶所言差役利害。"第7797页。又，《宋史》卷一四《神宗纪》于"治平四年七月"载："己丑，命尚书户部郎中赵抃、刑部郎中陈荐同详定中外封事。"按，己丑即这个月的十三日。本纪以官阶系行。

④ 按，郭逵任同签书枢密院事，《宋史》卷二一一《宰辅表》记在治平三年四月，但据范祖禹《范太史集》卷四〇《检校司空左武卫上将军郭公墓志铭》，事在治平二年正月，《宰辅表》所记误。又，升迁为签书枢密院事在治平三年，《宰辅表》失载。参见王瑞来：《宋史宰辅表考证》，北京：中华书局，2012年，第151页。

听从了赵抃以及其他人的意见①，在当年九月罢免了郭逵。②

在此期间，赵抃还以"行有乡誉，学通圣经"的理由，推荐布衣李逵为试秘书省校书郎。③

"用赵某为谏官，赖其言耳。苟欲用之，何伤"，正如神宗所言，三个月后，赵抃被升任右谏议大大、参知政事。

第二节　中枢执政

治平四年（1067）九月接近月末的一天，赵抃被任命为参知政事。宋朝的中央决策中枢分为中书、枢密院二府。中书掌民政，枢密院掌军政。二府长官均为执政大臣，名称各个时期略有不同。除宰相之外，中书从太祖朝开始，设置参知政事，为实际上的副宰相。赵抃成为参知政事，等于是登上了政界的金字塔顶端，成为士大夫政治的主宰者之一，参与最高决策。这一年，赵抃刚好花甲六十岁。

负责起草委任状的知制诰郑獬，过后专门写了一篇题为《纪事》的短文，记录下了这件事。郑獬写道，九月二十五日这天晚上，正在舍人院值班的郑獬被神宗派宦官召到内廷，让他起草张方平、赵抃任参知政事和吴奎罢免参知政事的制词。接受完命令之后，神宗又让宦官送郑獬回到舍人院。郑獬连夜起草制词之后，第二天上呈，交给中书来发布正式诰命，这件事当时二府的大臣谁都不知道。

郑獬之所以把这件事记录下来，有两个原因。第一是过去任命参知政事或枢密副使，是由宰相密封记有任命要旨的词头送到当值舍人那里起草，再封上

---

① 《宋会要辑稿》职官七八之二二"治平四年九月"条载张纪等上言云："逵自进用以来，人言至今不已。况闻王绹，亲奉德音，中外侧耳，日俟圣断。若用范仲淹两府出使例落签书，且在陕西任使，于逵亦未为损。"第5200页。

② 《宋史》卷二一一《宰辅表》治平四年《执政罢免栏》载："（九月）癸卯，郭逵自同签书枢密院事以宣徽南院使判郓州。"第5484页。按，此作"同签书枢密院事"亦误。

③ 《宋会要辑稿》选举三四之四〇载："治平四年七月十四日，以草泽李逵为试秘书省校书郎。龙图阁直学士赵抃言逵'行有乡誉，学通圣经'故也。"第5930页。

送到中书，才发布诰命。这次皇帝直接召见舍人，面授旨意来撰写制词，在宋朝历史上还从未有过，是从他郑獬开始的。第二，接受圣上旨意后，皇帝特赐两支只有皇帝才能用的蜡烛，让宦官把他送回了舍人院。过了两天，郑獬就被神宗直接委任为翰林学士。[①] 金莲烛送学士归院，这是唐朝以来的传统。唐代令狐绹入翰林为学士承旨，夜对于禁中。唐宣宗用皇帝的车子和金莲烛送还。吏人远远望见，以为是天子夜行。走近才发觉是令狐绹，都大吃一惊，成为词林美谈。到了宋代，王钦若、王珪、晁迥、郑獬、苏轼以及南宋的史浩也享受过这种殊荣。[②] 所以郑獬把这件事记录了下来。

正如郑獬所言，越过宰相这道程序，直接下令，反映了年轻的神宗独揽大权的愿望。不过，政治的结果，往往是由合力而形成。把赵抃召回朝廷，从一开始便想任用执政的，应该是宰相曾公亮，所以他对神宗最初任命赵抃为知谏院还有异议。三个月过后，神宗最终还是让赵抃担任了执政。由于是曾公亮当年最早推荐的赵抃，这便等于把赵抃收到了门下。为了与中书的另一位宰相韩琦相抗衡，曾公亮把赵抃拉入自己的势力。而曾公亮的这种作为，又与神宗不满韩琦在客观上形成合流，所以结果就是赵抃成为参知政事。当然，赵抃自身的实力和人望因素也起了作用。

《宋史·宰辅表》治平四年丁未（1067）"执政进拜加官"栏载：

---

① ［宋］郑獬《郧溪集》卷一八《纪事》云："故事，命参知政事及枢密副使，宰相封词头送当制舍人草词毕，复封送中书，遂出诰。治平四年九月二十五日，予当制，是夕中使召，入对于内东门别殿，命草张方平、赵抃除参知政事、旧参吴奎出知青州三制，赐双烛送归舍人院。翌日具状进词草，方降付中书出诰，于时二府无有知者。盖上初揽大权，宰相不得预闻，故独召舍人授旨撰词。自本朝以来未有，乃自予始也。其后两日，上面授以翰林学士。"《四库全书》文渊阁本。

② ［清］赵翼《陔余丛考》卷二〇《宋金莲烛送归者六人》云："金莲烛送归院，始于唐令狐绹。《唐书》：绹入翰林为学士承旨，夜对禁中。烛尽，宣宗以乘舆、金莲炬送还院，吏望见以为天子。及绹至，皆惊。此唐故事也。今世所传词林美谈，皆指苏子瞻耳。不知宋时金莲烛故事共有六人，王钦若、王禹玉、晁迥、郑獬、苏轼、史浩也。"栾保群点校本，北京：中华书局，2019年，第489页。

（九月辛丑）张方平自翰林学士承旨兼龙图阁学士、端明殿学士、户部尚书，赵抃自龙图阁学士、右司郎中、知谏院，并除参知政事。抃迁右谏议大夫。[1]

按，赵抃除参知政事制词尚存，载郑獬《郧溪集》卷一，题为《龙图阁直学士知谏院赵抃可右谏议大夫参知政事制》。据此制词，知赵抃除参知政事前，职名为"龙图阁直学士"。这一事实，由《宋史》卷三一六《赵抃传》亦可知。传载："（赵抃）加龙图阁直学士、知成都。……神宗立，召知谏院。……未几，擢参知政事。"王珪《华阳集》卷一三载有《龙图阁直学士知成都府赵抃治迹优异奖诏》，亦可为佐证。检《宋史》卷一六二《职官志》，龙图阁直学士位于龙图阁学士之下。《宋史·宰辅表》在此处沿袭同时任命为参知政事的张方平职名"龙图阁学士"，而脱去"直"字，便发生了错误。[2]

九月辛丑为二十六日，正是郑獬深夜起草制词的第二天。

郑獬在《龙图阁直学士知谏院赵抃可右谏议大夫参知政事制》中，除了讲参知政事是宰相的辅佐之外，还结合赵扑本人的情况，讲了其政绩"蜀人歌之"，颂扬赵抃；又讲到赵抃担任言官"嘉言谔谔"，最后以神宗的口吻说，我考察过赵抃，可以担当大事，所以独自作主，升任谏官和参政。[3]

赵抃在升任参知政事之前，官阶为右司郎中，升任之后，越过光禄卿、秘书监，直至右谏议大夫，连升三级。如果按元丰官制改革后的官阶看，就是从朝议大夫，

---

① 《宋史》卷二一一《宰辅表》治平四年丁未（1067）"执政进拜加官"栏，中华书局编辑部点校本，北京：中华书局，1985年，第5484页。

② 参见王瑞来：《宋史宰辅表考证》，北京：中华书局，2012年，第24页。

③ ［宋］郑獬《郧溪集》卷一《龙图阁直学士知谏院赵抃可右谏议大夫参知政事制》云："郑国之政，创始于神谌，定论于世叔，成文于子产，举而错诸民，故无悔事。况夫履四海之籍图，回万变以佐予丞相之治者，宜有通方亮直之臣，为之参贰。具官某纯明不杂，金玉自昭。至行足以美俗，雅材足以经世。建施坤维，有恺悌之化，蜀民歌之。伏蒲中禁，嘉言谔谔，以时而入告。朕识其公器，可属大事，不谋于左右，升之谏辅，俾佐庙堂，以与夫二三旧德坐而环议。或善谋以先之，或能断以后之，质于古而不谬，行于今而不跲，相须而成，施之天下，遂无悔事，岂惟郑国之陪臣与之争烈哉！可。"

越过中散大夫、中大夫，升到了太中大夫。所以《宋史·宰辅表》在记载赵抃被任命为参知政事时，还专门特书一笔："抃迁右谏议大夫。"表示这是破例超迁。

被破例超迁担任参知政事的赵抃，苏轼在神道碑中记载说："感激思奋，面议政事，有不尽者，辄密启闻。上手诏嘉之。"那么，赵抃是如何报答君主的知遇之恩的呢？苏轼的记载提供了两方面的线索：一是"面议政事"；二是"辄密启闻"。

关于"面议政事"，我从宋人王巩所撰张方平行状中看到与赵抃相关的一件事。在成为参知政事的第二天，宰相与执政大臣一起讨论让王安石担任御史台长官御史中丞的人事议案。张方平说，御史中丞是执掌国家的监察，王安石常常以儒学经典的名目处理事务，自视很高，不宜把他放在监察的位置上。在张方平的这一番话之后，张方平行状记载说，"赵公抃亦以为然"，意即赵抃也是这样认为的。这等于是表示赵抃跟张方平拥有同样的认识。由于执政班子中有两个人表示了反对意见，这一议案便成了废案，王安石没有当上御史中丞。[1]赵抃并不是简单地附和张方平的意见。他曾几次跟王安石有过共事的经历，特别是在嘉祐六年（1061）那次一起参与殿试考试，王安石作为详定官擅自改动考生名次的事，一定也给赵抃留下了不好的印象。[2]

① ［宋］张方平《乐全集》附录王巩《文定张公乐全先生行状》载："至政府之次日，宰臣议以王安石补御史中丞，公曰：'御史中丞秉国宪度，安石以经术为名，自处高，难居绳检之地。'赵公抃亦以为然。竟止。"郑涵点校《张方平集》本，郑州：中州古籍出版社，2000年。
② ［宋］沈括《梦溪笔谈》卷一《故事》载："嘉祐中，进士奏名讫，未御试，京师妄传王俊民为状元，不知言之所起，人亦莫知俊民为何人。及御试，王荆公时为知制诰，与天章阁待制杨乐道二人为详定官。旧制，御试举人，设初考官先定等第，复弥之，以送覆考官再定等第，乃付详定官，发初考官所定等以对覆考之等，如同则已，不同则详其程文，当从初考或从覆考为定，即不得别立等。是时王荆公以初、覆考所定第一人皆未允当，于行间别取一人为状首，杨乐道守法，以为不可，议论未决。太常少卿朱从道时为封弥官，闻之，谓同舍曰：'二公何用力争，从道十日前，已闻王俊民为状元，事必前定，二公恨自苦耳。'既而二人各以己意进禀，而诏从荆公之请，及发封，乃王俊民也。详定官得别立等自此始，遂为定制。"金良年点校本，北京：中华书局，2015年，第7页。

宰臣共同讨论御史中丞的人事任用，也从政治运行实态的一面，透露出本应由皇帝本人掌握的言官人事权，在士大夫政治的背景下，实际上是由宰相以及执政大臣主宰的。这也可以说明，何以言官往往会成为宰相的鹰犬，而不可能作为一个独立的力量存在，就因为言官实际上已成为相权的延伸。

关于"辄密启闻"，向皇帝私下提议，《太平治迹统类》记载说，担任了参知政事的赵抃曾私下向神宗进言说，在官员中，有的因为被攻击诽谤而贬放到外地的，最初皇帝听信了这种攻击诽谤，而最终还是弄清了事实；有的在皇帝面前花言巧语，最初皇帝受到迷惑，而最终还是辨明了这些花言巧语。希望皇帝能对官员们察其言，观其行，如果有人夹带私情来论奏，心怀奸邪来欺骗皇帝，就把这样的人贬放到远方去。赵抃的话，既是指导年轻的神宗，也一定是有对人或事的具体所指。

对此，神宗专门给赵抃写下手诏，加以褒奖。手诏写道，你在政事之余，还能时常用儒学思想来启发我，如果不是深通管理国家的道理，忠诚的志节凝结于内心，怎么会做到这些？你的这些话意义广泛而深远，正如常言道，药力如果不是达到让人晕眩的猛烈程度，是治不了病的。希望你不要嫌烦，经常详细地进言。神宗以药作比喻的话，是有典故的，来自儒学经典《尚书》的《说命》："若药弗瞑眩，厥疾弗瘳。"由此可见，神宗虽然年轻，但自幼所接受的儒学教养已经对他的思想产生了影响。他记住了跟俗谚"良药苦口利于病"同样意思的这句话，也就容易接受犯颜直谏。这正是宋代士大大对君主教育的目的。只有遵守为君之道，接受犯颜直谏，才能积极主动地配合，而不是违逆士大夫政治。神宗的手诏让赵抃很受鼓舞，接着又进行了上奏，也让神宗很高兴地接受了。①

---

① ［宋］彭百川《太平治迹统类》卷一二《神宗圣政》载："赵抃为右谏议参知政事，抃尝密奏：'臣僚有被谤于外，始疑而终释者；有诡说于前，初惑而卒明者。愿陛下察其言，观其行，敢有挟情论奏，怀奸罔上，屏之远方。'手诏曰：'卿政事之余，能时以经义启沃，苟非博达治理，诚节内固，何以臻此？指意沉远，困究所谓。药非瞑眩，厥疾不瘳，宜不惮烦，悉陈规缕。'抃复具奏，上嘉纳之。"

宋真宗时的宰相李沆，每天上奏各地水旱、盗贼等苦难之事，当时的参知政事王旦就认为没必要把这些小事报告给皇帝，这会使皇帝心情不愉快，但李沆说应当让皇帝了解四方的艰难。① 仁宗时，范仲淹奉命视察江淮灾区，把灾民用来充饥的野草拿回一把，交给皇帝说，请把这个给六宫贵戚看看，来告诫他们不要生出奢侈之心。② 这些前辈也成了赵抃的榜样。神宗曾对一个官员问起地方灾荒的事，那个官员如实报告了灾情惨状，神宗悲伤地说道："以前，这样的事情只有赵抃跟我讲过。"③ 一般官员为了讨好皇帝或上司，往往都是报喜不报忧。但赵抃却是如实地将情况反馈给皇帝，希望能够施策减轻民间疾苦。

苏轼的神道碑写道："公与富弼、曾公亮、唐介同心辅政，率以公议为主。"曾公亮从仁宗朝后期开始，一直担任宰相。唐介从赵抃担任参知政事几个月后的熙宁元年（1068）正月，也成为参知政事。富弼在熙宁二年（1069）担任了九个月的宰相。熙宁二年二月，王安石出任参知政事。十月，赵抃曾经激烈弹劾的陈升之再度担任宰相，执政集团的构成逐渐复杂起来。④ 神道碑仅提及富弼、曾公亮、唐介三个人名，主要是指赵抃在中书执政的前期活动。此时变法

---

① 《宋史》卷二八二《李沆传》载："沆为相，王旦参政事，以西北用兵，或至旰食。旦叹曰：'我辈安能坐致太平，得优游无事耶？'沆曰：'少有忧勤，足为警戒。他日四方宁谧，朝廷未必无事。'后契丹和亲，旦问何如，沆曰：'善则善矣，然边患既息，恐人主渐生侈心耳。'旦未以为然。沆又日取四方水旱盗贼奏之，旦以为细事不足烦上听。沆曰：'人主少年，当使知四方艰难。不然，血气方刚，不留意声色犬马，则土木、甲兵、祷祠之事作矣。吾老，不及见此，此参政他日之忧也。'沆没后，真宗以契丹既和，西夏纳款，遂封岱祠汾，大营宫观，搜讲坠典，靡有暇日。旦亲见王钦若、丁谓等所为，欲谏则业已同之，欲去则上遇之厚，乃以沆先识之远，叹曰：'李文靖真圣人也。'当时遂谓之'圣相'。"第9539页。

② ［宋］李焘：《长编》卷一一二"明道二年七月甲申"条载："命仲淹安抚江、淮。所至开仓廪，赈乏绝，毁淫祀，奏蠲庐舒折役茶、江东丁口盐钱。饥民有食乌昧草者，撷草进御，请示六宫贵戚，以戒侈心。"第2623页。

③ 《宋史》卷三三一《卢秉传》载："是岁上计，神宗问曰：'闻滁、和民捕蝗充食，有诸？'对曰：'有之，民饥甚，殍死相枕藉。'帝恻然曰：'前此独赵抃为朕言之耳。'"第10670页。

④ 参见《宋史》卷二一一《宰辅表》。

尚未展开，朝廷的行政尚处于正常状态。

赵抃在当年担任殿中侍御史时，弹劾宰相陈执中，时任谏官的范镇不仅没有像其他台谏那样配合，还上奏疏回护陈执中，让赵抃很生气，曾经上疏激烈抨击范镇。解释无效的范镇也回击过赵抃的抨击。两个人的这段纠葛，朝野皆知。赵抃担任参知政事后，跟范镇也有过节的王安石，多次在神宗面前诋毁范镇，并且说，陛下如果不相信的话，可以问问赵抃，就知道范镇是什么样的人了。于是，有一天神宗果真问了赵抃。赵抃回答说，范镇是忠臣。神宗又问，你怎么知道他是忠臣？赵抃举例说道，在嘉祐初年的时候，仁宗生病，范镇首先请求立太子来安定社稷，这难道不是忠心耿耿吗？仁宗立的英宗，就是神宗的父亲，所以赵抃的话很能打动神宗。赵抃说这番话时，王安石也在场。过后，王安石问赵抃，你不是跟范镇有过节吗？赵抃回答说，我不敢以个人的私怨来损害国家的事情。这件被司马光记录下来的赵抃"夫子自道"，很能反映出赵抃公私分明的胸怀。①

同样对范镇，叶梦得还记载了另一件事。当赵抃回护范镇时，有人问，当时范镇不是主张将你斩首吗？赵抃回答说，我上疏议论的是国家大事，哪有工夫考虑个人恩怨。再说范镇的争辩，当时人们也并不认为有什么错。这一记载不仅体现了赵抃的胸怀，还反映了他事后的反省精神。因此，赵抃的回答，让听的人叹服。②

---

① ［宋］司马光《涑水记闻》卷一四载："至和中，范景仁为谏官，赵阅道为御史，以论陈恭公事有隙。熙宁中，介甫执政，恨景仁，数讦之于上，且曰：'陛下问赵抃，即知其为人。'他日，上以问阅道，对曰：'忠臣。'上曰：'卿何以知其忠？'对曰：'嘉祐初，仁宗违豫，镇首请立皇嗣以安社稷，岂非忠乎？'既退，介甫谓阅道曰：'公不与景仁有隙乎？'阅道曰：'不敢以私害公。'"邓广铭、张希清点校本，北京：中华书局，1989年，第286页。
② ［宋］叶梦得《石林燕语》卷七载："赵清献为御史，力攻陈恭公，范蜀公知谏院，独救之。清献遂并劾蜀公党宰相，怀其私恩；蜀公复论御史以阴事诬人，是妄加人以死罪，请下诏斩之，以示天下。熙宁初，蜀公以时论不合求致仕，或欲遂谪之，清献不从。或曰：'彼不尝欲斩公者耶？'清献曰：'吾方论国事，何暇恤私怨。方蜀公辩恭公时，世固以为过。'至清献之言，闻者尤叹服云。"侯忠义点校本，北京：中华书局，1984年，第103页。

赵抃与范镇即使是有过激烈的冲突，但由于只是政见分歧，两人并没有一直势同水火，老死不相往来。在范镇晚年退休后，再度知杭州的赵抃曾写有《寄致政范镇郎中》：

> 分携常忆禁门东，四见光阴换岁筒。
>
> 白玉堂中辞旧相，青城山里访仙翁。
>
> 当时大本从忠谏，此日长年益道风。
>
> 应惜西湖犹未到，近来同赏有三公。①

诗中不仅回忆了当年将近四年同在朝廷的往事，还指出"当时大本从忠谏"，意即二人的纠纷都是出以公心。这句诗的表述，也同样反映了赵抃对当年冲突的反思。在跟年长的当年同僚参知政事赵概在杭州欢聚时，范镇没有同在，赵抃也表示十分遗憾。

文献还记载赵抃在担任参知政事期间，做过一些临时指派的工作。比如在熙宁元年（1068）正月十一日，皇帝本应在上元节亲自朝拜太平兴国寺启圣禅院神御殿，但因处于为英宗服丧期间，便改由参知政事赵概、赵抃代理朝拜。②熙宁二年（1069）正月代神宗作《上太皇太后尊号册文》③，四月二十六日，同摄太尉、枢密使、剑南西川节度使、守司空、兼侍中文彦博一起，赵抃以摄司徒、右谏议大夫、参知政事的名义，奉玉册金宝，上皇太后尊号。④清人王先谦撰《荀子集解》，考证录有《荀子》台州本《国子监准熙宁元年九月八日中书札子节文》，其中载有赵抃当时完整署衔为"朝散大夫、右谏议大夫、参知政事、上护军、天水郡开国侯、食邑一千户、赐紫金鱼袋"。熙宁二年八月六日，参知政事赵抃进新校《汉书》印本五十册及陈绎所著的七卷

---

① ［宋］赵抃：《清献集》卷四。

② 《宋会要辑稿》礼五一之二〇载："神宗熙宁元年正月十一日，分命参知政事赵概、赵抃朝拜太平兴国寺启圣禅院神御殿。故事，上元皆车驾躬诣，时在谅阴故也。"第1901页。

③ 《宋会要辑稿》礼四九之一九，第1792页。

④ 《宋会要辑稿》礼五〇之五，第1865页。

对《汉书》的校正。① 在此期间，赵抃还推荐周敦颐担任了广南东路转运判官，周敦颐也不负所望，做得很称职，被升迁，担任了提点刑狱。②

成为参知政事后，成为首相的曾公亮送给赵抃一幅维摩居士像。为此，赵抃赋诗答谢云：

> 问答众口徒纷纷，争入菩萨不二门。
>
> 金毛狮子不敢吼，不嘿不见维摩尊。
>
> 维摩之尊无异相，潞州传出毗耶像。
>
> 相公付与知非子，挂向壁间看榜样。③

曾公亮封为鲁国公在熙宁二年十月，由诗题称"曾鲁公"可知，此诗之作，正在变法之时。诗中虽然吟咏的是佛教故事，但所言"众口徒纷纷"则是现实的折射，所指的正是王安石变法所掀起的轩然大波。

第三节　变法纷争

在废除荐举法之后，御史荐举的制度还保留着。熙宁二年，王安石说，御史荐举的规定太琐碎，所以很难选拔出合适的人才担任。并且说，旧的规定，凡是执政大臣提名的人，都不能担任御史。所以执政大臣就故意选一些平时畏惧的人提名，便使这些人就不能担任言官了。这样的规定很有问题。听到王安石这样说，神宗就命令废除旧法，御史全部由长官御史中丞来选拔，并且不限资格。

---

① 《宋会要辑稿》崇儒四之一○，第 2820 页。

② ［宋］吕祖谦编《宋文鉴》卷一四四《周茂叔墓志铭》载："今上即位，恩改驾部。赵公抃入参大政，奏君为广南东路转运判官，称其职。迁虞部郎中，提点本路刑狱。"齐治平点校本，北京：中华书局，1992 年，第 2007 页。《宋史》卷四二七《周敦颐传》亦载："熙宁初，知郴州。用抃及吕公著荐，为广东转运判官、提点刑狱。"第 12711 页。

③ ［宋］赵抃：《清献集》卷一《谢曾鲁公惠维摩居士真》。

对此，赵抃提出两条异议。第一，采用官阶比较低的京官来担任御史不大合适。第二，只由中丞来选拔，副手的知杂事不参与，也与旧制不合。听了赵抃的意见，神宗反驳说，唐代还以布衣平民马周担任御史呢，用京官有何不可？知杂事是下属，这件事应当委托长官。

赵抃的意见尽管被神宗反驳了，但却获得了来自御史台的支持。侍御史刘述上奏说，过去规定旧制，荐举的御史官阶一定要达到京朝官，有资格担任通判的。众学士和本台的中丞、知杂互相举荐，每空出一个阙，提名二人而择用一人。现在完全委托中丞，那么中丞便会全凭自己的好恶，使公道变成私恩。如果再接受权臣的嘱托，引用亲信，就会滥用权力，非常有害。尽管神宗没有听从赵抃和刘述的意见，但也反映了君臣之间较为正常的政治互动，对于王安石及其支持者神宗的意见，赵抃也毫无顾忌地敢于提出异议。①

熙宁以来，两浙食盐官卖价高，因而贩卖私盐的人很多，甚至转向武装私贩，税收损失很大。于是，在熙宁二年，有人建议把两浙的食盐买卖承包给个人。就此事，神宗询问王安石。王安石在回答时，提到了赵抃的建议。赵抃说，他的家乡衢州一州食盐买卖被承包后，税收额可以跟整个两浙路匹敌。对此，王安石反驳说，赵抃只看到衢州和湖州可以承包，没有考虑到这两个州的食盐买卖收入是加上了临近的其他州，所以显得税收增加了。如果是苏州和常州的话，就无法跟衢州、湖州相比。现在应当对产盐加强监管，并严禁私贩，按时

---

① 《宋史》卷一六〇《选举志六·保任》载："初，神宗罢荐举，惟举御史法不废。熙宁二年，王安石言：'举御史法太密，故难于得人。'帝曰：'岂执政者恶言官得人耶？'于是中书悉具旧法以奏。安石曰：'旧法，凡执政所荐，即不得为御史。执政取其平日所畏者荐之，则其人不复得言事矣，盖法之弊如此。'帝乃令悉除旧法，一委中丞举之，而稍略其资格。赵抃曰：'用京官恐非体，又不委知杂，专任中丞，亦非旧制。'帝曰：'唐以布衣马周为之，用京官何为不可？知杂，属也，委长为是。'侍御史刘述奏曰：'旧制，举御史必官升京朝，资入通判。众学士、本台丞、知杂更互论荐，每一阙上，二人而择用一人。今专委中丞，则爱憎由己，公道废于私恩；或受权臣之托，引所亲厚，擅窃人主威福，此大不便。'弗听。"第3748页。

运输，盐法就自然行得通了，没必要改变制度。^①一贯主张变法的王安石为何在盐法上反对赵抃的变法建议呢？其实，这跟王安石主张国家统制的思想是一致的，所以反对赵抃盐业开放自由买卖的改革方案。

在熙宁二年，王安石打算修改贡举法，废止诗赋、明经、诸科，以经义、论、策来进行进士考试。对此，苏轼上奏《议学校贡举状》，认为不宜轻易改变贡举法。神宗读了苏轼的奏疏后说，我本来对改革贡举法就有疑虑，看了苏轼的奏疏，就明白了。后来，神宗在询问中书大臣们的意见时，赵抃也赞同苏轼的意见。然而，王安石以士人年轻时不应当闭门学作诗赋的理由，强行通过了贡举法的改革。由此可见，赵抃虽然坚持己见，甚至神宗也持有反对意见，但在一定时期内，依然无法阻止强势的王安石。^②

同样，王安石对赵抃的印象也不好，因此评价不高。在变法期间，神宗打算重新起用欧阳修担任执政大臣，问王安石，欧阳修跟邵亢比，哪个好一些？王安石回答说，邵亢好。神宗又问，跟赵抃比呢？王安石回答说，欧阳修好。其实，王安石对曾经提携过他的欧阳修评价很低。王安石具体讲道，欧阳修的文章在当今的确很好，但他不懂得儒学经典，不识义理，否定《周礼》，诋毁

---

① 《宋史》卷一八二《食货志下四·盐》中载："熙宁以来，杭、秀、温、台、明五州共领监六、场十有四，然盐价苦高，私贩者众，转为盗贼，课额大失。二年，有万奇者献言欲抃两浙盐而与民，乃遣奇从发运使薛向询度利害。神宗以问王安石，对曰：'赵抃言衢州抃盐，所收课敌两浙路，抃但见衢、湖可抃，不知衢盐侵饶、信，湖盐侵广德、昇州，故课可增，如苏、常则难比衢、湖。今宜制置煎盐亭户及差盐地人户督捕私贩，般运以时，严察拌和，则盐法自举，毋事改制。'"第4436页。

② ［元］马端临：《文献通考》卷三一《选举考四·举士》："上读轼疏曰：'吾固疑此，今得轼议，释然矣。'他日以问王安石，安石曰：'不然。今人材乏少，且其学术不一，一人一义，十人十义，朝廷欲有所为，异论纷然，莫肯承听，此盖朝廷不能一道德故也。故一道德则修学校，欲修学校则贡举法不可不变。'赵抃是轼言，安石曰：'若谓此科尝多得人，自缘仕进别无他路，其间不容无贤；若谓科法已善，则未也。今以少壮时正当讲求天下正理，乃闭门学作诗赋，及其入官，世事皆所不习，此乃科法败坏人才，致不如古。'于是卒如安石议。"第907页。

《周易·系辞》，很多士人被他影响坏了。对欧阳修评价如此，又说赵抃比欧阳修还差，可见王安石由于成见，对赵抃的评价很低。①

这种成见也与共事中形成的抵牾有关。比如，王安石在讨论新法时与同僚发生了激烈的争论，生气地说了一句，这都是你们不读书的缘故。这时候，赵抃在旁边冷冷地来了一句，你这么说就不对了，远古的时候，有什么书可读？噎得王安石一句话也回答不出来。②南宋的罗大经认为，赵抃的这句话并不能让王安石心服。③王安石不再说话，可能是不想跟赵抃争辩。这件被广泛流传的轶事，到明代还被于谦写进诗中："新法殃民众欲除，金陵强辨欲何如。等闲一语锋芒折，稷契当年岂读书。"④

史籍还记载赵抃与王安石议论常常不协调。王安石对赵抃的成见，也有来自神宗的因素。年轻的神宗不善于处理人事关系，把赵抃等人对王安石的意

---

① ［宋］李焘《长编》卷二一一"熙宁三年五月庚戌"条载："先是，上复欲用修执政，问王安石以修何如邵亢，安石曰："修非亢比也。"又问何如赵抃，安石以为胜抃。"……它日上论文章，以为华辞无用，不如吏材有益。安石曰："华辞诚无用，有吏材则能治人，人受其利。若从事于放辞而不知道，适足以乱俗害理。如欧阳修文章于今诚为卓越，然不知经，不识义理，非周礼，毁系辞，中间学士为其所误几至大坏。"第5134—5135页。

② ［宋］邵博《邵氏闻见后录》卷二〇载："王荆公初参政事，下视庙堂如无人。一日，争新法，怒目诸公曰：'君辈坐不读书耳。'赵清献同参政事，独折之曰：'君言失矣。如皋、夔、稷、契之时，有何书可读？'荆公默然。"李剑雄、刘德权点校本，北京：中华书局，1983年，第154页。王称《东都事略》卷七三《赵抃传》在记载此事之后云："抃与安石议论多不协。"孙言诚、崔国光点校《二十五别史》本，济南：齐鲁书社，2000年。

③ ［宋］罗大经《鹤林玉露》甲编卷五《读书》云："当时赵清献公之折荆公曰：'皋、夔、稷、契，有何书可读？'此亦怂激求胜之辞，未足以服荆公。夫自文籍既生以来，便有书。皋、夔之前，三坟亦书也；伏羲所画之卦，亦书也；太公所称黄帝、颛帝之丹书，亦书也；孟子所称放勋曰，亦书也；岂得谓无书哉？特皋、夔、稷、契之所以读书者，当必与荆公不同耳。当时答荆公之辞，只当曰：'公若锢于有我之私，不能虚心观理，稽众从人，是乃不能读书也。'"王瑞来点校本，中华书局，1983年，第89页。

④ ［明］于谦：《于谦集》卷六《读王荆公赵清献公文集》，魏得良点校本，杭州：浙江古籍出版社，2013年。

见，在私下里告诉王安石。这就无疑让王安石心存芥蒂。^①因此，只要有机会，王安石就不会放过打击赵抃。比如韩琦上疏反对青苗法。神宗说，这一定是强至代笔写的，强至跟曾公亮有姻戚关系。这时候，王安石在一旁说了一句，强至也是赵抃的亲家。^②言外之意是，这些人由于这样的个人关系，所以都一起反对新法。

不过，议论具体政事，赵抃发表意见时，多是点到为止，很少与其他人针锋相对。比如，朝廷商议治理黄河的支流二股河时，神宗说韩琦对修二股河持有异议。赵抃接着神宗的话说，大家都以过去修六塔河失败作为教训。王安石则指责说，持有异议的人都没有考察事实，并表示可以治理。^③从赵抃的发言看，他并没有直接对修二股河表示意见，只是点到历史教训，来间接地表示赞同韩琦的异议。赵抃以这种柔和的处事方式，避免与同僚发生激烈冲突。

对于王安石推行青苗法也是如此。熙宁三年（1070）二月，河北转运使刘庠擅自停止发放青苗钱。君臣在讨论这件事时，王安石主张严厉处罚，赵抃则以亲身经历说，我过去在河北时，也做过类似的事情，朝廷并没有过问。赵抃担任河北都转运使，是在嘉祐八年（1063），英宗刚刚即位之时。赵抃讲的这一事实，等于是讲了一件祖宗法。因此，虽然没有直接表示明确立场，但赵抃

① ［宋］陈均《皇朝编年纲目备要》卷一八"熙宁二年"条载："王安石参知政事。上召对曰：'富弼、曾公亮与卿协力，弼闻卿肯任事，亦大喜，然须勿为嫌疑。朕初亦欲从容除拜，觉近日人情，于卿极有欲造事倾摇者，故急欲卿就职。朕常以吕海为忠直，近亦毁卿。赵抃、唐介皆以言捭塞卿进用。'"第 415 页。

② ［宋］杨仲良《续资治通鉴长编纪事本末》卷六八："上阅琦奏，引《周礼》'丧纪无过三月'等语，安石驳'此乃赊买官物，非称贷也'。上曰：'此必强至所为，至与曾公亮姻连。'安石曰：'至亦赵抃亲家也。'至，钱塘人，时为大名府路机宜，故上疑至为之。"《宋史资料萃编》影印本，台北：文海出版社，1967 年。

③ 《宋史》卷九一《河渠志一·黄河上》于"熙宁二年四月"条载："帝因谓二府曰：'韩琦颇疑修二股。'赵抃曰：'人多以六塔为戒。'王安石曰：'异议者，皆不考事实故也。'帝又问：'程昉、宋昌言同修二股如何？'安石以为可治。"第 2276 页。

貌似客观的叙述十分有力。最后的结果是，没有对刘庠进行处罚。①

熙宁三年三月，在谈到青苗法时，神宗问道，为什么大家都对青苗法议论纷纷？赵抃回答道，如果不合人情，即使是大臣主持的事情，也难以避免人们议论纷纷，就像在英宗朝人们议论濮王的事情那样。②赵抃就是这样，当着神宗、王安石的面，旁敲侧击，点到为止。

不过赵抃的这种处事方式，也遭受到了批评。当时的监察御史张戬就弹劾赵抃等人"依违不能救正"，意即态度不明朗，和稀泥。有一次，上书几十次反对新法的张戬，直接跑到中书政事堂跟王安石争吵。看到张戬这个样子，王安石用扇子遮住脸直笑。张戬说，我的狂直的确值得你笑，但天下人笑你的更多。赵抃见状，从旁劝解，张戬顶了赵抃一句说，你也不是没有罪。这让本来就对王安石变法持有异议的赵抃感到很羞愧，便称病不再上朝。③

① 《宋会要辑稿》食货四之二二："（熙宁三年二月）二十七日，条例司言：'河北转运司奏：坊郭多有浮浪无业之人，深虑假托名目请出青苗钱，却致失陷。已牒州事未得给散，别听朝旨。本司看元降敕意，指定支与乡村人户，如有羡余，方及坊郭有抵当户。乞遍下诸路遵守。'从之，仍诏河北，其转运司刘庠擅住不给散，更不问罪。时刘庠奏至，王安石曰：'近东京王广渊一面施行铁冶事，事皆便利，朝廷从之。然以不候朝旨，不免被劾，而陛下特旨放罪。今河北既擅行止俵，又事不可从，何可但已？'陈升之曰：'如此，则愈于新法非便。'安石曰：'不如此，乃于新法非便。王广渊等力行新法，故事虽可从而被劾；刘庠等力沮新法，故事虽不可从而不问。如此，则人必为大臣风旨，以为于此有所好恶，安能无向背之心？盖朝廷法令，务在均一，不可有所偏党。'上令依广渊例放罪，而升之等固争，以为不当如此。上固令降指挥。赵抃曰：'臣在河北，亦尝如此奏事，朝廷亦不之问。'……乃因令放罪，而有是诏。"第 6048 页。

② 《续资治通鉴长编纪事本末》卷五五："熙宁三年三月，因言青苗法。上曰：'人言何至如此？'赵抃曰：'苟人情不允，即大臣主之，亦不免人言，如濮王事也。'"

③ 《宋史》卷四二七《张戬传》载："熙宁初，为监察御史里行。累章论王安石乱法，乞罢条例司及追还常平使者。劾曾公亮、陈升之、赵抃依违不能救正，韩绛左右徇从，与为死党，李定以邪谄窃台谏。且安石擅国，辅以绛之诡随，台臣又用定辈，继续而来，芽蘖渐盛。吕惠卿刻薄辩给，假经术以文奸言，岂宜劝讲君侧。书数十上，又诣中书争之，安石举扇掩面而笑，戬曰：'戬之狂直宜为公笑，然天下之笑公者不少矣。'赵抃从旁解之，戬曰：'公亦不得为无罪。'抃有愧色，遂称病待罪。"第 12725—12726 页。

　　除了张戬，后来成为宰相的范仲淹之子范纯仁，也在上疏中批评包含赵抃在内的执政大臣，不能力争阻止王安石变法。其中涉及赵抃的批评是："赵抃心知其非，而词辩不及安石，凡事不能力救，徒闻退有后言。"意思是说，赵抃在心里明明知道王安石那样做是错的，但因为争辩不过王安石，对变法的各种事情不能阻止，只是在事后私下议论。①

　　赵抃的处事方式，也在一定程度上影响了历史走向。当青苗法实行后，前宰相韩琦上奏批评。看到神宗产生动摇，王安石便称病不出来办公，要求罢免他的参知政事。翰林学士司马光在以皇帝名义写给王安石的批复文书中，有"士夫沸腾，黎民骚动"之语，更让王安石极为愤怒，写奏章上诉。神宗连忙请人让王安石出来办公。本来，在产生动摇之际，神宗曾下令给执政大臣，废除青苗法。当时，宰相曾公亮和参知政事陈升之就想立刻奉诏执行，但赵抃则认为青苗法是王安石主张的，还是应当等王安石出来工作，由他自己亲手废除比较妥当。所以这件事就一直搁置了好几天。对于执政大臣迟迟不废除青苗法，神宗就更加疑惑。王安石出来办公后，顽固坚持自己的意见，任何人便都无法说服他了。②

　　以上是李焘在《长编》中的记载，关于这件事，还有另一个比较原始的版本。朱弁《曲洧旧闻》的说法是，收到韩琦批评新法的奏疏，神宗产生动摇，但并未明确指示废除新法。王安石称病求罢，宰相曾公亮拿着韩琦的奏疏问其

---

① 　［宋］范纯仁《范忠宣公奏议》卷上在上奏于熙宁二年八月的《论刘琦等不当责降》中说："曾公亮年高不退，廉节已亏，且欲安石见容，惟务雷同苟且，旧则好拘文法，今则一切依随。赵抃心知其非，而词辩不及安石，凡事不能力救，徒闻退有后言。此皆陛下大臣所为，安得政令无失？"《四库全书》文渊阁本。

② 　［宋］徐自明《宋宰辅编年录》卷七于"熙宁二年"条引《长编》云："先是，青苗法行，民病之。虽一时台谏之臣并侍从臣争言不可，而安石愈益主之力。韩琦时镇北京，于是自外奏封事，言青苗实为天下害。奏至，上始疑焉。安石心知上意疑，乃移病固请分司。翰林学士马光草批答，乃以大义责安石，有'士夫沸腾，黎民骚动'之语。安石大愤，立奏书诉于上。于是，上复为手诏谕安石，又令吕惠卿谕旨。遂谢，复视事。安石之在告也，上谕执政罢青苗法，曾公亮、陈升之欲即奉诏，赵抃独欲俟安石出，令自罢之。连日不决，上更以为疑。安石出视事，持之益坚，人言不能入矣。"第 391 页。

他执政大臣怎么办，赵抃说，还是等王安石回来再说吧。曾公亮默不作声，却连夜让他的儿子曾孝宽到王安石家催促说，你赶紧出来上朝办公吧，如果不出来，事情朝哪个方向发展就不好说了。即使你不被罢免，变法也难有作为了。听到这样的话，王安石第二天立刻就上朝了。朱弁说，如果没有曾公亮的相助，王安石肯定会被罢免。后来羽翼已成，神宗即使后悔，新法也无法改变了。在曾公亮退休后，曾孝宽就得到了重用。①《曲洧旧闻》记载此事更合乎逻辑的地方是，王安石跟赵抃一样，都是曾公亮提携起来的，有门生座主之谊。所以连夜相告这个戏剧性的细节也不是没有可能出现。

朱弁还记载苏轼兄弟谈论起赵抃。苏辙说，看赵抃跟王安石处处显示出不同，他是一定不会帮王安石说话的。《邵氏闻见后录》在记载这件事之后说，因为没有废除新法，罢免王安石，人们都很为赵抃当时的做法遗憾。②其实，力求做事周到的赵抃，对因一时犹豫而丧失扭转历史的机会的这件事，内心里也非常遗憾。③这一细节显示，历史是由无数的偶然构成的必然。

---

① ［宋］朱弁《曲洧旧闻》卷八载："熙宁初，议新法，中外惶骇。韩魏公有文字到朝廷，裕陵之意稍疑。介甫怒，在告，不出。曾鲁公以魏公文字问执政诸公曰：'此事如何？'清献赵公曰：'莫须待介甫参告否？'鲁公默然，是夜密遣其子孝宽报介甫：'且速出参政，若不出，则事未可知。是参政虽在朝，终做一事不得也。'介甫明日入对，辩论不已，魏公之奏不行。其后鲁公致政，孝宽遂骤用。前辈知熙、丰事本末者，尝为予言，当此时人心倚魏公为重，而介甫亦以此去就，微鲁公之助，则必去无疑。既久，则羽翼已成，裕陵虽亦悔，而新法终不能改，以用新法进而为之游说者众也。东坡曾与子由论清献，子由曰：'清献异同之迹，必不肯与介甫为地。孝宽之进，他人之子弟不与，可以明其不助。'东坡曰：'当时阿谁教汝鬼擘口？'子由无语。"孔凡礼点校本，北京：中华书局，2002年，第202—203页。
② ［宋］邵博《邵氏闻见后录》卷二一载："韩魏公自外上章，历数王荆公新法害天下之状，神宗感悟，谕执政亟罢之。荆公方在告，乞分司。赵清献公参政事，曰：'欲俟王安石出，令自罢之。'荆公既出，疏驳魏公之章，持其法益坚，卒至败乱天下。识者于清献公有遗恨焉。"第166页。
③ ［宋］李焘《长编》卷二一○"熙宁三年四月己卯"条载："王安石更张政事，抃屡言其不便。及安石家居求去，上谕执政罢青苗法，抃独欲俟安石参假，由是新法不罢。抃大悔。"第5101页。

当然，是与非，黑白判然的评价，无论是放在王安石身上，还是放在赵抃身上，都不合适。局部与全体，短时期与长时段，视点有异，获得的影像也是远近高低各不同。不过，士大夫政治下的政争，在王安石变法初期，还都属于没有夹杂过多个人恩怨的正常政争，多数是站在国家或民众的立场上，围绕着政策的决策与实施的方针、方式以及实施效果的评价，展开的认识之争。像王安石与司马光，王安石与赵抃，都是这样。比如，公认是王安石政敌的司马光就对神宗这样评价王安石：“人们都说王安石奸邪，这样的诋毁太过分了。他只是不通达事理，加上又固执而已。”①后来的元祐党争，则是掺杂了过多的个人恩怨的冤冤相报。赵抃幸而早去世，没有看到和身历后来残酷的党争。

王安石与赵抃的恩怨，主要由政见分歧而来，但公与私，事实上难以分得清，纠缠在一起。赵抃几年后再度担任知成都府时，还以蜀地的情况为例，上言反对保甲法，为王安石所驳斥。②赵抃与王安石虽然几度共事，时间或长或短，但两个人的个人交往并不多。在同时代的文人之间颇多诗篇酬唱的当时，王安石和赵抃这两位擅长赋诗的士大夫，居然没有一首唱和诗篇留下来。尽管如此，两个人还是维持了过得去的表面关系。在元丰二年（1079）赵抃致仕之时，王安石还专门给赵抃写去一通公式化的书启《贺致政赵少保启》，根据赵抃的特点，也有恰如其分的评价：“资政少保，懋昭贤业，寅亮圣时，伯夷之直惟清，仲山之明且哲。”③

---

① ［宋］陈均编《皇朝编年纲目备要》卷一八“熙宁二年”条载：“上又曰：‘王安石何如？’光曰：‘人言安石奸邪，则毁之太过，但不晓事又执拗耳。’”第 424 页。

② ［宋］李焘《长编》卷二三八“熙宁五年九月”条载：“甲戌，赵抃言：‘累入蜀，深知蜀人情状，闻欲作保甲、教兵，必惊扰失人心。’上曰：‘初无教兵指挥。’王安石曰：‘无此，然教兵亦何妨？诸葛亮以蜀人脆而坚用之，亮尤为得蜀人心，何尝惊扰？’上曰：‘诸葛亮舍蜀人即无人可用。’安石曰：‘汉高祖伐楚，用巴渝板楯蛮。武王伐商，用庸、蜀、彭、濮人，岂有蜀人不可教以干戈之理！’”第 5804 页。

③ 《宋文鉴》卷一二一王安石《贺致政赵少保启》云：“窃审抗言辞宠，得谢归荣。翳西省谏诤之官，序东宫师保之位。殿廷鸣玉，尚仍前日之班；里舍挥金，甫遂高年之乐。伏惟庆慰，资政少保，懋昭贤业，寅亮圣时，伯夷之直惟清，仲山之明且哲。所居之名赫赫，岂独后思；尔瞻之节岩岩，方当上辅。遂从雅志，实激贪风。未即披陈，徒深钦仰。”第 1692 页。

其实，王安石与赵抃，在共事中并不全是冲突，也有互相协力之时。比如，赵抃当年举荐自代的苏寀，在熙宁二年（1069）时将从三司度支副使调任知梓州。宰相曾公亮和赵抃打算让苏寀在官阶上从兵部郎中超迁四阶为谏议大夫，神宗不同意，只允许升迁一阶到太常少卿。曾公亮和赵抃强烈坚持。最后是王安石调和了君臣双方的意见，提议在加一阶之上，再授予清要之职名修撰，打破了僵局。①

关于王安石与赵抃，宋人还记载了这样一件轶事。跟王安石关系很好的孙觉，在元丰年间，趁着服丧结束后的余暇，前往看望已经退居蒋山的王安石。寂寞之中的王安石，看到老友的到来，非常高兴。在一个房间摆上两张床，每天二人对榻夜语直到很晚。有一天，王安石对孙觉说，我想乘船游浙江，你能跟我一起去吗？赵抃刚好也在那边，可以顺路访问。孙觉回答说，您果真要去的话，我一定奉陪。当晚，同睡一室的孙觉，听到王安石在床上有叹息的声音。第二天早晨，王安石对孙觉说，我老了，还是动不如静，怎么能去浙江？再说了，也没必要去见赵抃那个老畜生。听了这番话，孙觉大吃一惊，没过多久，就跟王安石辞别了。②

这段轶事，看上去像是王安石对赵抃恨之入骨，其实是折射出王安石对赵

---

① 《宋会要辑稿》食货五六之一四载："（熙宁二年）八月十八日，三司度支副使、兵部郎中苏寀为太常少卿、集贤殿修撰、知梓州。曾公亮初欲除寀谏议大夫，上弗许，公亮曰：'若除待制即更优。'上曰：'只与转一官。'公亮及赵抃固争，上曰：'吴充除三司使，已不转官。'公亮及抃又固争，以为三司副使剧任，如此即无以劝人。上曰：'劝者，将劝其任职，寀果任职否？'公亮又曰：'省副但可择人，不可减其恩例。'王安石请以寀为修撰，上许之。三司副使罢不除待制，自此始。"第7289—7290页。

② ［宋］吴开《漫堂随笔》载："予仲弟明仲言，得之孙端子实云：孙觉莘老与王介甫善，熙宁以言事得罪。元丰中，莘老免丧，往蒋山谒介甫。介甫道旧故甚欢，对设榻台上，夜艾枕上笑语。一日曰：'吾欲拿舟游浙河，公能同我乎？赵阅道在越，因可访之。'莘老曰：'公果往，某敢不陪行！'是夕，介甫睡觉，但闻叹惜声，及旦，谓莘老曰：'吾老矣，动不如静，安能游浙？又思之赵抃老畜生亦何用见！'莘老大骇，少日遂告别。阅道，熙宁人，亦特异。"赵龙整理《全宋笔记》本，郑州：大象出版社，2018年，第129页。

抃一种很矛盾的心理。想去浙江拜访，可见王安石还是把赵抃牵挂在心，但想想以前共事时的龃龉不快，又不由得怒从中来，所以破口大骂。王安石的前后表现，反映的正是剪不断理还乱的复杂心境，对过去的变法事业，王安石一直没有放下。

不管跟王安石关系如何，也不管站在什么立场，宋人对赵抃担任参知政事期间的表现，给予了很高的评价。南宋刘克庄在写给真德秀的信中就基于现实而产生感慨，说现在朝廷没有像唐介、赵抃跟王安石那样的关系，都是阿谀奉承，上下结党。在刘克庄看来，赵抃跟王安石的关系，是属于很正常的关系。①

王安石为了推行新法，在当时另行成立制置条例司，等于是在中书门下决策机构之外另立一个决策机构。所以，制置条例司向全国各地派遣四十余位使者推行新法时，赵抃和其他执政大臣几次要求停止这种做法，希望还像过去那样，责成各路监司来管理相关事务，而王安石根本不听众意，强行此举。

对此，熙宁三年（1070）三月，赵抃上《乞罢制置条例司及诸路提举官札子》，对王安石变法的一些做法直接做出正面抨击。他列出具体事实，制置条例司派出的七八个人纷纷辞职，近臣侍从台谏都上言制置条例司不当设置，还有几个官员直接到中书跟王安石辩论。司马光的枢密副使任命还被中止，有几个近臣也要求离开朝廷到地方任职。赵抃针对这种状况说，现在不罢追求财利，失天下民心，是去重而取轻；不罢提举官，放弃禁近耳目之臣，是失大而得小。希望皇帝惜体之大，罢其轻者小者，变祸为福。②

做了最后一击，赵抃毅然要求辞去参知政事，到外地任官。为新法之事，赵抃与王安石屡屡相争，锐意一新政治的神宗无疑大多是站在王安石一边。屡争不胜，心忧变法带来的弊害，这种的状况，让赵抃很郁闷，整天唉声叹气。

① ［宋］刘克庄《后村先生大全集》卷一二八《乙酉答真侍郎》云："上下钳结，谀悦取容。庙堂之上，不闻有如召公之于周公，唐子方、赵阅道之于王介甫者；禁闼之内，不闻有如严延年之于博陆侯、王乐道之于韩魏公者。此等风俗虽难骤革，亦不愿诸贤薰陶渐渍之也。"辛更儒《刘克庄集笺校》本，北京：中华书局，2011 年，第 5213 页。

② ［宋］赵抃：《清献集》卷一〇《乞罢制置条例司及诸路提举官札子》。

当时中书的宰相执政大臣，曾公亮年纪很大，富弼有脚病不便上朝，唐介因争新法毒疮发作而死，只有王安石生气勃勃的。所以，当时的人用"生、老、病、死、苦"来形容中书的宰相执政大臣，即王安石生、曾公亮老、富弼病、唐介死、赵抃苦。① 并且，在中书赵抃力争不胜，新法得以推行，外界不明内情，又有人批评赵抃反对的态度不明朗，立场不坚定。② 在这种状况下，赵抃决意辞去参知政事，离开中书这个是非之地。他连上四通辞职表奏，都没有得到神宗的同意。

宋朝的惯例，大臣提出辞职，要求外放或退休，几乎没有仅上表一次就同意的，总要拒绝几次。这样做，一是表示挽留，二是试探辞职者的真实意图。当赵抃第五次上表请求辞职时，神宗意识到赵抃去意已坚，便批准了他的请求。这是苏轼在赵抃神道碑中的说法。宋朝政府档案汇编《宋会要》，记载说是九次上章坚辞，才获批准。③《宋会要》的记载应当是准确的，有赵抃自己写的诗为证。在《送二十三侄岯还衢赴举》一诗中，赵抃就这样写道："乡人若问吾归计，已叩天阍第九章。"④

---

① ［宋］魏泰《东轩笔录》卷九载："熙宁初，富郑公弼、曾鲁公公亮为相，唐质肃公介、赵少师抃、王荆公安石为参知政事。是时，荆公方得君，锐意新美天下之政，自宰执同列，无一人议论稍合，而台谏章疏攻击者无虚日，吕诲、范纯仁、钱颉、程颢之伦，尤极诋訾，天下之人，皆目为生事。是时，郑公以病足，鲁公以年老皆去，唐质肃屡争上前，不能胜，未几，疽发于背而死，赵少师力不胜，但终日叹息，遇一事更改，即声苦者数十。故当时谓中书有生、老、病、死、苦，言介甫生、明仲老、彦国病、子方死、阅道苦也。"李裕民点校本，北京：中华书局，1983年，第102页。

② ［宋］邵伯温《邵氏闻见录》卷一三载："时范忠宣公为侍御史，皆劾之，言荆公章云：'志在近功，忘其旧学。'言富公章云：'谋身过于谋国。'言曾公、赵公章云：'依违不断可否。'"李剑雄、刘德权点校本，北京：中华书局，1983年，第141—142页。

③《宋会要辑稿》职官七八之二二载："（熙宁）三年四月十九日，右谏议大夫、参知政事赵抃罢授资政殿学士、知杭州。先是，王安石用事，议论不协，台谏、侍从多以言求去，抃上疏言：'非宗庙社稷之福，臣恐天下自此不安矣。'章九上求去，故有是命。"第5200页。

④ ［宋］赵抃：《清献集》卷五。

熙宁三年四月十九日，任命赵抃为资政殿学士、知杭州。①

后来，赵抃在一篇文章中写道："抃以大行皇帝宾天之年，蒙今上简擢以为参知政事，奉职无状，出知杭州。"②"奉职无状"，应当是赵抃的一种自谦乃至自嘲的说法。不足三年的执政生涯，适逢变法波起浪涌，赵抃置身其中，依凭自己的理念，有着自己的坚守，政争秉以公心，不来私情。每天夜深人静之际，赵抃都会独自焚香于庭，像祷告一样，把自己一天的言行讲出来。有人问他为什么要这样做，赵抃回答说，如果欺心，就会羞于讲出来，哪里还敢告诉上天？我这样做是自我反省和告诫。③能如此自律，赵抃的所作所为，当问心无愧。

---

① ［宋］苏轼《赵清献公神道碑》云："言入，即求去。四上章，不许。熙宁三年四月，复五上章，除资政殿学士、知杭州。"《长编》卷二一〇"熙宁三年四月"条载："己卯，右谏议大夫、参知政事赵抃为资政殿学士、知杭州。"第5101页。

② ［清］纪磊、沈眉寿编：《震泽镇志》卷七载赵抃《奉真道院碑铭》，道光二十四年（1844）刻本。

③ ［宋］王巩《甲申杂记》载："赵清献每夜静，焚香于庭，具言自晨兴至夕，凡与人言及所奏事，与其所为事，谆谆以告诸天。或问之，则曰：'苟欺其心，则腼于语言，其敢告诸上帝乎？乃所以自警察也。'"张其凡、张睿点校《王文正公遗事　清虚杂著三编》本，北京：中华书局，2017年，第283页。

第七章　十年知州

第一节　衣锦杭州白昼归

熙宁三年（1070）四月，赵抃罢政，按原官阶右谏议大夫，加上参知政事正常外放所加荣誉职名资政殿学士，出知杭州。

俗称"上有天堂，下有苏杭"。历六朝至隋唐，杭州已成为江南名城。以至于作为刺史的白居易离开之后，极为怀念，写下《寄题余杭郡楼兼呈裴使君》云："官历二十政，宦游三十秋。江山与风月，最忆是杭州。"[1] "最忆是杭州"一句，白居易又写进《忆江南词》："江南忆，最忆是杭州。山寺月中寻桂子，郡亭枕上看潮头。何日更重游！"[2] 犹如身临其境的描摹，烘托着极尽的思念，让这首小词脍炙人口，也让杭州远近扬名。经五代入宋，杭州更为繁华。北宋柳永的《望海潮》一词对杭州的描绘更加远近驰名："东南形胜，三吴都会，钱塘自古繁华。烟柳画桥，风帘翠幕，参差十万人家。云树绕堤沙。怒涛卷霜雪，天堑无涯。市列珠玑，户盈罗绮，竞豪奢。重湖叠巘清佳。有三秋桂子，十里荷花。羌管弄晴，菱歌泛夜，嬉嬉钓叟莲娃。千骑拥高牙，乘醉听箫鼓，吟赏烟霞。异日图将好景，归去凤池夸。"据说，金国的完颜亮就是读了这首词，

---

[1] ［唐］白居易：《白氏长庆集》卷三六，顾学颉校点《白居易集》本，中华书局，1979年，第833页。

[2] ［唐］白居易：《白氏长庆集》卷三四，第775页。

而生出南侵之心。①

清人罗以智《赵清献公年谱》记载赵抃于当年八月到任杭州。②赵抃赴任，除了要求紧迫，一般都是跟宋代的其他多数官员一样，不紧不慢，顺路游览山水，前往任地。在走到杭州附近，赵抃写下《初赴杭州游风水洞》一诗：

> 风穴有声连水洞，听风观水暂闲身。
>
> 杭州未入从容甚，且与南山作主人。③

风水洞位于距离杭州市中心约十兀公里的云泉山中，作为大型"水陆兼备"的溶洞，东晋时就是"湖埠十景"之一。

白居易就任杭州刺史一年后，方得空半日游览风水洞，赋诗云：

> 云水埋藏恩德洞，簪裾束缚使君身。
>
> 暂来不宿归州去，应被山呼作俗人。④

北宋著名的隐士林逋也写有题为《风水洞》之诗：

> 平昔常闻风水洞，重山复水去无穷。
>
> 因缘偶入云泉路，林下先闻接客钟。⑤

跟林逋有过交往的范仲淹，在担任杭州知州时也曾到访，赋有《风水洞》诗：

> 神仙一去几千年，自遣秦人不得还。

① ［宋］罗大经《鹤林玉露》卷之一丙编《十里荷花》云："孙何帅钱塘，柳耆卿作《望海潮》词赠之云：'东南形胜，三吴都会，钱塘自古繁华。烟柳画桥，风帘翠幕，参差十万人家。云树绕堤沙。怒涛卷霜雪，天堑无涯。市列珠玑，户盈罗绮，竞豪奢。重湖叠巘清佳。有三秋桂子，十里荷花。羌管弄晴，菱歌泛夜，嬉嬉钓叟莲娃。千骑拥高牙，乘醉听箫鼓，吟赏烟霞。异日图将好景，归去凤池夸。'此词流播，金主亮闻歌，欣然有慕于'三秋桂子、十里荷花'，遂起投鞭渡江之志。"第241页。
② ［清］罗以智：《赵清献公年谱》"熙宁三年庚戌，六十三岁"，第1308页。
③ ［宋］赵抃：《清献集》卷五。
④ ［唐］白居易：《白氏长庆集》卷二〇《予以长庆二年冬十月到杭州明年秋九月始与范阳卢贾汝南周元范兰陵萧悦清河崔求东莱刘方舆同游恩德寺之泉洞竹石籍甚久矣及兹目击果惬心期因自嗟云到郡周岁方来入寺半日复去俯视朱绶仰睨白云有愧于心遂留绝句》，第448页。
⑤ ［宋］潜说友：《咸淳临安志》卷二九，《宋元方志丛刊》影印本，北京：中华书局，1990年。

春尽桃花无处觅，空余流水到人间。①

在赵抃之后，又有同时代的苏轼，南宋的朱熹也曾到访赋诗。同时而稍早的林逋、范仲淹的诗，赵抃未必知道，但唐代大诗人白居易的诗，赵抃一定耳熟能详。赵抃很熟悉白居易在杭州的事迹，在他第二次知杭州时，曾写下"乐天曾不厌杭州"的诗句。②其实，我们比较赵抃与白居易咏风水洞的诗，发现韵脚用字完全相同。很显然，赵抃是在游览之际，想起了白居易的诗，而写下的唱和之作。

或许，赵抃在赴任之际顺路游览风水洞，也是由于读了白居易这首诗。白居易是担任刺史一年后才抽空游览的，赵抃则是吸取了白居易的教训，在赴任之前便了却心愿。因为赴任前的赵抃，"杭州未入从容甚"，还是"听风观水暂闲身"。尽管赵抃在知杭州之前，已经有了不少担任知州的经历，但他清楚，杭州这个繁华的大州，公务一定不会清闲，所以他要趁着未到任接手公务之前游览。

的确，上任之后，赵抃就直接感受到了杭州公务的繁忙。在离任后，赵抃曾写诗回忆道："河塘繁剧是杭州。"③

关于赵抃治理杭州，苏轼在神道碑中略有提及。说因为大家都知道赵抃宽厚，杭州的无赖子弟听说是赵抃上任后，就有些肆无忌惮，聚在一起做一些坏事。赵抃也看出了这些人的意图，便严厉惩治了犯罪严重的人，把他们刺配流放到其他地方去了。其他无赖子弟看到赵抃如此严厉，便都逃得远远的了。④宋代杭州的地方志在记载这件事之前，说赵抃"为政视其俗之厚薄，与事多寡，设施为术不同"。就是说，赵抃行政治理是针对各地的具体情况，对症下药，因地制宜。

---

① ［宋］施谔：《淳祐临安志》卷九，《宋元方志丛刊》影印本，北京：中华书局，1990 年。
② ［宋］赵抃：《清献集》卷四《武林即事寄前人二首》之二。
③ ［宋］赵抃：《清献集》卷四《次韵即事见怀》。
④ ［宋］苏轼《赵清献公神道碑》载："公素号宽厚，杭之无赖子弟以此逆公，皆骈聚为恶。公知其意，择重犯者率黥配他州，恶党相帅遁去。"

苏轼在神道碑中对无赖子弟的恶行没有具体展开，但我们从文献中对南宋杭州无赖子弟恶行的记载也可以想见一二。元宵佳节，游人如织，摩肩接踵。于是，无聊的无赖恶少，便乘机进行恶作剧，拿一方刻有"我惜你，你有我"的印章，在闹市中偷偷印到妇女衣服上。白衣服印黑字，黑衣服印黄字，以羞辱妇女来寻开心。在毫无知觉的情况下，被无关的人无端在衣服上印上这样的话语，放在今天，也让人觉得恶心和犯忌讳。而在当时，被害者不仅在精神上会感到受辱，如果遇到不辨青红皂白的大君或者父母，还会真假难分，百口莫辩，生出许多意外事端。事情报告到以严治闻名的临安知府赵子绣那里，他雇佣几个妇女扮成村妇，在无赖子弟犯罪时，一举擒获。一调查，为首的竟是号称"拦街虎"皇族子弟。愤怒的赵子绣，让衙役一顿乱棍把这个无赖子弟打死了。① 想来赵抃遇到的无赖子弟也是类似。经过赵抃的治理，地方志记载说"盗遂散去，境内以清"②。地方志称为"细民"，不如神道碑称作"无赖子弟"具体。

与赵抃同时而稍后成为宰相的苏颂也讲起过赵抃治杭，被他的孙子记录下来。说赵抃因为平生倾心于佛学，所以在行政治理上也是以宽大慈悲为怀。被任命为知杭州的时候，杭州人认为赵抃是来自邻州的宽厚长者，特别高兴，

---

① ［明］田汝成《西湖游览志余》卷二五《委巷丛谈》载："高宗时，赵待制子绣尹临安府，方留意，元宵张灯甚盛，游人繁夥。有亡赖子造五色印，于人丛中印妇人衣。印文云：'我惜你，你有我。'白衣用黑印，青衣者用黄印。闹市中殊不觉也。次日视之，方骇。虽贵官良眷，无不含羞点污。事闻于赵。赵素以弹压自负，即命总辖捕索之，督责甚酷。捕者乞勿张皇，更宽一夕，可以计获。赵许之，即于牙侩处假数婢，饰为村妇出游，自后视之。至喧闹处，亡赖果如前所为，俱就执缚。其为首者，乃睦亲宅宗子也，素号'拦街虎'。府尹以叔父行。戒云，俟坐衙，即押来，不得言是宗子。遂命左右以巨棰笞之，虽叫呼，竟若不闻，须臾榜死。赵即自劾，得旨放免。时人服其刚决云。"刘雄、尹晓宁点校本，上海：上海古籍出版社，2018年。

② ［宋］周淙《乾道临安志》卷三载："为政视其俗之厚薄与事多寡，设施为术不同。杭州故多盗，闻抃性宽，细民益聚为盗。抃取其情重者，配他州。盗遂散去，境内以清。"《宋元方志丛刊》影印本，北京：中华书局，1990年。

走出上百里来欢迎。到任之后，赵抃为政却非常严厉，无论是官吏还是百姓，犯错都不轻易宽恕。这让杭州人很失望，不知赵抃到底是什么意图。有人说，这就像是王肃"三反"。[①]据记载，三国时的王肃在行为上的表现互相矛盾。[②]这个记载，跟苏轼在神道碑中记述的赵抃第一次知杭州很相似，但苏颂说是"晚岁自乡里宫祠起知杭州"。赵抃没有担任过宫祠官，这一说法有误。从百姓对赵抃不了解的记载看，应当是初知杭州的时候。

地方志还记载赵抃"所至必兴学校，劝奖后进"。这句话虽说像是泛泛而言，但在赵抃知杭州任上，也能找到支撑的证据。证据来自赵抃的诗。赵抃在《杭州鹿鸣宴示诸秀才》写道：

> 秋闱贤诏出严宸，郡国详延在得人。
>
> 豹变文章重君子，鹿鸣歌咏集佳宾。
>
> 初闻素履称乡闬，终起英名动缙绅。
>
> 预想帝庭俱唱第，宠光荣宴杏园春。[③]

此为赵抃兴学校奖后进之证。

赵抃很感激把他外放到杭州，尽管他说"奉职无状，出知杭州"[④]，但外放的是距离家乡并不很远的繁华都市杭州，让赵抃还是有一种衣锦还乡的感觉。他在《述怀》诗中写道：

---

① ［宋］苏象先《丞相魏公谭训》卷五《前言·政事》载："赵清献平生留意释氏，常参圆照，所至以宽慈为治。晚岁自乡里宫祠起知杭州，杭人以其邻邦大老，又素长者，颇喜其来，父老出数百里迎之。既至，治以严肃，不可忤犯。鞭扑无所容贷，官吏不少假借。杭人大失望，不知公意如何？或曰：'亦如王肃三返。'"储玲玲整理本，郑州：大象出版社，2008年，第71页。

② ［晋］陈寿《三国志》卷一三《魏书·钟繇华歆王朗传》裴松之注云："刘寔以为肃方于事上而好下佞己，此一反也。性嗜荣贵而不求苟合，此二反也。吝惜财物而治身不秽，此三反也。"中华书局编辑部点校本，北京：中华书局，1982年，第423页。

③ ［宋］赵抃：《清献集》卷四。

④ ［清］纪磊、沈眉寿编：《震泽镇志》卷七载赵抃《奉真道院碑铭》，道光二十四年（1844）刻本。

三十年前一布衣，烂柯山下骥鸣飞。

梦刀蜀国青天上，衣锦杭州白昼归。

曾预机衡蒙帝眷，自同葵藿向晨晖。

东斋事少愚知幸，终日平岚面翠微。[①]

"三十年前一布衣"，赵抃景祐元年（1034）登进士第，到熙宁三年（1070），已经三十六年，取其整数云"三十年"。根据这一表述，知此诗当作于赵抃初知杭州时。三十多年前的一个年轻人，走出家乡烂柯山，一鸣惊人，一飞升天，几乎登上了政坛顶峰。年过花甲，回到家乡附近的大都市任官，无疑等于衣锦还乡。《史记》记载项羽还乡的理由时说："富贵不归故乡，如衣绣夜行，谁知之者！"[②] 那么，大白天衣锦还乡，是谁都看得到的光鲜。光宗耀祖，振兴家业，也是赵抃走金榜题名科举之途的一个动力。

宽猛相济，杭州大治，也让赵抃从繁忙的公务中摆脱出来。"东斋事少"，方能使赵抃可以一整天都在平岚亭面对青翠山水。除了欣赏湖光山色，赵抃也有闲暇写诗撰文。

在杭州期间，赵抃还应邀为道观写下《奉真道院碑铭》。存世的赵抃文字，已散佚不全，收录在文集中的以诗篇与奏议为多，能够直接反映赵抃思想的文字很难见到。这篇仅有一千字左右的集外佚文是了解赵抃思想的重要文献。《五灯会元》卷一六专辟《蒋山泉禅师法嗣清献赵抃居士》一章，来讲赵抃"系心宗教"。佛教徒也颇以赵抃崇佛而自豪，常常津津乐道。[③] 联系到赵抃与不少僧人的交往唱和，似乎赵抃在中年以后皈依了佛教。这是一种误解。对于赵抃显现出来的思想倾向，就连南宋的理学大师朱熹也感到困惑不解，曾发问

① ［宋］赵抃：《清献集》卷四。

② ［汉］司马迁：《史记》卷七《项羽本纪》，中华书局编辑部点校本，北京：中华书局，1959 年，第 315 页。

③ ［宋］朱熹《晦庵先生朱文公文集》卷八四《书先吏部与净悟书后》云："净悟，建阳后山人，晚自尊胜退居南山云际院，一室萧然。禅定之余，礼佛以百万计。年过八十，目光炯然，非常僧也。常为余道富文忠、赵清献学佛事。"第 4010 页。

道，赵抃为什么会沉浸于佛学呢？[①]

看来，赵抃与佛教的密切关系实在是一个难以回避的问题。南宋末年的陈仁玉对这个问题有所回答。他讲道，有人说赵抃的学问渊源来自佛教，跟周敦颐后来为同僚，本应有所变化，但最终也没有改变。针对这样的议论，陈仁玉说，赵抃的坚忍自律和离俗绝欲，跟佛教偶然相合，但他的发言处事和立朝治郡都是中规中矩，有坚守，有变通，却不是沉溺佛教者的作为。这跟周敦颐的言行并没有区别。在周敦颐的理学大盛之前，士大夫由于习性相近而从佛学那里汲取了很多东西，不应当用这一点来断定赵抃就是崇尚佛教。[②]陈仁玉的反驳，首先是把赵抃的入世的政治作为与出世的个人修养区分开来观察的。其次，从时代因素上说，在理学大盛之前，佛学的确是士大夫的一个精神资源。分析之后，他说，不能以此下结论，来非议赵抃。

清人罗以智在《赵清献公年谱》中也为赵抃辩解说，赵抃的学问广泛涉猎佛教、道教，并没有成为他的缺点，不必避讳这一事实，况且赵抃也并没有沉溺于其中。[③]罗以智辩解得很有道理。不过，还是赵抃本人的"夫子自道"更为有力。

在《奉真道院碑铭》中，赵抃认为，天下之所以能够得到长久的良好治理而不发生问题，一定要有作为意识形态的主导思想，成为所有人的精神支柱；

---

① ［宋］朱熹《晦庵先生朱文公文集》卷八三《跋赵清献公家问及文富帖跋语后》云："公于佛学盖没身焉，何邪？因览此卷，为之叹息云。"第3960页。

② ［清］陆心源《皕宋楼藏书志》卷七四载陈仁玉《赵清献公文集序》云："或曰：公之学多出于佛，及得濂溪为僚而有闻焉，宜于是焉变矣，而卒不变。仁玉谓公之坚清超卓，可以离尘绝欲者，偶与佛氏合；至其发言制事，立朝治郡之迹，皆中度合则，守常达变，非蔽于佛者之为也。尝试考濂溪措诸用者观之，有以异乎？盖自濂洛教法未大彰明以前，诸公往往以其性之所近，而有得于佛者固多矣。不当以是议公也，因并著之。"许静波点校本，杭州：浙江古籍出版社，2016年，第1321页。

③ ［清］罗以智《赵清献公年谱》"庆历八年戊子，四十一岁"载："公之自甘淡泊本于性，成其学。博涉释老，不足为公累，亦不必为公讳。公固非惑溺于二氏者也。《传灯录》因以公为蒋山泉禅师法嗣，殆不可信。"第1300页。

也一定有三教三足鼎立，使人们的信仰有所归属。由此赵抃讲到儒学的起源，讲到佛教的东流，然后重点说到度人劫难的道教。他认为道教大旨也是仁爱，跟儒学互为表里。从孔子拜访老子问礼开始，赵抃叙述道教历史，讲述道教在宋代受到的重视。最后具体讲到他应道士的要求，向皇帝为道观请赐额"奉真道院"，又应邀写下这篇为了刻石之用的《奉真道院碑铭》。宋朝的皇帝拥有道教情结，不光后来宋徽宗称为"道君皇帝"，文章中也讲到宋真宗下令让王钦若增补道藏，赐名为《宝文统录》。赵抃还在文章中把皇帝称为"天王"。赵抃在文章中屡屡提到"三教"，显示了他对三教合一的赞同倾向。

基于这种认识，赵抃与僧道两界都有着广泛的交往，特别是他跟高僧辩才交谊很深，曾经写下过《辩才真赞》。[①] 苏辙就称赵抃与辩才是"世外友"。[②] 这样的称呼就表明，二人虽有很深的交往，毕竟不属于一个世界的人。黄庭坚还记载赵抃跟另一位高僧圜明大师也有交往。赵抃请圜明大师讲《楞严经》，听得如痴如醉。其实，三教的界限在宋代并非是不可逾越的鸿沟，彼此都有交流。据黄庭坚讲，这个圜明大师又"从诸儒讲学，于书无所不观，于文无所不能"，并且还喜欢道家葛洪的《内篇》。[③] 南宋的周必大写在赵抃手迹上的题跋也说，儒书和佛典虽然不同，但在让人寻求安心和回归本真这一点上却是一致的。[④]

---

① 《咸淳临安志》卷七八赵抃《辩才真赞》："师去天竺，山空鬼哭。天竺师归，道场光辉。大士大悲，实师焉依。师乎真乎，真金琉璃。教宗智者，法嗣绍师。须弥有坏，至道无为。稽首慈相，仰之赞之。皆无妙幻，岂胜言思。"按，此文今本赵抃文集失收。

② ［宋］苏辙：《栾城集》卷二四《龙井辩才法师塔碑》，陈宏天、高秀芳点校《苏辙集》本，北京：中华书局，1990 年，第 1143 页。

③ ［宋］黄庭坚：《山谷全书》正集卷三二《圜明大师塔铭》，郑永晓点校《黄庭坚全集》本，南昌：江西人民出版社，2011 年。

④ ［宋］周必大《平园续稿》卷九《题赵清献公帖》云："儒书释书虽异，而欲人求放心、复本性则同，皆因其所固有谆谆然命之，非强以外铄也。赵清献公习与性成，庶几由仁义行，宜乎造次必于是，观其与弟侄家问可知矣。庆元庚申十二月日，平园老叟周某书而归之季路汪氏。"王瑞来《周必大集校证》本，上海：上海古籍出版社，2020 年，第 470 页。

　　赵抃跟僧人交往还有一件轶事。由于赵抃尊礼方外之士，所以有僧人来访，一般都让门房放进来。有一天一个士人来访，把自己的文章给赵抃看，大概文章的内容与王安石变法有关。赵抃就板着脸对士人说，朝廷设有学校，开科取士，为什么不好好学习，却跟一个从朝廷退下来的人说东道西？那个士人听了赵抃的话，诚惶诚恐地告辞了。以后再度来访的时候，门房就不给他通报了。这个士人问道，为什么参政只是那么敬重和尚？门房说，平常来访的和尚，也不过是平常人，相公说只是看重他那身和尚袈裟。士人听后笑道，这么说我这身白衣士人服就不值钱了？门房说，也是半看佛面。士人对答，那也要稍稍看孔夫子面啊。这段轶事，人们传为笑谈。[①] 从中也透露出赵抃与僧人频繁交往的事实。

　　在宋代的士大夫中，还存在崇佛与排佛之争，也有人沉溺于道教。不过，三教合一的趋势已经显现。赵抃的认识，应当说是比较包容的，相当早地认同三教合一。当然这并不是赵抃个人思想认识的灵光显现，而是有着时代因素的影响。北宋开始兴起的理学，其实就吸收了佛教和道教中的一些思想要素和思辨方法。赵抃交往唱和的，不仅仅是僧人，也有道士。赵抃还跟理学大师周敦颐以及胡瑗交往[②]，又让长子赵岏师从胡瑗[③]，也在一定程度上接受理学思想。然而，尽管对佛教、道教包容和有所接受，赵抃的立场还是站在儒学上的，这

---

① ［宋］佚名《道山清话》载："赵阅道罢政闲居，每见僧至，接之甚有礼。一日，一士人以书贽见，公读之终卷，正色谓士人曰：'朝廷有学校，有科举，何不勉以卒业，却与闲退之人，说他朝廷利害。'士人皇恐而退。后再往，门下人不为通。士人谓阍者曰：'参政便直得如此敬重和尚？'阍者曰：'寻常来相见者，僧亦只是平平人，但相公道只是重他袈裟。'士人者笑曰：'我这领白襕，直是不直钱财？'阍者曰：'也半看佛面。'士人曰：'便那辍不得些少来看孔夫子面。'人传以为笑。"赵维国整理本，郑州：大象出版社，2006 年，第 108 页。

② ［宋］赵抃：《清献集》卷八《乞留胡瑗状》。

③ ［宋］文同《丹渊集》卷三八《试秘书省校书郎赵君墓志铭》载："游太学，事先生胡瑗，授诸经。钩探摘抉，造诣深隐，纂撰辞语，精简浑重，瑗独常称之。"

从他在文章中自称"吾儒之学"便可清楚。①

原本对赵抃晚年倾心佛学困惑不解的朱熹，后来也对赵抃有了一定的宽容的理解。朱熹说，赵抃晚年学佛，自己认为很有收获，也勉励兄弟和亲属学习。教导他的侄子要没有邪念，于公于私都谨畏小心，就是践行了基本的佛事了。

---

① ［清］纪磊、沈眉寿编《震泽镇志》卷七赵抃《奉真道院碑铭》："天下之所以常治无弊者，盖必有教焉以主之，使众心如所归，亦必有二教焉以鼎峙之，使群伦决所属。故羲图既画，遂泄混沌之奇，由是而书契也，礼乐也，皆日就夫文明，而吾儒之学于以浸昌。迨其后而释氏又以其秘密真宗，东流震旦，如三乘、四教、临济、沩仰、云门、曹洞诸大法门，咸识参微妙，名振当时，帝王卿相，莫不崇而奉之。猗与盛哉！乃穷搜道藏所谓开劫度人者，其天书符篆，皆文章诡怪，世所不识，然推厥大旨，盖亦归于仁爱清净，积而修习，渐致长生，自然神化，与儒更相表里。自上古黄帝、帝喾、夏禹之俦，并遇神人，受道箓。第三代以还，漆书竹简，靡所存证。至周时，李伯阳为柱下史，孔子造而问礼，乃有'犹龙'之叹。赧王九年，始飞升昆仑，而《道德》五千言悉举灵文奥典，宣布人间。汉时诸子道书之流，至三十有七家。嗣是而陶弘景、寇谦之之徒相继鼎盛，天子为筑坛于南郊，每帝即位，必登坛受箓，以为盛事。唐开元中，列其书为藏目，曰'三洞琼纲'。宋兴以来，再遣官校定，尝求其书，得七千余卷，命徐铉等校雠，去其重复。真庙大中祥符中，命王钦若依旧目刊补，合为新录，凡四千三百五十九卷，撰篇目上献，赐名曰'宝文统录'。圣眷之隆，盖固有间也。抃以大行皇帝宾天之年，蒙今上简擢以为参知政事，奉职无状，出知杭州，惟凛凛覆𫍲是惧。间从公退之暇，寓目珠庭兰若间。忽一日，有苍颜鹤发、黄冠羽衣揖余而前，若有所请。听其言，娓娓见道云：'自髫龀皈依明师，及长为洞真宫提点。杭故繁华地，城市喧阗，非栖真养性之所。尝过吴江之笠泽，乐其风土，而又况乎麻湖、泖水经其南，洞庭、具区亘其北，东连吴会，西接两浙，实吴中一大胜境也。年来社有学，大雄有寺，独灵宫秘宇无闻焉，良亦三教中之缺典。愿卜居于此，使真风广被，庶有裨于一方耳。明公其盍请诸朝？'余欣然唯唯，以其情上闻。天王圣明，不以小臣纰缪，赐额'奉真道院'，即令提点洞真宫，道士沈子守元住持。守元遂殚力劝募，鸠工而庀事焉。今且轮奂一新，琅函具备，巍然为宇内一大法幢。其绳绳无艾，固未可量；但恐世远人湮，参稽无绪，再乞余言，寿诸石。余不敏，愧不能文，特嘉沈子能以其教翼天下，欲以持世，而非以诬世也；矧天语煌煌，又非私倡而私和也哉，是可铭也。铭曰：粤稽元始，肇自无垠。神人体之，福兹兆民。爰有笠泽，神禹之迹。天目青苕，于焉是适。玄风陆沉，民生不辰。吴兴之子，眷怀实殷。矢心开创，以指迷津。庆源之旁，卜云维吉。锡名奉真，永祈安宅。抃也德凉，莫之敢专。载在珉石，垂斯万年。熙宁四年岁在辛亥冬十一月。"道光二十四年（1844）刻本。

并用古人引用的"三业清净，即佛出世"的话，说这就是直接为人的方式了。对此，朱熹评论道，赵抃与现在口说大话却言行不一的学佛者完全不一样。如果从礼失而求诸野的角度看，赵抃的言行也是值得肯定的。^① 尽管朱熹对赵抃学佛勉为理解，似乎终究有些心有戚戚然。其实，赵抃说的"不失正念，要使纯一不杂"，与儒学八条目所讲"正心诚意"并没有本质区别。而"三业清净"，也可以看作是赵抃以清自律的思想源泉之一。

无论佛教还是道教，抑或是其他思想资源，都会被赵抃有选择地吸收，与作为学养根底的儒学共同成为充实精神世界的养分。不光是充实精神世界，这些思想资源还成为赵抃行为的指导。苏象先在记录他的跟赵抃同时稍后的祖父宰相苏颂的言论时写道："赵清献平生留意释氏，常参圆照，所至以宽慈为治。"^②"圆照"作为一个佛教术语，其内涵是妙悟。就是说，经过自己的思考，慈悲为怀的思想也让赵抃在为政之际变得宽厚仁慈。

赵抃喜欢的杭州，这次只在任半年，在熙宁三年（1070）十二月，便被下令调任知青州了。^③

离开喜爱的杭州，赵抃恋恋不舍。在《别杭州》诗中写道：

> 政成五月愧前贤，又向东风解画船。
>
> 却羡乐天诗里道，皇恩曾许住三年。^④

---

① ［宋］朱熹《晦庵先生朱文公文集》卷八四《跋赵清献公家书》："赵清献公之为人，公忠孝慈，表里洞彻，固所谓无间然者。然其晚岁学浮屠法，自谓有得，故于兄弟族姻之间无不以是勉之。前后见其家间手帖多矣，如此卷称其弟心已明莹，见性复元，教其侄以不失正念，要使纯一不杂，又教以公私谨畏，践履不失，便是初心佛事，且引古人'三业清净，即佛出世'之语，以为此亦直截为人处，则与今之学佛者大言滔天而身心颠倒、不堪着眼者盖有间矣。呜呼！圣学不传，其失而求诸野者若此，尚为有可观也。予是以表而出之。庆元丁巳十月十一日庚辰，朱熹记。"第 3998 页。

② ［宋］苏象先：《丞相魏公谭训》卷五《前言·政事》。

③ ［宋］李焘《长编》卷二一八"熙宁三年十二月庚申"条载："侍御史知杂事谢景温言：'知青州郑獬卧病，乞别选近臣代之。'诏知杭州、资政殿学士赵抃知青州，仍令京东转运司体量獬疾状以闻。"第 5293 页。

④ ［宋］赵抃：《清献集》卷五。

"政成五月"表明，赵抃实足在任杭州只有五个月。他很羡慕唐代的白居易，皇帝曾让他在杭州做了整整三年的刺史。到了青州，赵抃还写诗《青社有怀杭州》：

> 早暮涛声绕郡衙，湖山楼阁衬烟霞。
>
> 浑疑出处神仙地，不似寻常刺史家。
>
> 假守半年无惠爱，退公连日不喧哗。
>
> 东州久发南归梦，却念重来未有涯。①

那萦绕郡衙的晨暮涛声，那烟霞迷蒙的湖山楼阁，只能出现在依稀梦里。犹如仙境的杭州，赵抃十分期待能够再度到来。以前，范仲淹到过杭州之后，便喜欢上了这一方土地，希望有一天能到这里任官，他在诗中写道："长忆西湖胜鉴湖，春波千顷绿如铺。吾皇不让明皇美，可赐疏狂贺老无？"② 十年后，范仲淹真的心想事成做了杭州知州。③ 而赵抃比范仲淹更为幸运，没等十年，五年后，便又回到了杭州担任知州。此为后话。在这首诗中，"假守半年无惠爱"，也充分体现出赵抃的自谦与自省。

第二节　来喜三齐狱讼稀

熙宁三年（1070）十二月四日，朝廷以皇帝的名义下达命令，知杭州、资政殿学士赵抃移知青州。

青州，作为古九州之一，拥有悠久的历史，龙山文化、大汶口文化的遗址记录着几千年前先民的活动。今天的山东依然使用的这个地名，在北宋是京东东路的治所。在北宋，青州属于重镇，被称为京东望州，名臣富弼、范仲淹、欧阳修都曾担任过知州。赵抃被改知青州，是由于知青州郑獬卧病不能理政。

---

① ［宋］赵抃：《清献集》卷四。

② ［宋］范仲淹：《范文正公集》卷三《忆杭州西湖》，第47页。

③ ［宋］潜说友《咸淳临安志》卷四六载："范仲淹，皇祐元年正月乙卯，自知邓州移知。"

调令在熙宁三年十二月便下达，但跟赴任杭州时一样，赵抃也是几个月后的初夏才到任的。这一事实，从赵抃写的一首诗自注中得以确认。诗是在熙宁五年赵抃写给知越州孔延之的：

> 君诗感别我依依，言念朋怀与愿违。
>
> 京口落帆初醉后，江心登寺复分飞。
>
> 回思二浙风烟好，来喜三齐狱讼稀。
>
> 旧里未归徒仰羡，小蓬莱上占春辉。

在"江心登寺复分飞"一句之下，赵抃自注写道："去年春三月，公之会稽，予自杭徙青，饯别于润州之金山。"[①]阳春三月，赵抃沿着运河北上，前往青州。经由镇江，赵抃与前往越州赴任的孔延之相遇。"江心登寺复分飞"，二人登临当时还在没有成为半岛的扬子江江心中的金山寺，把酒互相饯别。从下达调令到实际赴任，这中间的几个月，赵抃应当还是在距离杭州不远的衢州家乡度过的。休整几个月后，赵抃赴任。

一路观光会友，悠然北上，抵达青州，已为初夏。过了不久，便是麦熟时节。当此之际，幸运的赵抃遇到一件奇事。这一年，山东遭遇严重的旱灾和蝗害，遮天蔽日的蝗虫从淄州和齐州向产麦的青州飞来。按往年发生蝗害的受灾情况看，蝗虫势必会把即将成熟的麦子吃光，变得颗粒无收。不过，就在此时，奇迹发生了。蝗虫快要飞临青州时，忽然刮起了大风，把蝗虫或是刮走，或是刮落到了水里。因此，青州居然没有受灾。这一跟怪力乱神无关的自然现象，先是被苏轼记录到了赵抃神道碑里，而后宋朝国史和李焘的《长编》都采录进去了。[②]

据有名的文人晁说之记载，赵抃刚到任不久，便推荐了所辖寿光县主簿晁

---

① ［宋］赵抃：《清献集》卷四《酬越守孔延之度支》。

② ［宋］苏轼《赵清献公神道碑》载："时山东旱蝗，青独多麦，蝗自淄齐来，及境遇风，退飞堕水而尽。"《宋史·赵抃传》及《长编》卷二一八"熙宁三年十二月庚申"条所记大同小异。

端仁担任学官。^①据晁补之的记载，后来赵抃还向朝廷推荐了颇有行政才干的代理县令的诸城县主簿杨节之。^②

青州没有受灾，当年又获得了丰收，便没有给作为知州的赵抃带来更多的公务负担，如上面引述的写给孔延之的诗句所言，"来喜三齐狱讼稀"。赵抃便"因其俗朴厚，临以清净"^③。从而也有了游览名胜和赋诗抒怀的余暇。

江南出身的赵抃，西至巴蜀，北抵燕赵，南及武夷，尽管去过很多地方，但还是初次领略齐鲁风光。迥异的风光，自然让赵抃感到新奇而兴奋。在青州期间，赵抃跟时任京东东路提点刑狱的孔宗翰有比较多的交游酬唱。他跟孔宗翰探访以前知州范仲淹之名命名的范公泉，有诗唱和：

> 陆羽因循不此寻，从知泉品未为深。
>
> 甘清汲取无穷已，好似希文昔日心。^④

在青州府城西门外的洋溪，有一股涌出的甘泉，范仲淹在知青州时，在泉上建亭并刻石，青州人称为"范公泉"。泉水虽然离闹市才几百步之遥，但古树参天，日光散落，鸟鸣林幽，如同置身于深山之中。在范仲淹之后，欧阳修、刘攽等名人都曾赋诗或刻石。^⑤大概这是一股有疗效的温泉，所以后来还以这

---

① ［宋］晁说之《嵩山文集》卷一七《汝南主客文集序》载："清献公初入境时，荐公为州教授。"《四部丛刊续编》影印旧钞本。

② ［宋］晁补之《鸡肋集》卷六八《右通直郎杨君墓志铭》载："诸城剧邑，令以病不胜事去，君承令，乏吏少君。君为晦圭角，调胹不遽，吏稍纵，因微得其宿奸状，尽置诸理，一邑大骇。时清献赵公抃方安抚青州，亟言君才于朝。"《四库全书》文渊阁本。

③ ［宋］苏轼：《赵清献公神道碑》。

④ ［宋］赵抃：《清献集》卷五《次韵孔宗翰提刑范公泉》。

⑤ ［宋］王辟之《渑水燕谈录》卷八《事志》载："皇祐中，范文正公镇青，龙兴僧舍西南洋溪中有醴泉涌出，公构一亭泉上，刻石记之。其后青人思公之德，目之曰范公泉。环泉古木蒙密，尘迹不到，去市廛才数百步而如在深山中。自是，幽人逋客，往往赋诗鸣琴，烹茶其上。日光玲珑，珍禽上下，真物外之游，似非人间世也。欧阳文忠公、刘翰林贡父及诸名公多赋诗刻石，而文忠公及张禹功、苏唐卿篆石榜之亭中，最为营丘佳处。"吕友仁点校本，北京：中华书局，1981年，第101页。

里的泉水和药，制成"青州白丸子"①。所以，明代人咏范公泉诗云："洋溪溪畔一泓清，天表先忧后乐情。惠政已占医国手，遗泉犹著活人名。"②按范仲淹之子范纯仁的说法，此泉为范仲淹所开凿。③尽管赵抃与范仲淹处于同时代稍后，范仲淹还没有完全成为后世那种高大的精神偶像，但赵抃的诗云"好似希文昔日心"，应当是包括了作为士大夫的赵抃所理解的范仲淹精神的全部，既有先忧后乐的忧患意识，也有"公罪不可无，私罪不可有"的担当精神，更有"儒者报国，以言为先"④的事业心。这种范仲淹精神就像这甘泉一样，"甘清汲取无穷已"，是一种取之不尽的精神财富。

与孔宗翰同登蓬莱阁，赵抃和诗云：

> 山巅危构傍蓬莱，水阁风长此快哉。
>
> 天地涵容百川入，晨昏浮动两潮来。
>
> 遥思坐上游观远，愈觉胸中度量开。
>
> 忆我去年曾望海，杭州东向亦楼台。⑤

赵抃在诗后自注云："杭有望海楼。"此情此景，让赵抃不禁思念起刚刚离开的杭州。在"一览众山小"的峰巅，凭亭远望辽阔的大海，顿觉心胸开阔。从中，赵抃或许会领悟和联想人生的种种。

在"遍插茱萸少一人"的重阳节，跟孔宗翰唱云：

> 东望迢迢百尺台，清风徒念故人来。
>
> 幸空讼牍澄心坐，喜得诗筒盥手开。
>
> 不觉登高佳节到，未期行旆几时回。

---

① ［明］李贤等《大明一统志》卷二四载："范公泉，在府城西门外。宋范仲淹知青州，有惠政。洋溪侧出醴泉，人以范公目之。今医家用以丸药，名青州白丸子。"第1099页。

② ［清］岳浚等修、杜诏等纂：《山东通志》卷三五之一下录明人陈凤梧《范公泉》，《四库全书》文渊阁本。

③ ［宋］范纯仁《范忠宣集》卷四《和郑通议青州范公泉》云："胜概因人得久存，此泉疏凿自先君。发源不负当时意，清影犹涵昔日云。"《四库全书》文渊阁本。

④ ［宋］范仲淹：《范文正公集》卷一六《让观察使第一表》，第305页。

⑤ ［宋］赵抃：《清献集》卷四《次韵孔宪蓬莱阁》。

尧山虽与民同乐，阻共车公把酒杯。^①

诗中，赵抃凸显的是与民同乐。孔宗翰即将离任，赵抃也有诗酬和：

待月登高悉后时，还辕今喜近郊岐。

再圆光彩蟾升汉，未谢馨香菊满篱。

乘暇寻山应有得，许陪观海不知谁。

感君按辔澄清外，遗我琼瑶两首诗。^②

在孔宗翰之后，继任的京东提点刑狱为王居卿。在熙宁三年（1070）冬，赵抃与王居卿在表海亭赏雪唱和诗云：

开樽表海最高亭，正是纷纷雪态轻。

比屋万层琼室遍，夷涂千里玉沙平。

因风起絮先春意，与月交光后夜清。

共喜丰登有佳兆，结成和气在民情。^③

心系于民的赵抃，看着漫天飘飞的大雪，想到的是瑞雪兆丰年。

二人同游云门山，赵抃跟王居卿唱和道：

千里峥嵘到忽平，兀然如觉梦魂醒。

石通幽室心生白，径拥寒云步入青。

一水下窥疑绝线，两山前列似开屏。

重城归去仍堪喜，岁稔人家户不扃。^④

文献记载，云门山离城仅五里，因山顶有穴如门而名。能容纳百余人大的门洞，远远望去，则像是一面倒悬的镜子。岩壁上蚌壳嵌入山石，显示着沧海桑田的变迁。^⑤继庆历八年（1048）富弼和熙宁二年（1069）欧阳修的题名之

---

① ［宋］赵抃：《清献集》卷四《次韵孔宪重九出巡未回》。

② ［宋］赵抃：《清献集》卷四《酬孔宪将还》。

③ ［宋］赵抃：《清献集》卷四《次韵王宪表海亭赏雪》。

④ ［宋］赵抃：《清献集》卷四《次韵王居卿提刑游云门山》。

⑤ ［元］于钦《齐乘》卷一载："云门山，府城南五里。上方号大云，顶有通穴如门，可容百余人，远望如悬镜。泉极甘冽。崖壁上衔蚌壳结石，相传海田所变。"刘敦愿、宋百川、刘伯勤校释本，北京：中华书局，2012年，第19页。

后，摩崖题刻也留下了赵抃的名字。[①] 在游览归来，赵抃观察到丰收的人家夜不闭户，这样的安乐景象让赵抃不胜欣喜。

除了与友人交游唱和，赵抃自己也会因游览或静思而赋诗。在青州度过唯一的中秋之夜，他写下《辛巳青州玩月有怀》：

中秋去岁中和宴，表海今宵北海罍。

天上无私是明月，隔淮千里照人来。[②]

从诗句和自注"中和，杭州堂名"可知，去年的中秋，赵抃是在杭州的中和堂宴饮度过，而今年的中秋，则是在青州的表海亭把酒赏月。在怀念杭州的同时，赵抃仰望普照人间的明月，让他生出"天上无私是明月"的感慨。

在入秋前，赵抃又上表海亭，登高远望赋诗：

气象三齐古得名，时登表海最高亭。

河源一水下青嶂，人物两城如画屏。

邑报有秋期俗阜，守惭无术济民灵。

从来狱市并容地，且向樽前任醉醒。[③]

眺望雄壮的三齐山河，俯瞰如画的城市乡村，尽管得到预报今年将是丰收年，赵抃依然自责反省"守惭无术"，没有更好的方法来帮助民众。

跟在其他地方为官一样，赵抃在青州也对年轻的士人劝学。他的《青州劝学》诗写道：

学欲精勤志欲专，鲁门高第美渊骞。

文章行业初由己，富贵荣华只自天。

一篑为山先圣戒，寸阴轻璧古人贤。

---

① ［元］于钦《齐乘》卷一载："宋熙宁间知青州卢士宗《山路记》云：营丘，东秦旧服，周环众山，云门为之冠。然此山实不闻于天下。其磨崖题刻有：宋庆历八年富文忠公题名七人；熙宁二年欧阳文忠公六人；四年赵清献公二人、吴文肃公奎十一人。"第20页。

② ［宋］赵抃：《清献集》卷五《辛巳青州玩月有怀》。按，熙宁凡十年，无辛巳年，"辛巳"当为熙宁四年"辛亥"之误。

③ ［宋］赵抃：《清献集》卷四《再登亭偶作》。

沂公庠序亲模范，今日诸生为勉旃。①

赵抃的劝学并非泛泛而言，而是结合当地的实际事例来加以劝谕，这样就更为生动和有说服力。在这首诗中，赵抃既结合山东是孔子故乡的远例，又举出了真宗朝山东出身的科举状元王曾的近例，教诲学子应勤奋，珍惜光阴。

赴任青州这年，赵抃已经六十四岁，他在寄给方外友僧人思辩的诗中写道：

年光已占六十四，七十归来尚六年。

顾我久惭迷利禄，与师同约老林泉。

政为岂弟聊康俗，心放逍遥自到仙。

身寄东州梦南去，山堂依约艮庵前。②

宋代一般七十岁致仕退休，所以赵抃说还有六年。这首诗也反映了赵抃的理念。"政为岂弟聊康俗"，"岂弟"又写作"恺悌"，用的是《诗经》的典故。《小雅·蓼萧》有"既见君子，孔易岂弟"的诗句。"岂弟"就是和乐平易。赵抃为政，秉持的就是和乐平易，让百姓凡俗都能康乐地生活。跟多数士大夫一样，其积极入世的另一面，则是向往摆脱名利羁绊的自由自在的生活，这就是"心放逍遥自到仙"。他期待"身寄东州梦南去"这一天的早日到来。如果说，这首诗已经显示出赵抃对人生一种新的领悟，那么，一个偶然的遭遇，则让赵抃产生了彻悟。

有一天，公务之后，赵抃正在房间静坐，忽然间，霹雳一声，惊雷大作。惊心动魄之余，竟让赵抃对人生有了顿悟。他用一首诗来表述了自己的感悟：

退食公堂自凭几，不动不摇心似水。

霹雳一声透顶门，惊起从前自家底。

举头苍苍喜复喜，刹刹尘尘无不是。

中下之人不得闻，妙用神通而已矣。

最早记录这首诗的南宋初年的僧人晓莹，称这首诗为偈语。在这首诗之后，

---

① ［宋］赵抃：《清献集》卷三《青州劝学》。

② ［宋］赵抃：《清献集》卷四《寄余庆讲僧思辩》。

他还转录了赵抃在第二年写给富弼的一封信，可以看作是对这首诗的阐释。信中讲道，佛教让人领悟的方法，不是为智力低下的人设置的，智力上乘的人可以顿悟，而愚蠢的人无论如何也理解不了。其中是有着千差万别的。佛与禅宗祖师都是通过以心传心来教人领悟的，不得已才采用语言文字等各种方式。我去年在青州有所感悟，知道人的本性无欠无余，古人讲的安乐法门，真实不假。

赵抃之所以写这封信，是由于富弼向赵抃求禅宗语录，赵抃把《景德传灯录》三卷节本送给富弼之后，又把尚未送去的七卷请人送去，并写了这封信。富弼留心禅宗语录，让赵抃很欣慰。他说富弼富贵、道德、福寿和闲逸都具备了，未能留意的就是佛教了。现在求取禅宗语录，一定是真性有所觉悟，值得庆贺。①

从这封信看，赵抃对佛教，特别是对禅宗的确有很深入的探讨。应当说，儒学以外，佛教等各种思想资源都丰富了赵抃的精神世界。原始儒学关注社会，积极入世，把目光凝视在外部世界。佛教，特别是中国化的禅宗，更关注人的内心宇宙。宋儒从北宋理学到南宋道学，吸收了佛学中的这一因素，便使宋代以后的新儒学有了更为丰富和完整的内涵。然而，这种吸收并不是当时的思想家一两个人的操作，而是在时代因素和知识发展的背景下，多数

---

① ［宋］释晓莹《罗湖野录》卷一载："赵清献公平居以北京天钵元禅师为方外友，而咨决心法。暨牧青州日，闻雷有省，即说偈曰：'退食公堂自凭几，不动不摇心似水。霹雳一声透顶门，惊起从前自家底。举头苍苍喜复喜，刹刹尘尘无不是。中下之人不得闻，妙用神通而已矣。'已而答富郑公书，略曰：'近者旋附节本《传灯》三卷，当已通呈，今承制宋威去，余七轴上纳。抃伏思西方圣人教外别传之法，不为中下根机之所设也。上智则顿悟而入，一得永得；愚者则迷而不复，千差万别。惟佛与祖，以心传心。其利生接物而不得已者，遂有棒喝拳指、扬眉瞬目、拈椎竖拂、语言文字，种种方便。去圣逾远，诸方学徒忘本逐末，弃源随波，滔滔皆是，斯所谓可怜悯者矣。抃不佞，去年秋初在青州，因有所感，既已稍知本性无欠无余，古人谓安乐法门，信不诬也。比蒙太傅侍中俾求禅录，抃素出恩纪，闻之喜快，不觉手舞而足蹈之也。伏惟执事，富贵如是之极，道德如是之盛，福寿康宁如是之备，退休闲逸如是之高。其所未甚留意者，如来一大事因缘而已。今兹又复于真性有所悟入，抃敢为贺于门下也。'"夏广兴整理本，郑州：大象出版社，2012 年，第 209 页。

人不约而同的追求。赵抃无疑也是其中之一。而他的作为，又有形无形地对周围对后世产生了影响。

第三节 举朝五往东西蜀

知青州刚刚过了一年，熙宁五年（1072）闰七月，接近月末，赵抃又接到新的任命，以资政殿大学士知成都府。

关于这次任命的原因，《宋史·赵抃传》采用苏轼所撰赵抃神道碑的说法，神宗担心驻扎在成都的士兵发生暴乱，因此打算再让蜀人爱戴的赵抃去担任知府。[①] 中书大臣们在讨论神宗的这一打算时，有人提出疑虑说，有过执政大臣经历的人一般不派去知成都府，并且成都现在很少有人愿意去任职。神宗分析道，人们不愿意去，是因为作为收入一部分的职田不多。赵抃生活简朴，不会因为职田不去。再说蜀人爱戴赵抃，他一定肯去。这时，王安石在一旁说，皇帝您特地专门下令，他不会不去的。议定之后，任命下达。[②]

神宗让内侍带着委任状和赏赐到青州传达命令，召见赵抃入京。接到命令后的赵抃，给平日多有诗歌唱和的提刑王居卿写下《再有蜀命别王居卿》一诗：

> 穆陵关望剑门关，岱岳山连蜀道山。
>
> 自顾松筠根节老，谁怜霜雪鬓毛斑。
>
> 离家讵谓虞私计，过阙尤欣觐帝颜。
>
> 叱驭重行君莫讶，古人辞易不辞难。[③]

对于神宗的召见，赵抃显然很高兴，欣然应允一般人都不愿意去的川蜀

---

① 《宋史·赵抃传》载："成都以戍卒为忧，遂以大学士复知成都。"第 10324 页。

② ［宋］李焘《长编》卷二三六"熙宁五年闰七月"条载："甲戌，知青州、资政殿学士赵抃为资政殿大学士、知成都府。抃在青州逾年，于是上欲移抃知成都。或言前执政旧不差知成都，成都今又少有人欲去者，上曰：'今人少欲去，但为职田不多耳。抃清苦，必不为职田。蜀人素爱抃，抃必肯去。'王安石曰：'陛下特命之，即无不可。'"第 5753 页。

③ ［宋］赵抃：《清献集》卷四。

任官。赵抃跟王居卿说，你也别对我的决定感到惊讶意外，古代的贤人都是推辞掉容易的事，承担困难的事。由此可以看出，赵抃的心中是以这样的古贤人为楷模的。

入京觐见，神宗对赵抃说，到目前为止，还没有执政大臣再去担任知成都府的，你能为我去一次吗？赵抃回答说，陛下的话就是命令，还需要有什么先例？对于赵抃的回答，神宗很高兴。[①] 得知赵抃再度出任成都知府，担任过宰相的韩琦写诗送行：

> 坤维求尹此难才，重倚真贤出上怀。
> 一去棠阴歌蔽茇，再来人乐似乖崖。
> 新承纶綍从天别，旧过山川作画排。
> 莫候使星临益分，即回符采正三阶。[②]

韩琦的诗也表明，让赵抃再度担任成都知府是神宗的决定。并且说，赵抃再度入蜀，人们会像当年欢迎张咏那样高兴。

时知齐州的曾巩也写诗为赵抃送行：

> 镇抚西南众望倾，玉书天上辍持衡。
> 春风不觉岷山远，和气还从锦水生。
> 学舍却寻余教在，棠郊应喜旧阴成。
> 归来促召调炉冶，莫为儿童竹马迎。[③]

曾巩跟很多人的认识一样，认为赵抃再度出知成都是众望所归，所以诗的第一句就说"镇抚西南众望倾"。

熙宁五年，还是在青州任上的时候，赵抃接到曾经预言他出任参知政事的

---

① ［宋］李焘《长编》卷二三六"熙宁五年闰七月甲戌"条载："乃诏加职，遣内侍赍赐召见，劳之曰：'前此无自政府复知成都者，卿能为朕行乎？'抃曰：'陛下宣言，即敕命也，顾岂有例？'上甚悦。"第5753页。
② ［宋］韩琦：《安阳集》卷一七《赵资政再尹西蜀》，《四库全书》文渊阁本。
③ ［宋］曾巩：《元丰类稿》卷七《送赵资政》，陈杏珍、晁继周《曾巩集》点校本，北京：中华书局，1984年，第113页。

四川道士张逾的信说，当来相见。赵抃很高兴，对他的同僚们说，张山人快要来了。但这之后好久都没有音信。到秋天的时候，赵抃接到再知成都的任命，才领悟到，张山人说的来，原来是指我去啊。于是，赵抃在动身入蜀前，给张逾寄去一首诗云：

> 逾年青社得徘徊，一日皇华下诏催。
>
> 蜀道五千驰驿去，秦关百二拂云开。
>
> 不同参政初时入，也似尚书两度来。
>
> 到日先生应笑我，白头犹自走尘埃。①

"不同参政初时入"，赵抃在句下自注："吕公余庆。"据《宋史·吕余庆传》，吕余庆在太宗朝担任参知政事后，又出知成都府。②"也似尚书两度来"，句下自注："张公乖崖。"据《宋史·张咏传》，张咏在太宗、真宗朝曾两次知后来的成都府益州。真宗让张咏再知的原因是张咏"在蜀治行优异"，就是说，治理蜀地有政绩。并且真宗对张咏说，有你在四川，我就没有西顾之忧了。③赵抃的这两句诗是说，我这次出任知成都府，不同于吕余庆在担任参知政事后的初次出守，却很像是张咏的再度就任。赵抃说的，也的确符合他的实际情况。赵抃以前治蜀也有政绩，这次临危受任，也让神宗免去西顾之忧。以六十五的高龄远赴巴蜀，赵抃在诗中对张逾自嘲说，也许你会笑话我的。

任命下达，入京觐见，安顿家室，这一系列活动过后，赵抃赴任出发已到年底。赵抃入蜀的路径与当年李白入蜀取道一样，都是经由陕西、甘肃进入四川的。赵抃的行迹记录在他的诗作之中。《再得成都过华阴》写道：

> 孤臣何以报君恩，愿泽坤维轸虑分。
>
> 却笑乖崖懒重去，有诗羞见华山云。④

---

① ［宋］赵抃：《清献集》卷四《入蜀先寄青城张逾先生》。张逾与赵抃交往轶事见宋人王辟之《渑水燕谈录》卷五。

② 《宋史》卷二六三《吕余庆传》，第9099页。

③ 《宋史》卷二九三《张咏传》，第9802页。

④ ［宋］赵抃：《清献集》卷五《再得成都过华阴》。

许多出身下层的士大夫通过科举走上仕途，改变了命运。因此，报恩情结也成为增强事业心的原动力之一。范仲淹就说过："自省寒士，遭逢至此，得选善藩以自处，何以报国厚恩？"①赵抃诗中"孤臣何以报君恩"的表达，跟范仲淹的话语很相似。最后一句，赵抃自注说："乖崖云，回头羞见华山云。"写明用的是治蜀有名的张咏的典故。

冬至在古代是重要的节日，这一天赵抃是在途中的驿站度过的。《熙宁壬子至节夕宿两当驿》写道：

> 里数二千七百余，两当冬夜宿中途。
>
> 举朝五往东西蜀，还有区区似我无？②

两当县属凤州，即今天的陕西凤县。这里是古代从长安通往巴蜀的必经之地，有"秦蜀咽喉、汉北锁钥"之称，县境内有故道、连云、褒斜三条栈道。据宋人叶廷珪《海录碎事》记载，赵抃所宿的驿站是两当县的广乡驿。在此之前，赵抃的四川任官经历有，知江原县，为梓州路、益州路转运使和知成都府，一共四次，"举朝五往东西蜀"，赵抃自言的五次，或是把担任梓州路转运使和益州路转运使分为了两次，包括这一次，共五次任官。"举朝"，《海录碎事》引作"本朝"，应当是字形相近发生的讹误。③不过，赵抃讲述的也的确是事实，即历数宋朝以来，只有他五次入蜀为官。

从两当出发，进入甘肃徽县，赵抃写下《过青泥岭》：

> 老杜休夸蜀道难，我闻天险不同山。
>
> 青泥岭上青云路，二十年来七往还。④

---

① ［宋］范仲淹：《范文正公尺牍》卷中《与韩魏公》之二〇，王瑞来点校《儒藏》（精华编）《范仲淹集》本，北京：北京大学出版社，2014年，第490页。

② ［宋］赵抃：《清献集》卷五《熙宁壬子至节夕宿两当驿》。

③ ［宋］叶廷珪《海录碎事》卷四载："两当县在凤州。故老相传：嘉陵江与牛沮水相会于县界，故名两当。又云：东京、西蜀至此皆三十程，故名两当。本朝知成都府赵抃被诏还朝，宿广乡驿，有诗云：'被诏趋都景物疏，两当中夜宿中途。本朝五任东西蜀，还有区区似我无？'"李之亮点校本，北京：中华书局，2002年，第117—118页。

④ ［宋］赵抃：《清献集》卷五《过青泥岭》。

青泥岭是古蜀道中最为险要的一段，就是故道。三国时代有名的"暗渡陈仓"的陈仓道，也是这一段。在秦统一之前，便已成为关中与汉中盆地的通衢。作为蜀道之始，唐、宋王朝都把这条路作为入川的正驿官道。青泥岭作为故道之巅，沿途险象环生。"悬崖万仞，上多云雨，行者屡逢泥淖，故号为青泥岭。"① 李白《蜀道难》诗中慨叹："青泥何盘盘，百步九折萦岩峦。"② 算起来，赵抃前三次蜀地往返，加上这一次前往，刚好七次，所以赵抃说"二十年来七往还"。同一条路，赵抃走了七次。

途中，赵抃写给即将前往交接的现任知成都府吴中复诗云：

> 暂留山驿又晨兴，西望旌麾想旧朋。
>
> 三院华簪曾对直，两川兵印复交承。
>
> 年光头鬓华如雪，世态心情冷似冰。
>
> 境上凭诗驰远意，青泥寒晓入云登。③

青泥岭清晨的寒冷，让赵抃联想到世态炎凉。惊雷顿悟之后的赵抃，可以说已经是参透世情。

走到接近成都的绵阳，赵抃写诗道：

> 东南再守二年间，徙蜀何须问险艰。
>
> 入觐已违龙尾道，出麾还过鹿头关。
>
> 与民共约三春乐，顾我都忘两鬓斑。
>
> 岁满乞骸何处好，仙棋一局烂柯山。④

在诗的"东南再守二年间"首句之下，赵抃自注："自杭徙青。"然后讲到

---

① ［唐］李吉甫《元和郡县图志》卷二二《兴州·长举县》载："青泥岭，在县西北五十三里接溪山东，即今通路也。悬崖万仞，山多云雨，行者屡逢泥淖，故号为青泥岭。"贺次君点校本，北京：中华书局，1983 年，第 571 页。

② ［唐］李白：《李太白全集》卷三《蜀道难》，清王琦注，北京：中华书局，2011 年，第 163 页。

③ ［宋］赵抃：《清献集》卷四《过铁山铺寄交代吴龙图》。

④ ［宋］赵抃：《清献集》卷四《过左绵偶成》。

觐见皇帝之后，不畏艰险，赴任入蜀。想到即将到来的与蜀地百姓同乐的三年任期，赵抃说他甚至忘记了两鬓斑白的年龄。不过，六十五岁的年龄，赵抃还是意识到这是最后一次入蜀任官了，任满后退休，他想回到自己的衢州家乡烂柯山，像传说中的神仙那样逍遥地下棋。

"轻舟来蜀暮春时"①，正如赵抃的自述诗句，抵达成都，已是暮春。重返旧地，赵抃赋诗《至成都有作》二首。

其一：

> 四十年间利禄身，平生疏拙任天真。
>
> 惭无治迹留青社，喜奉恩华觐紫宸。
>
> 去国早逢关右雪，下车还入剑南春。
>
> 为怜锦里风光好，不倦从来作主人。

其二：

> 西指梁岷路屈盘，犹能矍铄据征鞍。
>
> 大庭临遣皇恩重，还俗传闻睿诏宽。
>
> 峰笋云妆银世界，江深春动锦波澜。
>
> 遨头老矣民知否，莫作风流太守看。②

诗中，赵抃回顾自己将近四十年的仕途，反省自己的疏拙天真，其实是肯定自己未失去本真。赵抃惭愧自己在青州没留下什么政绩，对于神宗召见任命深怀感激，并自豪自己如此年龄还能精神矍铄地履险赴任。眺望远方雪山，俯瞰春江波澜，赵抃说自己是因为喜爱这里的秀丽风光，才不辞劳倦，又来到这里做父母官的。"遨头"，是指宋代成都的风俗，自正月至四月浣花，太守出游，士女纵观，称太守为"遨头"。所以诗的最后两句是对成都的百姓说，我已经老了，不再是当年风度翩翩的知府了。

赵抃觐见，答应神宗入蜀赴任，其实是讲了一个条件。这就是苏轼在神道

---

① ［宋］赵抃：《清献集》卷四《次韵赵少师寄程给事二首》之一。

② ［宋］赵抃：《清献集》卷四《至成都有作二首》。

碑记载的"公乞以便宜行事"。这等于是取得了一柄生杀予夺的尚方宝剑，多数事情可以根据实际情况自行决定。

北宋建立以来，四川屡屡发生民变或兵乱。这次也是由于有兵变的兆头，才把曾经治蜀深得人心的赵抃派去。

在墓志铭中，苏轼以较多的篇幅记载了赵抃的这次治蜀。他写道，赵抃到任之后，不事声张，默默进行各种计划和施为，表面上却显得像平常一样，该宴会就宴会，该犒赏就犒赏，兵卒和百姓都相安无事。这样的做法，其实也是赵抃在多年以前摄知濠州时积累的经验。①

有一天，赵抃在府衙坐堂，对堂下的一个驻军头目说，我跟你的年纪差不多，一个人入蜀，为天子来安抚一方民众。你也应当清廉谨慎地认真率领士兵，等驻守期满，存下一笔钱，可以拿回去为你的家庭做打算了。驻军的头目把赵抃的这番话转告给了下属。大家知道赵抃这次来，并不是想了安定局势对士兵一味打压，而是充满善意，所以就没有人产生作乱的念头了。②

治军之外，还有治民的记载。剑州有个叫李孝忠的人，聚集了二百来人，私自制造度牒这种必须由官府发行的僧人身份许可证给和尚。由于聚集的人数不少，有人就告发说这些人想谋反，便都抓了起来。赵抃没有把这个案件交给主管司法的官吏办理，按照自己的判断，只是把为首的李孝忠处以私造度牒罪，对其他人都从轻发落了。这件事传到京城，有人诬告赵抃放纵逆党。朝廷调取档案审查，发现完全没有违反法律规定，因而也就没有改变赵抃的决定。③

---

① 参见本书第三章第七节《淮南作为》。

② ［宋］苏轼《赵清献公神道碑》载："至蜀，默为经略，而燕劳闲暇如他日，兵民晏然。一日，坐堂上，有卒长在堂下。公好谕之曰：'吾与汝，年相若也。吾以一身入蜀，为天子抚一方。汝亦宜清慎畏戢以帅众，比戍还，得余赀，持归为室家计可也。'人知公有善意，转相告语，莫敢复为非者。"

③ ［宋］苏轼《赵清献公神道碑》载："剑州民李孝忠集众二百余人，私造符牒，度人为僧。或以谋逆告，狱具。公不畀法吏，以意决之，处孝忠以私造度牒，余皆得不死。喧传京师，谓公脱逆党。朝廷取具狱阅之，卒无以易也。"

四川各地有很多少数民族杂居，不少州都是像唐代的羁縻州那样，由当地的部族自治，这些部族时常侵扰抢掠汉族聚集地区。因此，除了治兵治民之外，处理少数民族事务，也是政务的一部分重要内容。今天的四川茂汶羌族自治县，宋代叫茂州，当时的蕃部首领鹿明玉等人率部大肆抢掠。赵抃紧急调遣军队前往围剿。蕃部溃散，首脑投降，打算杀奴婢祭天发誓来表示诚意，缔结盟约。赵抃说，不能用人来祭天，可以用牛、羊、猪三牲来替代。使者到来的时候，已经把奴婢绑在柱子上，准备开弓射穿心脏取血。听到使者传达赵抃的这一命令，都欢呼从命。直到事情结束，没有杀一个人。①

以上神道碑所载赵抃治蜀的三件事，都被国史采用，因此我们在《宋史·赵抃传》中也可以看得到简略的记载。

赵抃出知成都府期间，正是王安石变法推行时期。在中书担任参知政事时的赵抃，对新法的实施跟王安石颇有抵牾。但在担任成都知府时，赵抃也并不是逢新法必反，而是根据实际施行，其中也有变通的做法。常平使者在四川推行募役法，打算以州为单位，州内各县丰歉互补，新繁县主簿程之邵反对说，募役法本来是来自西周均力的做法，一个地方的力量应当只供一个地方的劳役，怎么能用这个地方来补助那个地方呢？结果，成都府路按照程之邵的意见做，做得很好。神宗为此要把程之邵召到朝廷，赵抃则把他留了下来。②这就反映了赵抃不是意气用事，因人废政，对新法一味抵制，而是因地制宜，变通地实施。对于成功地变通实施新法，赵抃也予以肯定，他在《送别张宪唐民》诗中写道：

---

① ［宋］苏轼《赵清献公神道碑》载："茂州蕃部鹿明玉等蜂聚境上，肆为剽掠。公亟遣部将帅兵讨之，夷人惊溃乞降，愿杀婢以盟。公使喻之，曰：'人不可用，用三牲可也。'使至，已縶婢引弓，将射心取血。闻公命，欢呼以听。事讫，不杀一人。"

② 《宋史》卷三五三《程之邵传》载："程之邵，字懿叔，眉州眉山人。曾祖仁霸，治狱有阴德。之邵以父荫为新繁主簿。熙宁更募役法，常平使者欲概州县民力，以羡乏相补。之邵曰：'此法乃成周均力遗意，当各以一邑之力供一邑之役，岂宜以此邑助他邑哉？'使者愧服，辟之邵为属，听其所为。熊本察访蜀道归，语诸朝曰：'役法初行，成都路为最详，之邵力也。'诏召见，成都守赵抃奏留之。"第11150页。

> 三年持节按刑章，岂弟其谁不叹降。
>
> 才者设施功第一，使乎光彩竟无双。
>
> 宣风蜀右成新法，易拜秦东得旧邦。
>
> 欲识远人留恋意，陇泉幽咽下巴江。①

"设施功第一"和"蜀右成新法"，都是赞赏成功地实施了新法。

对于妥善地处理当地少数民族关系的官员，赵抃也是备加赞扬，他在诗中写道：

> 汶山为郡数逢春，被诏还都岁又新。
>
> 惠政久通蛮徼外，怆怀初去蜀江滨。
>
> 邛崃古未兼忠孝，宣室今非访鬼神。
>
> 制御羌夷知有术，上前章牍为开陈。②

"惠政通蛮"和"制御有术"，都是赵抃针对蜀地现实所期待的状态。

通过知虔州时与通判周敦颐共事，两人结下深厚的友谊。后来赵抃多次荐举周敦颐，在这次知成都府到任之后，又打算奏荐周敦颐。可惜不假天年，周敦颐年仅五十七岁便在熙宁六年（1073）这一年病逝了。③去世前的周敦颐，在庐山莲花峰下定居，以故乡营道的濂溪命名，筑有濂溪书室。赵抃还曾为书室赋诗：

> 吾闻上下泉，终与江海会。
>
> 高哉庐阜间，出处濂溪派。
>
> 清深远城市，洁净去尘壒。
>
> 毫发难遁形，鬼神缩妖怪。
>
> 对临开轩窗，胜绝甚图绘。
>
> 固无风波虞，但觉耳目快。

---

① ［宋］赵抃：《清献集》卷四《送别张宪唐民》。

② ［宋］赵抃：《清献集》卷四《送茂守吴彦先郎中赴阙》。

③ 《宋史》卷四二七《周敦颐传》载："因家庐山莲花峰下，前有溪，合于湓江，取营道所居濂溪以名之。抃再镇蜀，将奏用之，未及而卒，年五十七。"第12711页。

> 琴樽日左右，一堂不为泰。
>
> 经史日枕藉，一室不为隘。
>
> 有菽足以羹，有鱼足以鲙。
>
> 饮啜其乐真，静正于俗迈。
>
> 主人心渊然，澄彻一内外。
>
> 本源孕清德，游咏吐嘉话。
>
> 何当结良朋，讲习取诸兑。①

赵抃的描述，让一代大儒周敦颐的形象与生活跃然纸上。

成都的崇光寺药师院，在太宗雍熙年间，僧人道辉曾在佛屋后壁画有宋太祖皇帝像。赵抃在熙宁六年（1073），曾上奏要求建殿来安奉太祖像，但没有被神宗批准。②未被批准的原因，很令人费解。如果不是为了节省财政开支，那么就不免让人联想到，可能是由于神宗身为"烛影斧声"之后太宗一系的子孙，不愿意或回避纪念太祖。如果原因真是如此，赵抃提议建殿安奉太祖像，也是有几分犯忌讳的行为。作为北宋的士大夫，赵抃不会不知道"烛影斧声"之事。那么做逆鳞犯忌之事，赵抃或许有他自己的考虑。

四次入蜀任官，赵抃对四川的风土人情和古今遗闻轶事相当熟悉，在治平年间担任成都知府时，就曾订正过宋初张绪所编《续锦里耆旧传》。这次赵抃接受翰林学士陈绎的建议，在政事余暇，邀请博学多闻之士，收集旧闻故实，考证真伪，编纂成三十卷《成都古今集记》。这是当时关于四川成都文献的集大成之作。

关于这部书的内容，赵抃自己撰写的《成都古今集记序》有所言及。他说，本应当遵从儒学经典，自《尚书·牧誓》提到的"庸蜀"开始，但他之所以收录了关于蚕丛的传说，是因为扬雄已经有了记录，我不应当舍弃。对于一

---

① ［宋］赵抃：《清献集》卷一《题周敦颐濂溪书堂》。

② ［宋］李心传《建炎以来朝野杂记》甲集卷二《郡国祖宗神御》载："崇光寺药师院。雍熙间，僧道辉画太祖皇帝御容于佛屋之后壁。熙宁六年，赵清献为成都守，请建殿奉安，神宗不许，但令设枝屋、栏楯以局护之。"徐规整理本，郑州：大象出版社，2019年，第65页。

件事情有几种说法,赵抃仿照司马迁记载齐太公仕周汇集三种说法的方式,数说并存以传疑。赵抃突破"子不语怪力乱神"的限制,记载了看上去不可以为教的神怪死生之事,他说是为了有待于可以解释这些现象的人来考证。此外,赵抃还有意记录了乱臣、寇盗和蛮夷,提供给人参考。以前,赵抃曾给皇帝上言,要求侍读学士给皇帝讲课不要只讲治不讲乱①,赵抃编纂《成都古今集记》也是同样的宗旨。

对所有收录的记载,赵抃都参考群书,加以考证,尽可能地纠正谬误。对此,他在序言中举了一例。关羽墓,在当时的荷圣寺有明确题榜,但赵抃根据后蜀僧人仁显《华阳记》"墓在草场,庙在荷圣"的记载,认为应当遵从仁显之说。对于成都文献,赵抃很有成就感地说,以他一人之力,尽管难求完备,但也差不多收集到了十之八九。②

宋人范百禄在《成都古今集说序》的最后说,读了这部书,就可以清楚,说四川在全国拥有举足轻重的重要地位,并不是一句虚言。③赵抃的《成都古

---

① 参见本书第五章第三节《雪中始见松难改》。

② [宋]袁说友等编《成都文类》卷二三赵抃《成都古今集记序》云:"仆繇庆历至今四入蜀。凡蜀中利害情伪,风俗好恶,了然见之不疑。尝谓前世之士编撮述记,不失于疏略,则失于漫漶;不失于鄙近,则失于舛杂。向治平末,因取《续耆旧传》而修正之。去年,陈和叔翰林以书见贻,俾仆著古集今,别为一书。此固仆之夙心,而未有以自发也。繇此参访旧老,周咨硕生,缉以事类,成三十卷。不始乎蚕丛,而始乎《牧誓》之庸蜀,从经也。从经则蚕丛不必书,而书之十后,何也?扬雄纪之,吾弃之,不可也,参取之而已矣。事或至于数说,何也?久论之,难详也。昔者齐太公仕于周,司马迁有三说焉,疑以传疑,可也。神怪死生之事,不可以为教,书之何也?吾将以待天下之穷理者也。书乱臣所以戒小人,书寇盗所以警出没,书蛮夷所以尽制御之本末。终之以代蜀,使万世之下,知蜀之终不可以苟窃也。其间一事一物,皆酌考众书,厘正讹谬,然后落笔。如关羽墓,今荷圣寺闻然有榜焉;而仁显者,孟蜀末僧也,作《华阳记》云:'墓在草场,庙在荷圣。'此目击之,所当弃而从仁显者也。若夫知之有未至,编之有未及,则亦一人之功,不可以求备,然窃意十得八九矣。后之君子,其亦有照于斯乎!"第479页。按,此文今本赵抃文集亦失载。

③ [宋]袁说友等编《成都文类》卷二三范百禄《成都古今集记序》云:"人之观之,信乎蜀之为重于天下,非虚也哉。"第481页。

今集记》尽管已经亡佚[①]，但在亡佚之前，已经成为后人编纂四川文献的宝贵的取资源泉。

赵抃举重若轻，"燕劳闲暇如他日"，还体现在他有余力从事士大夫的雅好，参与各种活动，与友人交往酬唱。在知青州时，赵抃就跟时任齐州知州的曾巩多有交往。[②] 在这一期间，他寄给曾巩两首诗。

其一：

> 太守文章耸缙绅，两湖风月助吟神。
>
> 讼庭无事铃斋乐，聊屈承明侍从人。

其二：

> 乐天当日咏东吴，一半勾留是此湖。
>
> 历下莫将泉石恋，而今天子用真儒。[③]

曾巩后来被誉为唐宋八大家之一，在当时，赵抃便极为欣赏曾巩的作品。"而今天子用真儒"一句，则反映了士大夫政治背景下一代读书人的自豪。

赵抃还与他的前任成都知府吴中复唱和：

> 守蜀无堪讵足论，扪参天邈紫微垣。
>
> 岁时丰衍真为幸，犴狱空虚冀不冤。
>
> 素志未容龟曳尾，误恩深愧鹤乘轩。
>
> 嘉章益见公高谊，所得长逢左右原。[④]

尽管赵抃谦虚地说自己守蜀不足论，但也为丰年庆幸，为没有狱讼的"狱空"而欣喜。幸逢丰年，百姓可以安乐地生活，让赵抃也很轻松。他跟友人唱和道：

---

① ［元］陶宗仪：《说郛》节录赵抃《成都古今集记》一卷，从中可以窥见全书之一斑。《说郛三种》影印本，上海：上海古籍出版社，1988年。

② 《海外新发现〈永乐大典〉十七卷》收录有曾巩《齐州答青州赵资政别纸启》二通，上海：上海辞书出版社，2003年。

③ ［宋］赵抃：《清献集》卷五《寄酬齐州曾巩学士二首》。

④ ［宋］赵抃：《清献集》卷四《次韵高阳吴中复待制见寄》。

岷峨还是一川雄，我愧行春与俗同。

乐国比年丰衍后，嘉朋终日笑谈中。

沈黎太守初成政，蕃诏诸蛮悉向风。

圣世唐虞流泽远，启行无复用元戎。①

赵抃还有两首与武将的咏梅诗。一首为《钤兵王阁使素芳亭赏梅花》：

素萼清香并酒卮，主人勤意嘱留诗。

为逢蜀国新开日，却忆江南旧赏时。

春密未通桃李信，腊残都放雪霜姿。

先公旧植亭栏外，肯构重来见本枝。②

另一首为《钤兵李左藏厅赏梅》：

岁晏珍林发素葩，樽前奇赏著诗夸。

惊逢腊去已三日，喜见春初第一花。

照水冷容酥点缀，摇风香片雪纷拿。

主宾莫作寻常看，锦里名园只两家。③

后一首在最后一句之下，赵抃自注云："成都此花，惟钤兵东西二园最盛。"明人曹学佺《蜀中广记》卷六三记自注为："成都此花，惟东西钤厅为盛也。""钤兵"指兵马钤辖，在宋代为统兵官，掌管军队卫戍等事务，分为路分钤辖和州钤辖。后者相当于军分区司令。赵抃以宽治蜀，背后仰仗军事力量的支持。因此赵抃跟这些武将都保持有很好的关系。

在成都目睹梅花绽放，让赵抃不禁想起江南的梅开时节。赵抃的诗是与转运使荣谭、左藏武永孚、转运判官霍交一同宴集而作。宴集之诗，后来被刻石留念。④

因为连年丰收，赵抃也可以跟朋友终日笑谈。在这次担任成都知府的最后

① ［宋］赵抃：《清献集》卷四《次韵黎守毛抗屯田见寄》。

② ［宋］赵抃：《清献集》卷四《钤兵王阁使素芳亭赏梅花》。

③ ［宋］赵抃：《清献集》卷四《钤兵李左藏厅赏梅》。

④ ［宋］文同：《丹渊集》卷二五《赏梅唱和诗序》。

一年，赵抃这样写诗道：

> 我愧无能使两川，龟琴为伴仅三年。
>
> 清朝自是朝真客，何必登山更望仙。①

"我愧无能"不仅仅是赵抃自谦，而是反映了他时刻都处于自我反省之中。

时近年末，只身赴任的赵抃还是感到了孤独，他期盼着朋友的来信。在一首诗中，赵抃这样写道：

> 今我岁将暮，过桄鹦鹉洲。
>
> 忆君人少与，买舍灞江头。
>
> 客路书多绝，吾乡梦半游。
>
> 明年谁到蜀，能寄好音不？②

梦游故乡，可见思念之切。六十过半的赵抃，向朝廷提出归乡的请求。熙宁七年（1074）六月接近月末，朝廷根据赵抃的请求，下达命令，调任赵抃知越州。③

从调令传达至成都，到赵抃打点行装，踏上归程，时间已经到了十月。临行，赵抃给一个道士两首诗，写明了他出发的时间。

其一：

> 解蜀归吴十月行，出门无计别青城。
>
> 凭师为上希夷殿，稽首烧香道姓名。

其二：

> 道士修真心地乐，域自逍遥乡寂寞。
>
> 世间名利任纷纷，一弄清琴一炉药。④

---

① ［宋］赵抃：《清献集》卷五《眉山麻衣至德观真仙亭》。

② ［宋］赵抃：《清献集》卷二《寄任大中秀才》。

③ ［宋］李焘：《长编》卷二五四"熙宁七年六月"条载："壬辰，知成都府、资政殿大学士赵抃知越州。从所乞也。"第6214页。

④ ［宋］赵抃：《清献集》卷五《赠五岳观王道士二首》。

自从青州闻雷顿悟之后，赵抃对仕途的名利已经看得很轻。这与赵抃个人所经历的人生悲喜也有关系。治平二年（1065），知成都府时，长子赵岏病逝。[①] 这次再度知成都府，次子赵屼中进士第。[②] 这是一喜一悲。而在这次知成都府期间，夫人又去世了。[③] 这种亲身遭遇的人生无常，无疑也使赵抃亲近能够获得精神安慰的宗教。赵抃跟僧人、道友都有交往，并且探讨佛道的要旨，都跟他被激发出的出世的一面相契合，但并不能以此指认赵抃已经归宗佛教或道教。精神上的包容，让赵抃不拒绝一切能够充实心灵的思想。毫无疑问，赵抃除了儒学之外，对佛道的理论造诣也达到了相当深的程度。

在调任前的一个月，赵抃曾为成都府西楼西北角供奉观世音的圆通庵写下六首《圆通颂》：

> 常现宰官身，肉眼何曾识。刀头剑刃上，运出慈悲力。
>
> 妙音观世音，不可以识识。量等大千界，始见圆通力。
>
> 唐相造华林，亲逢善知识。虎退提数珠，念彼观音力。
>
> 问对朕者谁？祖师云不识。大士已渡江，劳他志公力。
>
> 世间何为苦？众生有业识。闻声悉解脱，方便神通力。
>
> 凡夫具足法，迷误随六识。一入自在门，不费纤毫力。[④]

---

① ［宋］文同：《丹渊集》卷三八《试秘书省校书郎赵君墓志铭》。

② ［明］沈杰修，吾冔、吴夔同纂《弘治衢州府志》卷一〇《科贡》载："赵屼，熙宁六年余中榜进士。"《天一阁藏明代方志选刊续编》影印弘治十六年（1503）序刊本。

③ ［宋］苏轼《赵清献公神道碑》载："公娶徐氏，东头供奉官度之女，封东平郡夫人，先公十年卒。"

④ ［宋］袁说友等编：《成都文类》卷四八赵抃《西园圆通颂》，颂前尚有序云："成都府西楼之西北隅，有庵曰圆通，中奉观音大士之像，乃治平初今史馆相韩公之所建也。庵左右前后，寒泉曲沼，终日潺湲，佳木修篁，四时潇洒。予再守蜀之明年，以其庵庐编竹覆茅，岁凡一葺完，不能久，屡为风雨所挫，于是命工用梗楠瓦甓易而新之，又增饰其像而尊安之。作《圆通颂》六首，得和者一十八篇，因刻石于其右。甲寅五月一日序。"第948页。按，此颂与序今本赵抃文集均失载。

这六首《圆通颂》，体现了赵抃在儒学治国平天下入世精神以外层面的人生探究。

在归程，途经今天的西安京兆府，赵抃与时知永兴军的友人吴中复重逢，会聚转运使皮公弼、知同州毋沇、提举常平仓章楶等人同登慈恩塔题名，而后又在兴庆池馆欢聚。时为熙宁七年（1074）十月二十二日。[①] 其中的章楶，后来在宋徽宗建中靖国元年（1101）也成为执政一员的同知枢密院事。[②]

离任之际，赵抃曾到过汉州，今天的四川广汉，写下一首《宿房公湖偶成》：

广汉园池蜀自无，却思房相未如吾。

浙东归去君恩重，乞得蓬莱与鉴湖。[③]

房公湖为曾任唐朝宰相的房琯担任汉州刺史时开凿。房琯陷入党争，晚年颇为不幸，所以赵抃说"却思房相未如吾"。如愿得请，回到江南任官，赵抃感激皇恩浩荡。

第四节　且向稽山作主人

熙宁七年（1074）六月末，赵抃知越州的调令下达。十月出蜀，翌年二月

---

① ［清］钱大昕《潜研堂金石文跋尾》卷一三《吴中复题名》云："右吴中复题名，在西安慈恩塔。八分书，甚有法。其文云：'资政殿大学士、知越州赵抃，度支郎中、转运使皮公弼，太常少卿、知同州毋沇，太常博士、提点常平仓章楶同登慈恩塔，过杜祁公家庙，遂会于兴庆池馆。熙宁七年仲冬二十有二日，龙图阁直学士、知军府事吴中复题。'按：赵阅道以熙宁三年四月自政府乞罢，改资政殿学士、知杭州，后改青州。召见，以大学士再知成都。乞归，知越州。此题乃由成都移越，道经京兆时也。中复知永兴军、楶提举陕西常平，俱见《宋史》本传。公弼任陕西转运使，亦见《食货志》。"陈文和主编《嘉定钱大昕全集（增订本）》，南京：凤凰出版社，2016年，第316页。
② ［宋］徐自明：《宋宰辅编年录》卷一一，第688页。
③ ［宋］赵抃：《清献集》卷五《宿房公湖偶成》。

至长安，实际到任已是四月。① 不过，这次赵抃没有先回家乡，而是直接赴任。这一事实，有诗为证：

> 勇退犹惭大丈夫，两州四任若冥符。
>
> 未容上冢重官越，不谓班条再守吴。
>
> 云屋万家诚乐地，涛江一水隔名都。
>
> 同年后日同归去，画作东西二老图。②

这首诗是写给同年进士程师孟的。诗中"勇退犹惭大丈大，两州四任若冥符"，是说在参知政事卸任之后，先后担任杭州、青州、成都府的知事，加上这次知越州，刚好四任，此时赵抃已经六十八岁了。而"未容上冢重官越"，诉说正是没有来得及回乡祭祖便直接前来赴任的事实。

"且向稽山作主人"③是赵抃写给继任越州知州程师孟诗中的一句，不过，移过来正可以形容赵抃自己。

赵抃如愿调回乡邦近处，原本以为像以前知杭州那样，会在江南水乡，轻松地徜徉于湖光山色之中，不幸的是，就在到任的熙宁八年（1075）夏天，吴越遭遇大旱。赵抃不得不全力投入到救灾之中。

夏季大旱，入秋必然颗粒无收。积几十年担任地方官的经验，面对即将到来的严峻局面，赵抃未雨绸缪，向所属各县进行了如下调查：严重受灾共有多少乡，民众自己拥有粮食保障的有多少人，需要官府救济的有多少人，沟渠城建工程需要雇民的有多少，库存钱粮可以用于赈济的有多少，富民中可以募集山粮的有多少家，寺院道观多余的粮食记录在册的有多少。赵抃让各县统计之后上报，以便备荒。

以上这七项问卷调查设计得非常周全细致，显示出赵抃丰富的行政经验。根据这一调查，各县报上来百姓中没有粮食的孤老疾弱者共有两万一千九百余

---

① ［宋］施宿《嘉泰会稽志》卷二《守臣题名》："熙宁八年四月，（赵抃）以资政殿学士、右谏议大夫知。十年六月移杭州。"《宋元方志丛刊》影印本，北京：中华书局，1990年。
② ［宋］赵抃：《清献集》卷四《次韵见寄》。
③ ［宋］赵抃：《清献集》卷四《寄酬前人上巳日鉴湖即事三首》之一。

人。过去按惯例赈济贫困发粮到三千石为止，赵抃则从富民以及寺院道观那里募集到四万八千石粮食。

从十月一日开始，每日给成人发放一升粮食，儿童减半。因为担心发放时可能会发生拥挤踩踏，赵抃一是采取制定男女领粮不同日的方式，二是在城市和郊区设置五十七处放粮点，分散和方便百姓领取。考虑到工作人员不够用，他便把住在越州却没有担任具体工作的胥吏召集起来，分配他们工作，并发给他们粮食。这是针对粮食不能自给者的措施。

为了让有一定财力可以自给的人买到粮食，赵抃告诉富民不得停止卖粮。同时还拿出官仓的五万二千余石，设置十八处卖粮场所，平价出售。

百姓负债者，让富民不要追债，等到丰收时，由官府代为追讨。对于弃养的男女婴幼儿童，允许他人收养。

此外用工三万八千，雇民修筑城墙四千一百丈。根据出工多少付钱，并加倍给粮。这种以工代赈的积极救荒方式，距离赵抃最近的，应当是来自范仲淹做法的启发。

在皇祐年间，浙江也发生了大饥荒。当时范仲淹正担任杭州知州，面对饥荒，他跟后来赵抃做的一样，放粮赈济等救荒措施都很完备。针对当地的百姓喜欢赛舟，又经常做法事，范仲淹便鼓励民众举行各种划船比赛，他自己也天天在湖上宴饮。在知州的倡导下，从春到夏，居民空巷出游，观看赛舟。范仲淹还召集各个寺院的住持，对他们说，饥荒之年，工价非常便宜，正可以雇工大兴土木。听了知州这样说，各个寺院便开始了大规模的兴建。范仲淹同时还招募民工翻修粮仓和官衙房屋，每天募集劳作的民工将近上千人。两浙路转运使弹劾范仲淹不顾及灾荒，进行救济，反而无节制地举行娱乐活动和宴饮，又倡导大兴土木，劳民伤财。范仲淹上奏解释说，之所以鼓励娱乐宴饮和大兴土木，目的都是挖掘潜在的民间财力，来让贫穷的人得到好处。这些活动，每天给几万人带来了做工的机会。救荒的行政措施，没有比这样做更合适的了。那一年，各地都饿死很多人，只有杭州平安无事，民众也没有流落他乡逃荒。这样的结果，都是得益于范仲淹的施策。

从此，在饥荒之年，开官仓放粮，募集民众从事必要的工程，救荒利民的范仲淹模式便成为一条明确的规定。①很显然，赵抃在越州的做法，跟范仲淹如出一辙。

以工代赈的积极救荒方式，与赵抃几乎同时代的官员，也同样实行过。黎淳在知蜀州时，"乘岁饥，募民完堤堰，两得其利，不殍而稔"②。黎淳进士及第晚于赵抃十多年，他的做法，除了范仲淹的影响，或许也有对赵抃做法的借鉴。③

由于赵抃的周密计划和妥善措施，越州的百姓并没有在这场大旱灾中遭受严重伤害。但接下来的意外，并没有让赵抃轻松下来。在第二年春天，瘟疫又大流行起来。赵抃设立了专门的病房，来安置无处可去的病人，募集了两个僧人来负责医药饮食。出现死者便及时安葬。

法令条文规定，放粮赈济穷人，都是到三月为止。鉴于情况特殊，赵抃一直放粮赈济到五月份。各种施策凡是跟法规有冲突之处，赵抃都自己承担下来，不让卜属担责。有些事情赵抃向上级请示，有些事情就直接做主施行。

赵抃在这次接踵而至的旱灾和疫情中，每天从早到晚，事必躬亲，劳心劳力，丝毫没有懈怠；还拿出自己的钱财，来为病人购买药品和食物；使许多百

---

① ［宋］沈括《梦溪笔谈》卷一一《官政》载："皇祐二年吴中大饥，殍殣枕路。是时范文正领浙西，发粟及募民存饷，为术甚备。吴人喜竞渡，好为佛事，希文乃纵民竞渡，太守日出宴于湖上，自春至夏，居民空巷出游，又召诸佛寺主首谕之曰：'饥岁工价至贱，可以大兴土木之役。'于是诸寺工作鼎兴。又新敖仓、吏舍，日役千夫。监司奏劾杭州不恤荒政，嬉游不节，及公私兴造，伤耗民力。文正乃自条叙所以宴游及兴造，皆欲以发有余之财，以惠贫者。贸易、饮食、工技服力之人，仰食于公私者日无虑数万人，荒政之施，莫此为大。是岁两浙唯杭州晏然，民不流徙，皆文正之惠也。岁饥发司农之粟，募民兴利，近岁遂著为令。既已恤饥，因之以成就民利，此先王之美泽也。"第114页。

② ［清］陆心源：《宋史翼》卷二三《黎淳传》，第524页。

③ 黎淳生平见吕陶《净德集》卷二二《朝议大夫黎君墓志铭》。

姓免于在旱灾或瘟疫中死亡；即使死亡了，也及时得到了安葬。

对于赵抃的救荒，唐宋八大家之一的曾巩，后来写了一篇有名的《越州赵公救灾记》，在讲述了上面的赵抃施策之后，曾巩感慨地说，灾害和疫病，即使在政治清平的时代也难以避免，但是可以事先做好准备。赵抃所做的事情，虽然只是在越州，但显示的仁心可以成为全天下的榜样。赵抃所做的事情，虽然只是推行在一时，但所采取的方法则可以传给后世。面对灾害，是不是事先有准备，是不是有经验，结果是大不一样的。所以我要把赵抃所做的详细记载下来，不光是留给越州人一个纪念，还是给所有有志于救民的官吏，不幸遇到灾荒，可以按照赵抃的方法去做，那么，赵抃的恩泽就不是很小和很近的了。①

曾巩的《越州赵公救灾记》，尽管详细地记载了赵抃救荒的各种措施，但还是遗漏或者说未曾留意赵抃在救荒期间的另一个重要做法。在两浙遭受旱蝗重灾时，米价暴涨，百姓饿死了一大半。于是各州都在大路口立出告示，严禁抬高米价。然而赵抃在越州却反其道而行之。他也在大路口立出告示，让有米的人可以任意抬价卖出。各地的米商闻讯后，都纷纷涌向越州卖米。由于市场米量增多，价格反而降了下来，变得越来越便宜。这样一来，百姓可以买到便宜的米，便没有发生饿死人的状况。②

值得称道的是，赵抃没有强硬地动用行政命令来平抑米价，而是巧妙地利用了市场规律，让米价自然而然地降了下来。以工代赈和市场调节在救灾中的运用，既有赵抃接受前人做法的启发，也有他自己创造性的智慧发挥。这两种方式，对后世都有极大的启示意义。因此，这一曾巩漏书的有意义的事迹，却

---

① ［宋］曾巩：《元丰类稿》卷一九《越州赵公救灾记》，陈杏珍、晁继周点校《曾巩集》本，北京：中华书局，1984年，第316—318页。

② ［宋］司马光：《涑水记闻》卷一四载："赵阅道抃熙宁中以资政殿大学士知越州，两浙旱蝗，米价踊贵，饿死者十五六。诸州皆榜衢路，立赏禁人增米价，阅道独榜衢路，令有米者任增价粜之。于是，诸州米商辐凑诣越，米价更贱，民无饿死者。"邓广铭、张希清点校本，北京：中华书局，1989年，第285页。

首先被司马光的《涑水记闻》所记载,而后又被国史①、《长编》②、朱熹等编的《三朝名臣言行录》③以及类书《仕学规范》④等广泛记载。

赵抃运用市场规律平抑米价的做法,也启发了后来的地方官员。南宋的程迈知饶州时遇到灾荒,高价招商买米,大量商贾运米到来,在市场机制的自然调节之下,米价大降,百姓度过了饥荒,社会也安定了。⑤这种做法跟赵抃如出一辙。尽管文献没有直接记载说是受到了赵抃的启发,但上述那么多的文献都记载了赵抃的这些事迹,程迈一定是读过的。

苏轼在神道碑中,对赵抃救荒也有概括的记载。神道碑写道,在赵抃知越州这年,吴越出现大饥荒,百姓超过一半都死了。赵抃想尽一切办法救荒,开官仓,劝捐助,并且带头把自己的家财捐出,民众都愿意听从赵抃的安排。这便让活着的人有饭吃,病了的人获得治疗,死去的人也得以安葬,又下令修城,让百姓通过劳动获得报酬吃饭。所以,越州人尽管饥饿却没有怨言。⑥南宋的文坛大家尤袤在上奏时评价说:"祖宗盛时,荒政著闻者,莫如富弼之在青州,赵抃之在会稽。"⑦

就这样,在赵抃妥善的处理下,越州渡过了灾荒和瘟疫的双重难关,又迎

---

① 《宋史》卷一七八《食货志》"赈恤",第 4337 页。

② 〔宋〕李焘:《长编》卷二八二"熙宁十年五月癸亥"条,第 6906 页。

③ 〔宋〕朱熹、李幼武纂辑:《宋名臣言行录》后集卷五,李伟国校点《儒藏》(精华编)本,北京:北京大学出版社,2016 年。

④ 〔宋〕张镃:《仕学规范》卷一八,《四库全书》文渊阁本。

⑤ 〔清〕陆心源《宋史翼》二〇《程迈传》载:"鄱阳岁饥多盗,帝忧之,以迈知饶州。至则手条宽恤三十余事,揭于州门。又奏蠲舟车征算,增米价以招商贾。不逾月,米大至,价为损半,而民食以足,盗亦潜消。"第 431—432 页。

⑥ 〔宋〕苏轼《赵清献公神道碑》载:"吴越大饥,民死者过半。公尽所以救荒之术,发廪劝分,而以家赀先之,民乐从焉。生者得食,病者得药,死者得藏。下令修城,使民食其力。故越人虽饥而不怨。"

⑦ 〔元〕马端临:《文献通考》卷二六《国用考四·赈恤》,上海师范大学古籍研究所、华东师范大学古籍研究所点校本,北京:中华书局,2011 年,第 763 页。

来了山水明丽、百姓安居的日常时光。赵抃也可以有余暇且有心绪吟诗作文和交游酬唱了。离任后的赵抃，在写给继任越州知府程师孟的五言排律中，笔触所及，有一部分内容是对救荒过程的回顾：

> 得请乡邦便，躬祠祖垄虔。
>
> 耕桑初劝谕，饥疫偶成连。
>
> 赈发无深惠，疲劳获少痊。
>
> 阖封方富稔，载路息逃遭。①

"逃遭"，出自东汉蔡邕的《述行赋》："途逃遭其蹇连，潦污滞而为灾。"是讲行路艰难，后来又用来表示处境困顿的状态。这几句诗是说，为自己祭祀祖先方便，请求来到家乡附近的越州任官。到任后刚刚对农民进行过努力劳作的劝谕，突如其来的饥馑和瘟疫接连而至。发粟赈济尽管没有让百姓更多地受惠，但还是稍稍有所缓解复苏。整个州开始有一些丰收富裕，改变了处境困顿的状态。这样写，既写的是实情，也是赵抃对继任知州表现出的谦虚。接下来的诗句则是对继任知州程师孟的高度赞扬。

在赵抃文集中，有一些诗篇是写越州景物风情的，但经考证，多是赵抃离任之后所写，其中不少是跟继任知州程师孟的唱和，可见灾荒和救荒还是影响了赵抃的心境，使他无暇无心思拥有闲情逸致。然而，作为吴越古郡的会稽山水，毕竟给赵抃留下了深刻的印象，以至于离去之后的描绘都如身临其境。

赵抃曾依程师孟诗韵写下《会稽八咏》，对绍兴当时的名胜鉴湖、望海亭、望秦楼、拂云阁、邃亭、妙乐庵、禹穴、戒珠寺，逐一描述。②其中，除了景色形胜的描绘，还有述及自己的经历，如《妙乐庵》就写道："三年时得憩圆庵。"此外，也写到赵抃自己离去后的思念，如《望海亭》就有"别后几回关梦寐"的表述。

---

① ［宋］赵抃：《清献集》卷三《次韵程给事会稽怀古即事》。

② ［宋］赵抃：《清献集》卷五《次韵程给事会稽八咏》。

白居易曾给时任杭州刺史的元稹写诗说越州："知君暗数江南郡，除却余杭尽不如。"① 于是，熟吟白诗的赵抃，也给即将前来知越州的程师孟写道："越郡江南尽不如，乐天流语信非疏。"② 无论白居易，还是赵抃，都认为越州是江南的好地方。

赵抃在离开杭州后，与继任的越州知州程师孟唱和写道：

> 鉴水宽闲称越国，河塘繁剧是杭州。
>
> 蓬山君继元丞相，竹马予惭郭细侯。
>
> 郡邑丰穰真可喜，人家饱暖更何忧。
>
> 西陵隔岸无多远，数上临江百尺楼。③

从诗中所述可知，在赵抃的治理下，越州在大灾之后，迎来了丰收年。"人家饱暖"让赵抃不再担忧，"郡邑丰穰"也让他分外欣喜。

对越州的一些名胜，赵抃也有诗笔记录。他游览陶朱公庙赋诗二首：

> 为国谋深身自谋，飘然归泛五湖舟。
>
> 虽云文种知几晚，未必忠魂为蠡羞。
>
>
> 不道夫差势独夫，因持越计败全吴。
>
> 陶朱智则诚为智，欲把忠臣比得无。④

遥想吴越争霸，赵抃发思古之幽情，从国家到个人，讲述了自己的认识与评价。凭吊至今还在绍兴城里香火缭绕的曹娥庙，赵抃写道：

> 天资纯孝本良知，不愧周人七子诗。
>
> 绝妙好辞旌至性，丰碑千古奉坟祠。
>
>
> 哀哀江上救沉尸，墓木留形世所悲。

---

① ［唐］白居易：《白氏长庆集》卷二三《答微之夸越州州宅》，第502页。

② ［宋］赵抃：《清献集》卷四《次韵前人寓越廨宇有怀》。

③ ［宋］赵抃：《清献集》卷四《次韵即事见怀》。

④ ［宋］赵抃：《清献集》卷五《题陶朱公庙二首》。

得旨春秋参祀典，孝诚今日再逢时。^①

从孝女曹娥的传说，到东汉蔡邕所题"黄绢幼妇，外孙齑臼"隐含"绝妙好辞"的字谜，诗中都有述及。赵抃讲述这些，意在强调曹娥的现实意义，这就是诗的最后一句所写"孝诚今日再逢时"。

敦厚风俗，强调孝道，赵抃还将越州上虞峨眉乡刘承诏的家族上报朝廷，要求加以表彰。刘承诏的家族四百人聚居，已经同居十代，将近三百年。赵抃发现之后，觉得这是一个齐家睦族的好样板，所以加以宣传表彰。

家庭乃至家族，是社会的基础细胞。家庭安定才会有社会安定，齐家方能治国。因此，朝廷也赞同赵抃的建议。在刘家的住处建绰楔门，在门外左右设台，按诏敕的规格有红白的装饰。对刘家还跟对做官的人一样，免除徭役。对于这件事，赵抃在致仕之后，还应刘家之请，在元丰四年写过一篇《刘氏义门记》。^②

---

① ［宋］赵抃：《清献集》卷五《次韵前人题曹娥庙二首》。
② ［清］唐煦春修、朱未来战士斅等纂《上虞县志》卷四七赵抃《刘氏义门记》云："熙宁十年，余守越州，闻上虞峨眉乡刘承诏同居者四百余人、同籍者十世，具以上闻，乞不以常制旌表，俾厚风俗。诏许可，命有司于其所居建绰楔门，门外左右以土筑台，高下广狭，至于赤白之饰，皆如敕之格；而常赋之外，悉免徭役，与仕者等。呜呼，观朝廷所以奖善褒义之意，何其至哉！孟子称'君子之泽，五世而斩'，谓其流竭而服尽，则尊亲替矣。若刘氏，同居既以十世，不下三百余年，萃籍已四百指，亦不常有于世者矣。夫三百年之间，岁有丰凶，情有戚疏，设为之长者，不有恩谊礼让，固结于一家，则不待数世以降，分裂殆尽。今代远丁繁，志一气聚，而不忍别居者，亦以当时之人能整肃慈顺，以诏后人；而后人复能继其先志，故旷日持久，不为时之所迁。吁，洵盛事也！元丰三年，为余谢政之再岁，承诏持其敕自越来衢，乞余记刻诸石。余以为世不常有与事之甚盛者，固宜暴诸当时，以垂后世。想过其门，望其台，观其敕语，则敦睦者孰不勉，分异者孰不愧？所施至约，所劝至博。尤望后嗣子孙绳乃祖武，永世勿替，以仰称朝廷褒旌之至意，则斯刘氏子也，非特为闾里荣行，将为郡县式、王国光矣。余故乐得而为之记。"光绪十七年（1891）刻本。又，清人刘斅廷修《浙江余姚开原刘氏宗谱》五编卷一所录于文末有署衔："元丰四年二月朔日、推诚保德功臣、资政殿大学士、太子少保致仕上柱国、南阳郡开国公、食邑二千户、实封六百户、紫金鱼袋赵抃撰。"光绪十七年（1891）刻本。按，此文今本赵抃文集亦失载。

赵抃吟咏大禹庙时写道："鉴水为功利一州，至今称颂古诸侯。"① 这里的"古诸侯"并不是指大禹，而是东汉开凿鉴湖的东汉太守。在跟程师孟唱和游鉴湖的诗中，赵抃写道：

> 湖治谁能继后尘，马侯祠阁至今存。
>
> 穷源上达仙翁井，引派旁通吏部园。
>
> 红旆遍游偿素志，画桡归去近黄昏。
>
> 别怀屈指期将半，况属乡州役梦魂。②

在"马侯祠阁至今存"之下，赵抃注释说："昔太守马臻开鉴湖。"《宋史·河渠志》记载，东汉永和五年（140），会稽太守马臻筑塘，灌溉农田九千余顷，到宋代一直受益。③

赵抃以清廉自律，看到"清思"的堂名，因有感触赋诗：

> 垂老将休俗累轻，旧乡来守越王城。
>
> 吾怀自信无污染，何必升堂思始清。④

由诗中所述叮见，赵抃对自己的行为相当有自信，不必到清思才会醒悟到应当清廉。

赵抃的清廉自律和心系百姓，既有儒学思想的陶冶，也有仕途前贤树立的楷模影响。在赵抃之前，蒋堂曾在景祐年间知越州，建有西园，赵抃酬和程师孟写道：

> 越有西园作者谁，公今怀感咏歌之。
>
> 千余骑拥频来赏，四十年间尚去思。
>
> 稚耋行谣方载路，主宾高会正乘时。

---

① ［宋］赵抃：《清献集》卷五《次韵前人谒禹庙三首》之二。

② ［宋］赵抃：《清献集》卷四《次前人游鉴湖》。

③ 《宋史》卷九七《河渠志》载："鉴湖之广，周回三百五十八里，环山三十六源。自汉永和五年，会稽太守马臻始筑塘，溉田九千余顷，至宋初八百年间，民受其利。"第2406页。

④ ［宋］赵抃：《清献集》卷五《清思堂偶成》。

也知此乐同民乐，况有前贤台沼诗。①

与民同乐的前贤，离开四十年后尚被后人思念，这无疑会让赵抃感慨。从汉代的马臻到当代的蒋堂，都成为赵抃效法的榜样。

在越州期间，赵抃发现一个人才，是所辖余姚县的主簿李子约。赵抃让他代理县令的职务，在处理刑事案件方面，既有能力，又显现出人性化，处事方式很像初入仕途的赵抃。赵抃便直接向朝廷推荐，说李子约可以担任县令。②

灾后丰年的百姓安乐生活，也在赵抃的笔端流出：

春色湖光照锦衣，岸花汀草共芬菲。

若耶溪上游人乐，举棹狂歌半醉归。③

尽管这也是跟程师孟的和诗，但无疑是赵抃根据自己的见闻所写。熙宁八年（1075）夏秋旱灾饥荒，熙宁九年（1076）春季瘟疫，赵抃笔下的春天欢乐的场面，只能是他对熙宁十年（1077）的记忆。这一年初夏，程师孟接任知越州，赵抃则再度被任命为杭州知州。

在离任前两个月，赵抃题赠化城院山主诗云：

不用湖山半日程，化城非是阅婆城。

无情说法人闻否，风里松篁管送迎。

这首诗未收录于赵抃文集，今人所编《全宋诗》也漏收，是一首佚诗。见于南宋周必大的《思陵录》。是当时周必大护送宋高宗灵柩去绍兴时，在寺院亲眼所见，并记录下来的。除了诗本身，还记有明确时间，为熙宁十

① ［宋］赵抃：《清献集》卷四《次韵前人治西园池馆因怀昔日太守蒋堂侍郎二首》之一。
② ［宋］杨时《杨龟山先生集》卷三一《李子约墓志铭》："清献赵公守越，闻公名，檄公摄县事。公至，吏前负案盈积，公一视之，即得其情，曰：'犯时不知在律，勿论。'具闻于州，杖遣之。余悉迎刃族解无留。未几，邑大治。清献益知公能，荐公可任县。"林海权整理《杨时集》本，北京：中华书局，2018年，第792页。
③ ［宋］赵抃：《清献集》卷五《次韵前人谒禹庙三首》之三。

年三月十日。^①由此可知，此诗为赵抃所作的真实性无疑。"闳婆城"是梵语"乾闳婆城"（gandharva-nagara）的简称。相传是乾闳婆神于空中所化现之城郭，科学解释就是海上、沙漠及热带原野中，空气之密度产生差异时，由于光线折射所出现之海市蜃楼。经典常以乾闳婆城比喻不实之法。由此观之，赵抃说"化城非是闳婆城"，则是讲相比虚幻的乾闳婆城，绍兴化城院是实实在在的存在。从可以运用这样的典故看，赵抃的佛学造诣的确已经相当深厚。

第五节　老来重守凤凰城

熙宁十年（1077）五月中旬，朝廷发出调令，资政殿大学士赵抃知杭州。^②年届古稀的赵抃，再度出知杭州。到任后的秋天，赵抃以两首七律描述了自己的心境。

其一：

> 乞得钱塘下九天，徙从青社复三川。
>
> 坤维十往万余里，吴分重来七八年。
>
> 鉴水坐遥怀旧治，柯峰归晚愧前贤。
>
> 东州赖有微之约，曾寄诗筒递百篇。

其二：

> 七十随缘岂有由，乐天曾不厌杭州。
>
> 青山未隐如千里，白首重来又九秋。
>
> 月窟仙人遗桂子，海门神物助潮头。

---

① ［宋］周必大《思陵录》卷下载："寺有资政殿大学士、知越州赵抃赠山主绝句云：'不用湖山半日程，化城非是闳婆城。无情说法人闻否，风里松篁管送迎。'亦熙宁丁巳三月十日也。"王瑞来《周必大集校证》本，上海：上海古籍出版社，2020年，第2667页。

② ［宋］李焘《长编》卷二八二"熙宁十年五月"条载："癸亥，知越州、资政殿大学士赵抃知杭州。"第6906页。

自惭老守无心力，坐镇吾民静即休。①

在诗中，赵抃讲述了自己复杂的心境。在知越州的时候，便遥望怀念杭州。七十岁了，还没有退休回到家乡，想想急流勇退的前贤，深感有愧。不过，赵抃的笔锋随思绪而转，说还是随缘吧，这是命运的安排，白居易不是也没有对杭州生厌吗？显然，三秋桂子和钱塘潮对赵抃还是充满了吸引力。

赵抃在《题杭州普应院偃松》中写道：

老松低偃四时荣，太守重来眼为青。

密叶动摇翔凤势，深根盘屈卧龙形。

每容狂客春携酒，长庇闲僧昼看经。

一百年来霜雪操，肯随群木漫雕零。②

魏晋南北朝时竹林七贤之一的阮籍，对他尊敬的人报以青眼，对讨厌的人报以白眼。青白眼成为典故之后，为文人所多用。杜甫就写过"青眼高歌望吾子，眼中之人吾老矣"的诗句。③赵抃在这里用拟人化的写法，说连拥有凤势龙形的寺院古松都欢迎他的再次莅临。以物拟人，表达的还是作者的感受。

除了救灾繁忙，灾荒过后，赵抃在越州还是感到了闲适。而作为东南大州的杭州则与越州完全不同。赵抃在诗中写道：

鉴水宽闲称越国，河塘繁剧是杭州。

蓬山君继元丞相，竹马予惭郭细侯。

郡邑丰穰真可喜，人家饱暖更何忧。

西陵隔岸无多远，数上临江百尺楼。④

---

① ［宋］赵抃：《清献集》卷四《武林即事寄前人二首》。按，清人陈焯编《宋元诗会》（《四库全书》文渊阁本）卷一九收录此诗，题作《武林即事寄程给事》

② ［宋］赵抃：《清献集》卷四。

③ ［清］仇兆鳌：《杜诗详注》卷二一《短歌行赠王郎司直》，北京：中华书局，1979年，第1886页。

④ ［宋］赵抃：《清献集》卷四《次韵即事见怀》。

不过，尽管公务繁剧，丰收年景，百姓饱暖，则让赵抃减少了忧虑。

赵抃到任不久，朝廷打算修筑杭州城墙，预计用工要花费几千万。杭州刚刚经历了与越州同样的灾害，并且由于没有得到像赵抃在越州那样的救灾，百姓受害程度比越州还严重。针对这种状况，赵抃对修城计划提出反对意见。他说，杭州百姓刚刚遭受旱灾，不能劳民大兴土木。

凡事因地制宜，具体情况具体施策。赵抃在越州救灾，以工代赈，大兴土木，通过有偿劳动让百姓获得收入，解决吃饭问题。这是一个从范仲淹到赵抃都实施过的行之有效的做法。但这一方式不能僵化地实行，也要因时因地施行才会产生好的效果。在灾害之时，百姓艰食的状况下可以实施，但在灾害过后的恢复时期，复兴主业生产是百姓的首要之事，这时候就不能征发百姓做一些并非急务的劳役。如果强行征发，反倒会对恢复正常生产造成影响，甚至会成为天灾之后的人祸。所以，赵抃要反对这样做。朝廷听取了赵抃的正确意见，取消了这项修城动议。[①]

到任后的第一个正月十五，赵抃与百姓一同观灯，与卜两首七律：

其一：

> 元夕观灯把酒杯，宾朋不倦醉中陪。
>
> 一轮丹桂当天满，千顷红莲匝地开。
>
> 烟火楼台高复下，笙歌巷陌去还来。
>
> 因民共作连宵乐，直待东方明始回。

其二：

> 初逢稔岁改初元，元夜从游驾两轓。
>
> 寺曲水灯多巧怪，河塘歌吹竟喧繁。
>
> 安排百戏无虚巷，开辟重关不锁门。

---

① ［宋］周淙《乾道临安志》卷三载："朝旨欲修杭州城。抃度出于人者数千万，独奏：'杭人新罹旱灾，未可兴工。'乃罢役。"清光绪七年（1881）《武林掌故丛编》本。［宋］苏轼《赵清献公神道碑》亦载："杭旱与越等，其民尤病。既而朝廷议欲筑其城。公曰：'民未可劳也。'罢之。"

> 愿以民心祝尧寿，从星高拱北辰尊。①

烟火楼台，笙歌巷陌，歌吹喧繁，百戏满巷，在丰收的喜悦之中，赵抃也跟百姓一起通宵欢乐。

在知杭州期间，赵抃还有过一次阅兵的体验，被他记录在诗中：

> 吴天霜晓弄寒晖，金鼓喧阗大阅时。
>
> 帐下万兵听号令，军中诸将肃威仪。
>
> 采侯命中连三箭，花阵分排卓五旗。
>
> 愧乏韬钤当重寄，儒林初是学书诗。②

作为知州，目睹上万人的盛大阅兵式，耳闻金鼓齐鸣，观看训练表演，自幼学习儒学诗书的赵抃，生出几分缺乏军事韬略却担任军政首脑的惭愧。

当年在朝廷，同时有两个赵姓参知政事。赵槩年长，被称为大赵参政，赵抃被称为小赵参政。年过八十的赵槩在赵抃知杭州期间来访，与太常少卿吴评和曾担任谏官的吴天常四人同游西湖，赵抃写诗纪实云：

> 丝管喧喧拥画船，澄澜上下照红莲。
>
> 一樽各尽十分酒，四老共成三百年。
>
> 北阙音书休忆念，西湖风物且留连。
>
> 杭民夹道焚香看，白发朱颜长寿仙。③

白发朱颜，飘然若仙，引得杭州市民争相观看。赵抃后来回忆，这次聚会也称为"四老会"。后来有人将四老会媲美杜衍等人的睢阳五老会和富弼、司马光等人的洛阳耆英会。④ "四老共成三百年"，很显然是受到了杜衍"五

---

① ［宋］赵抃：《清献集》卷四《杭州上元观灯二首》。

② ［宋］赵抃：《清献集》卷四《武林阅兵》。

③ ［宋］赵抃：《清献集》卷四《陪前人游西湖兼简坐客》。

④ ［清］查慎行《得树楼杂钞》卷三云："元丰初，清献守杭，赵叔平少师自南都来访，留之过夏，同游湖上而作。时少师年八十余，清献年逾七十。此外二人，皆见本集，一为吴天常，一为吴评少卿，故云'四老'。此事不减睢阳、洛社，而杭人罕有知者。田汝成《西湖志》亦不载。"范道济点校本，北京：中华书局，2017 年，第 64 页。

人四百有余岁"诗句的影响。①

赵抃还为杭州留下了《杭州八咏》。

其一《有美堂》：

> 城在东南诚第一，江湖只向坐中窥。
>
> 斯堂占胜名天下，况有仁皇御制诗。

其二《中和堂》：

> 老来重守凤凰城，千里人心岂易平。
>
> 乐职古贤形颂叹，中和诗不为虚名。

其三《清暑堂》：

> 江上潮音晓暮闻，天饶风月地无尘。
>
> 自怜清暑堂中景，容得衰翁未退身。

其四《虚白堂》：

> 松萝潇洒似居山，宾退公余半是闲。
>
> 谁谓乐天虚白意，只传诗句落人间。

其五《巽亭》：

> 越山吴水似图屏，妙笔无缘画得成。
>
> 闲上东南亭上望，直疑身世似蓬瀛。

其六《望海楼》：

> 潮神千里若云雷，日月如期早暮来。
>
> 景觅东楼天下少，帘帷长对海门开。

其七《望湖楼》：

> 倚棹渔舠恣往还，澄波如鉴照群山。
>
> 绕湖三百浮图寺，只是凭楼一瞬间。

其八《介亭》：

> 介亭群石似飞来，深插云林两两排。

---

① ［宋］王辟之：《渑水燕谈录》卷四，第48页。

255

占得群峰最高地，翠姿何处有尘霾。①

　　摹景况物的同时，赵抃也间发感慨，流露心曲。英宗曾称赞赵抃治理成都是"中和"之政。赵抃借中和堂的堂名发挥，在"老来重守凤凰城"，表示要效法"乐职古贤"。"千里人心岂易平"，这样反问之后，赵抃思考的是如何让人心平稳和平和。在这方面，赵抃在再知杭州的当年，就有一项提案。

　　赵抃在杭州走访时发现，原吴越国王钱氏的陵墓、庙宇，以及其父祖嫔妃、子孙的坟墓在杭州各处共有三十多所，都处于无人管理的荒芜状态。于是，赵抃于熙宁十年（1077）十月向朝廷上书，建议以龙山已废佛祠妙音院为道观，让钱氏后代叫钱自然的道士管理在钱塘的钱氏坟庙，另外以临安县净土寺的僧人道微管理当地的钱氏坟庙。赵抃在上书中提出的理由是，主动归附宋朝的吴越钱氏，当年朝廷很优待，现在也应该像以前那样。

　　表面名义上，赵抃是为过去吴越国王钱氏及其家族墓葬的管理提出建议，但从上书中提及杭州人看到钱氏坟墓等荒芜状况有流泪的，可以看出尽管很多年过去了，但不少人还怀念钱氏。苏轼在神道碑中也说"坟庙堙圮，杭人哀之"。因此，赵抃所言，应当是事实。这从后来江浙地区以"五百年间出帝王"的"天目山谶"来附会南宋高宗为吴越王转世的传说也可略见一斑。② 由此可知，赵抃的建议既有凝聚地方对王朝的向心力的意义，也有平和人心的意图。朝廷理解了赵抃的意图，以皇帝的名义将妙音院改赐名为表忠观。

---

① ［宋］赵抃：《清献集》卷五。

② ［宋］岳珂《桯史》卷二《行都南北内》载："行都之山，肇自天目，清淑扶舆之气，钟而为吴，储精发祥，肇应宅纬。负山之址，有门曰朝天，南循其狭为太官，又南为相府，斗拔起数峰，为万松八盘岭，下为钧天九重之居，右为复岭，设周庐之卫止焉。旧传谶记曰：'天目山垂两乳长，龙骞凤舞到钱塘。山明水秀无人会，五百年间出帝王。'钱氏有国，世臣事中朝，不欲其语之闻，因更其末章三字曰'异姓王'，以迁就之，谶实不然也。东坡作《表忠观碑》，特表出其事，而谶始章。建炎元二之灾，六龙南巡，四朝奠都，帝王之真，于是乎验。"吴企明点校本，北京：中华书局，1981年，第13页。

为此，苏轼还专门写了一篇《表忠观碑》，这篇文章通篇一字不漏地完整抄录了赵抃的奏疏，只是在最后加上了四字为句的一段铭文。[1]在苏轼的作品中，这一篇《表忠观碑》可以称之为奇文。因此，还引出一段佳话。据说，有人把苏轼的《表忠观碑》拿给已经退休的王安石看，王安石玩味再三，问在座

---

[1] ［宋］吕祖谦《宋文鉴》卷七七苏轼《表忠观碑文》："熙宁十年，十月戊子，资政殿大学士、右谏议大夫、知杭州军州事臣抃言·'故吴越国王钱氏坟庙，及其父妃夫人子孙之坟，在钱塘者二十有六，在临安者十有一，皆芜废不治，父老过之，有流涕者。谨按，故武肃王镠，始以乡兵破走黄巢，名闻江淮；复以八都兵讨刘汉宏，并越州，以奉董昌，而自居于杭。及昌以越叛，则诛昌而并越，尽有浙东西之地，传其子文穆王元瓘；至其孙忠显王仁佐，遂破李景兵，取福州；而仁佐之弟忠懿王俶，又大出兵攻景，以迎周世宗之师，其后卒以国入觐。三世四王，与五代相终始。天下大乱，豪杰蜂起。方是时，以数州之地盗名字者，不可胜数，既覆其族，延及于无辜之民，罔有孑遗。而吴越地方一千里，带甲十万，铸山煮海，象犀珠玉之富，甲于天下，然终不失臣节，贡献相望于道，是以其民至于老死不识兵革，四时嬉游，歌鼓之声相闻，至于今不废，其有德于斯民甚厚。皇宋受命，四方僭乱，以次削平，而蜀、江南负其崄远，兵至城下，力屈势穷，然后束手。而河东刘氏，百战守死以抗王师，积骸为城，酾血为池，竭天下之力，仅乃克之。独吴越不待告命，封府库，籍郡县，请吏于朝，视去其国如去传舍，其有功于朝廷甚大。昔窦融以河西归汉，光武诏右扶风修理其父祖坟茔，祠以太牢。今钱氏功德，殆过于融，而未及百年，坟庙不治，行道伤嗟，甚非所以劝奖忠臣，慰答民心之义也。臣愿以龙山废佛祠曰妙因院为观，使钱氏之孙为道士曰自然者居之，凡坟庙之在钱塘者，以付自然；其在临安者，以付其县之净土寺僧曰道微，岁各度其徒一人，使世掌之。籍其地之所入，以时修其祠宇，封殖其草木。有不治者，县令丞察之，甚者易其人。庶几永终不坠，以称朝廷待钱氏之意。臣抃昧死以闻。'制曰：'可！其妙因院改赐名曰表忠观。'铭曰：天目之山，苕水出焉，龙飞凤舞，萃于临安。笃生异人，绝类离群，奋梃大呼，从者如云。仰天誓江，月星晦蒙，强弩射潮，江海为东。杀宏诛昌，奄有吴越，金券玉册，虎符龙节。大城其居，包落山川，左江右湖，控引岛蛮。岁时归休，以燕父老，晔如神人，玉带球马。四十一年，寅畏小心，厥筐相望，大贝南金。五朝昏乱，罔堪托国，三王相承，以待有德。既获所归，弗谋弗咨，先王之志，我维行之。天祚忠孝，世有爵邑，允文允武，子孙千亿。帝谓守臣，治其祠坟，毋俾樵牧，愧其后昆。龙山之阳，崤焉新宫，匪私于钱，唯以劝忠。非忠无君，非孝无亲，凡百有位，视此刻文！"齐治平点校本，北京：中华书局，1992年，第1106—1107页。按，隐含在苏轼文中的赵抃奏疏，今本赵抃文集亦失载。

的客人，古代有这样的写法吗？有人回答，古代没有，是篇奇文。也有人反驳说，只是抄录奏状，有什么可奇的。这时，王安石说道，你们有所不知，这是司马迁《三王世家》的体式。①

入秋游览杭州的寿圣寺，赵抃题诗：

> 宝界香园接翠微，此鸟空寂远尘机。
>
> 寒冰扣晓人无后，古剑藏秋谷有辉。
>
> 水石潺波迷客径，松云洒落护禅扉。
>
> 我来笑被名缰锁，斜日匆匆策马归。②

游览佛寺，清静内心，"我来笑被名缰锁"一句，则充分反映出赵抃在入世与出世之间的纠结。然而，能够认识到"被名缰锁"，便会有试图解脱之心。南宋的杭州寿圣寺还挂有赵抃的画像，周必大曾在绍兴三十二年（1162）前往拜谒过。③

熙宁十年（1077）这年，赵抃已届古稀之年，几十年的仕途奔波，让他已感倦意。在与程师孟的唱和诗中，赵抃这样写道：

> 龙蛰穷冬万否开，蛰吟清晓在蓬莱。
>
> 五更枕上惊残梦，一曲楼头动小梅。
>
> 入牖凉飔声咽绝，满庭斜日思徘徊。
>
> 新年合我七十一，柯岭不如归去来。④

即将七十一岁，赵抃想退休回到家乡柯岭。在这一年的岁末，赵抃又写

---

① ［宋］董弅《闲燕常谈》载："王荆公在蒋山。一日，有传东坡所作《表忠观碑》至。介甫反覆读数过，以示坐客，且云：'古有此体否？'叶致远曰：'古无之，要是奇作。'蔡元庆曰：'直是录奏状耳，何名奇作？'介甫笑曰：'诸公未之知尔，此司马迁《三王世家》体。'"唐玲整理《全宋笔记》本，郑州：大象出版社，2018年，第100页。

② 按，此诗为赵抃集外佚诗，收录于明夏玉麟编纂《嘉靖建宁府志》卷一九。

③ ［宋］周必大《二老堂杂志》卷五《记西湖登览》载："壬午三月己亥，晴，与芮国器、程泰之、蒋子礼出暗门，上凤篁岭，酌龙井，入寿圣寺，拜赵清献公、苏翰林、僧辨才画像。"王瑞来《周必大集校证》本，上海：上海古籍出版社，2020年，第2792页。

④ ［宋］赵抃：《清献集》卷四《次韵楼头闻角》。

诗云：

> 岁月如流不用嗟，盛衰前定岂曾差。
>
> 自怜览照头浑雪，犹喜观书目未花。
>
> 竺岭两曾逢落桂，龙山三见撷新茶。
>
> 春元便欲休官去，谁顾杭州十万家？①

白发如雪，所幸眼尚未昏花。他说，本想到了春天就退休回乡，但转念一想，我退休走了，谁来照管杭州这十万户人家呢？对杭州百姓的责任感，使赵抃还不忍离去。

年末，赵抃还写诗抒怀：

> 宦途衰老敢辞勤，只计斯民不计身。
>
> 眷恋青山乖素约，迟留白首未归人。
>
> 举头旧治无三舍，屈指明朝又一春。
>
> 珍重东州年契厚，趁潮双鲤得书频。②

即使是上了年纪，依然在仕途宦游各地，"只计斯民不计身"，可以说是赵抃真实的自我写照。正因为如此，他无法实现归休山林的宿愿，白发迟留在仕途。

在元丰元年（1078）元旦这天，赵抃赋诗：

> 驱驰光景急如轮，复见元丰岁始春。
>
> 七十一年欣入手，三千奏牍欲归身。
>
> 江涛有信人随老，烟草无涯色又新。
>
> 自是乞骸时节好，不应推托为思莼。③

在新年伊始，赵抃慨叹时光飞逝如车轮一般快。他说现在正是我应该请求退休的时候了，这样做并不是因为思念家乡的美食而要求归去。"思莼"又写作"思鲈莼"，典故出自《世说新语》。讲的是在洛阳做官的张翰，在秋风萧瑟

① ［宋］赵抃：《清献集》卷四《次韵岁暮有感》。
② ［宋］赵抃：《清献集》卷四《岁暮偶成寄前人》。
③ ［宋］赵抃：《清献集》卷四《戊午元日偶成》。

的季节，想起了吴中家乡菰菜羹、鲈鱼脍，说道，人生贵在顺从自己的意愿，何必要远在几千里以外做官来追求名利地位呢？于是便辞官归去。① 后来便以"思莼"来比喻思乡归隐。同样出身吴中的赵抃，很恰当地运用这个典故，来表示想要退休还乡的愿望。

郡斋落成，赵抃写诗给程师孟：

> 退公真静独披襟，尚愧前贤探道深。
>
> 零落交游难屈指，崇高轩冕不关心。
>
> 未还印绶饶乡梦，犹倚湖山助老吟。
>
> 讼蜗虚空人事简，钱塘安得似山阴。②

公务之余，一个人静静地坐在那里，惭愧自己不如前贤。已经去世的友人难以屈指计算，到今天究竟能获得多么高的地位，业已不再关心。因为还在任上，故乡只能在梦中萦绕，还是作为一个老人傍依在湖山吟咏。受纳的信箱没有诉状，人与事都很少，这一点杭州是难以跟越州相比的。赵抃如此描述，显然，他在杭州的公务相当繁忙。

老来思乡，赵抃在另一首诗中也写道："太守老来难久恋，柯山朝暮欲归潜。"③ 在与致仕后的参知政事同僚赵槩一同游西湖时，赵抃的诗也流露出这样的期待："此时朋契偕行乐，何日君恩许引年？"④ 致仕在名义上需要皇帝批准，所以说"君恩"。欧阳修在晚年的诗中，也有类似的表达："何日君恩悯衰朽，许从初服返耕桑。"⑤

赵抃屡屡请求致仕还乡，都得不到批准。他在《屡乞致政诏答未允述怀》

---

① ［南朝宋］刘义庆《世说新语》卷中《识鉴第七》载："张季鹰（张翰）辟齐王东曹掾，在洛，见秋风起，因思吴中菰菜羹、鲈鱼脍，曰：'人生贵得适意尔，何能羁宦数千里以要名爵？'遂命驾便归。"徐震堮校笺本，北京：中华书局，1984 年，第 217 页。

② ［宋］赵抃：《清献集》卷四《郡斋成寄前人》。

③ ［宋］赵抃：《清献集》卷四《游元积之龙图江湖堂》。

④ ［宋］赵抃：《清献集》卷四《再用前韵》。

⑤ ［宋］欧阳修：《居士集》卷一四《感事》，李逸安点校《欧阳修全集》本，北京：中华书局，2001 年，第 237 页。

中写道：

> 自愧孤忠荷圣慈，恩荣恳向九天辞。
>
> 于今蒲柳衰残日，好是云烟放旷时。
>
> 玉阙累章烦赐诏，潋江两桨蹉归期。
>
> 宵征自有高人笑，漏尽钟鸣晓未知。①

　　每次提出退休请求，皇帝都赐下诏书勉励，归乡江上的船桨把归期拖得很晚，诗中的表达，既有感恩皇帝的知遇，也有致仕不得的无奈。对于迟迟不批准致仕，赵抃有些焦躁。在给许遵的诗中，他这样写道：

> 头上有霜添白发，囊中无药驻朱颜。
>
> 堪惊积岁加衰老，未省何时得退闲。
>
> 渊净思临浮石渚，喧哗羞对武林山。
>
> 君恩早赐俞音下，即拥菟裘故里还。②

　　在另一首诗中，赵抃也有皇帝不允他退休的描述："白头未许还官政，紫诏频烦慰老臣。"③不过，赵抃相信，以他这样的年龄，在坚辞之下，皇帝一定会批准的。对此，赵抃写有这样的诗句："老守七章还印绶，俞音朝暮出宸衷。"④赵抃不断上章请辞，他在等待早晚会到来的批准命令。赵抃羡慕同年进士吴评得请致仕，写了这样一首诗：

> 春秋七十更逾期，同甲同年世所稀。
>
> 未遂乞骸嗟我老，已输先手羡公归。
>
> 良朋集有湖山乐，故里思无羽翼飞。
>
> 预想俞音还印日，鹭涛秋色上行衣。⑤

　　赵抃预想着他的致仕请求被批准的诏书的到来，那时便会充满才情地在秋

---

① ［宋］赵抃：《清献集》卷四。

② ［宋］赵抃：《清献集》卷四《次韵许遵少卿见寄》。

③ ［宋］赵抃：《清献集》卷四《次韵前人见寄二首》。

④ ［宋］赵抃：《清献集》卷四《次韵前人怀西湖之游》。

⑤ ［宋］赵抃：《清献集》卷四《喜吴评少卿致政》。

色中上路。在另一首诗中，赵抃还羡慕六十八岁的同乡毛维瞻获准致仕，而他七十一了还在任职："两颊朱颜公退速，满头霜鬓我归迟。"① 赵抃在这两句诗后自注："公年方六十八，余年已七十一。"赵抃还这样写诗说："得旨便归田陇去，乡人从笑老农如。"② 意即只要得到批准我回乡，我就会像老农一样跟乡人快乐地生活。

期待已久的"预想俞音还印日"终于到来，元丰二年（1079）正月十九日，命令下达，资政殿大学士、右谏议大夫、知杭州赵抃为太子少保致仕。③ 从此，没有公务之累，赵抃晚年的悠悠岁月开启。

---

① ［宋］赵抃：《清献集》卷四《次韵张侨庆毛维瞻得谢》。

② ［宋］赵抃：《清献集》卷四《武林言怀寄程给事》。

③ ［宋］李焘：《长编》卷二九六"元丰二年正月己丑"条，第 7199 页。

第八章　高斋夕阳

第一节　而今始是自由身

我们读赵抃的许多诗，都可以看到晚年的赵抃希望早日退休归乡意愿的流露。不仅是私下流露，赵抃也直接向皇帝请求致仕。苏轼在神道碑中就说，赵抃还不到七十，就请求告老还乡，但未予批准。得不到批准，赵抃就再三再四，不断地请求。终于，在七十二岁的元丰二年（1079）正月，获得了批准。官阶从原来的正三品的资政殿大学士升迁为从二品的太子少保致仕。[①]

关于赵抃致仕命令下达的月份，苏轼写的神道碑记在二月，清人罗以智编的年谱也沿用了这一记载。[②]但主要采用国史资料的李焘《长编》则记在"正月"，并且记载了具体日期为"己丑"这一天，即十九日。[③]或许，二月是命令传达到杭州的时间，苏轼根据赵抃家人提供的资料，就记在了这个月。赵抃自己也说是"仲春甲寅"，即二月十五日接到获准致仕的批文。[④]从史源上看，

---

① ［宋］苏轼《赵清献公神道碑》载："公年未七十，告老于朝，不许。请之不已，元丰二年二月，加太子少保致仕，时年七十二矣。"

② ［清］罗以智：《赵清献公年谱》，第1311页。

③ ［宋］李焘：《长编》卷二九六"元丰二年正月"条载："己丑，资政殿大学士、右谏议大夫、知杭州赵抃为太子少保致仕。"第7199页。

④ ［宋］潜说友《咸淳临安志》卷七八载赵抃诗序云："予元丰己未仲春甲寅，以守杭得请归田。"

神道碑虽然为早，但朝廷的政令记载还是需要以官方文献为准。所以说，赵抃致仕命令下达的准确时间，应当是正月十九日。

士大夫政治成为主宰的北宋，读书人在年轻的时候，头悬梁、锥刺股般地苦读，奔竞于拥挤的科举之途，力图金榜题名，走出乡里，改变命运。当功成名就，临届晚年，士大夫们又想摆脱仕途的辛劳，衣锦还乡，颐养天年。出走与回归，士大夫的人生多是走的这样一个循环。赵抃也不例外。无病无灾，无凶无险，平安致仕，为成功的人生画一个句号，是件可喜的事情。因此，获准致仕，赵抃分外欣喜。在这一年三月，应当是收到正式命令不久，赵抃写下了一首题为《引年自喜》的五言排律：

> 乾坤报不得，犬马恋无缘。
>
> 请有再三渎，生逾七十年。
>
> 云山充素志，霜雪满华巅。
>
> 远矣日边地，归欤春暮天。
>
> 滩长钓台客，棋久烂柯仙。
>
> 去乐林泉下，何劳一指禅。①

诗中赵抃讲道，年纪已过七十，无法再为皇帝效犬马之劳，所以再三请求致仕。带着满头霜雪般的白发，归隐到云山之中，来实现自己一个朴素的愿望。远离庙堂，在暮春三月归乡，从此享受林泉之乐，在江边做个垂钓人，也像家乡传说中的仙人那样悠然下棋，忘记时光的流逝。

听到赵抃致仕的消息，昔日的同僚和朋友都纷纷表示祝贺。曾巩寄诗云：

> 铜扉得谢从今日，玉铉辞荣已十年。
>
> 素节谠言留简册，高情清兴入林泉。
>
> 海边爱日疲人恋，剑外仁风故老传。
>
> 门外最应潇洒客，喜公平地作神仙。②

---

① ［宋］赵抃：《清献集》卷三。

② ［宋］曾巩：《元丰类稿》卷八《寄赵宫保》，陈杏珍、晁继周点校《曾巩集》本，北京：中华书局，1984年，第134页。

曾巩在诗中评价赵抃的政绩，说"素节谠言"是会名留青史的，而在东南地方的为政也会让曾经受灾的百姓思念，在四川为政的仁义之风更会口碑流传。最后一句"喜公平地作神仙"是隐括了宋人魏野赠给寇准的诗句"好去上天辞将相,归来平地作神仙"①,意思是说很高兴赵抃从此在凡间做个快乐的神仙。

苏轼、苏辙兄弟分别写来祝贺的书启。苏轼的《贺赵大资少保致仕启》写得很全面。他说赵抃要求退休得到批准，十大夫们都羡慕，乡里也以赵抃即将归来而互相庆贺。他认为,富贵并不是让人最快乐的,取得功名也不是什么难事。没有什么比回归故乡更快乐，没有什么比保全大节更难得。环顾当今的大夫高官，有的最终寓居他乡。再看自古以来的忠贤之人，也很少完美的结局。苏轼还用了《史记》中项羽所言"富贵不归故乡，如衣锦夜行",以及《左传》中"狐裘而羔袖"的典故，来反衬赵抃的百行圆满和五福齐全。

回顾赵抃一生的政绩，苏轼主要讲了台谏之风和吴蜀之政。对于赵抃没有做到宰相，苏轼以"才不究于大用"来表示了遗憾。对于敏感的王安石变法中赵抃的立场，苏轼评价赵抃是心系百姓，与时俱进，不可则止。从而总结赵抃一生有种种作为，却没有一件遗憾。最后，苏轼展望赵抃的未来时，既讲到会深入佛教的不二法门，也讲到会独游于道教的无何之乡。既说可追随佛教禅宗第三代祖师僧粲及第二代祖师慧可，又讲可以达到道家传说中王子乔和赤松子的高寿。②显

---

① 〔宋〕文莹:《湘山野录》卷中《寇忠愍罢相恋阙》，郑世刚、杨立扬点校本，北京：中华书局，1984年，第27页。按，"将相"，沈括《梦溪笔谈》卷一六作"富贵"。

② 〔宋〕苏轼《苏轼文集》卷四七《贺赵大资少保致仕启》云："伏审抗章得谢，奉册言还。搢绅耸观，闾里相庆。窃谓富贵不为至乐，功名非有甚难。乐莫乐于还故乡，难莫难于全大节。历数当今之卿相，或寓他邦；究观自古之忠贤，少有完传。锦衣而夜行者多矣，狐裘而羔袖者有之。至若百行浑圆，五福纯备。当世所羡，非公而谁。恭惟致政大资少保，道心精微，德望宏远。无施不可，尤高台谏之风;所临有声，最宜吴蜀之政。才不究于大用，命尽系于生民。与时偕行，不可则止。见故人而一笑，绰有余欢；念平生之百为，绝无可恨。方将深入不二，独游无何。默追粲可之风，坐致乔松之寿。轼荷知有素，贪禄忘归。慕鸳鹭之高翔，眷樊笼而永叹。倾颂之素，敷写莫穷。"孔凡礼点校本，北京：中华书局，1986年，第1346页。

然，同样深谙佛理的儒学士大夫苏轼，并没有把赵抃仅仅划归佛门，而是将赵抃视为儒士，在释道之间找到了平衡。

苏辙的《贺赵少保启》没有其兄苏轼那样运用很多典故，内容也没有苏轼涉及的广泛，但在叙述赵抃为政地方时"因俗为政"和"与民息肩"倒是确得其实。①

苏轼、苏辙兄弟是赵抃荐举过的，他于二人有知遇之恩，写信致贺不足为奇。作为被认为是赵抃政敌的王安石，居然也有致贺的书信。②王安石的贺启不像苏氏兄弟那样具体，只是笼统地赞扬。不过，其中有两句值得注意，这就是"伯夷之直惟清，仲山之明且哲"。是说赵抃像伯夷一样正直清高，又像辅佐周宣王中兴的仲山甫一样明察秋毫。后一句是运用了《诗经·大雅·烝民》"邦国若否，仲山甫明之。既明且哲，以保其身"的典故。《诗经》这句讲仲山甫对国内政事的好坏，都心如明镜，既明事理又聪慧，还善于自保。尽管可以理解为王安石有暗讽赵抃明哲保身的意思，但总的来说还是符合实际的。况且明哲保身也并不完全是一个贬义词，与王安石同时的曾巩也写下过完全相同的这句话："仲山之明且哲，宜保令名。"③苏轼也在《赵清献公像赞》的开篇说"志在伯夷，其清维圣"④，与王安石的表达相近。总之，贺启反映了王安石对赵抃的总体认识。其实，王安石致贺启这一行为本身，就表明了胸怀与善意。

观察这一时期的历史，我一直有这样的感觉：王安石变法期间的当事诸人，无论是对变法赞成还是反对，都很少掺杂个人恩怨在内，都是正常的政见之争，这跟元祐党争之后的政治对立完全不同。王安石致贺启的行为适为一证。

---

① ［宋］苏辙：《栾城集》卷五〇《贺赵少保启》，陈宏天、高秀芳点校《苏辙集》本，北京：中华书局，1990年，第864—865页。

② ［宋］吕祖谦编：《宋文鉴》卷一二一王安石《贺致政赵少保启》，齐治平点校本，北京：中华书局，1992年，第1692页。

③ ［宋］曾巩：《元丰类稿》卷三六《到亳州与南京张宣徽启》，陈杏珍、晁继周点校《曾巩集》本，北京：中华书局，1984年，第514页。

④ ［清］杨廷望等纂修：《康熙衢州府志》卷一苏轼《赵清献公像赞》。

在赵抃致仕尚未还家之前，禅师广教将赴衢州主持南禅显圣寺，赵抃写诗送行说道：

> 到日参徒耳目新，桃花一笑已中春。
>
> 吾今告老还家近，亦作柯峰自在人。①

"亦作柯峰自在人"，实在是对即将到来的轻松自由充满了期待。在回乡后，赵抃写给弟侄子孙的诗中，有这样两句："得请归田弛负儋，满头霜雪鬓鬖鬖。"②因为致仕归田，没有公务之拖累，因而也就没有了责任的负担，这就让责任感很强的赵抃如释重负。因此，赵抃很感谢宋神宗，后来在给他的参知政事同僚"大赵参政"赵槩的诗中就这样写道："不是君恩山岳重，肯教归作自由身。"意思是说，要不是皇恩浩荡，哪能让我致仕归乡呢。在离开杭州的时候，有个叫施耕的官员给赵抃写诗送行。后来，赵抃又见到施耕，也给他赠诗：

> 子诗赠我离杭日，劝使东来作主人。
>
> 再得湖山老休去，而今始是自由身。③

赵抃熟读白居易的作品，写诗也不由自主地引用，点化成为己作。白居易就有"他日终为独往客，今朝未是自由身"的诗句。④赵抃接力，"自由身"的表达又影响了南宋的诗人，有人这样写道："兹日纵为无事日，此身不是自由身。"⑤

从杭州回衢州，途经睦州，赵抃再次路过他在知睦州时凭吊过的严子陵钓台，赋诗云：

> 庭有松萝砌有苔，退公聊此远尘埃。
>
> 潮音隐隐海门至，泉势潺潺石缝来。
>
> 夜榻衾裯仙梦觉，晓窗灯火佛书开。

---

① ［宋］赵抃：《清献集》卷五《送禅师广教赴衢南禅》。

② ［宋］赵抃：《清献集》卷五《己未岁除言怀示诸弟侄子孙二首》之一。

③ ［宋］赵抃：《清献集》卷五《过婺示施耕县丞》。

④ ［唐］白居易：《白氏长庆集》卷二八《与诸道者同游二室至九龙潭作》，第647页。

⑤ ［宋］赵蕃：《淳熙稿》卷一八《野花》，《四库全书》文渊阁本。

> 休官不久轻舟去，喜过严陵旧钓台。^①

轻舟一叶，踏上休官回乡路。夜梦道家仙乡，晓看佛书释典。这是赵抃的归途生活。再过严子陵钓台，与以前尚在仕途时的凭吊，必然有着不同的心境。严子陵当年的归隐，或许更能引起赵抃此时的共鸣。

"退公聊此远尘埃"，远离仕途的纷扰，成为自由身的赵抃，从此，真的做了"柯峰自在人"。

第二节　住在三衢山好处

元丰二年（1079）元旦，屡屡向朝廷请求致仕的赵抃，在等待之中写下了《元日偶成》一诗：

> 人生七十古云稀，加我新年复过期。
>
> 住在三衢山好处，望中还赋式微诗。^②

"式微"是《诗经·邶风》中的一首诗，两段反复吟唱"胡不归"。赵抃用这一典故，来表达想要退休回到家乡的强烈愿望。不久，朝廷命令下达，赵抃如愿回到家乡。经历了入世的荣华，加之出世的释道思想的影响，赵抃更渴望的是在家乡过一种简朴的生活。正如他在一首诗中写的那样："孝弟里闾松竹茂，柴扉谁复羡朱扉？"^③

赵抃的家族聚居于家乡衢州的孝弟里，但赵抃归乡另住在一处叫作"高斋"的别馆，这是赵抃很久以前就营建的住处。叶梦得的《避暑录话》说是赵抃仿照杭州的住处营建的，有失准确。早在将近二十年前的嘉祐六年（1061），赵抃赴任知虔州之前，曾回到家乡小住四十来天，写下的诗句就有"高斋高胜足欢忻"^④，可见那时便已有了命名为"高斋"的住所了。当时，与赵抃同年进

---

① ［宋］赵抃：《清献集》卷四《清风阁即事》。

② ［宋］赵抃：《清献集》卷五。

③ ［宋］赵抃：《清献集》卷四《次韵毛维瞻度支过杭见赠》。

④ ［宋］赵抃：《清献集》卷三《守虔过家登高斋即事》。

士又作为同僚担任虔州通判的何若谷，还题有高斋诗。这一事实也见于赵抃的诗篇。赵抃在《留题悦亭因简何若谷都官》诗的最后一句"亦有高斋待挂冠"之下自注写道："公尝题高斋诗。"①

在年轻时曾探访赵抃故居高斋的叶梦得，尽管不知道上述的营建原委，但他听自赵抃门客所讲述的赵抃的晚年生活则颇为详细，也比较可信。据叶梦得描述，高斋建于临近一条大溪的山麓之上。归乡之后的赵抃就住在这里，不再跟家人住在一起。儿孙们只是早晚前来请安，日常杂务由两个信佛的人和一个老兵来承担。叫作余庆的功德院住持法泉隔三岔五前来拜访，每天轮流有一个僧人陪伴赵抃吃饭。早饭吃素，晚饭稍稍从家里拿来一些肉或鱼干食用。②

从这一记载看，晚年的赵抃似乎过着一种与世隔绝的清高孤僻的生活。其实，这只是其中的一个面。赵抃不到七十，便屡屡要求致仕，他早已调整心态，归乡后做一介平民。赵抃这样以诗来讲述自己身份与心态的变化：

> 腰佩黄金已退藏，个中消息也寻常。
>
> 世人要识高斋老，只是柯村赵四郎。

不再是以前腰环金带的高官了，只是一个寻常百姓。人们看到的这个高斋老人，就是柯村那个赵四郎。《五灯会元》在记载了不见于今存赵抃文集的这

① ［宋］赵抃：《清献集》卷三。

② ［宋］叶梦得《避暑录话》卷上："赵清献公自钱塘告老归，钱塘州宅之东清暑堂之后，旧据城闉，横为屋五间，下瞰虚白堂，不甚高大，而最超出州宅及园圃之中，故为州者多居之，谓之高斋。既治第衢州，临大溪，其旁不远数步，亦有山麓屹然而起，即作别馆其上，亦名高斋。既归，唯居此馆，不复与家人相接。但子弟晨昏时至，以二净人、一老兵为役。早不茹荤，以一净人治膳于外。功德院，号'余庆'，时以佛慧师法泉主之。泉聪明高胜，禅林言'泉万卷'者是也。日轮一僧伴食，泉三五日一过之。晚乃略取肉及鲊脯于家，盖不能终日食素。老兵供扫除之役，事已即去。唯一净人执事其旁，暮以一风炉置大铁汤瓶，可贮斗水，及列盥漱之具，亦去。公燕坐至初夜就寝。鸡鸣，净人治佛室香火，三击磬，公乃起。自以瓶水颒面，趋佛室。暮年尚能日礼佛百拜，诵经至辰时。余年二十一，尝登高斋，尚仿佛其处。后见公客周竦道其详，欣然慕之。今吾居此，日用亦略能追公一二，但不能朝食素，精进佛事，愧之尔。"徐时仪整理《全宋笔记》本，郑州：大象出版社，2006年，第267—268页。

首诗之后，还有赵抃追加的一句话："切忌错认。"意思是说，别认错了，这老头就是赵四郎。《五灯会元》还记载赵抃"亲旧里民，遇之如故"。①

离乡几十年，物故人非，正如赵抃在一首诗中所写的那样，"旧乡虽是故人非"②。僧人晓莹也在他的《罗湖野录》中收录了"柯村赵四郎"这首诗，并且记载赵抃归乡后"与里民不间位貌"，意即跟乡亲们在一起完全没有架子。③宋人编纂的《翰苑新书》也记载："赵抃致仕退居于衢，有溪石松竹之胜，与山僧野老游，不复有贵势也。"④

有一件轶事，可以看出赵抃与乡亲邻里的和睦相处。赵抃在衢州孝弟里的住处很狭窄，他的弟弟和侄子们想让归乡后的赵抃住得舒服愉快，就出了很大的价钱把邻居家的房子买了下来，打算给赵抃盖个更大的房子。赵抃听说后，反而很不高兴，说我们家跟这位老翁做邻居已经三代了，怎么能忍心把他赶走呢？让自己的弟侄赶紧把房子退还给那位老人，并且没有催还已付的买房钱。⑤

退休后的赵抃，很喜欢他居住的高斋，在诗中屡屡提及。对于高斋的外部环境，赵抃无疑是很满意的，他写诗甚至拿一间曾住过的环境优美的僧舍，跟自己的高斋相比较说：

> 千里寻山忆烂柯，七旬归去此重过。
>
> 因观秀野轩前景，与我高斋不较多。⑥

赵抃觉得，景色别致的僧舍还没有自己的高斋好。对于高斋周围的环境，

---

① ［宋］普济：《五灯会元》卷一六《清献赵抃居士》，第1059页。

② ［宋］赵抃：《清献集》卷五《忘归洞》。

③ ［宋］释晓莹：《罗湖野录》卷一，第209页。

④ ［宋］佚名：《翰苑新书》前集卷六三，《四库全书》文渊阁本。

⑤ ［宋］赵善璙《自警编》卷三《齐家类》"居处"载："赵清献公抃字阅道，宽厚长者，与物无忤。家于三衢，所居甚隘，弟侄有欲悦公意者，厚以直易邻翁之居以广公第，公闻不乐，曰：'吾与此翁三世为邻矣，忍弃之乎？'命急还翁居，而不追其直。"程郁整理《全宋笔记》本，郑州：大象出版社，2016年，第84页。

⑥ ［宋］赵抃：《清献集》卷五《自温江宿僧净偲秀野轩》。

赵抃在《退居十咏》有所描述。从其二《水月阁》"池阁孤清瞰碧流"可知，溪水之上，建有水月阁，可以俯瞰碧流。从其五《竹轩》"百本修篁小槛东"可知，槛东百十棵修竹之中，建有竹轩，可以清风避暑。从其六《柳轩》"翠条疏处露池莲"和"春有黄鹂夏有蝉"可知，建有柳轩，在垂柳池莲处，可以春闻莺啭，夏听蝉鸣。从其七《归欤亭》"小亭随意榜归欤"和"池沼东头是旧庐"可知，在旧居池塘东面，还建有归欤亭。这一定是赵抃退居之后所建。"等闲早暮携筇到"，赵抃晨昏都会手持竹杖来到这里。从其八《濯缨亭》"晴波一片如铺练，浮石江心彻底清"可知，这一以《孟子·离娄上》"沧浪之水清兮，可以濯我缨"命名的小亭，是赵抃临水而建，以明操守高洁之志。建濯缨亭，是赵抃久有之志。他在一首诗中就这样写道："官罢钱塘好归矣，濯缨清自有沧浪。"[①] 苏辙对赵抃的濯缨亭专有题咏：

> 挂冠缨上已无尘，犹爱溪光碧照人。
>
> 点检旧游黄石在，扫除诸念白鸥亲。
>
> 一尊父老囊金尽，三径松筠生事贫。
>
> 他日南公数人物，丹青添入县图新。[②]

苏辙的诗说到"生事贫"，苏轼在神道碑中也说赵抃"平生不治产业"。那么，赵抃为官一生归乡后，有多少土地呢？对此，赵抃也有诗"夫子自道"。《退居十咏》其九《负郭田》云：

> 累岁辞荣得帝俞，老来天幸更谁如。
>
> 腰间已解黄金印，归有田耕二顷余。

由此可知，为官一生，赵抃并没有成为大地主，只是在城边有两顷多的田地。这也可见赵抃之清。从《退居十咏》其十《望南山》"欲观古佛丛林地，只用凭栏一举头"可知，赵抃居家也可以"悠然望南山"，山林隐映的庙宇凭栏可见。

---

① ［宋］赵抃：《清献集》卷四《送任浩朝散赴鄱阳景德镇》。

② ［宋］苏辙：《栾城集》卷一〇《衢州赵阅道少师濯缨亭》。

《退居十咏》的第一首是《高斋》：

> 轩外长溪溪外山，卷帘空旷水云间。
>
> 高斋有问如何乐，清夜安眠白昼闲。①

高斋之乐，在于夜无喧嚣可以清静安睡，闲适的白天则可以卷帘眺望碧水青山。几十年仕途奔波，尽管多有记载说赵抃在公务之余喜欢一个人独处静坐，其实内心还是难以静得下来的。退休之后，居住在高斋，才让赵抃感到了以前求之不得的心身俱静。除了这首诗，赵抃还在退休两年后这样以诗写道：

> 四纪荣涂愧滥巾，圣恩从请幸全身。
>
> 高斋静有无穷乐，又报元丰第四春。②

在赵抃看来，高斋的无穷之乐，都在一个"静"字上。说高斋静，并不是说高斋真的是阒然无声，没有一点动静的死一般沉寂。溪水山林，自然会有泉响鸟鸣。不过这种声音，则更有"鸟鸣山更幽"的意趣。即使是风声雨声，也不像是俗世的喧闹，扰人心烦意乱。

对于高斋，赵抃强调一个"静"字，而苏轼则在"高"字上做文章，他在《赵阅道高斋》一诗中写道：

> 见公奔走谓公劳，闻公引退云公高。
>
> 公心底处有高下，梦幻去来随所遭。
>
> 不知高斋竟何义，此名之设缘吾曹。
>
> 公年四十已得道，俗缘未尽余伊皋。
>
> 功名富贵皆逆旅，黄金知系何人袍。
>
> 超然已了一大事，挂冠而去真秋毫。
>
> 坐看猿猱落置罔，两手未肯置所操。
>
> 乃知贤达与愚陋，岂直相去九牛毛。
>
> 长松百尺不自觉，企而羡者蓬与蒿。

---

① ［宋］赵抃：《清献集》卷五《退居十咏》。

② ［宋］赵抃：《清献集》卷五《致仕后立春偶成》。

我欲赢粮往问道，未应举臂辞卢敖。①

吟味此诗，可知苏轼赞美赵抃的"高"，意在阐发赵抃超凡脱俗、彻悟人生的品格之高。

苏轼写的神道碑，说致仕后退居乡里的赵抃："退居于衢，有溪石松竹之胜，东南高士多从之游。"可见赵抃并非是自我与世隔绝，离群索居，而是与很多朋友有着往来。如此想象当年的高斋，也一定是"谈笑有鸿儒，往来无白丁"。当然，"白丁"未必是未做官之人，仅指没有学问。赵抃晚年的朋友，除了官场旧交和释道方外友，也有普通的布衣。据南宋楼钥记载，有个萱堂林先生就跟赵抃父子交游，在元丰三年前后三人有过诗篇唱和。让楼钥既感慨赵抃父子定交寒士，也钦佩萱堂林先生以布衣与大臣为僚友。②

致仕归乡后，赵抃写了一篇《寿茔颂》，题在墙壁上：

吾政已致，寿七十二。百岁之后，归此山地。彼真法身，不即不离。

充满大千，普现悲智。不可得藏，不可得置。寿茔之说，如是如是。③

从这篇《寿茔颂》可见，赵抃的确如苏轼所言，"超然已了一大事"，对于俗世不再挂怀。不过，在他高斋的左廊，赵抃又题有一篇《信安侯墓表铭》：

桓桓陈侯，以功诏爵。名勒旂常，声光赫爔。缅昔西征，王师于铄。钲鼓雷轰，旌旗电踔。爰整虎旅，用遏乱略。狂峻授首，余孽扑削。太末之西，高坟斧若。千古英灵，星辰河岳。元丰二年七月既望，书于高斋左庑。④

---

① ［宋］苏轼:《苏轼诗集》卷一九《赵阅道高斋》,孔凡礼点校本,北京:中华书局,1982 年,第 991—992 页。

② ［宋］楼钥《攻媿集》卷七七《跋林氏所藏赵清献公父子诗》云："清献公以元丰二年春加太子少保致仕,明年次子景仁倅永嘉,从公游天台、雁荡,吴越间荣之。至今廨宇有戏彩堂,犹以为盛事。萱堂林先生隐居乐道,与公父子游,顷岁客授之初,登堂慕想,尝录三人唱和之篇。兹从萱堂之元孙晋获见真迹,以神道碑考之,正三年庚申岁也。清献父子定交寒士,萱堂以布衣与大臣为僚友,高风凛然,俱可敬而仰哉。"《四库全书》文渊阁本。

③ ［宋］赵抃:《清献集》卷一〇。

④ ［清］姚宝煃修、范崇楷纂:《西安县志》卷四五。

273

信安侯为西晋陈弘，因战功被晋武帝司马炎封为信安侯，食邑三百户。陈弘因此定居在衢州，死后也葬在衢州。赵抃这篇《信安侯墓表铭》是对衢州乡贤的颂扬，但把文章题写在高斋，也还是表达了赵抃对信安侯立功的憧憬与敬佩。从没有地域意识的先贤崇拜，到有意识地挖掘乡贤。这种在北宋已开始的社会变化的潜流，到了南宋，政治重心与经济重心、文化重心合一的特殊时势之下，士人回归地方的趋势愈发显著。于是，潜流成为显在的洪流，推动着宋元社会变革转型。从赵抃写《信安侯墓表铭》，我们正可以如此显微透视。并且，从文章的表述看，古人期待的三不朽，在赵抃那里一直没有泯灭。其实，赵抃回顾自己的仕宦经历，也还是充满自豪的。他写给诸弟侄子孙的诗中有这样一首：

> 三岁尝叨贰国钧，两经吴蜀拥车轮。
>
> 寻思政府归休日，八百科中止一人。[①]

"三岁尝叨贰国钧"，是自述曾经担任三年参知政事。"两经吴蜀拥车轮"，赵抃自己注释说："成都、吴越，俱忝两任。"就是说两度知成都和杭州。"八百科中止一人"，赵抃自注说："景祐初榜，制云：今岁殿廷登科者逾八百人。"后两句是讲，担任过参知政事的，在当年登科的八百人中只有我一个人。其中流露出颇为自豪之意。士大夫的思想多数像赵抃这样，纵横于儒释道之间，左右逢源，精神世界充实而丰富。

第三节　此乐人间更有谁

赵抃致仕归乡，有更多的时间跟兄弟家人在一起了。从少年失怙，由长兄照料，赵抃深知兄弟友爱、互相扶持的重要性。所以他对家庭的责任感很强，对兄弟家人都很好，还是在担任小官的时候，便在可能的情况下携带家人赴任。在赵抃的用心努力下，整个家庭的生活其乐融融。

---

① ［宋］赵抃：《清献集》卷五《己未岁除言怀示诸弟侄子孙二首》之二。

　　赵抃的父亲先后娶了徐氏姐妹二人，姐妹俩共生有六个男孩。长兄赵振比赵抃大出不少。在赵抃的少年时代，生母和父亲相继去世之后，长兄赵振和继母内外操持家庭。后来长兄赵振也去世了。赵抃很感恩长兄的养育，当他升迁为殿中侍御史时，特地请求，把本该升迁官阶的机会，给没有做过官的长兄补赠了大理评事的官阶名分。赵抃至少在担任广西宜州通判的时候，便携带继母和兄弟家人一起赴任了。这从在任期间继母去世，赵抃和弟弟们护送灵柩还乡的事实可以得知。赵抃和弟弟们严格按照丧制，住在坟墓旁边，为继母守丧将近三年。这种孝行在当时很少有，因此被当地官府上报，将赵抃所居的地方命名为孝弟里。这三年期间，尽管赵抃上面还有二哥赵拯，但从赵抃曾带继母等家人赴任看，赵抃的条件和能力应当是比较好，所以实际上担负起了一家之长的责任，照顾家人以及弟弟们。

　　有证据表明，几年后，赵抃初次入蜀担任江原知县时，也是携带家人，包括十一二岁的儿子和两个弟弟赵抗、赵扬前往。如果不是迫不得已，赵抃是不会几千里遥远的路途，带上一大家人赴任的。途中适逢立春，儿子给赵抃倒酒，弟弟拿着诗让赵抃唱和，也是十分温馨。当时大弟弟赵拊因故留在家乡，二哥赵拯在福建松溪担任县尉。赵抃分别寄诗给哥哥、弟弟，感慨兄弟们分别在三处。①

　　后来哥哥弟弟们由于仕宦，跟赵抃分开，但赵抃也是频频写诗给他们。给家族兄弟排行第三的二哥赵拯写有《言怀寄三兄》《和三兄见寄》《又和三兄见寄》②《和三兄得书喜授掌庚》《忆松溪三兄县尉》③《和勉三兄》④；给排行第五的大弟赵拊写有《忆信安五弟拊》⑤《监神泉监五弟拊生日寄法祚为寿》《送五

----

① 所述事实，参见本书第一章第四节《少孤且贫》及第三章第四节《三年庐墓》、第六节《初履蜀道》。

② 《言怀寄三兄》《和三兄见寄》《又和三兄见寄》三诗载《清献集》卷二。

③ 《和三兄得书喜授掌庚》《忆松溪三兄县尉》二诗载《清献集》卷三。

④ 《和勉三兄》载《清献集》卷五。

⑤ 《忆信安五弟拊》载《清献集》卷三。

弟得替赴阙》《观潮因寄五弟拊生日》①；给排行第六的二弟赵抗写有《和六弟抗江上书怀》《送六弟随子之官毗陵》②《次韵六弟抗黄花驿楼作》《和六弟飞石》《和六弟过飞仙岭》《六弟司户生日》《咏竹为六弟司户生日》《六弟司户生日》③；给排行第十二的小弟赵扬写有《和十二弟扬腊月立春》④《喜十二弟登第》⑤《送十二弟太博扬倅潭州》《湖北运使学士十二弟扬生日》⑥。赵抃在携带两个弟弟赵扬、赵抗知江原县期间，兄弟三人还你一句我一句地对诗，留下了长篇《引流联句》诗。⑦除了仕宦之际与分别的哥哥、弟弟寄诗或唱和，有不少则是赵抃退居还乡后写作的诗篇。

从诗的内容看，有表述兄弟情谊的思念之意，如在《言怀寄三兄》诗中有"沿牒非吾土，逢春忆故园"和"江乡去千里，凝睇一销魂"的表达；在《和三兄见寄》诗中有"通宵识归路，惟梦到吾乡"的描述。《忆松溪三兄县尉》中"天遥最是书难得，早倩来鸿寄一封"，跟杜甫的"家书抵万金"用意相仿。

在赴任途中，赵抃怀念留在家乡的五弟，在《忆信安五弟拊》中写道："腊残鹦鹉洲边过，忆汝东吴住旧庐。"在五弟过生日时，退居乡里的赵抃也不忘寄诗，在《观潮因寄五弟拊生日》中写道："祝弟生辰不惮遥，元丰六稔庆三朝。"元丰六年是赵抃去世的前一年，年高未昏聩，清楚地记得弟弟的生日，也可见兄弟情深。五弟曾在离家乡不远的浙江建德担任负责铸钱的监神泉监，在生日之际，赵抃还特地寄去祝寿的酒和诗。在《监神泉监五弟拊生日寄法酝为寿》

① 《监神泉监五弟拊生日寄法酝为寿》《送五弟得替赴阙》《观潮因寄五弟拊生日》三诗载《清献集》卷五。

② 《和六弟抗江上书怀》《送六弟随子之官毗陵》二诗载《清献集》卷二。

③ 《次韵六弟抗黄花驿楼作》《和六弟飞石》《和六弟过飞仙岭》《六弟司户生日》《咏竹为六弟司户生日》《六弟司户生日》六诗载《清献集》卷五。

④ 《和十二弟扬腊月立春》载《清献集》卷三。

⑤ 《喜十二弟登第》载《清献集》卷五。

⑥ 《送十二弟太博扬倅潭州》《湖北运使学士十二弟扬生日》二诗载《清献集》卷四。

⑦ 《引流联句》载《清献集》卷五。

中写道："岁首月三逢诞日，寿樽遥寄助童颜。"

六弟六月十二日生日，赵抃也记得牢牢的，他在《六弟司户生日》中这样写道："年年六月十二日，观取高斋祝寿诗。"可见此时的赵抃已经致仕归乡，在高斋写诗致贺。在另一首《咏竹为六弟抗司户生日》中，赵抃写道："万竿终日弄清风，溽暑消除尔有功。老去年时转潇洒，此君真是竹林翁。"因为六弟号"竹林翁"，生日又是初暑季节，所以赵抃咏竹为贺。

在《和六弟抗江上书怀》中，赵抃写道："一失已戚戚，诚哉勿尔为。"此处"一失"当指排行第七的三弟赵援。而此诗中的"同行兄弟乐，还免动乡思"，则或是指一同前往蜀中江原赴任，而不大可能是前往广西宜州赴任之时。因为那时同行的不仅有兄弟，还有继母，而赴江原，除了赵抃自己一家，还有弟弟赵抗、赵扬，故云"同行兄弟乐"。

诗的内容还有对兄弟的勉励。《忆松溪三兄县尉》一诗还写道："莫为沉迷嗟下邑，要将清白广吾宗。"赵抃以清白自励，也这样勉励身居官僚下位的哥哥。在《和二兄得书喜授掌庾》中，也有"冰含白玉期无累，路迫青云愧可求"这样类似的勉励。

对于仕途偃蹇的五弟，赵抃在《忆信安五弟拊》中这样勉励："诵圣穷愁千卷外，觅官留滞十年余。也知失意能平气，底事多时不寄书。"对后来监神泉监政绩斐然的五弟，赵抃在《送五弟得替赴阙》中大加勉励："三载神泉绩大成，交章使者荐能名。朝廷方且求人切，未可图闲学老兄。"

六弟赵抗跟着去毗陵赴任的孩子前往，赵抃写《送六弟随子之官毗陵》送行，其中的"廉能真有子，清白素闻诗"，对子侄辈能继承清廉的家风，充满欣慰。

对兄弟们取得的成就，赵抃由衷地感到高兴。最小的弟弟赵扬，在赵抃登第二十三年后也进士及第，"继得蟾宫桂一枝"，赵抃欣然赋诗《喜十二弟登第》。赵扬比较有成就，在赵抃还在世的时候，便先后做到了潭州通判和湖北转运使，赵抃因有《送十二弟太博扬倅潭州》和《湖北运使学士十二弟扬生日》。

潭州是赵抃入仕不久为官的地方，离开之后，一直没有机会再度前往，所以他在诗中写道："我忆初筵湖外日，于今三十八年间。无缘再得游潭府，有梦还应到岳山。"除了怀念旧地，还勉励弟弟说："之官莫惮长沙远，行业于人不愧颜。"

从赵抃写给哥哥、弟弟的诗可以看出，他们兄弟之间的相处相当融洽和睦。赵抃曾有首题为《双竹》的诗，以家中庭园的竹子来比喻兄弟关系。诗是这样写的：

> 余家有故园，园中可图录。
>
> 天然一派根，一根生两竹。
>
> 一长复一短，比之如手足。
>
> 长者似乃兄，短者弟相逐。
>
> 我见人弟兄，少有相和睦。
>
> 竹分长幼情，人岂无尊宿。
>
> 将竹比人心，人殆类禽畜。
>
> 常记五六岁，不见还呼哭。
>
> 及至长大时，妻孥相亲族。
>
> 咫尺不相见，相疏何太速。
>
> 不顾父母生，同胞又同腹。
>
> 旦夕慕歌欢，几能思骨肉。
>
> 枉具人须眉，而食天五谷。
>
> 静思若斯人，争及园中竹。①

在这首不短的五言古风中，赵抃斥责不和睦的兄弟甚至不如同根所生的竹子。因物悟理，也是赵抃兄弟和睦的认识源泉之一。当然，在父母亡故后，必须兄弟抱团才能维持家业，这也是其中的背景因素。年长且官位最高的赵抃作为实际上的家长，对这个家也尽到了责任，无论哥哥和弟弟，都走上了仕途，

---

① ［宋］赵抃：《清献集》卷一。

并且还小有成就。不仅如此，子侄辈也不负期待。

赵抗的儿子赵嶙成为中级官员承事郎，在赴任贵溪时，赵抃写诗送行，说"彩衣迎养双亲志，此乐人间更有谁"①。另一个侄子赵峋，以赵抃的恩荫入官，成为德顺的司法参军，元符年间应诏上书，抨击章惇、蔡卞、蔡京，后被勒停羁管，名入元祐党籍碑，②南宋初赠朝奉郎。赵抃的从孙赵霖，登上舍第，南宋绍兴年间担任过右司谏、吏部侍郎。曾孙赵亿也担任过知州和路一级的官员。③

兄弟子侄相处和睦且有成就，这让晚年的赵抃无限欣慰，成为一个快乐的源泉。对自己，赵抃希望出世，对富贵无所挂怀，但对兄弟子侄，他还是希望他们积极入世，不坠家声。

退居乡里的赵抃，还有含饴弄孙之乐。长子赵峣早逝，赵峣的儿子赵霖也早逝，但赵霖的儿子在赵抃归乡后出生。嫡曾孙的出生，四世同堂，让赵抃分外欣喜，亲自命名定字。后来这个名赵亿字延之的曾孙，果真赓续家业，南宋初年去世时，官至中大夫、右文殿修撰。

苏轼在神道碑中写道："公平生不治产业，嫁兄弟之女以十数，皆如己女。在官，为人嫁孤女二十余人。"苏轼所记，虽然没有举出具体事例，但无疑都有事实根据。长子赵峣早逝后，赵抃做主，将其女儿，也就是赵抃的孙女赵英嫁给了自己好友毛维瞻的儿子毛滂。这是来自后来成为有名词人毛滂自己的记载。④

南宋张邦基《墨庄漫录》还记载了一件事。是说赵抃在知成都府时，担任西川路提点刑狱的任梦臣卧病不起，由于很廉洁，家徒四壁。赵抃发动同僚捐助其家，两个女儿都坚辞不受。在赵抃他们离开时，姐妹俩又清清楚楚地写出

① ［宋］赵抃：《清献集》卷四《送十七侄嶙承事赴任贵溪》。
② ［宋］马纯：《陶朱新录》，《四库全书》文渊阁本。
③ 《宋会要辑稿》崇儒六之三七，第 2882 页。
④ ［宋］毛滂：《毛滂集》卷一二《赵氏夫人墓志铭》，周少雄点校本，杭州：浙江古籍出版社，2012 年，第 290—291 页。

捐助的钱物明细，交给了官吏。几年之后，赵抃就让自己的子侄娶了这两个姐妹。^① 这件事，正可以作为神道碑所记的注脚。

第四节　七旬寻胜远尘纷

致仕归乡后的赵抃，并非只是躲进高斋成一统，除了徜徉于家乡的山水，还曾几次出游。

第一次是归乡后的第二年秋天，时任温州通判的次子赵屼相邀出行。赵抃在侄婿郑庭晦的陪同下，从衢州出发，途经今天的金华婺州，暂做停留。因为婺州的一个叫施耕的县丞在赵抃上年致仕还乡离开杭州时，不仅赠诗送别，还盛情相邀其到婺州来访问。这一事实由赵抃写给施耕的诗中所述可知："子诗赠我离杭日，劝使东来作主人。"^② 在郡衙花园，赵抃还题诗双溪亭：

> 去年春晚宴亭皋，今日重登不惮劳。
>
> 栏外当时双派水，已应归海作波涛。^③

从诗中所述，似乎赵抃去年曾经到访过双溪亭，那时或许是从杭州回衢州途经而至。赵抃想象，去年的溪水大概早已入海化作波涛了。由婺州出发，路过婺州所辖的永康县，为延真观的松石赋诗：

> 岁寒姿性禀于天，一变人疑换骨仙。
>
> 操是寒松心是石，始终全类古真贤。^④

---

① ［宋］张邦基《墨庄漫录》卷二载："任梦臣任西川路提点刑狱，以廉节称。卧病不起，家四壁立，二女贤甚。赵清献公守成都，率僚属以俸助之，二女辞不受，力拒之云：'岂敢以此污先君之清德。'赵倅成伯笃意勉之，遂纳于公宇之东庑。既行，以元物若干榜于门壁，付之守御吏，无毫发所损。二女廉洁如此，文笔议论，士夫所不逮也。后数年，清献皆以子侄妻之。"孔凡礼点校本，北京：中华书局，2002 年，第 68 页。

② ［宋］赵抃：《清献集》卷五《过婺示施耕县丞》。

③ ［宋］赵抃：《清献集》卷五《题婺州郡圃双溪亭》。

④ ［宋］赵抃：《清献集》卷五《题婺州永康县延真观松石》。

赵抃将松石拟人化，认为有这样的节操就像古代的真正贤人一样。走到缙云县，又赋诗道观玉虚宫：

> 宫前车辙状分明，世说轩辕上玉清。
>
> 仰慕劳心是秦汉，不修功行只虚名。[①]

在诗中，赵抃抨击了不修功行只图虚名的现象。离开缙云，赵抃直奔台州。台州知州姚舜谐陪同赵抃登上了台州名胜巾子山，登高望远，把酒临风，颇为潇洒。过后，姚舜谐将这一过程用诗记录下来，因而有了赵抃的两首和诗，使我们可以略窥事实一二：

其一：

> 解印全吴二载余，近来人楷事何如。
>
> 寻真遍赏台山后，假道行观雁岭初。
>
> 把酒幸陪登帢帻，泛舟忻得缓徒车。
>
> 别来早获鱼中素，两首新诗一纸书。

其二：

> 过婺游台又倦勤，路旁驰看两州民。
>
> 也知胜处青山旧，自恨来迟白发新。
>
> 暂憩瀛宫求道侣，载瞻方广想仁邻。
>
> 贰车章句犹怜我，为是云泉无事人。[②]

帢帻，赵抃自注说是"巾子山别名"。台州临海旧城东南处的巾子山，高百余米，三面临街，南濒灵江。山顶有双峰，分东峰、西峰，两峰相距五六十米，为巾山的最高点，因状如帢帻，而得名巾子山。从赵抃诗句"寻真遍赏台山后，假道行观雁岭初"可知，赵抃在台州游览的，大概不止巾子山一处。离开台州，前往位于台州和温州之间的雁荡山，次子赵岏从温州来迎。这样的安排应当是早就计划好的。这一事实从赵抃的《十八男岏自温倅

---

① ［宋］赵抃：《清献集》卷五《缙云玉虚宫》。

② ［宋］赵抃：《清献集》卷四《次韵台州姚舜谐见赠二首》。

迎于雁荡温守石牧之以诗见寄次韵》①可知。赵岏接到父亲，侄婿郑庭晦也就完成了他的使命，在一同游览了雁荡山之后，赵抃就让他回去了。为此，赵抃写诗送别：

> 君念亲闻肯暂留，吾居子舍尚优游。
>
> 逢人为道归迟意，正似江湖不系舟。②

"正似江湖不系舟"，不禁让人想起苏轼那首六言诗："心似已灰之木，身如不系之舟。问汝平生功业，黄州惠州儋州。"③赵抃则是心非已灰之木，身如不系之舟。

赵岏迎父实际上是到天台，之后父子同游了天台山。这从赵抃《初入天台示男岏》的诗题可知。

父子同游，赵抃充满了自豪，在诗中他这样写道：

> 景入天台日日新，安车千里去寻真。
>
> 路逢白发老翁问，父子同游有几人？④

在天台的方广寺石桥，赵抃看到祖父赵湘的题诗，因赋诗云：

> 石桥吾祖昔留诗，句有天寒树着衣。
>
> 山下老僧能叹咏，诸孙三岁与光辉。⑤

在诗后赵抃自注说："先祖诗云'水静苔生发，天寒树着衣。'"根据这一线索，在赵湘的《南阳集》找到了《游山》一诗：

> 白石峰犹在，桥横一径微。
>
> 多年无客过，落日有云归。
>
> 水净苔生发，山寒树着枝。

① ［宋］赵抃：《清献集》卷五《十八男岏自温倅迎于雁荡温守石牧之以诗见寄次韵》。
② ［宋］赵抃：《清献集》卷五《侄婿郑庭晦与子同游雁荡今欲先归赠别》。
③ ［宋］苏轼：《苏轼诗集》卷四八《自题金山画像》，孔凡礼点校本，北京：中华书局，1982年，第2641页。
④ ［宋］赵抃：《清献集》卷五。
⑤ ［宋］赵抃：《清献集》卷五《与男岏游天台石桥览先祖诗因成》。

　　　　　如何方广寺，千古去人稀。①

　　《南阳集》是赵抃为祖父搜集编纂的，但赵抃在自注引用的两句，与文集不同，或是石刻真迹，或是赵抃的记忆有误。赵湘的题诗真迹，几十年后孙辈到访目睹，又听到寺庙僧人吟咏，赵抃一定是感慨万千。

　　游览天台山之后，顺路按计划来到了雁荡山。雁荡山号称"东南第一山"，素有"海上名山，寰中绝胜"之誉。赵抃主要游览的是北雁荡山，对有名的灵峰、灵岩都有赋诗。《题灵峰寺》云：

　　　　　雁荡林泉天下奇，谢公不到未逢时。

　　　　　碧霄万壑千岩好，今日来游尽得之。②

　　游览灵岩是从赵抃另一首诗中得知的：

　　　　　霜风双鬓雪鬖鬖，物外寻真顿离凡。

　　　　　子舍若非叨别乘，我车安得到灵岩。

　　　　　碧窥秋瀑心同洗，红嚼山杷口似馋。

　　　　　多谢贤侯见招意，数贻嘉咏与珍函。③

　　这首诗题为《游雁荡将抵温州寄太守石牧之》，从诗中"多谢贤侯见招意"可知，赵抃的这次温州之行，是作为通判的儿子赵㠓与知州石牧之共同计划的。

　　赵抃与石牧之也有着很好的交谊。当他的儿子赵㠓成为温州通判，与知州石牧之共事时，赵抃总是嘱咐赵㠓，让他跟石牧之好好共事。④石牧之在知温州仟上致仕，致仕的时候，赵抃专门写诗致贺：

　　　　　予退喜同休，翻思慎水游。

---

① ［宋］赵湘：《南阳集》卷二。

② ［宋］赵抃：《清献集》卷五《题灵峰寺》。

③ ［宋］赵抃：《清献集》卷四。

④ ［宋］苏颂《苏魏公文集》卷五五《朝议大夫致仕石君墓碣铭》载："赵清献公归老过温，其子㠓方为倅贰，公每戒之曰'善事石君'。"王同策、管成学、严中其等点校本，北京：中华书局，1988年，第834页。

闲云披远岫，明月在高楼。

送日千余里，离怀三度秋。

争如禅客子，截断众江流。①

游览之后，离去之时，赵抃恋恋不舍地回望雁荡山的常云峰。此时，赵抃觉得常云峰也在向他多情地凝视，因而赋诗：

游遍名山未肯休，征车已发尚回眸。

高峰亦似多情思，百里依然一探头。②

在温州期间，赵抃还曾与年轻时便相识的高僧重逢。③ 在下榻的戏彩堂，赵抃题诗给赵岏：

我憩堂中乐可知，优游逾月意忘归。

老来不及吾儿少，且着朱衣胜彩衣。④

赵抃还偶尔留宿温州僧舍，写有《自温江宿僧净偲秀野轩》：

千里寻山忆烂柯，七旬归去此重过。

因观秀野轩前景，与我高斋不较多。⑤

说秀野轩周围的景致不如自己的高斋，显然是有了思归之意。在赵岏这里住了一个多月，赵抃踏上归程。在《自温将还衢郡题谢公楼》中写道：

雁荡周游遂此过，永嘉人物竟如何。

三贤籍籍风流守，一宿匆匆征道歌。

城脚千家具舟楫，江心双塔压涛波。

---

① ［宋］赵抃：《清献集》卷二《次韵寄致政石牧之大夫》。

② ［宋］赵抃：《清献集》卷五《出雁荡回望常云峰》。

③ ［宋］宗晓：《四明尊者教行录》卷七载赵抃《宋故明州延庆寺法智大师行业碑》云："元丰三年冬十月，余谢事经岁，自衢抵温；有法明院忠讲师，其行解俱高者，顾尝游衢，乃余未第时与之接者也。"

④ ［宋］赵抃：《清献集》卷五《留题戏彩堂示男岏》。

⑤ ［宋］赵抃：《清献集》卷五。

> 因留子舍欣逾月，归去吾知所得多。①

临行时，赵抃还写诗向知州石牧之致谢：

> 寻山初为子来迎，乘兴随潮入郡城。
>
> 心赏皆如逸老愿，礼隆仍尽主翁情。
>
> 彩舟笳鼓双双闹，金地楼台处处明。
>
> 风物虽嘉难久恋，安车朝夕且西行。②

赵屼护送父亲回到了衢州。在返回温州时，赵抃写诗送行：

> 七旬寻胜远尘纷，身计优游荷国恩。
>
> 往复汝勤人尽说，从来忠孝出吾门。③

赵抃虽然过早丧失长子，但很欣慰还有这样一个很好的儿子。他夸奖赵屼说，来来回回人们看到你前后勤快地忙活，都说忠孝都出在咱们家里。由秋入冬，赵抃第一次"七旬寻胜远尘纷"的出游圆满完成，回到他喜欢的高斋。

四年后，在赵屼的陪同下，赵抃又有了第二次出游。这次是旧地重游，访问他曾两度担任知州的杭州。为何此时的赵屼能有时间陪同赵抃出游？据《宋史·赵屼传》记载，赵屼在温州通判任满后，神宗重用赵屼，任命他为监察御史。但赵屼则以父亲年纪大为由，请求外放到赵抃身边为官，于是便被改任为两浙东西路提举常平官，以便侍奉赵抃。因此，得以陪同赵抃。

了陪父游，在当时也是一个不近不远的传统。在赵屼陪同赵抃出游的四十年前，日后成为名臣和著名史学家的司马光，便陪同当时知杭州的司马池出游过杭州名胜南屏山。《咸淳临安志》中记载说："司马温公祠堂，相传兵部为守时，温公尝来省侍，司马兵部题名。"④这一记作"相传"之事，近年来由于

---

① ［宋］赵抃：《清献集》卷四。

② ［宋］赵抃：《清献集》卷四《将还三衢呈温守石郎中》。

③ ［宋］赵抃：《清献集》卷五《男屼随侍还乡欲回温赠行》。

④ ［宋］潜说友：《咸淳临安志》卷七七《寺院》，《宋元方志丛刊》影印本，北京：中华书局，1990 年。

题刻的发现而得以坐实。题刻是这样写的："康定元年岁次庚辰八月二十九日，被诏□知杭州□□南屏山□□胜□司马池□，男光侍行。"

当年，赵抃在知杭州任上致仕，杭州人不愿意让他离开，拦住不放行。赵抃安慰大家说，六年后我还会再来。这次再访，刚好六年，等于是在实现自己的许诺。杭州人像迎接父母一样，欢迎这位有恩的老知州。①

在元丰二年（1079）二月，赵抃在接到获准致仕的批文后，曾游杭州南山，在龙井佛祠住过。这次时隔六年后，在元丰七年（1084）六月初一再访龙井佛祠，方外老友辩才高僧登上龙泓亭，亲自烹贡茶小龙茶来欢迎赵抃的到来。赵抃口占一绝云：

> 湖山深处梵王家，半纪重来两鬓华。
>
> 珍重老师迎意厚，龙泓亭上点龙茶。

才思敏捷的辩才酬和道：

> 南极星临释子家，杳然十里祝青华。
>
> 公年自尔增仙籍，几度龙泓诗贡茶。②

与辩才的酬唱，不仅是赵抃与佛门交游的佳话，从中还折射出一定的思想倾向。一般认为，赵抃深入佛学，其实，当时无论是士大夫，还是僧道徒，构成他们的知识结构的，可以说儒释道难分彼此。我们看，辩才作为佛门高僧，在诗中运用的"南极星"和"增仙籍"，都是道家的术语。对赵抃，也当如是观。

再游杭州，赵抃到访的不仅有佛寺，还有道观。在六月访龙井佛祠之后，

---

① ［宋］苏轼《赵清献公神道碑》载："始，公自杭致仕，杭人留公不得行。公曰：'六年当复来。'至是适六岁矣。杭人德公，逆者如见父母。"

② ［宋］潜说友《咸淳临安志》卷七八载："赵清献公诗并序：予元丰己未仲春甲寅以守杭得请归田，出游南山，宿龙井佛祠。今岁甲子六月朔旦复来，六年于兹矣。老僧辩才登龙泓亭，烹小龙茶以迓，予因作四句云：'湖山深处梵王家，半纪重来两鬓华。珍重老师迎意厚，龙泓亭上点龙茶。'辩才次云：'南极星临释子家，杳然十里祝青华。公年自尔增仙籍，几度龙泓诗贡茶。'"《宋元方志丛刊》影印本，北京：中华书局，1990年。

八月又冒着酷暑，来到了道教圣地洞霄宫。赵抃访问洞霄宫，是由于做过一个梦。在梦中出现一些巍峨的宫阙楼阁，又有一些道士相迎，就问这是什么地方，回答说是洞霄宫。赵抃醒来之后想，两次知杭州，还没去过洞霄宫。这次再游杭州，赵抃决意圆了这个梦，所以有了这次造访。到了实地，赵抃觉得跟梦中所见居然没有两样，便认为自己与仙圣有缘，为此赵抃特地题诗留念：

> 龙穴藏身稳，泉源抚掌清。
>
> 红尘人绝离，白日世长生。
>
> 我分谙冲寂，谁能顾利名。
>
> 梦中休指笑，又作洞霄行。[①]

　　这首诗，赵抃的文集以及今人所编的《全宋诗》都没有收录，是首佚诗。连同上述轶事，都收录在宋元之际的邓牧所编的《洞霄图志》中。所述时间、史实与赵抃的行历正合，对其真实性可以认定。由此可见，儒士的赵抃同样也游走于释道之间。

　　除了外游，赵抃更多的是游览衢州家乡的山水。这是他在幼年、童年、少年和青年时代徜徉过的熟悉的山水。在致仕还乡的当年十月，赵抃就登临了位于州城东北的唐台山巢峰，赋诗云：

> 直到巢峰最上头，旋磨崖石看诗留。
>
> 重来转觉寒松老，三十六年前旧游。[②]

　　上一次攀登，已经是三十六年前了。这次重游，赵抃觉得从前看到的松树也已经变老了。自将磨洗，看摩崖石刻题名，年过古稀的赵抃一直攀上了

---

① ［宋］邓牧《洞霄图志》卷四《应梦游诗》载："宋元丰己未，赵清献公抃再帅钱塘，抗章告老。岁甲子八月，忽来游山。谓道士沈日益曰：近梦入真境，宫阙巍峨，有数道士相迓。询之，曰此洞霄宫。既觉思之，两典是郡，未尝至此，故冒暑来。今观泉石楼观，与梦中所见无异，岂仙圣有缘邪？留诗曰：龙穴藏身稳，泉源抚掌清。红尘人绝离，白日世长生。我分谙冲寂，谁能顾利名。梦中休指笑，又作洞霄行。"《知不足斋丛书》本。

② ［宋］赵抃：《清献集》卷五《己未岁十月七日登唐台山偶成》。

峰顶。

对唐台山，赵抃还写过一篇七言古风：

> 唐台压郡东北陲，势旋力转奔而驰。
>
> 伟哉造物谁其尸，一山中起高峨巍。
>
> 群峰环辅拱以立，背面肘腋相倚毗。
>
> 怪石差差少媚色，长松落落无邪姿。
>
> 岩隈有路数百仞，直登不悔形神疲。
>
> 中间轩豁浮图舍，栋宇彩错金璧辉。
>
> 寒泉一亩清可鉴，优游鳡鲔扬鳞鬐。
>
> 猿闲鸟暇两呼笑，老僧矍铄趍且嬉。
>
> 天风烈烈骨毛竦，更云六月无炎曦。
>
> 攀缘绝顶下四顾，溪山百里如掌窥。
>
> 我思宜有隐君子，放心不与时安危。
>
> 巢由之行已高世，白云卧此逃尧妫。①

诗中对唐台山的景致极尽描绘。群峰小径，怪石古松，猿闲鸟暇，寒泉游鱼，庙宇隐映，时现僧人。有动有静，宛若一段可视可闻的录像。

除了山水，赵抃对其中的庙宇道观更感兴趣。在时隔三十六年登临唐台山的几天之后，赵抃又在好友毛维瞻的陪同下，去浮石，访宣风，又住于五花峰下，次日前往距城七十里的明果禅寺，瞻仰了大彻禅师真身殿。②

此外，赵抃还在家乡的觉林寺、九仙寺留下了踪迹，有诗为证。《觉林寺》云：

> 古寺无碑刻，僧云不记年。

---

① ［宋］赵抃：《清献集》卷一《题衢州唐台山》。

② ［清］姚宝煃修、范崇楷纂《西安县志》卷四四毛维瞻《明果禅寺记》云："炎宋元丰二年冬十月十四日，维瞻陪资政殿大学士、太子少保致仕赵公去浮石，如宣风，宿五花峰下。诘旦，入项山，晨饭，来咸通兴善院，遂入里寺源，抵明果，瞻谒大彻禅师真身殿塔。寺距城仅七十里，僻在层云乱峰之外。"

自余安所问，惟是爱林泉。①

无名古寺，没办法追寻它的历史，但周围的林泉却让人流连不已。《题九仙寺》则这样写道：

坠果春三径，蒸云晚一轩。

廊腰回战蚁，山腹合啼猿。

泉淡禽窥影，苔深屐印痕。

自惭名利者，聊免世纷喧。②

《方舆胜览》卷七《衢州·山川》载："九仙岩，在西安东十五里。琢削百仞，下有寺。赵阅道有诗。"山林野趣，会让人淡泊名利，避开俗世的纷喧。游走于故乡的山水之间，赵抃也往往会生出哲学的感悟。

还乡的士大夫，作为乡里地方社会中有势力的人物，与官场，特别是与地方官场有着密切的联系，而地方官场也十分重视这些有着广泛人脉的大佬。同样，还乡的士大夫也特别重视与当政官员的交往，以期维持自身的势力与影响力。宋代的还乡士大夫，可以说就是明清时代乡绅的前身之一。赵抃致仕还乡后，就与时任衢州知州的王照有着互动交往。在赵抃的文集中，收录有两首诗，一首是赵抃写给王照的诗，一首是与王照的唱和诗。前一首题为《送衢守王照大夫》，后一首题为《酬前人见别》，诗云：

退休林下屈朱轮，逸老亭边袂欲分。

一诵高斋回首句，感公认我独殷勤。③

诗后赵抃自注说："公诗有'回首高斋拭泪痕'之句。"由此可见，作为仕途后辈的王照，对赵抃十分尊敬，特别殷勤地交往。这种与地方官场的交往，也构成了赵抃晚年生活重要的一部分。

① ［宋］赵抃：《清献集》卷三。

② ［宋］赵抃：《清献集》卷二。

③ 《送衢守王照大夫》《酬前人见别》均收录于《清献集》卷五。

第五节　天下皆传清献节

再游杭州，八月冒酷暑造访洞霄宫，或许因为中暑，赵抃身体感到不适，于是赶紧返回到衢州家里。有一天，赵抃忽然跟乡里的所有亲友辞别。一直侍奉在身边的儿子赵屼觉得赵抃的神色不同往常，便希望父亲能对后事有所交代，被赵抃严厉地斥责了一顿。但没过多久，赵抃便盘腿端坐着去世了。①这一记载似乎是来自野史笔记，但在苏轼写的神道碑和国史中也可以找到根据。《宋史·赵抃传》也说赵抃是"安坐而没"。不同的是，《宋史》说赵抃清醒地对儿子赵屼交代了后事。②神道碑的记载更具体一些，说赵抃在去世那天的早上，跟平常一样起床，对侍奉在旁边的儿子清楚地交代后事，然后安坐逝去。③

赵抃究竟向儿子交代了什么后事，并没有留下记录，不过，在五年前，赵抃致仕归乡不久，在衢州西安莲华山重新改葬了父亲之后，曾在墙壁上写下过一篇《寿茔颂》，则可以视为赵抃的精神遗言。

赵抃去世后，儿子赵屼望着墙壁上的这篇《寿茔颂》，悲痛欲绝，打算把《寿茔颂》刻在石上，永久留念和传播，时任两浙东西路提举常平官的赵屼便请两浙东西路提点刑狱杨杰写下一篇序言。赵屼请杨杰写序，不仅仅因为是他的同僚，还因为杨杰跟其父赵抃一样，佛学的造诣很深。于是，在杨杰的《无为集》中，便留下了一篇《清献赵公寿茔颂序》。

在序中，杨杰引述了几句《寿茔颂》加以解释。对第一句"吾政已致"，

---

① ［宋］孙升口述，［宋］刘延世笔录：《孙公谈圃》卷上载："悦道后归乡里。一日，忽遍辞亲友。其子屼怪其形色异常，问后事，悦道厉声斥之。少顷，趺坐而化。"杨倩描、徐立群点校本，北京：中华书局，2012年，第102—103页。

② 《宋史》卷三一六《赵抃传》载："晚学道有得，将终，与屼诀，词气不乱，安坐而没。"第10325页。

③ ［宋］苏轼《赵清献公神道碑》载："将薨，晨起如平时，屼侍侧，公与之诀，词色不乱，安坐而终。"

解释说，感恩皇帝答应了他的退休请求，但即使退休也不忘忠君。对"归此山地"，解释说，父母把我完整地带到这个世上来，我也要完整地回归到父母的身旁，即使死去也不忘尽孝。对于"彼真法身，不即不离"，解释说，由于明了人的精神实际上并没有产生和消亡，所以诚实一心才契合于道。于是，杨杰感叹赵抃是修养到了顶点的至人。

在这些解释之前，杨杰还有一段为解释而写下的认识铺垫。他说，至人是忘我的。由于领悟到生命的本质是一种无，所以活着的时候也没有什么留恋。又认识到人的精神也从不会消亡，所以临死也无所畏惧。正因为无所留恋无所畏惧，所以能够做到忠君孝亲，诚实合道。① 杨杰的解释，由佛入儒，可谓是赵抃的知音。

转录自国史的李焘《长编》，把赵抃去世之事记在了八月癸巳这一条叙事之下。② 八月癸巳为二十六日。《长编》说赵抃去世的消息是根据衢州的报告。考虑到从地方上报到朝廷接获报告需要一定的时间，赵抃去世的日期应当比

---

① ［宋］杨杰《无为集》卷九《清献赵公寿莹颂序》云："元丰二年春，资政殿大学士、太子少保赵公连章得谢归于三衢。是年冬，卜寿莹于先莹国令公兆域之侧，乃自作颂，题于壁间。后五年，公薨，天子闻讣震悼，辍视朝，优锡赗典，以太子少师告第。太常考行，以'清献'易名，尚书省集议，佥以为当，朝廷从以谥焉，古未有也。公子伋初辞御史，又辞太仆丞，愿就养于南国。上嘉其世孝，诏提举两浙路常平广惠仓，以便养志也。及遭巨创，每视壁间所书颂，则号慕殒绝，思刻石以广其传，乃属某以为序。某闻患莫大于爱生，累莫重于畏死。至人尤己，悟其本不生，故其存也无所爱；达其未尝灭，故将亡也无所畏。惟其无爱无畏，乃能致其忠，极其孝，一其诚，而冥于道。至于不陨获于贫贱，不充诎于富贵，见利不亏其义，见死不更其守，其余事也。公之颂章首曰'吾政已致'，盖戴吾君从其乞身之请，退而不敢忘其忠也。次曰'归此山地'，盖言吾亲全而生之，己将全而归之，没而不敢忘其孝也。又曰'彼真法身，不即不离'，盖了觉本源，实无生灭，一其诚而冥于道也。公其至人乎！来者观其颂，则知公之所存矣。八年冬，某被命典客，访道南游，将还京师，得公子书，至武林乃为序云。"曹小云校笺本，合肥：黄山书社，2014年，第305—06页。

② ［宋］李焘《长编》卷三四八"元丰七年八月癸巳"条载："衢州言，资政殿大学士、守太子少保致仕赵抃卒。辍视朝，赠太子少师，谥清献。"第8352页。

二十六日要早十多天，大约是在八月上旬。就是说，距离访问杭州洞霄宫后感到身体不适的时间没过多久。不过，苏轼在赵抃去世三年后写神道碑，也跟国史的记载一样，把赵抃去世的日期记在了八月癸巳这一天。

关于赵抃的去世，苏轼在神道碑中还记载了异象，说在赵抃去世的前两天，有一颗大流星坠落，两天后，赵抃便与世长辞了。这或许是出于偶然，或许是出于附会。总之，苏轼对于提携过自己又让自己敬仰的赵抃，破例语了一次"怪力乱神"。不过，在过去的人看来，世上的人上应天上的星，伟人更是大星，人死星落，或许是极为自然的，这样的记载并无不妥。

接获赵抃去世的消息，神宗皇帝中止了一天的上朝，以示哀悼。[1] 皇帝对臣下去世的这种表示，既是出于皇帝本人的意志和感情所致，也是基于朝廷规定的礼制。能够获得皇帝中止上朝的哀悼，是一种极高的礼遇。不仅如此，死后的追赠，也由太子少保连升两级，特赠为太子少师。我在残存的《永乐大典》找到了《全宋文》失收的《故太子少保充资政殿学士致仕赵抃可特赠太子少师》制词。这篇制词中的"厚德足以镇浮，清名足以激浊"，可以说是对赵抃准确的总结。而"行己事上，始终洁完"，也是代表皇帝和朝廷的官方对赵抃的盖棺论定。[2] 去世后，由朝廷礼官议定，赐谥号为"清献"。这一与赠官制词相应的谥号，既满足了赵抃一生对"清"的追求，也是对赵抃一生的高度概括。

元丰七年（1084）当年十二月，赵抃下葬在家乡衢州的莲花山。三年后，赵岏服丧期满，向朝廷请求神道碑。这时神宗已经去世，新皇帝哲宗说，我这

---

① ［宋］苏轼《赵清献公神道碑》载："以疾还衢，有大星陨焉。二日而公薨，实七年八月癸巳也。讣闻，天子辍视朝一日，赠太子少师。"

② 《永乐大典》卷九一九《故太子少保充资政殿学士致仕赵抃可特赠太子少师》："敕：朕有爵禄以礼天下之士，惟贤才者得以备其尊崇。生而都荣名，殁而被余宠。非真以称公义，难以尽于朕心。具官某，厚德足以镇浮，清名足以激浊。行己事上，始终洁完。为时老成，寔朕良弼。不复强起，今其云亡。锡兹褒嘉，申我伤恻。维尔有闻，贲于无穷。可。"按，此制词于"资政殿学士"的"学士"前脱漏一"大"字。

位前朝贤臣，安民像是春秋时期郑国的子产，尽忠像是晋国的叔向。于是，便书写了"爱直"的碑名。"爱"是概括前一句话的爱民之意，"直"是概括后一句话直言尽忠之意。书写碑名之后，又命令翰林学士苏轼撰写神道碑。神道碑的撰写，虽说是出于皇帝的命令，也多是出于墓主家属的指名请求和撰者本人拥有撰写的意愿。比如说，在元祐二年（1087）这一年，朝廷还曾命苏轼撰写富弼的神道碑。由于富弼生前曾经阻遏过苏轼父亲苏洵的升迁，所以富弼的儿子犹豫了好久才张口求苏轼撰写，没想到苏轼爽快地答应了。^① 因此说，赵抃神道碑的撰写也一定是赵岏向苏轼请求的。

在此之前，赵岏曾专门写信求时任翰林侍读学士的司马光撰写墓志铭，被司马光用不为人作碑志已十余年的理由拒绝。^② 苏轼一生也不愿意为他人写这类文字，他自己这样说过："轼于天下，未尝铭墓。独铭五人，皆盛德故。"^③ 检视苏轼文集，苏轼为之撰写碑志的五个人为富弼、司马光、范镇、张方平和赵抃。

有野史言，苏轼所撰赵抃神道碑是他的弟弟苏辙代笔的。^④ 不过，即便是如此，苏轼也一定是加以修改润色过的，反映的还是苏轼的认识，当然也包含了苏辙的认识。

苏轼所撰神道碑，是对赵抃最早的综合评价。在神道碑的开头，苏轼从他亲身经历的仁宗朝讲起，认为仁宗朝四十年无为而治，士大夫政治实现全面主

---

① ［宋］叶梦得《石林燕语》卷五载："元祐间，富绍庭欲从子瞻求为富公神道碑，久之不敢发。其后不得已而言，一请而诺，人亦以此多子瞻也。"第65—66页。

② ［宋］司马光：《传家集》卷六二《答两浙提举赵宣德书》，李之亮《司马温公集编年笺注》本，成都：巴蜀书社，2009年，第73页。

③ ［宋］苏轼：《苏轼文集》卷六三《祭张文定公文》，孔凡礼点校本，北京：中华书局，1986年，第1953页。

④ ［宋］王正德《余师录》卷二云："苏子由代兄作《赵阅道神道碑》云：'臣尝逮事仁宗皇帝，未尝观也，万世无不见；未尝为也，万世无不举。'子瞻笑曰：'尚答制科策耶！'"杨观、陈默、刘芳池编《苏辙资料汇编》，北京：中华书局，2018年，第357页。

宰，赵抃及其同僚功不可没。① 这是很高的综合评价。

　　详细叙述赵抃一生的主要事迹之外，苏轼还概括说，赵抃为人温厚，做事细密，但在朝论事，爱憎分明。在地方为官，以爱民为本。所作所为，成为后人的楷模。司马光虽然没有为赵抃撰写墓志，但他说赵抃的"清节直道，著于海内，皎如列星，决不沉没。他年所以取信于世者，在国史列传"②。这不仅是对赵抃的高度概括的评价，并且也预言到将来的国史一定会为赵抃立传。不出司马光所料，国史果然为赵抃立了传。而国史的基础取材，就是苏轼所撰的神道碑。

　　南宋的大儒朱熹在目睹了赵抃的手迹之后，写下题跋，赵抃的"清忠之节、孝友之行冠映古今"，让他有"不胜高山仰止之叹"。③ 文天祥在知赣州时，也写过一篇《赣州重修清献赵公祠堂记》，归纳赞扬"历事仁宗、英宗、神宗，以忠亮纯直，为时名臣"的赵抃，"其政本之以清淡，行之以简易。宽不为弛，严不为残"。④ 文天祥还在一首诗中写道："天下皆传清献节，人心自有武侯碑。"⑤

　　的确如此，降及后世，无论时移世变，赵抃仕宦之处以及家乡衢州，一直

---

① ［宋］苏轼《赵清献公神道碑》载："臣轼逮事仁宗皇帝。盖尝窃观天地之盛德，而窥日月之末光矣。未尝行也，而万事莫不毕举。未尝视也，而万物莫不毕见。非有他术也，善于用人而已。惟清献公擢自御史。是时将用谏官御史，必取天下第一流，非学术才行备具为一世所高者不与。用之至重，故言行计从有不十年而为近臣者；言不当，有不旋踵而黜者。是非明辨，而赏罚必信。故士居其官者少妄，而天子穆然无为，坐视其成。奸宄消亡，而忠良全安。此则清献公与其僚之功也。"

② ［宋］司马光：《传家集》卷六二《答两浙提举赵宣德书》，第74页。

③ ［宋］朱熹：《晦庵先生朱文公文集》卷八三《跋赵清献公遗帖》，第3965页。

④ ［宋］文天祥：《文山全集》卷九，刘德清编《文天祥全集》本，南昌：江西人民出版社，2021年。

⑤ ［宋］文天祥：《文天祥诗集》卷五《挽李制帅二首》，刘文源校笺本，北京：中华书局，2017年，第390页。

是香火缭绕。人们只要触及相关遗迹，便会思念起赵抃。① 清代一个诗人，在夜泊衢州时这样写道："秋风琴鹤里，仿佛听遗声。"②

苏轼所撰神道碑还引述了赵抃的仕途前辈、宰相韩琦称赞赵抃的一句话，叫作"真世人标表"。就是说，赵抃为人是世人的楷模。这句极高的评价，尤其让衢州人倍感自豪。南宋末年的一个衢州知州就这样说："安阳老真标表一语，衢之人持以夸四方。"③ 这句话折射的事实表明，至少在宋代，衢州人无论到哪里去，都用韩琦评价赵抃的这句话，来作为衢州的一张亮丽的名片。南宋天台郡守陈仁玉在《赵清献公文集序》中也隐栝这一典故写道："公为本朝第一流人，此郡自生民以来，亦未有如公之盛也。一言一行，后来者当尊奉以为标的。"在明代，赵抃的文集在他的家乡衢州，屡屡被刊刻。④ 尽管有散佚并不完整，赵抃还是为后世留下了七百多首"清新律切"的诗篇。⑤

在今天，赵抃依然是让衢州人引以为傲的乡贤。

---

① 对此，仅举二例。清人谈迁《国榷》卷四四于"己未弘治十二年五月"条载："癸亥，祀故宋太子少保赵抃于衢州。"又于卷四五"癸亥弘治十六年十月丁酉"条载："祠宋臣赵抃于成都，同秦守李冰、汉守文翁、宋守张咏。"张宗祥点校本，北京：中华书局，1958 年，第 2735 页、2804 页。

② ［清］李蕴芳、郭楷：《姑臧李郭二家诗草》之《醉雪庵遗草·夜泊衢州》，吴娱整理本，北京：中华书局，2016 年，第 23 页。

③ ［清］陈鹏年修、徐之凯纂：《（康熙）西安县志》卷一一所录宋人赵孟奎《莲花赵公祠碑》。

④ 据祝尚书先生《宋人别集叙录》的考察，赵抃文集有成化七年（1471）衢州知府阎铎刊本、嘉靖元年（1522）衢州知府林有年刊本、嘉靖四十一年（1562）衢州知府杨准刊本。北京：中华书局，1999 年，第 205—207 页。

⑤ ［宋］苏辙《栾城集》卷二四《太子少保赵公（抃）诗石记》云："公诗清新律切，笔迹劲丽，萧然如其为人。"陈宏天、高秀芳点校《苏辙集》本，北京：中华书局，1990 年。

结语　赵抃的意义:
士大夫政治的细部观察

士大夫政治是一个概括性的说法。这是一种在宋代才真正形成的由知识人官僚士大夫成为政治主宰的形态。从士大夫与君主权力共享的视点来讲,就是人们通常引用的北宋宰相文彦博的那句话:"与士大夫治天下。"三百年的政治主宰,不仅改变了政治生态,也影响到很多领域,成为继唐宋变革之后在两宋之际开启的宋元社会转型的重要因素之一。

为什么说士大夫政治是宋元变革的一个重要因素?这要从士大夫政治的形成说起。除了五代乱世隐伏的崇文潜流,北宋太宗朝科举规模扩大是士大夫政治形成的一个技术性的客观因素。太宗朝仅八次科举的取士人数已超过六千人,是太祖朝开科取士人数的十三倍。此后持续进行的大规模开科取士,不仅让其中的出类拔萃之辈占据了政界的制高点,还在从中央到地方的行政领导层面形成了全覆盖。

承继唐宋变革的平民化社会形态,科举进一步促进了文化普及,提高了全社会的文化水准。"取士不问家世",面向全社会的科举,不仅打破了以往世袭贵族或军功贵族的社会支配状态,加速了社会流动,还形成了社会支配阶层的综合化。

士大夫政治不仅停留于行政管理层面的主宰,各个阶层出身的士大夫以及士大夫的后备役士人,作为知识精英的新士族,无论是在地方滞留、回归还是暂住，都在地方社会发挥着一定的影响力，乃至充当着领袖的角色，对社会变革起到引领的作用。

赵抃的祖上显赫，在唐代甚至做到了宰相。后世尽管家声不振，但在五代崇文的潜流之中，沉潜于仕途底层的这个家族一直以儒学为业。家学与社会氛围，让在北宋真宗朝出生的赵抃欣逢其时，如鱼得水，改变了贫困的境况，顺利地走上仕途，成为士大夫中的一员。

有的学者对文彦博的"与士大夫治天下"的表述解释持有异议，认为君臣共治古已有之。的确，不仅君臣共治古已有之，作为知识人官僚的士大夫也是由来已久。《周礼·考工记序》便有这样的表述："坐而论道，谓之王公；作而行之，谓之士大夫。"说到君臣共治，魏晋时代"王与马共天下"也是君臣共治。那么，宋代的士大夫政治与以前历代士大夫从事的政治有何不同呢？关键的不同在于同样文字表示的"士大夫"三个字的内涵不同。宋代士大夫的主要构成是社会面涵盖广泛的科举官僚，并不是传统意义上贵族出身的士大夫。

来源构成多元的士大夫群体，汇集了社会各个阶层的精英，具有广泛的代表性。由这一群人来主宰政治，对社会问题自然有着全方位的认识。在士大夫政治的形势之下，乱世隐而不彰的儒学入世精神被极大地激发出来，不仅儒学八条目"格物、致知、诚意、正心、修身、齐家、治国、平天下"被加以重新发掘与阐释，士人更是树立了无比豪迈的超越王朝的政治理想："为天地立心，为生民立命，为往圣继绝学，为万世开太平。"在这样的背景之下，走上仕途的赵抃，可以称得上是这个时代士大夫的典型代表。

儒学教养与政治理想，让很多士大夫变得很纯粹。这就是赵抃一生保持和死后谥号获得的"清"。清不仅仅是洁身自律，清廉为官，还表现在眼里容不得沙子的疾恶如仇。赵抃在朝担任御史、谏官，屡屡挑战行为不正的政界大佬，抨击各种政治弊病，为施政纠偏，为纯洁士大夫政治不遗余力，被称为"铁面御史"。同僚司马光评价赵抃"清节直道，著于海内，皎如列星，决不沉没"。的确，赵抃人格的光芒，至今也有着耀眼的辉煌。

刊刻赵抃文集的南宋人陈仁玉在《赵清献公文集序》中这样写道："仁玉

窃惟天地之大，曰诚而已。诚则纯，纯则久，久则神，金石可开也，豚鱼可孚也。极而至于际天蟠地，行乎君臣、父子、兄弟、夫妇、朋友之间，甚通而顺，甚捷而疾。人见其妙用无方，不可以限量计，即而察之，则无以异于人也，曰诚而已。若公者，其知诚之所为乎？凡所行之质于天者，此也；凡所言之质于君者，此也。人称其孝于亲，忠于君，清于身，其美不可胜赞。合而言之，此诚也。"接受道学浸染的陈仁玉以一个"诚"字来概括赵抃，"诚"字的内涵则是"孝于亲，忠于君，清于身"。这三项包含了宋代士大夫所追求的理想道德人格，即"修身、齐家、治国"。

同时，儒学教养与政治理想，又让很多士大夫焕发出极大的政治热情。士人在入仕之前的训练，并不是一种行政的实务训练，而是教养与操守的培养。不过，拥有这样的教养与操守，加之以政治热情，实际行政的能力则必然会很快拥有。赵抃从州县佐官到知州乃至路一级长官转运使，长期在地方任官，处处都有出色的政绩。在施政之际所显示的行政才能与智慧，尤其为人所称道。比如赵抃在知越州时救灾所实行的以工代赈和以市场手段调节粮价的做法，便成为后人的施政楷模。

赵抃的前辈范仲淹主持道德重建，砥砺士风，强调爱惜名节，让儒学的三不朽又重新成为士人的精神追求。赵抃在这样的时代背景之下，也写下了这样的诗句："事业直教名不朽，声猷堪畏世无闻。"有无闻之畏，有通过事业对名不朽的追求，赵抃实现了他的追求。

士大夫是一个集合的概念，士大夫政治也是由士大夫的活动构成。观察士大夫和士大夫政治，一定要深入到细部，观察士大夫个人，才能够由具体到抽象，形成准确的总体认识。赵抃作为典型的士大夫，观察他一生的活动轨迹，无论是个人品德的修身、齐家，还是在中央任官和地方施政，乃至三教合一的思想倾向，都带有那个时代清晰的印记，由个性中透射出共性，是研究宋代士大夫的一个很好的个案。

以往研究士大夫政治，多聚焦于中央政坛展开。其实，尽管中央政治代表了一个时代的主要政治方向，并且对不少重要人物参与的重要事件也有集中的反映，但相比较金字塔顶端的政治展开，金字塔基座的地方政治内容更为广泛，直接反映着社会的脉动。在宋代，士大夫政治是从中央到地方的全贯穿，仅仅注重于研究展开在中央的士大夫政治，显然有所偏颇，涵盖面有失广阔。士大夫政治在地方的贯彻，主要是通过任官于地方的一个个士大夫具体操作实行的。赵抃一生为宦，尽管以在中央作为的"铁面御史"闻名，但他为政地方的时间要比他任官中央的时间长得多。因此，考察赵抃的地方施政作为，无疑是研究士大夫政治在地方展开的一个很好的个案与视角。

在宋代的历史上，从知名度来讲，赵抃似乎算不上像是天文学中所说的一等星。这既与赵抃主要生活在缺乏大起大落波澜的时代有关，也与他个人的性格与交际有关。其生活的时期，仅比包拯、范仲淹稍后，他跟韩琦、富弼以及王安石、司马光又是同僚，还曾提携过苏洵、苏轼、苏辙父子，是处于士大夫政治主流中的人物。明代刊刻赵抃文集的衢州知州阎铎就观察到，"先正三衢清献赵公之名，与韩、范、富、欧齐驱并驾，其廉分一节，尤为世所称道"。从他留下的几百篇诗文来看，赵抃的文学成就也不容忽视。苏辙曾评价赵抃的诗清新合律。跟同时代的闻人相比，赵抃的知名度稍逊，也与历史的无意遮蔽以及今人的研究欠缺有关。

其实，从个人经历来看，赵抃可以说比上述提及的名人都要丰富。考察赵抃的一生，无疑等于是将士大夫政治的细部加以放大。从地方到中央，都从一个人的言行中可以获得实际的观察。尽管这是一种管中窥豹式的个案观察，但却是全方位的折射。特别是对赵抃一生担任不同层级地方官经历的全面而详尽的考察，可以弥补以往对士大夫政治的考察仅仅停留于中央层面的不足。

赵抃之于他的家乡衢州，也影响巨大。"靖康之变"这一历史大变局，让政治场产生位移，南宋又仿佛回到了南朝，政治、经济和文化重心合一，包括赵抃的作为在内的北宋积淀的变革因素，在江南这一特定的地域被激活，开启了新一轮社会转型——宋元变革。在宋元变革的进程中，强势的地域社会发掘当地的乡贤，树立精神楷模。于是，赵抃也就成为衢州的乡贤楷模。反过来说，赵抃的事迹、赵抃故乡孝弟里的存在，也丰富了衢州的文化底蕴。或许有这样的因素在内，北宋灭亡后南渡，浙江一带的孔子后裔就选择了在这里繁衍生息，建立了南方唯一的孔子家庙，被称为"南孔"，衢州因而也有"东南阙里、南孔圣地"之称。因此，可以这样说，除了政治作为，赵抃也在精神层面给后世留有丰富的遗产。

作为生活在三维空间中的人类，在现今的科学技术水平之下，我们无法实现穿越。然而，研究历史，则使我们可以实现向过去的"穿越"。历史从过去走到今天，先人的步履无论艰辛还是顺畅，基于恒久的共性，所有的经验和教训，都能为同样生活在这块土地上的我们走向未来提供启示。

这部《大宋名臣赵抃》，也是一面镜子。

赵抃年表

真宗大中祥符元年戊申（1008），一岁
早春出生于衢州西安县西安乡陈庄保。
父赵亚才，母徐氏，后有继母徐氏。外祖徐泌。
长兄赵振、二兄赵拯。其后有弟弟赵拊、赵抗、赵援、赵扬。按，据《生
日高斋晓起示诸弟妹子孙》诗题，赵抃尚有妹妹。

仁宗天圣元年癸亥（1023），十六岁
广州南海县主簿、父亚才约卒于此年。

天圣六年戊辰（1028），二十一岁
教授生徒于开化余仁合家。

明道元年壬申（1032），二十五岁
教书乡里陈家。

明道二年癸酉（1033），二十六岁
先后寓居于开化县招福院萃清阁、城北余庆院读书应考，举乡荐。

景祐元年甲戌（1034），二十七岁

登张唐卿榜进士第，为乙科。

景祐二年乙亥（1035），二十八岁

为武安军节度推官。武安军治潭州。长子赵岏诞生。

景祐三年丙子（1036），二十九岁

春举监潭州粮料院。潭州隶荆湖南路。

宝元元年戊寅（1038），三十一岁

以著作佐郎知崇安县。崇安隶福建路建州，后升为建宁府。

庆历元年辛巳（1041），三十四岁

以秘书丞通判宜州。宜州隶广南西路，后升为庆远府。此时长兄赵振已去世，携继母、弟弟赴任。

庆历三年癸未（1043），三十六岁

继母去世，解官扶柩，归葬于家乡，墓旁服丧三年。知县过勗将赵抃居住地衢州西安县西安乡之陈庄保改名为"孝弟里"。

庆历六年丙戌（1046），三十九岁

以秘书丞起知海陵县。海陵隶淮南东路泰州。

庆历八年戊子（1048），四十一岁

以太常博士移知江原县。江原隶成都府路蜀州，后升为崇庆府。
携家人及弟弟赵抗、赵扬赴任。

皇祐三年辛卯（1051），四十四岁

以屯田员外郎通判泗州。泗州隶淮南东路。一度短期摄知濠州。

至和元年甲午（1054），四十七岁

九月，擢守殿中侍御史。

先后弹劾宰相陈执中、三司使王拱辰、翰林学士李淑、枢密使王德用等，人称"铁面御史"。

嘉祐元年丙申（1056），四十九岁

九月出知睦州，归家乡小住，次年正月到任。睦州隶两浙路，后改称严州，又升为建德府。

自号"知非子"。

嘉祐三年戊戌（1058），五十一岁

移充梓州路转运使，寄家甬上，单身入蜀，七月到梓州任。梓州隶潼川府路，后升为潼川府。

两月后，移权益州路转运使。次年，益州升为成都府，益州路更名为成都府路。

与周敦颐相识。

嘉祐五年庚子（1060），五十三岁

五月召为右司谏，八月入朝到任。

弹劾枢密副使陈旭。

嘉祐六年辛丑（1061），五十四岁

三月，临时担任殿试编排官。撰《御试官日记》。

四月，出知虔州。虔州隶江南东路，后改称赣州。十一月到任。

嘉祐七年壬寅（1062），五十五岁

七月，任命为礼部员外郎兼侍御史知杂事。年底入朝履职。

嘉祐八年癸卯（1063），五十六岁

正月，改任三司度支副使。

三月，仁宗驾崩。

四月，英宗即位。奉使辽国，告英宗即位。还进天章阁待制，为河北都转运使。

长子赵岏登进士第，长孙河北郎出生。

治平元年甲辰（1064），五十七岁

十二月，以龙图阁直学士、吏部员外郎知成都府。

治平二年乙巳（1065），五十八岁

长子赵岏病逝。

治平四年丁未（1067），六十岁

正月，英宗驾崩，神宗即位。以龙图阁学士召知谏院。

九月，迁右谏议大夫，除参知政事。

熙宁三年庚戌（1070），六十三岁

三月，上《乞罢制置条例司及诸路提举官札子》，抨击王安石变法。

四月，以资政殿学士罢知杭州，八月到任。

十二月，徙知青州。青州隶京东路。

熙宁四年辛亥（1071），六十四岁

夏到青州任。

闻雷悟道。

熙宁五年壬子（1072），六十五岁
七月以资政殿大学士复知成都。十二月到成都任。
弟赵扬以太常博士通判潭州。

熙宁六年癸丑（1073），六十六岁
次子赵屼登进士第。

熙宁七年甲寅（1074），六十七岁
乞归，六月移知越州。越州隶两浙路。十月出蜀。
是年，夫人东平郡君徐氏卒。东头供奉官徐度之女。
编纂《成都古今记》三十卷。

熙宁八年乙卯（1075），六十八岁
四月到越州任。指导救灾，开放米价，以工代赈。

熙宁十年丁巳（1077），七十岁
五月，复知杭州。六月，到杭州任。
弟赵扬以屯田员外郎任荆湖南路转运判官。

元丰二年己未（1079），七十二岁
正月，加太子少保致仕。退居于衢。
独居高斋。

元丰三年庚申（1080），七十三岁
次子赵屼为温州通判，陪伴出游台州、温州。

元丰五年壬戌（1082），七十五岁

送弟赵抗子随任官毗陵。

弟赵扬以秘阁校理任湖北转运使。

元丰六年甲癸亥1083），七十六岁

次子赵屼温州通判任满，辞任监察御史，提举两浙常平，以便养亲。

元丰七年甲子（1084），七十七岁

六月，次子赵屼陪伴出游杭州。

八月，身体不适，归衢，去世。

神宗辍视朝，赠太子少师，谥清献。

十二月，葬于衢州莲花山。

三年后，哲宗书写神道碑额"爱直"之碑。

参考文献

（以征引前后为序）

［宋］释晓莹：《罗湖野录》，夏广兴整理《全宋笔记》本，郑州：大象出版社，2012 年。

［宋］祝穆撰，［宋］祝洙增订：《方舆胜览》，施和金点校本，北京：中华书局，2003 年。

［宋］赵抃：《清献集》，《四库全书》文渊阁本。

［清］罗以智：《赵清献公年谱》，《宋人年谱丛刊》李文泽点校本，成都：四川大学出版社，2003 年。

［宋］苏轼撰，［明］茅维编：《苏轼文集》，孔凡礼点校本，北京：中华书局，1986 年。

［清］陈鹏年修、徐之凯纂：《西安县志》，清康熙三十八年（1699）刻本。

［宋］欧阳修、宋祁：《新唐书》，中华书局编辑部点校本，北京：中华书局，1975 年。

［后晋］刘昫等：《旧唐书》，中华书局编辑部点校本，北京：中华书局，1975 年。

［宋］欧阳修：《新五代史》，中华书局编辑部点校本，北京：中华书局，1974 年。

赵美锡、赵玉弟主修：《赵氏家谱》。

王燕飞、周日蓉：《新时期以来赵抃研究评述》，《河北科技师范学院学报（社会科学版）》2015 年第 4 期。

［宋］赵湘：《南阳集》，《四库全书》文渊阁本。

龚延明、祖慧：《宋代登科总录》，桂林：广西师范大学出版社，2014年。

［宋］宋祁：《景文集》，《四库全书》文渊阁本。

［宋］王存：《元丰九域志》，王文楚、魏嵩山点校本，北京：中华书局，1984年。

王瑞来：《宰相故事——士大夫政治下的权力场》，北京：中华书局，2010年。

［清］杨廷望等纂修：《衢州府志》，康熙修光绪重刊本。

江西华仁软件公司承修：《京兆奉天玉溪赵氏宗谱》。

［元］脱脱等：《宋史》，中华书局编辑部点校本，北京：中华书局，1985年。

［明］林应翔修、叶秉敬纂：《衢州府志》，天启二年（1622）刊本。

［宋］俞松：《兰亭续考》，《四库全书》文渊阁本。

［元］赵孟頫：《赵孟頫集》，钱伟强点校本，杭州：浙江古籍出版社，2016年。

［宋］赵善括：《应斋杂著》，《四库全书》文渊阁本。

［清］范玉衡修、吴淦纂：《开化县志》，清乾隆六十年（1795）刊本。

［明］朱朝藩修、汪庆百纂：《开化县志》，明崇祯刻本。

［宋］彭乘辑撰：《墨客挥犀》，孔凡礼点校本，北京：中华书局，2002年。

［唐］白居易：《白氏长庆集》，顾学颉校点《白居易集》本，北京：中华书局，1979年。

［宋］宗晓：《四明尊者教行录》，王坚注解本，上海：上海古籍出版社，2010年。

［宋］苏辙：《栾城集》，陈宏天、高秀芳点校《苏辙集》本，北京：中华书局，1990年。

［宋］盛如梓：《庶斋老学丛谈》，《四库全书》文渊阁本。

［明］李贤等：《明一统志》，方志远等点校本，成都：巴蜀书社，2017年。

［清］王彬修、陈鹤翔等纂：《江山县志》，同治十二年（1873）文溪书院刊本。

［宋］毛滂：《毛滂集》，周少雄点校本，杭州：浙江古籍出版社，2012 年。

［唐］房玄龄等：《晋书》，中华书局编辑部点校本，北京：中华书局，1996 年。

［宋］欧阳修：《文忠集》，李逸安点校《欧阳修全集》本，北京：中华书局，2001 年。

［宋］施德操：《北窗炙輠录》，虞云国、孙旭整理《全宋笔记》本，郑州：大象出版社，2017 年。

［清］顾祖禹：《读史方舆纪要》，贺次君、施和金点校本，北京：中华书局，2005 年。

［宋］佚名辑：《国朝二百家名贤文粹》，宋庆元刻本，《宋集珍本丛刊》第 93 册，北京：线装书局，2004 年。

王瑞来：《天地间气——范仲淹研究》，太原：山西教育出版社，2015 年。

［宋］吴自牧：《梦粱录》，黄纯艳整理《全宋笔记》本，郑州：大象出版社，2017 年。

［宋］龚鼎臣：《东原录》，黄宝华整理《全宋笔记》本，郑州：大象出版社，2017 年。

［宋］司马光：《温公续诗话》，克冰评注本，北京：中华书局，2014 年。

［清］徐松辑：《宋会要辑稿》，刘琳、刁忠民、舒大刚、尹波等点校本，上海：上海古籍出版社，2014 年。

［元］马端临：《文献通考》，上海师范大学古籍研究所、华东师范大学古籍研究所点校本，北京：中华书局，2011 年。

［宋］刘昌诗：《芦浦笔记》，张荣铮、秦呈瑞点校本，北京：中华书局，1986 年。

［宋］李焘：《续资治通鉴长编》，上海师范大学古籍整理研究所、华东师范大学古籍整理研究所点校本，北京：中华书局，2004 年。

王瑞来：《赵抃〈御试官日记〉考释——兼论北宋殿试制度的演变》，《东北师大学报（哲学社会科学版）》1986 年第 4 期。

［宋］王栐：《燕翼诒谋录》，诚刚点校本，北京：中华书局，1981 年。

　　〔宋〕邵伯温：《邵氏闻见录》，李剑雄、刘德权点校本，北京：中华书局，1983年。

　　〔元〕刘一清：《钱塘遗事》，王瑞来校笺考原本，北京：中华书局，2016年。

　　〔宋〕赵升：《朝野类要》，王瑞来点校本，北京：中华书局，2007年。

　　〔宋〕杜大珪：《名臣碑传琬琰集》，顾宏义、苏贤校证本，上海：上海古籍出版社，2021年。

　　〔宋〕彭百川：《太平治迹统类》，扬州：江苏广陵古籍刻印社影印本，1990年。

　　〔宋〕朱长文：《乐圃余稿》，《四库全书》文渊阁本。

　　〔唐〕孟郊：《孟东野诗集》，韩泉欣《孟郊集》校注本，杭州：浙江古籍出版社，2012年。

　　〔宋〕黎靖德编：《朱子语类》，王星贤点校本，北京：中华书局，1986年。

　　〔元〕陈桱：《通鉴续编》，元刊本。

　　王瑞来：《立心立命》，北京：中华书局，2019年。

　　张其凡：《赵普评传》，北京：北京出版社，1991年。

　　〔宋〕郑樵：《通志二十略》，王树民点校本，北京：中华书局，1995年。

　　〔宋〕陆游：《老学庵笔记》，李剑雄、刘德权点校本，北京：中华书局，1979年。

　　〔宋〕朱熹：《晦庵先生朱文公文集》，郭齐、尹波编著《朱熹文集编年评注》本，福州：福建人民出版社，2019年。

　　〔宋〕文同：《丹渊集》，《四部丛刊初编》影印明汲古阁刊本。

　　〔宋〕谢维新：《古今合璧事类备要》，《四库全书》文渊阁本。

　　〔宋〕孔文仲、孔武仲、孔平仲：《清江三孔集》，孙永选校点本，济南：齐鲁书社，2002年。

　　唐圭璋编：《全宋词》，北京：中华书局，1965年。

　　〔唐〕杜甫著，〔清〕仇兆鳌注：《杜诗详注》，中华书局编辑部点校本，北京：中华书局，1979年。

　　〔清〕陈运溶编纂：《湘城访古录》，陈先枢点校本，长沙：岳麓书社，2009年。

〔宋〕李纲：《梁溪集》，王瑞明点校《李纲全集》本，长沙：岳麓书社，2002年。

〔宋〕张舜民：《郴行录》，顾宏义、李文整理《宋代日记丛编》本，上海：上海书店，2013年。

〔明〕陈论编集、吴道行续正：《重修岳麓书院图志》，邓洪波校点本，长沙：岳麓书社，2012年。

〔宋〕苏轼撰，〔清〕王文诰辑注：《苏轼诗集》，孔凡礼点校本，北京：中华书局，1982年。

〔宋〕范仲淹：《范文正公集》，王瑞来点校《儒藏》精华编《范仲淹集》本，北京：北京大学出版社，2014年。

〔清〕郝玉麟等修、谢道承等纂：《福建通志》，《四库全书》文渊阁本。

〔明〕宋濂等：《元史》，中华书局编辑部点校本，北京：中华书局，1976年。

〔明〕夏玉麟编纂：《建宁府志》，明嘉靖二十年（1541）刻本。

〔清〕李文琰修、何天祥纂：《庆远府志》，清乾隆十九年（1754）刻本。

〔美〕陈荣捷：《中国哲学文献选编》，杨儒宾等译，南京：江苏教育出版社，2006年。

〔清〕杨廷望等纂修：《衢州府志》，光绪八年（1882）据康熙五十年（1711）本重刊。

〔宋〕王象之：《舆地纪胜》，赵一生点校本，杭州：浙江古籍出版社，2013年。

〔宋〕乐史：《太平寰宇记》，王文楚等点校本，北京：中华书局，2007年。

金良年：《论语译注》，上海：上海古籍出版社，1995年。

〔宋〕韦骧：《钱塘集》，《四库全书》文渊阁本。

〔清〕王有庆修、梁桂等纂：《泰州志》，道光七年（1827）刊，光绪二十四年（1844）补刻本。

〔民〕郑永禧纂修：《衢县志》，民国二十六年（1937）铅印本。

〔宋〕普济：《五灯会元》，苏渊雷点校本，北京：中华书局，1984年。

〔宋〕曾巩：《隆平集》，王瑞来校证本，北京：中华书局，2012年。

曾枣庄、刘琳主编：《全宋文》，上海：上海辞书出版社；合肥：安徽教育出版社，2006 年。

［明］曹学佺编：《蜀中广记》，《四库全书》文渊阁本。

［宋］梅尧臣：《宛陵集》，《四库全书》文渊阁本。

［宋］祖无择：《龙学文集》，《四库全书》文渊阁本。

李之亮：《宋两淮大郡守臣易替考》，成都：巴蜀书社，2001 年。

［宋］石介：《徂徕石先生文集》，陈植锷点校本，北京：中华书局，1984 年。

［明］商辂：《续资治通鉴纲目》，《四库全书》文渊阁本。

［明］黄淮、杨士奇编：《历代名臣奏议》，上海：上海古籍出版社影印本，1989 年。

［清］蒋廷锡等编：《古今图书集成》，光绪十年（1884）上海图书集成铅版印书局排印本。

［清］姚宝煃修、范崇楷纂：《西安县志》，嘉庆十六年（1811）序刊本。

［明］解缙等编：《永乐大典》，北京：中华书局影印本，2012 年。

［唐］长孙无忌等撰：《唐律疏义》，刘俊文笺解本，北京：中华书局，1996 年。

［元］富大用：《古今事文类聚新集》，《四库全书》文渊阁本。

［宋］赵汝愚：《国朝诸臣奏议》，北京大学中国中古史研究中心校点整理《宋朝诸臣奏议》本，上海：上海古籍出版社，1999 年。

王瑞来：《宋代士大夫主流精神论》，《宋史研究论丛》第 6 辑，2009 年。

［宋］宋庠：《元宪集》，《四库全书》文渊阁本。

［宋］徐自明：《宋宰辅编年录》，王瑞来校补本，北京：中华书局，1986 年。

［明］陈策纂修：《饶州府志》，《天一阁藏明代方志选刊续编》影印正德六年（1511）序本。

［宋］慕容彦逢：《摛文堂集》，《四库全书》文渊阁本。

［宋］晁说之：《晁氏客语》，黄纯艳整理《全宋笔记》本，郑州：大象出版社，2003 年。

［宋］司马光：《温公日录》，顾宏义、李文整理《宋代日记丛编》本，上海：上海书店，2013年。

［明］陈道修、黄仲昭纂：《八闽通志》，《四库全书存目丛书》影印弘治四年（1491）序刊本。

［汉］扬雄：《方言》，华学诚《扬雄方言校释汇证》本，北京：中华书局，2006年。

［周］卜商：《子夏易传》，北京：中国书店出版社，2018年。

［宋］李心传：《建炎以来系年要录》，胡坤点校本，北京：中华书局，2013年。

［宋］李昉：《太平广记》，中华书局编辑部点校本，北京：中华书局，1961年。

王瑞来：《代王言者——以宋真宗朝翰林学士为中心的考察》，《漆侠先生纪念文集》，河北大学出版社，2002年。

［宋］苏轼：《东坡志林》，王松龄点校本，北京：中华书局，1981年。

［南朝宋］范晔：《后汉书》，中华书局编辑部点校本，北京：中华书局，1965年。

［宋］楼钥：《范文正公年谱》，王瑞来点校《儒藏》精华编《范仲淹集》本，北京：北京大学出版社，2012年。

［宋］陈公亮修：《严州图经》，《宋元方志丛刊》影印本，北京：中华书局，1990年。

［宋］陆游：《老学庵笔记》，李昌彦整理《全宋笔记》本，郑州：大象出版社，2012年。

［宋］曾巩：《元丰类稿》，陈杏珍、晁继周点校《曾巩集》本，北京：中华书局，1984年。

［宋］董弅编：《严陵集》，《四库全书》文渊阁本。

［清］陆心源：《宋史翼》，影印本，北京：中华书局，1991年。

［明］吕昌期修、俞炳然纂：《续修严州府志》，《中国方志丛书》影印万历

四十二年（1614）原刊顺治六年（1649）重刊本。

［清］高寅修、檀光焌等纂：《建德县志》，《稀见中国地方志汇刊》影印康熙元年（1662）刊本。

［明］沈杰修、吾冔、吴夔同纂：《衢州府志》，《天一阁藏明代方志选刊续编》影印弘治十六年（1503）序刊本。

［宋］张栻：《南轩先生集》，杨世文点校《张栻集》本，北京：中华书局，2015 年。

朱瑞熙：《中国政治制度通史》（宋代），北京：人民出版社，1996 年。

李昌宪：《中国行政区划通史（宋西夏卷）》，上海：复旦大学出版社，2007 年。

［宋］吕祖谦编：《宋文鉴》，齐治平点校本，北京：中华书局，1992 年。

［宋］袁说友等编：《成都文类》，赵晓兰整理本，北京：中华书局，2011 年。

［宋］苏洵：《嘉祐集》，曾枣庄、金成礼笺注本，上海：上海古籍出版社，1993 年。

孔凡礼：《苏轼年谱》，北京：中华书局，1998 年。

［宋］沈括：《梦溪笔谈》，金良年点校本，北京：中华书局，2015 年。

［宋］庞元英：《谈薮》，金圆整理《全宋笔记》本，郑州：大象出版社，2006 年。

丁传靖辑：《宋人轶事汇编》，北京：中华书局，2003 年。

［宋］陈均：《皇朝编年纲目备要》，许沛藻、金圆、顾吉辰、孙菊园点校本，北京：中华书局，2006 年。

［宋］黄震：《黄氏日抄》，张伟、何忠礼整理《黄震全集》本，杭州：浙江大学出版社，2013 年。

［宋］吕陶：《净德集》，《丛书集成初编》本，北京：中华书局重印，1985 年。

［宋］王安石：《临川文集》，刘成国点校《王安石文集》本，北京：中华书局，2021 年。

［宋］韩元吉：《南涧甲乙稿》，刘云军点校本，北京：中国社会科学出版社，2022 年。

〔宋〕度正：《濂溪先生周元公年表》，吴洪泽《宋人年谱丛刊》校点本，成都：四川大学出版社，2003 年。

〔民〕邵启贤：《赣石录》，南昌：江西高校出版社影印本，2020 年。

〔宋〕周敦颐：《周敦颐集》，梁绍辉等点校本，长沙：岳麓书社，2007 年。

〔唐〕孟浩然：《孟浩然诗集校注》，李景白校注，北京：中华书局，2018 年。

〔唐〕姚思廉：《陈书》，中华书局编辑部点校本，北京：中华书局，1972 年。

〔宋〕文天祥：《文天祥诗集》，刘文源校笺本，北京：中华书局，2017 年。

〔宋〕杨万里：《诚斋集》，辛更儒《杨万里集笺校》本，北京：中华书局，2007 年。

〔宋〕周必大：《周益国文忠公集》，王瑞来《周必大集校证》本，上海：上海古籍出版社，2020 年。

〔汉〕戴德、戴圣整理：《礼记》，王文锦译解本，北京：中华书局，2001 年。

〔战国〕荀况：《荀子》，王先谦集解本，北京：中华书局，1988 年。

〔清〕李卫等修、傅王露等纂：《浙江通志》，民国二十三年（1934）上海商务印书馆影印光绪二十五年（1899）重刊本。

〔宋〕委心子：《新编分门古今类事》，金心点校本，北京：中华书局，1987 年。

〔宋〕王珪：《华阳集》，《丛书集成初编》本，北京：中华书局重印，1985 年。

〔宋〕王辟之：《渑水燕谈录》，吕友仁点校本，北京：中华书局，1981 年。

〔明〕李思悦、洪一鳌纂修，李世芳增修：《重修寿昌县志》，国家图书馆《明代孤本方志选》影印嘉靖四十年（1561）刻万历递修本。

〔宋〕范祖禹：《范太史集》，《四库全书》文渊阁本。

王瑞来：《宋史宰辅表考证》，北京：中华书局，2012 年。

〔宋〕郑獬：《郧溪集》，《四库全书》文渊阁本。

〔清〕赵翼：《陔余丛考》，栾保群点校本，北京：中华书局，2019 年。

〔宋〕张方平：《乐全集》，郑涵点校《张方平集》本，郑州：中州古籍出版社，2000 年。

　　［宋］司马光:《涑水记闻》，邓广铭、张希清点校本，北京：中华书局，1989 年。

　　［宋］叶梦得:《石林燕语》，侯忠义点校本，北京：中华书局，1984 年。

　　［宋］邵博:《邵氏闻见后录》，李剑雄、刘德权点校本，北京：中华书局，1983 年。

　　［宋］王称:《东都事略》，孙言诚、崔国光点校《二十五别史》本，济南：齐鲁书社，2000 年。

　　［宋］罗大经:《鹤林玉露》，王瑞来点校本，北京：中华书局，1983 年。

　　［明］于谦:《于谦集》，魏得良点校本，杭州：浙江古籍出版社，2013 年。

　　［宋］杨仲良:《续资治通鉴长编纪事本末》，《宋史资料萃编》影印本，台北：文海出版社，1967 年。

　　［宋］范纯仁:《范忠宣公奏议》，《四库全书》文渊阁本。

　　［宋］朱弁:《曲洧旧闻》，孔凡礼点校本，北京：中华书局，2002 年。

　　［宋］吴开:《漫堂随笔》，赵龙整理《全宋笔记》本，郑州：大象出版社，2018 年。

　　［宋］刘克庄:《后村先生大全集》，辛更儒《刘克庄集笺校》本，北京：中华书局，2011 年。

　　［宋］魏泰:《东轩笔录》，李裕民点校本，北京：中华书局，1983 年。

　　［清］纪磊、沈眉寿编:《震泽镇志》，道光二十四年（1844）刻本。

　　［宋］王巩:《甲申杂记》，张其凡、张睿点校《王文正公遗事　清虚杂著三编》本，北京：中华书局，2017 年。

　　［宋］潜说友:《咸淳临安志》，《宋元方志丛刊》影印本，北京：中华书局，1990 年。

　　［宋］施谔:《淳祐临安志》，《宋元方志丛刊》影印本，北京：中华书局，1990 年。

　　［明］田汝成:《西湖游览志余》，刘雄、尹晓宁点校本，上海：上海古籍出版社，2018 年。

［宋］周淙：《乾道临安志》，《宋元方志丛刊》影印本，北京：中华书局，1990 年。

［宋］苏象先：《丞相魏公谭训》，储玲玲整理《全宋笔记》本，郑州：大象出版社，2008 年。

［晋］陈寿：《三国志》，中华书局编辑部点校本，北京：中华书局，1982 年。

［汉］司马迁：《史记》，中华书局编辑部点校本，北京：中华书局，1959 年。

［清］陆心源：《皕宋楼藏书志》，许静波点校木，杭州：浙江古籍出版社，2016 年。

［宋］黄庭坚：《山谷全书》，郑永晓点校《黄庭坚全集》本，南昌：江西人民出版社，2011 年。

［宋］佚名：《道山清话》，赵维国整理《全宋笔记》本，郑州：大象出版社，2006 年。

［宋］晁说之：《嵩山文集》，《四部丛刊续编》影印旧钞本。

［宋］晁补之：《鸡肋集》，《四库全书》文渊阁本。

［清］岳浚等修、杜诏等纂：《山东通志》，《四库全书》文渊阁本。

［宋］范纯仁：《范忠宣集》，《四库全书》文渊阁本。

［元］于钦：《齐乘》，刘敦愿、宋百川、刘伯勤校释本，北京：中华书局，2012 年。

［宋］韩琦：《安阳集》，《四库全书》文渊阁本。

［宋］范仲淹：《范文正公尺牍》，王瑞来点校《儒藏》精华编《范仲淹集》本，北京：北京大学出版社，2014 年。

［宋］叶廷珪：《海录碎事》，李之亮点校本，北京：中华书局，2002 年。

［唐］李吉甫：《元和郡县图志》，贺次君点校本，北京：中华书局，1983 年。

［唐］李白：《李太白全集》，［清］王琦注，北京：中华书局，2011 年。

［宋］李心传：《建炎以来朝野杂记》，徐规整理本，郑州：大象出版社，2019 年。

［元］陶宗仪：《说郛》，《说郛三种》影印本，上海：上海古籍出版社，1988 年。

《海外新发现〈永乐大典〉十七卷》，上海：上海辞书出版社，2003年。

［清］钱大昕：《潜研堂金石文跋尾》，陈文和主编《嘉定钱大昕全集（增订本）》，南京：凤凰出版社，2016年。

［宋］施宿：《嘉泰会稽志》，《宋元方志丛刊》影印本，北京：中华书局，1990年。

［宋］朱熹、李幼武纂辑：《宋名臣言行录》，李伟国校点《儒藏》精华编本，北京：北京大学出版社，2016年。

［宋］张镃：《仕学规范》，《四库全书》文渊阁本。

［清］唐煦春修、朱士黻等纂：《上虞县志》，光绪十七年（1891）刻本。

《浙江余姚开原刘氏宗谱》，光绪十七年（1891）刻本。

［宋］杨时：《杨龟山先生集》，林海权整理《杨时集》本，北京：中华书局，2018年。

［清］陈焯编：《宋元诗会》，《四库全书》文渊阁本。

［清］查慎行：《得树楼杂钞》，范道济点校本，北京：中华书局，2017年。

［宋］岳珂：《桯史》，吴企明点校本，北京：中华书局，1981年。

［宋］董弅：《闲燕常谈》，唐玲整理《全宋笔记》本，郑州：大象出版社，2018年。

［南朝宋］刘义庆：《世说新语》，徐震堮校笺本，北京：中华书局，1984年。

［宋］文莹：《湘山野录》，郑世刚、杨立扬点校本，北京：中华书局，1984年。

［宋］赵蕃：《淳熙稿》，《四库全书》文渊阁本。

［宋］叶梦得：《避暑录话》，徐时仪整理《全宋笔记》本，郑州：大象出版社，2006年。

［宋］佚名：《翰苑新书》，《四库全书》文渊阁本。

［宋］赵善璙：《自警编》，程郁整理《全宋笔记》本，郑州：大象出版社，2016年。

［宋］楼钥：《攻媿集》，《四库全书》文渊阁本。

［宋］汪藻：《浮溪集》，《丛书集成初编》本，北京：中华书局重印，1985 年。

［宋］张邦基：《墨庄漫录》，孔凡礼点校本，北京：中华书局，2002 年。

刘永翔校注：《清波杂志校注》，北京：中华书局，1994 年。

［宋］苏颂：《苏魏公文集》，王同策、管成学、严中其等点校本，北京：中华书局，1988 年。

［宋］邓牧：《洞霄图志》，《知不足斋丛书》本。

［宋］孙升口述，［宋］刘延世笔录：《孙公谈圃》，杨倩描、徐立群点校本，北京：中华书局，2012 年。

［宋］司马光：《传家集》，李之亮《司马温公集编年笺注》本，成都：巴蜀书社，2009 年。

杨观、陈默、刘芳池编：《苏辙资料汇编》，北京：中华书局，2018 年。

［宋］文天祥：《文山全集》，刘德清编《文天祥全集》本，南昌：江西人民出版社，2021 年。

［宋］文天祥：《文天祥诗集》，刘文源校笺本，北京：中华书局，2017 年。

［明］谈迁：《国榷》，张宗祥点校本，北京：中华书局，1958 年。

［清］李蕴芳、郭楷：《姑臧李郭二家诗草》，吴娱整理本，北京：中华书局，2016 年。

祝尚书：《宋人别集叙录》，北京：中华书局，1999 年。

后　记

　　在灿若星汉的宋代人物中，赵抃其实是一颗长期被历史的星云所遮蔽的巨星。他活跃于士大夫政治全面形成的时期，横跨仁宗、英宗、神宗三朝，经历了王安石变法。他的活动，与北宋许多重要的人物与事件都有着密切的联系。几次时间并不长的中央为政，发出了耀眼的光芒，不仅赢得了"铁面御史"的美誉，还登上了政界的顶峰，担任副宰相参知政事，参与决策。

　　仕途一生，除了为政中央，从秀丽的衢州山水走出的赵抃，长期在地方为官。东抵齐鲁，西达巴蜀，北赴燕赵，南至闽桂，加上安徽、江浙，在很多地方都留下了不俗的政绩。作为士大夫个体，赵抃行为清谨自律，思想沟通儒释道，也是宋代士大夫的一个典型。

　　一个历史研究的富矿，凝聚在一个人的身上。对于赵抃这样一个重要的历史人物，尽管学界从各个不同角度都有一些研究论文，但无疑还缺乏深入具体的综合研究。有鉴于此，我利用二百余种史书、方志、文集等古今文献，重点发掘赵抃本人的"夫子自道"，即现存的诗文资料，并搜集利用了多篇赵抃的集外散佚诗文，纂集有十余万字年谱长编，进行写作的资料准备。对赵抃一生的各种事实条分缕析，详加考证，辨证了许多史料记载的错误。在此基础上，我撰写了这部《大宋名臣赵抃》。

　　关于赵抃，我在二十世纪八十年代就与他结下一个浅浅的研究缘分，曾写过一篇论文，考察他写下的《御试官日记》。后来尽管没有专题研究，但赵抃作为士大夫政治中的风云儿，无疑是我一直关注的研究对象。我一生从事历史研究，主要集中在两大主题，一是士大夫政治研究，一是宋元变革论研究。作为士大夫个体，赵抃无疑是解析研究士大夫政治的绝好样板；而在赵抃身上折射出的时代变革的潜在因素，又与我力倡的自南宋开启的宋元变革相契合。于是，一个人物便贯通了我的研究的两大主题。这无疑是我写作这部《大宋名臣赵抃》的深层动机。

作为一部学术著作，传记对一个士大夫进行的全方位考察，以及考察所折射的政治细部形态，对于具体了解宋代士大夫与士大夫政治，相信会有裨益。传记用史实说话，力求无一字无来处。

不过，在写法上，为了广泛的受众，我注意到行文的可读性，并且把一般学术著作在正文中引述的史料，绝大多数放在了注释之中。我这样做，其实是接受了以往写作的教训。十多年前，我的《宰相故事：士大夫政治下的权力场》出版。这部学术著作受到了圈内圈外的欢迎，后来又易名为《君臣：士大夫政治之下的权力场》两度再版，还曾有人在音频喜马拉雅诵读了开头的一部分篇章。不过，后来就中断了，原因就是正文中有过多的文言文史料的引述。不少朋友也反映这些古汉语史料的存在，在一定程度上形成了阅读障碍。吸取这样的教训，我做了把引文尽可能放在注释中这样的尝试。希望这样的处理方式，可以满足不同读者层的阅读需求。

《君臣：士大夫政治之下的权力场》是我对北宋真宗朝士大夫政治形成初期中央的政治运作进行的集中考察。而这部《大宋名臣赵抃》则是以一代名臣赵抃的生平为线索，对士大夫政治从中央到地方的全面考察。从时代顺序来看，也是对《君臣：士大夫政治之下的权力场》的续说。透过一个人物，展示的是士大夫政治的全盛样貌。

尽管已经逝去将近上千年，这部传记会让赵抃再生，重新鲜活起来。其言其行，可感可触。从被当时人誉为"世人标表"的赵抃身上，我们可以感悟很多东西，接受很多启示。

感谢赵一新先生、徐吉军先生的鼓励并提供很多研究资料，让我拓展了一个新的研究领域，下决心钩玄索隐，拨去重重的历史烟尘，穿越时光，为当年这位叱咤风云的人物立传。

王瑞来
辛丑盛暑识于日本千叶寓所

"赵抃全书"后记

浙江衢州人赵抃是北宋名臣，为人善良温和，对下层民众生活疾苦满怀同情，深受百姓爱戴，是二十四史中唯一以"铁面御史"而载入史册的人物。他与杭州特别有缘，曾两度任杭州知州，一次任睦州（治今建德梅城）知州，对杭州的历史文化作出重要贡献。

纵观赵抃一生，为人正，为官清，为政和，时隔千年仍受后人敬仰。作为曾任浙江省历史学会副会长、杭州市历史学会会长的我，十分钦敬赵抃的人品、政绩和才华。因崇敬而传颂这位浙江历史上的文化名人和清官，既是情之使然，更是责任所在。我 2021 年到衢州江山，寻访考证抗战时期浙江人民保护杭州文澜阁四库全书转运地史迹时，特意到衢州古城参观了赵抃祠，并萌发编撰"赵抃全书"的想法。此心愿得到一直关心地方文化建设、时任衢州市委书记（现任中共浙江省委常委、常务副省长）徐文光的赞同和重视。于是杭衢两地，因缘际会，携手合作。至今"赵抃全书"如愿陆续面世，心中无限感怀。此时此刻我们要特别感谢赵抃故乡的衢州市委宣传部的鼎力支持和热情鼓励。

感谢著名宋史学者王瑞来教授在百忙中欣然接受我们的邀请，承担撰写《大宋名臣赵抃》一书的重任。王瑞来教授在海内外宋史学界颇具影响，他于 1982 年毕业于北京大学中文系古典文献专业，历史学博士。现为日本学习院大学东洋文化研究所研究员，担任国内河南大学讲座教授、北京大学客座教授、浙江大学兼职教授等，研究方向为以宋代为主的历史学和文献学。他 40 年来单独出版的著作有《宋宰辅编年录校补》《宰相故事：士大夫政治下的权力场》

《宋代の皇帝权力と士大夫政治》等三十一种中、日文版研究和古籍整理著作，刊发论文300余篇。在《大宋名臣赵抃》一书中，王教授以史学家独到的眼光下笔，不仅征引资料丰富，而且考述准确，文笔优美流畅，让我们看到了一位有血有肉、生动感人的赵抃。

感谢浙江图书馆古籍部主任陈谊承担《赵抃集》的点校整理工作。他是复旦大学古典文献学博士，现为浙江省文物鉴定委员会委员、浙江省古籍保护中心办公室主任。他在点校整理时，对《赵清献公文集》的存世版本进行了梳理对比，认为现藏国家图书馆的两部存世宋本，皆内容有挖改，文字漫漶；存世的十卷本明正德本，是经过重编整理的本子，内容相对可靠，但字迹也是模糊不堪。只有根据正德本重刻的明嘉靖汪旦刻本，字体尖新，刷印纸墨皆善，且宋本、明正德本之阙文，都已补齐，作为普通阅读本的整理底本，是最为合适的。而嘉靖本也是后世诸本的源头，所以，本次整理点校《赵抃集》的工作底本就选用了明嘉靖汪旦刻本。同时，在嘉靖本有缺误的地方，也选择参考了其他版本，都一一注明来源和依据。总之，陈谊博士认真细致的工作，使本书的标点整理质量极高，为我们今后的赵抃研究工作打下了坚实的文献基础。

浙江省社会科学院历史研究所原所长、二级研究员徐吉军先生，是一位知名的历史学家，现担任浙江省历史学会副会长、杭州市历史学会会长、杭州文史研究会副会长和杭州市政府参事。其学术成就突出，著作等身，曾与学术大师李学勤、陈高华、傅璇琮等先生合作主编有《长江文化史》《黄河文化史》《中国服饰通史》《中国风俗通史》《中国藏书通史》《南宋全史》等多部大型学术著作。他多年来致力于浙江和杭州地方史研究，成果颇丰，获各界好评。他也是《赵抃全书》的主要策划者和编纂者，曾收集了大量的赵抃史料，并负责《赵抃集》《大宋名臣赵抃》两书稿件的审读、联系出版工作和图书前面插页图片的编排等。徐会长告诉我，将依托市历史学会组建赵抃研究专委会，形成一支赵抃研究的文史队伍，十分令人高兴。

感谢中国国家图书馆、上海图书馆、浙江图书馆、杭州图书馆，衢州刘国庆先生，摄影家、赵抃后人吴勇韬先生，无私提供相关图片；感谢杭州出版社杨清华副社长及诸位责任编辑认真细致的编辑和美术编辑的精心编排。

赵抃经历丰富，政绩斐然，且工诗善书。对赵抃的研究还有很大空间，会随着时间而不断深入和拓展，期待不断会有新的学术成果问世。作为"赵抃全书"书系，目前已出版《赵抃集》和《大宋名臣赵抃》两书，我们还将视情况逐步推出《赵抃与杭州》《赵抃年谱》等书。期盼省内外史学界共同努力，将赵抃研究工作持续推进。

鉴于编者水平、资料来源和时间所限，尚有许多缺憾和疏漏谬误之处，恳请专家和读者不吝指正。

赵一新

2023 年 12 月